타벨의 마술교실 1

Tarbell Course in Magic, Vol. 1

타벨의 마술교실 1

Tarbell Course in Magic, Vol. 1

2007
시그마북스
Sigma Books

타벨의 마술교실 1

발행일 2007년 10월 25일 초판 1쇄 발행
       2012년 1월 10일 초판 3쇄 발행
지은이 할란 타벨 | 옮긴이 정지현 | 감수 김준오
발행인 강학경 | 발행처 시그마북스
마케팅 정제용 | 에디터 권경자, 김경림, 양정희
편집디자인 참디자인 | 표지디자인 성덕
등록번호 제10-965호
주소 서울특별시 마포구 성산동 210-13 한성빌딩 5층
전자우편 sigma@spress.co.kr | 홈페이지 http://www.sigmabooks.co.kr
전화 (02)323-4845~7(영업부), (02)323-0658~9(편집부) | 팩시밀리 (02)323-4197
ISBN 978-89-8445-290-9(94690)

Tarbell Course in Magic, Vol. 1

Korean language edition © 2007 by Sigma Press, Inc.
Korean translation rights arranged with D. Robbins & Co., Inc., USA
through EntersKorea co., Ltd, Seoul, Korea.

Sigma Books is a division of Sigma Press, Inc.

* 시그마북스는 (주)시그마프레스의 자매회사로 일반 단행본 전문 출판사입니다.

WHEN I began writing the Tarbell Course in Magic in 1926 I had one idea in mind - the making of magicians.

There is a big difference between a magician and a man who does tricks. One can give medicine to a friend but that does not make him a doctor. Giving medicine is only a small factor. One must be able to diagnose, so as to treat, and be trained for emergencies. It requires years to make a physician.

Fundamentally, the making of a magician is no different than the making of other professional people. One must be trained in the mechanics, the alternate methods and be skilled in the presentation in order to meet any conditions which may arise. Background plays a big part. One must know the subject thoroughly so as to be a pleasing personality as well as a performer of mysteries.

The musician is not a person who just plays pieces of music. He first must be trained in the scales, the combining of notes to make harmony, proper timing; the mathematics and history of music. He must be able to compare values.

A piece of magical apparatus is no different than a violin. The magician must learn to play upon it. One man plays a violin and the disharmony causes us to hold our ears, another plays well enough to dance by, but a Fritz Kreisler puts his soul into the violin and thousands of people sit spellbound. He spent hours on fundamentals that he might have a firm foundation on which to exercise his individuality.

I have hoped that magicians might have a training school the same as doctors, lawyers, engineers, journalists and other professions.

My original publishers at first had in mind a course of fifty tricks for business men and those who wanted to entertain socially. One trick was to be sent per week. Course to last fifty weeks.

The first few lessons that I wrote attracted so much attention in the magical profession that I asked permission to write a real course in magic for the training of magicians.

Those publishers, T. Grant Cooke and Walter A. Jordan, were men of vision so they said "We have faith in you Doctor - we will place $50,000 at your disposal."

Magicians everywhere owe much to Cooke and Jordan who made the Tarbell Course in Magic possible - for the handling of a school of this nature required a far larger organization than most people imagined. Students enrolled not only from every country of the world but from islands and places I had never heard of. Even Witch Doctors of Bali and Africa were enrolled. The sending of lessons and apparatus to Witch Doctors is a story all by itself. Lessons were crumpled up amongst packing paper and sent in a box containing some sort of trinket. Magical apparatus was carefully disguised and sent as something else. A colored picture was attached to a handkerchief frame and a receipted bill sent for picture framing.

Felix Shay, who was Elbert Hubbard's editor and right-hand-man, said, while travelling in Africa he ran across a Witch Doctor demonstrating one of my lessons. In India he said he influenced a Hindu magician to teach him five tricks. He discovered later that three of the tricks were mine and that the Hindu was studying my course.

Thousands of Tarbell Courses have gone over the world and I have often wished I could sit down and talk personally with my students in the many lands.

The strength of any profession is dependent upon the strength of the individual members. The past thirty years have developed a great interest in magic amongst amateurs and the formation of magical societies around the world. The popularity of magic amongst amateurs who want to entertain socially has increased tremendously.

Experience soon showed that the amateur must also be well trained so as to support the professional – for the professional's great enemy was the untrained man who billed himself as a magician and then only presented tricks, poorly performed, poorly arranged and poorly dramatized.

Thurston used to say "The average amateur magician thinks he can step upon my stage and do a far better show than I can. He feels his methods are far better than mine. Maybe he would be successful the first show – but could he keep it up show after show and meet the many emergencies that each performance presents in the dealing with human nature, and could he bring to a successful conclusion tricks that have gone wrong without the audience being wise? Every man who attempts magic needs training and lots of training so as to keep up the popularity of one of the finest methods of entertainment the world has ever known."

The greatest enthusiast of the Tarbell Course in Magic was the professional himself. His experience in a practical world showed him there was still much to learn. It was not unusual for a professional to order two courses – one for his home library and one to carry with him on the road. Houdini bought three courses.

One of the greatest magic shows in the world today is presented by Fu Manchu (David Bamberg, the son of Theo. Bamberg, professionally known as Okito and in a class by himself). His South American and Mexican success is a book in itself.

Recently I had a letter from David and for the benefit of the new man coming into magic I am going to quote a bit of it.

"Altho' you may not know it, I have you to thank indirectly for the show I have today. It was this way. In Buenos Aires in 1928 I was doing a shadow routine at the Casino. I began to drift away from magic and go into other things. I always had the yen for a full night's show like Thurston or Kellar, but in my crazy way I wanted to start from the top, right off the bat with a gigantic show. And you know that is impossible I had good training, my technical knowledge of magic was excellent (I had enough good teachers) but I was restless and didn't know just what to do. In view of the fact that I couldn't have my 'Thurston' show in five minutes. I was discouraged and thought of going into any other business but magic.

"I don't remember just how the whole thing started but I do remember that you were good enough to send me a complete Tarbell Course to Buenos Aires. I didn't have enough money to pay for such a thing in those days, and it was a gift which made me as happy as a school boy. You have no idea what a terrific wave of enthusiasm was born when I first went through your course. There were plenty of things in it that were new to me, and especially your routining was excellent. To my mind, along with 'Greater Magic', it is the the finest thing that has ever been done. You were the pioneer of teaching magic properly. And your course will live as long as magic last in the world.

"Well to get on with it. I started a club act in Buenos Aires, using all your tricks from the course. That is to say, the most suitable ones for Buenos Aires. I still have my first press clippings and it would interest you to see my little ads copied faithfully from the ads you suggested in the latter part of the course.

"That little act gave me confidence and also was a starting point to bigger things.

"Later on I built one illusion and with the shadows and the small tricks from the course I put on a magic show that lasted almost an hour and which was accepted in the bigger picture houses of Buenos Aires.

"A business man of Buenos Aires who saw my act was impressed and loaned me 10,000 pesos, which in those days was a lot of money. I built the first 'FU-MANCHU' show, all Chinese and using a lot of your original effects, some of which I use today and will use as long as I have a show.

"I branched out into the world and built the show greater an the time until today I feel it is unique, and I am going to build it still bigger and better if I can.

"But I want you to know, my friend, that it was through your kindness to me in those days when I was poor and had nothing, that I was inspired to return to magic again and make something out of myself."

I suppose one of the great pleasures of a teacher is to see his students' reach unusual success, to see them expand. Thousands of people have been made happier and gone home with inspiration and new vision because they have seen David Bamberg's "FU-MANCHU" show. I have often said that had I written the course just for Fu-Manchu alone, that would have repaid me for he has made it possible for thousands to see one of the finest magical presentations in the world.

To be a great teacher one must not only teach but inspire.

I shall never forget the men who have inspired me in the days gone by — Albert Hubbard, Opie Read, Strickland Gillilan, Will Rogers, Ottoman Z. A. Hanish of the Temples of El Kharim of Persia, Dr. Charles E. Page, Dr. Oakley Smith (Discoverer of the Ligatite, and founder of Naprapathy), John T. McCutcheon, Frederic Grant, Grant Hamilton (former art editor of Judge), Carl Werntz, John Vanderpoel, William French; and those great magicians, Kellar, Houdini, Thurston, Okito, Ching Ling Foo, Asahi, Te Nelson Downs, Karl Germain, Leon, Chin Wu and Herr Jansen (Dante).

I shall never forget the time I walked five miles up the railroad track as a boy of twelve years, from Groveland to Morton, Illinois, to see Herr Jansen, the magician who was appearing on the Lyceum Course at the Town Hall. I imagine Jansen himself was only about twenty years of age at the time. But what a show – what magic and what showmanship! I learned a lot from Herr Jansen. He seemed to perform real magic. I remember for the rising cards he had six cards selected. These were placed back in the deck and freely shuffled. Deck placed into a glass tumbler. Two cards were caused to rise one at a time. Then suddenly the cards started jumping into the air like a fountain leaving another selected card in the glass.

Apparently turning to another mystery he was reminded that he had forgotten to produce three of the selected cards. So he held out his hand, looked at the cards on the floor and a card rose to his finger tips. This was repeated with the two remaining cards. As far as I was concerned "he had magic power."

I tell this to emphasize the importance of training and the ability to make illusion look like reality through that training.

As I sit and watch Dante's fine big show of today, I not only see his background of travelling around the world but my mind goes back to Herr Jansen who performed "real" magic at the Morton Town Hall.

My course in magic was in watching other magicians, reading about magicians, and A. Roterber's Catalogue of Magical Apparatus. As months went by I came in touch with famous magicians face to face and, being of a creative type, won them as friends through my original ideas. I would give ideas to them and they would reciprocate.

I have watched magic grow for over forty years and have seen a new era being born. What I had to learn step by step over the years, today the student is handed the material on a silver platter. But so that he can absorb the material and really apply it, he too, must travel step by step, but he can go faster.

How happy I would have been to have had a course like this to guide me. Thurston used to say "Doctor, if I could have had your Course in Magic when I started in the profession I could have saved myself over a hundred thousand dollars." Thurston learned the hard way.

Practice each trick faithfully step by step and you will be delighted with your progress. Each mystery in the course has a principle you should know. A good foundation is important.

머리말

　1926년 《타벨의 마술교실》의 원고 작업에 착수했을 때, 내 마음속에는 마술사를 만들어내야겠다는 오직 한 가지 생각뿐이었다.

　마술사는 단지 속임수를 부리는 사람이 아니다. 환자에게 약을 준다고 다 의사인가? 약을 주는 일은 의사의 업무 중 극히 일부분일 뿐이다. 의사는 모름지기 환자를 진료하고 치료할 수 있어야 하며 응급상황에도 대처할 줄 알아야 한다. 그래서 몇 년 동안 교육을 받고 열심히 공부해야 비로소 의사가 될 수 있다.

　마술사가 만들어지기까지의 과정은 다른 직업과 별반 다르지 않다. 마술사가 되려면 기본적인 기술은 물론 예상치 못한 상황에 대처하기 위한 기술까지 익혀야 한다. 배경도 상당히 중요하다. 신기한 마술을 보여주려면 자신이 선보이려는 마술을 완전히 꿰고 있어야 함은 물론 유쾌한 성격과 쇼맨십도 필요하다.

　음악가도 마찬가지다. 음악을 연주한다고 다 음악가는 아니다. 음악가가 되려면 음계를 알아야 하고 음표를 연결해서 화음을 만들 줄 알아야 하며, 빠르기를 조절할 수 있이야 하고 수학은 물론 음악의 역사까지 공부해야 한다. 뿐만 아니라 음의 길이를 비교할 줄도 알아야 한다.

　마술 도구는 음악을 연주하는 도구인 바이올린이나 마찬가지이다. 마술사는 바이올린을 제대로 연주하는 방법을 배워야 한다. 누가 연주하느냐에 따라 관객은 시끄럽다고 양쪽 귀를 틀어막을 수도 있고 음악에 맞춰 춤을 출 수도 있다. 한 예로 크라이슬러(Fritz Kreisler, 오스트리아 태생의 미국 바이올린 연주가 겸 작곡가─옮긴이)는 영혼의 소리를 담은 연주로 관객을 매료시켰다. 먼저 피나는 연습으로 '기본' 을 확실히 쌓은 다음 거기에 누구도 흥내 낼 수 없는 자신만의 개성을 더했기 때문이다.

나는 의사나 변호사, 기술자, 저널리스트 등을 양성하는 과정은 있지만 마술사를 양성하는 과정은 없다는 사실이 늘 안타까웠다.

처음에 출판사에서는 사교나 비즈니스에 마술을 활용하고자 하는 이들에게 50가지 마술을 가르쳐주는 과정을 기획했다. 과정에 등록한 사람들에게는 일주일에 한 번씩 한 가지 마술 교본을 보내주는 것이었다. 그러니까 50주 만에 완성되는 과정이었다.

그렇게 해서 나는 몇 가지 마술 비법을 글로 옮기게 되었는데 그것이 현직 마술사들에게 폭발적인 반응을 얻었다. 거기에 힘을 얻은 나는 마술사를 양성하기 위한 진짜 교재를 쓰고 싶다고 출판사에 요청하게 되었다.

T. 그랜트 쿡(T. Grant Cooke) 씨와 월터 A. 조던(Walter A. Jordan) 씨는 확실히 선견지명이 있었다. 그들은 "저희는 박사님을 믿습니다. 5만 달러를 지원해드리도록 하지요"라며 흔쾌히 내 청을 들어주었다.

세계의 마술사들은《타벨의 마술교실》이 빛을 볼 수 있도록 해준 쿡 씨와 조던 씨에게 감사해야 할 것이다. 사실 마술을 교육하려면 보통 사람들이 상상하는 것 이상으로 큰 단체의 힘이 필요하다. 세계 각국은 물론 생전 듣도 보도 못한 지역에서까지 학생들이 등록했다. 그중에는 발리와 아프리카의 주술사들도 있었다. 그들에게 마술 교재와 도구를 보내면서 웃지 못할 해프닝이 벌어졌다. 마술 교재는 포장지와 함께 구겨서 다른 잡동사니와 같이 넣어 보냈고 마술 도구도 다른 물건처럼 보이도록 위장했다. 손수건 액자에 컬러로 된 그림을 붙였고 그림 액자의 가격이 적힌 영수증도 함께 보냈다.

앨버트 후바드(Elbert Hubbard)의 편집자이자 그의 오른팔이기도 했던 펠릭스 세이(Felix Shay)는 아프리카 여행 도중에 내 마술을 선보이는 주술사를 만났다고 한다. 또 그는 인도에서 힌두교 마술사를 설득해 다섯 가지 마술을 전수받았는데 나중에 그중 세 가지가 내 가르침이라는 사실을 알게 되었다고 한다. 그 힌두교 마술사도 내가 쓴 마술 교재로 공부하고 있었던 것이다.

이처럼 내가 쓴 마술 교재는 수천 부가 넘게 전 세계로 퍼져나갔다. 나는 전 세계 곳곳에 있는 제자들을 직접 만나 이야기 나누는 상상을 자주 했다.

어떤 직업의 파워는 그 분야에 종사하는 개개인의 파워에 달려 있다. 지난 30년 동안 마술에 관심 있는 아마추어들이 크게 늘어났고 세계적으로 마술계의 기반도 더 탄탄해졌다. 사교적인 목적을 위해 타인을 즐겁게 해주고자 하는 사람들에게 마술이 큰 인기를 누리게 되었다.

하지만 아마추어 마술사들은 아무리 아마추어라도 전문가 못지않은 실력을 갖추어야 한다는 사실을 깨닫게 되었다. 전문성이라고는 하나도 없이 단순한 속임수를 부리면서 스스로 '마술사'라고 칭하는 아마추어는 마술계의 암적인 존재이기 때문이다.

서스톤(Howard Thurston, 1869~1936. 20세기 전반에 활약한 미국의 대표적인 마술사—옮긴이)은 이렇게 말하곤 했다. "아마추어는 자신이 나보다 훨씬 더 멋진 쇼를 보여줄 수 있다고 생각한다. 자신의 마술이 더 멋지다고 생각하기 때문이다. 첫 번째 쇼는 그럭저럭 성공할지도 모른다. 하지만 마술은 인간의 본성을 다루는 일이기에 어떤 응급 상황이 발생할지 모른다. 한두 번도 아니고 과연 아마추어가 응급 상황에 잘 대처하고 관객을 끝까지 속일 수 있을까? 마술은 세상에서 가장 멋진 오락 중 하나이다. 마술을 하려는 사람은 전문적인 교육을 받고 열심히 연습해야만 한다."

타벨의 마술교실에 가장 열광적으로 반응한 이들은 다름 아닌 현직 마술사들이었다. 그들은 경험을 통해 전문 마술사라도 끊임없이 배워야 한다는 사실을 뼈저리게 느꼈기 때문이었다. 집안에서 보고 휴대용으로 가지고 다니기 위해 교재를 두 권씩 주문하는 사람들이 많았다. 후디니(Houdini, 1894~1926, 헝가리 출신으로 탈출묘기의 일인자로 불림—옮긴이)는 세 권씩 주문했다.

오늘날 푸 만추(오키토라는 이름으로 활동한 뛰어난 마술사 테오(Theo)의 아들 데이비드 뱀버그이다.) 쇼는 세계적으로 가장 훌륭한 마술쇼 중 하나로 평가받고 있다. 푸 만추가 남아메리카와 멕시코에서 성공을 거두기까지의 이야기는 책 한 권으로 엮어도 될 정도이다.

나는 얼마 전 그에게서 편지를 받았다. 혜성처럼 떠오르는 신인 마술사 데이비드 뱀버그가 보낸 편지 내용을 잠깐 공개할까 한다.

> '비록' 당신은 모르시겠지만, 오늘날 제가 이렇게 멋진 쇼를 선보일 수 있게 된 데는 당신의 공이 큽니다. 그 사연은 이렇습니다. 저는 1928년에 부에노스아이레스의 카지노에서 섀도 루틴(shadow routine)을 선보이는 초보 마술사였습니다. 당시 저는 마술사로서의 제 앞날에 회의가 느껴져 방황하던 중이었습니다. 서스톤이나 켈라(Harry Kellar)처럼 독점쇼를 하는 것이 제 꿈이긴 했지만 저는 겁도 없이 꼭대기부터 시작하고 싶었어요. 대형 쇼

말이에요! 물론 당신도 알다시피 그것은 말도 안 되는 이야기였죠. 전 제대로 마술 교육을 받았고 마술에 관한 지식도 그 누구 못지않지만(다 훌륭하신 스승님들 덕분이죠) 앞날을 생각하면 너무 떨리고 초조해서 도저히 마음을 잡을 수 없었습니다. 현실적으로 제가 '서스톤 쇼' 같은 대형 무대에 선다는 것 자체가 도저히 불가능해보였습니다. 너무 절망스러운 나머지 마술사의 길을 포기해야겠다는 생각마저 들었습니다.

자세한 것은 기억나지 않지만 당신이 부에노스아이레스에까지 당신의 마술 교재를 보내준 일은 똑똑히 기억합니다. 당시 저는 교재를 신청할 만한 돈도 없었는데 당신이 공짜로 보내준 선물 덕분에 어린아이처럼 기뻤습니다. 첫 장을 펼치자마자 저는 흥분의 도가니에 빠졌습니다. 거기에는 제가 지금까지 몰랐던 새로운 지식이 가득했어요. 특히 당신의 루티닝(Routining, 한 가지 주제로 여러 가지 기술을 보여주는 것—옮긴이)은 환상 그 자체였어요. 《Greater Magic》과 함께 최고의 마술 교재라는 생각이 들었습니다. 당신은 제대로 된 마술 교육의 선구자였습니다. 당신이 쓴 마술 교재는 이 세상에 마술이 존재하는 한 영원할 거예요.

얼마 후 저는 부에노스아이레스의 클럽에서 일하기 시작했습니다. 당신에게 배운 기술을 완전히 내 것으로 만들기 위해서였죠. 물론 교재에서 배운 모든 기술을 이용했습니다. 그래요, 그것은 부에노스아이레스에 딱 맞는 마술이었죠! 저는 그때 제 첫 쇼의 신문광고를 아직도 간직하고 있어요. 당신이 교재 후반부에서 제안한 광고와 똑같이 만든 광고였죠. 아마 보시면 웃으실 거예요.

그 경험으로 저는 자신감을 얻었고 더 큰 목표로 다가갈 수 있는 기회까지 얻었습니다. 저는 일루션 마술과 섀도 마술 그리고 당신에게 배운 몇 가지 마술을 합쳐서 거의 한 시간짜리 쇼를 만들었어요. 결국은 부에노스아이레스의 큰 극장에 서게 되었죠.

제 마술을 눈여겨 본 부에노스아이레스의 한 사업가가 저에게 만 페소를 빌려주었습니다. 당시로서는 대단히 큰 돈이었죠. 저는 그 돈으로 중국인으로만 구성된 최초의 '푸 만추' 쇼를 만들었습니다. 당신이 개발한 마술을 많이 응용했죠. 그중 몇 가지는 아직까지 사용하고 있고 제가 마술을 하는 한 영원히 그럴 것입니다.

저는 점차 세계로 뻗어나갔고 쇼의 규모도 점점 커졌습니다. 지금도 특별한 쇼라고 자부하고 있고 제 능력이 닿는 데까지 크게 키워나갈 생각입니다.

하지만 이것만은 꼭 알아주셨으면 합니다. 수중에 돈 한 푼 없는 가난한 마술사였던 저

Tarbell course in Magic

에게 흔쾌히 마술 교재를 보내준 친절한 당신 덕분에 저는 다시 마술에 대한 열정을 불태웠고 지금처럼 훌륭한 마술사가 될 수 있었다는 사실을 말입니다.

제자가 성공하고 나날이 발전하는 모습을 지켜보는 것은 스승의 가장 큰 기쁨이 아닐까? 데이비드 뱀버그의 '푸 만추' 쇼를 본 수많은 관객들은 너나 할 것 없이 새 희망과 영감을 얻고 즐거운 마음으로 돌아갔다. 나는 오직 푸 만추만을 위해서 교재를 쓴 것이나 다름없다고 입버릇처럼 말하곤 한다. 푸 만추 덕분에 세계의 수많은 사람들이 멋진 마술쇼를 볼 수 있으니 그는 나에게 톡톡히 은혜를 갚았다고 말이다.

가르치는 것뿐 아니라 영감을 주어야 훌륭한 스승이다.

나는 나에게 영감을 준 사람들을 결코 잊지 못할 것이다. 엘버트 후바드(Elbert Hubbard), 오피 리드(Opie Read), 스트리클랜드 질릴란(Strickland Gillilan), 윌 로저스(Will Rogers), 페르시아 엘 카림 신전의 오토만 Z. A 해니시(Ottoman Z. A. Hanish), 찰스 E. 페이지 박사(Dr. Charles E. Page), Ligatite를 처음 발견하고 Napraphathy를 창립한 오클리 스미스 박사(Dr. Oakley Smith), 존 T. 맥큐천(John T. McCutcheon), 프레데릭 그랜트(Frederic Grant), '저지(Judge)'의 전 아트 에디터 그랜트 해밀턴(Grant Hamilton), 칼 베른츠(Carl Werntz), 존 밴더포엘(John Vanderpoel), 윌리엄 프렌치(William French) 그리고 켈라(Kellar), 후디니(Houdini), 서스톤(Thurston), 오키토(Okito), 칭링푸(Ching Ling Foo), 아사히(Asahi), T. 넬슨 다운스(T. Nelson Downs), 칼 저메인(Karl Germain), 레온(Leon), 친 우(Chin Woo), '단테(Dante)' 헤르 얀센(Herr Jansen) 같은 위대한 마술사들에게 진심으로 감사한다.

12세 때 철길을 따라 그로브랜드에서 모튼까지 약 8km를 걸어간 적이 있다. 그렇게 먼 데까지 걸어간 이유는 시청 문화 센터에서 하는 헤르 얀센(Herr Jansen)의 마술쇼를 보기 위해서였다. 당시 얀센은 고작 스무 살 정도의 풋풋한 청년이었지만 그의 기술과 쇼맨십은 나이를 초월하는 굉장한 것이었다! 나는 그에게 많은 것을 배웠다. 그는 진짜로 마술을 하는 것처럼 보였다. 그가 보여준 라이징 카드 마술(상대방이 뽑은 카드가 서서히 올라오는 것―옮긴이)은 아직까지 기억에 남는다. 얀센은 여섯 장의 카드를 고른 후 덱(deck, 카드 한 벌―옮긴이)에 다시 섞었나. 그리고 원통형 유리컵에 덱을 넣었다. 그랬더니 두 장의 카드가 한 번에 하나씩 올라왔다. 그리고 갑자기 카드가 분수처럼 허공으로 치솟았고 나머지 한 장의 카드가 유리컵에 남았다.

이제 그는 처음에 뽑은 여섯 장의 카드 중 남은 세 장의 카드를 나타나게 해야 했다. 그가 바닥의 카드를 쳐다보며 손을 내밀자 손가락 끝으로 카드 한 장이 올라왔다. 나머지 두 장의 카드도 그렇게 올라왔다. 어린 나의 눈에는 그가 정말 '마법'의 힘을 지닌 것처럼 보였다.

내가 이 일화를 소개하는 이유는 훈련과 연습을 통해 환상을 현실로 보이게 하는 능력이 마술사에게는 무엇보다 중요하다는 사실을 강조하고 싶기 때문이다.

오늘날 나는 단테의 쇼에서 전 세계를 돌아다니며 쌓은 그의 현란한 기술을 볼 때마다 모든 시청에서 '진짜' 마술을 보여주었던 풋풋한 '헤르 얀센'의 모습을 함께 떠올린다.

나는 다른 마술사들을 관찰하고 마술에 관한 책과 로터베르크의 마술 도구 카탈로그를 읽으면서 마술을 배웠다. 몇 달이 지난 후에는 유명 마술사들과 직접 만나게 되었다. 나는 원래 창의력이 뛰어난 편이어서 독창적인 아이디어를 통해 그들과 가까워졌다. 우리는 서로 아이디어를 주고받았다.

나는 지난 40년 동안 마술의 무궁한 발전 과정을 지켜보았다. 마술의 새로운 시대가 열린 것도 목격했다. 내가 수십 년 동안 하나하나씩 배워온 기술을 요즘 사람들은 간편하게 책 한 권으로 배울 수 있게 되었다. 하지만 책만 사놓고 열심히 공부하지 않으면 무용지물이다. 내용을 차근차근 익히고 연습하고 실행에 옮겨야만 발전할 수 있다.

마술 교재의 탄생은 나 자신에게도 큰 기쁨과 즐거움이었다. 서스톤은 "박사, 내가 마술계에 입문했을 때 이 책이 있었다면 얼마나 좋았을까! 괜히 쓸데없는 데 돈을 쓰지 않아도 되었을 텐데…"라고 말하곤 했다.

이 책의 모든 기술을 차근차근 연습하다 보면 조금씩 발전하는 자신의 모습에 큰 기쁨을 느끼게 될 것이다. 모든 기술은 신기한 원리로 이루어진다. 기본을 탄탄하게 닦는 것이 중요하다는 사실을 명심하기 바란다.

할란 타벨 Harlan Tarbell

추천사

　세상을 살다보면 무언가에 빠져드는 것이 있다. 마술도 그런 것 중 하나인 것 같다. 한국 마술은 도제식으로 발전되어 왔다. 2004년 우리나라에서는 학문을 추구하는 대학에 마술학과가 개설되었다. 내 인생에 있어 새로운 도전인 동아인재대학 마술학과 학과장을 맡게 되어, 마술이라는 새로운 분야에 대해 학문적 체계를 구축해야겠다는 사명감을 가지게 되었다. 그런데 안타까운 것은 학문의 전당이라는 대학에서 교재로 사용할 만한 서적이 국내에는 없다는 현실이었다. 대부분의 교수님들은 개인이 지니고 있는 경륜에 의존하여 강의를 하였다. 2005년에 접어들면서 만나는 마술관련 종사자분들에게 마술전문 서적과 관련하여 많은 조언을 들었다. 알렉산더매직패밀리 김준오 감독, 안양마술극장 황휘 대표, 매직W 최병락 대표, 헬로우매직 김세진 대표 등등의 분들이 주저 없이 ≪타벨의 마술교실≫을 추천하였다. 그러나 막상 이 책을 출판할 출판사를 선정하지 못했었다. 그러던 차에 2006년 겨울 엔터스매직 양원곤 대표의 소개로 시그마북스에서 ≪타벨의 마술교실≫의 완역작업이 이루어졌다.

　≪타벨의 마술교실≫은 1927년에 출간되어 무려 80년 만에 우리나라에 소개된 것이다. 타벨이 머리말에서 밝혔듯이 "마술사가 만들어지기까지의 과정은 다른 직업과 별반 다르지 않다. 마술사가 되려면 기본적인 기술은 물론 예상하지 못한 상황에 대처하기 위한 기술까지 익혀야 한다. 배경도 상당히 중요하다. 신기한 마술을 보여주려면 자신이 선보이려는 마술을 완전히 꿰고 있어야 함은 물론 유쾌한 성격과 쇼맨십도 필요하다"라는 주장에 심히 공감한다. 내가 만났던 대다수의 마술사들은 ≪타벨의 마술교실≫을 마술의 바이블이라고 말한다. 이러한 평가를 이 책을 읽는 독자들도 동감할 것으로 생각

한다. 또한 타벨은 "어떤 직업의 파워는 그 분야에 종사하는 개개인의 파워에 달려 있다. (중략) 전문성이라고는 하나도 없이 단순한 속임수를 부리면서 스스로 '마술사'라고 칭하는 아마추어는 마술계의 암적인 존재이기 때문이다"라고 일침을 놓고 있다. 80년 전에 이러한 주장을 했다는 것에 감탄할 따름이다.

　우리나라에서 마술은 철저한 도제식 방법으로 시작되었고, 오늘날에도 그 명맥을 유지하고 있다. 서구에서 도입된 학문적인 토양도 없이 유입된 마술은 폐쇄적인 틀에서 발전하였다. 이러한 발전은 결국 한계에 도달할 것으로 예견된다. 타벨이 마술사를 양성하기 위한 교재를 쓰고 싶어 기획하면서 체계적으로 정리한 것이 이 책이다. 이 책의 발간에 대해 타벨은 출간을 해준 출판사에 깊은 감사를 표하고 있다. 나도 마찬가지로 한국어 번역 출판을 맡아준 시그마북스 강학경 대표께 깊은 감사를 표하고 싶다. 총 8권으로 구성된 《타벨의 마술교실》이 우리나라 마술사들에게도 값진 교재로 간직되길 바란다. 끝으로 타벨이 마지막으로 강조한 "모든 기술은 신기한 원리로 이루어진다. 기본을 탄탄하게 닦는 것이 중요하다는 사실을 명심하기 바란다"를 진정한 마술사를 꿈꾸는 우리나라 예비마술사들의 가슴에도 새겨져 세계적인 마술사로 거듭나길 기대한다.

한국마술산업진흥학회 회장
동아인재대학 마술학과 학과장
강 형 동

Tarbell course in Magic

차례

Tarbell *course in* Magic

Tarbell course in Magic

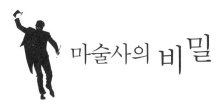

마술사의 비밀

　마술사는 직업의 특성상 함부로 비밀을 드러내서는 안 된다. 비밀이 알려지면 마술이 더 이상 신기해 보이지 않기 때문이다. 관객을 놀라게 하지 못하는 마술은 관객의 흥미를 끌 수 없다. 도저히 불가능한 일을 눈앞에서 펼치는 신기한 능력이야말로 마술사의 성공 비결이다. 고대 마술사들은 진심으로 공경하고 두려워하는 마음으로 철저하게 마술의 비밀을 지켰다.

　그런데 어떤 사람들은 똑똑함(?)을 과시하고 싶어서 마술의 신기한 비법을 공개한다. 비법이 공개되면 김이 팍 새서 재미가 없어진다는 사실을 왜 모를까! 세상 사람들은 기적을 원하며, 세상에 기적이 존재하기를 바란다. 그렇기 때문에 도저히 일어날 수 없는 일처럼 보일수록 훌륭한 마술이다.

　유명한 연극 평론가 애슈톤 스티븐스(Ashton Stevens)는 이렇게 말했다. "나는 마술사를 신뢰하고 마술이 진짜라고 믿는다. 그런데 서스톤에게 불려 올라간 무대에서 속임수 하나를 발견하고는 실망을 금지 못했다. 그래도 나는 마술사가 속임수가 아니라 기적을 행한다고 믿는다."

　또 켄터키 대학의 교수 프랭크 파쿠아(Frank Faquhar)는 말했다. "인간은 죽을 때까지 어린 아이 같은 놀라움과 숭배, 외경심을 간직한다. 현대인에게는 상상과 영감이 꼭 필요하다. 그것을 자극하기 위해 마술사들은 꼭 존재해야 한다."

　퓰리처상을 수상한 극작가 윌리엄 사로얀(William Saroyan)은 말했다. "꿈은 통계보다 중요하고, 인생은 회계보다 예술에 더 가깝다. 나는 믿는 방법을 배운 덕분에 목숨을 부지할 수 있었다."

사람을 매혹시켜서 '아라비안나이트' 같은 놀라운 세계로 이끄는 것이 마술사의 기술이다.

이성의 기능을 수행하는 인간의 두뇌는 분석과 종합, 판단의 세 부분으로 이루어진다. 분석은 사물을 분리하고, 종합은 그것을 하나로 모으며, 판단은 가까이 닥친 문제들을 평가한다.

그런데 흥미롭게도 종합은 조각조각 난 문제를 한데 모아 해결한 후에는 흥미를 잃고 다른 관심사를 찾아 나선다. 인간이 지닌 종합의 힘을 잘 기억해둘 필요가 있다. 해결책을 제시하지 말고 계속 종합의 흥미를 돋울 수 있는 관심사를 제공하는 것이 중요하다.

관객에게 미스터리에 관해 설명하지 마라. 동료 마술사의 비법도 함부로 누설해서는 안 된다. 마술사가 되려고 훈련을 받기 시작한 순간부터는 마술사의 비밀을 철저히 지켜야 한다. 마술사라는 직업을 지키려면 당신과 동료들이 다 같이 노력해야 한다.

알로이스 스보보다(Alois Swoboda)는 말했다. " '무거운 입' 은 마술사의 힘일 뿐 아니라 백만장자의 힘이기도 하다. 많은 사람들이 불필요한 설명으로 입을 가볍게 놀려 쓸데없이 기운을 낭비한다. 미스터리에는 힘이 있다."

이 책을 통해 당신은 마술사의 중요한 비밀을 알게 될 것이다. 그 비밀을 잘 지키면 당신에게 이익이 된다. 예컨대 배우는 무대에서 캐릭터에 생명을 불어넣고 관객에게 즐거움을 선사해야 한다. 마찬가지로 마술사인 당신도 마술사의 캐릭터를 살리고 관객에게 행복과 놀라움을 선사할 수 있어야 한다.

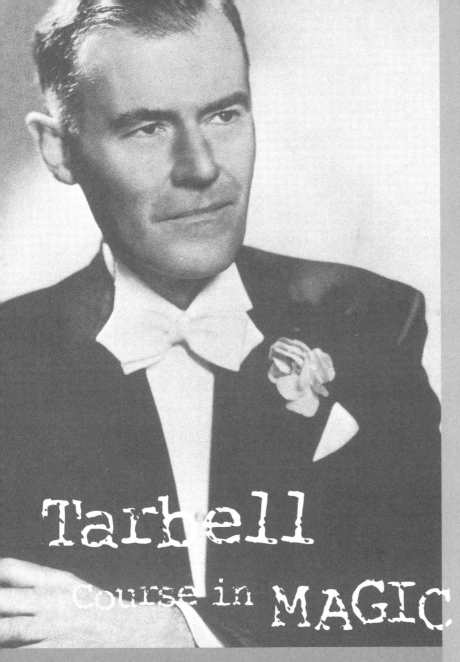

Tarbell

Course in MAGIC

마술은 아주 먼 옛날부터 시작되었다. 시간의 희미한 메아리를 따라가 보면 마술
이 고대인의 삶과 깊은 연관이 있었음을 말해주는 흔적을 발견하게 된다.
지금부터 마술의 역사를 하나하나 살펴보면서 진정한 마술사가 되기 위한 준비
를 해보자.

Tarbell course in MAGIC

마술의 역사
The History of Magic

먼저 마술의 유래부터 살펴보자. 그러려면 아주 오래전으로 거슬러 올라가야 한다. 마술은 아주 먼 옛날부터 시작되었다. 시간의 희미한 메아리를 **따라가** 보면 곳곳에서 마술이 고대인의 삶과 깊은 연관이 있었음을 말해주는 흔적이 나타난다. 어느 지역을 보면 마술이 종교의 중요한 일부분이었음을 알 수 있고, 또 다른 지역에서는 생활의 일부분이었음을 알 수 있다. 그리고 마술이 가족과 사회관계에서도 막대한 영향력을 행사했다는 사실도 알 수 있다.

성경 속의 마법사들

성경을 보면 고대 마술에 관한 초기의 기록이 나타난다. 어느 날 이집트의 파라오 (Pharaoh)가 매우 이상한 꿈을 꾸었다. 앙상한 일곱 개의 벼이삭이 싱싱한 일곱 개의 벼 이삭을 잡아먹고 깡마른 소 일곱 마리가 살찐 소 일곱 마리를 잡아먹는 꿈이었다. 파라오는 전국 방방곡곡의 현자와 마술사들을 불렀지만 아무도 그 꿈을 해석하지 못했다. 하지만 요셉은 그 꿈이 이집트에 닥칠 7년간의 풍년과 7년간의 흉년을 뜻한다고 해석했다.

성경에서 두 번째로 등장하는 마술 이야기의 주인공은 모세와 아론이다. 모세와 아론은 파라오에게 이스라엘 백성을 자유롭게 해달라고 간청한다. 모세는 그것이 하나님의 뜻임을 증명하기 위해 지팡이를 뱀으로 만들어 보인다.

그 밖에도 성경 곳곳에서는 마술에 관한 이야기가 많이 나온다. 신비주의가 고대인의 생활에 중요한 부분을 차지했음을 보여주는 증거이다.

이스라엘 왕들은 예언자와 마술사들을 불러 어떤 일이나 꿈을 해석하게 하거나 미래를 예언하게 했다. 그러니 마술사들의 힘이 얼마나 대단했겠는가! 그들의 생각과 행동은 사람의 운명을 좌우할 정도였기에 감히 그 누구도 마술사에게 대항할 수 없었다.

마기 혹은 동방박사

구약성서에는 마법사에 관한 이야기가 나오지만, 신약성서에는 마기(Magi) 혹은 동방박사에 관해 언급하고 있다. 마기는 이집트와 바빌로니아, 페르시아, 인도에 살았는데, 일반 백성들보다 교육을 많이 받아 사람들에게 존경을 받았다.

마기는 예수가 탄생하기 몇 백 년 전에 예수의 탄생을 예언했다. 그들은 지혜가 뛰어나서 별을 보고 생명의 순환을 읽을 수 있었다. 성경에서 가장 지혜로운 자라고 알려져 있는 다니엘도 갈대아인 마기의 가르침을 받았다. BC 586년 유대인이 바빌론에 포로로 잡혀갔을 때, 조로아스터 교도이자 마기의 제자인 키루스(Cyrus)는 그들을 조로아스터교 왕이 통치하는 고향으로 돌려보내고, 마기의 가르침을 전수했다. 유대인에게 죽음을 다스리며, 천국으로 인도해줄 절대자의 출현을 예언한 것도 마기였다. 예수가 태어났을 때 세 명의 마기는 별을 쫓아가 아기예수를 찾아냈다. 그들은 아기예수에게 고귀함의 상징인 금과 힘의 상징인 몰약 그리고 현자의 지혜를 상징하는 유황을 바쳤다.

1세기 사본에 의하면 마기 엘리예(Father Eliye)는 예수와 평생 동안 가까운 친구로 지냈다고 한다.

일반적으로 마기는 태양의 숭배자와 불의 숭배자라고 불렸다. 그들은 생명이 빛으로 나타난다는 사실을 알고 실생활에서 빛을 숭배했다. 생명과 빛이 아닌 것은 어둠이라는 사실을 잘 알았던 것이다. 본래 마술은 '삶의 법칙에 대한 올바른 해석'이라는 뜻이다. 마기는 인간의 영혼을 '절대 실패하지 않는 빛', 즉 '나는 현존(I AM PRESENCE)'임을 뜻하는 신아(神我)에 비유했다.

'현존'의 위력은 성경에 여러 차례 언급되었다. 출애굽기 3장을 예로 들어보자. 하나님이 모세에게 이르시되 "나는 스스로 있는 자이니라"라고 하시고, 또 "너는 이스라엘 자손에게 이같이 이르기를 스스로 있는 자가 나를 너희에게 보내셨다 하라. 이는 나의 영원한 이름이요 대대로 기억할 나의 표호니라"고 하셨다.

마기는 빛과 진동 그리고 말의 힘을 잘 알았다. 특히 생명에 관한 그들의 지식은 놀라울 정도였다. 그런데 세상이 타락하면서 사리사욕에 눈 먼 통치자들이 백성들이 지식을 얻지 못하도록 탄압하기 시작했다. 그래서 마기는 남의 이목을 피해 외딴 산속의 신전에 숨어야만 했다. 그들의 보물 신전은 세상에 보이지 않도록 꼭꼭 숨겨져 있어 오랜 수련을 거친 현자만이 그 위치를 알 수 있었으며, 까다로운 절차를 거쳐야만 들어갈 수 있었다.

대 피라미드(The Pyramids, 이집트 기자 고원에 있는 거대한 피라미드−옮긴이)는 마기가 사용한 텔레오이스 시스템(일련의 숫자와 눈꽃 모양의 그림 등으로 이루어져 있음. 텔레오이스(teleois)는 신약성경에서 '온전하다'는 의미로 가장 많이 쓰이는 형용사임−옮긴이)을 토대로 시대의 흐름에 얽힌 이야기를 보여준다. 거대한 피라미드에는 텔레오이스 시스템을 이용한 7개의 비밀방이 있는데 마기가 그 방을 관리했다고 한다.

마기의 지도자, 조로아스터

마기가 세상에 알려진 것은 조로아스터, 또는 자라투스트라 불리는 사람 덕분이었다. 조로아스터교의 창시자인 조로아스터는 초인을 만들고자 잡초를 섞어 인간이 식용할 수 있는 밀을 만들었다고 전해진다.

찰스 프랜시스 포터(Charles Frances Potter)는 《종교 이야기(The Story of Religion)》에서 다음과 같이 설명했다.

> 조로아스터가 악마에 대해 알게 된 것, 그와 함께 천국과 최후의 심판, 사자의 부활에 관해 알게 된 것은 종교 이야기 중에서 가장 흥미진진한 부분 중 하나이다.
>
> 조로아스터의 적인 악마는 점차 자신의 동료인 페르시아인의 아리만으로 변하고 나중에는 유대인의 사탄, 세계의 왕자 예수, 바울의 '공중의 권세를 가진 자(Prince of the Powers of the Air)' 그리고 '중세시대 기독교의 악마'가 되었다.
>
> 악마는 오랫동안 종교 진화에 매우 중대한 역할을 했다. 약간의 상상력을 발휘해서 인간에게 '개인적인' 악마가 없던 시절로 거슬러 올라가보자. 역사적으로 볼 때 조로아스터가 인간은 가치 없는 것에 대한 증오심을 인식할 필요성이 있다고 깨달은 순

간부터 악마가 존재하게 된다. 사실상 조로아스터는 악마를 이용한 실물교육으로 사람들에게 선과 악을 구분하는 방법을 가르쳤다.

우리는 악마의 가르침인 미신을 믿는 사람을 무척 안타깝게 생각한다. 하지만 역사적으로 인간은 신을 사랑하는 법을 배우기 전에 악마를 증오하는 법을 먼저 배워야만 했다는 사실도 인정해야 한다. 물론 두려움에 굴복해 신을 숭배하는 만큼 악마를 숭배하게 될 위험도 있다.

그러나 조로아스터는 결코 아리만(Ahriman, 조로아스터교에서 어둠과 거짓의 세계를 지배한다고 말하는 악신─옮긴이)을 숭배하지 않았다. 오히려 아리만을 싫어했으며 그에 대항해서 싸웠다. 조로아스터가 이원론에 빠지지 않고 일신교를 유지할 수 있었던 까닭은 정의의 신 아후라 마즈다(Ahura Mazda, 조로아스터교의 주신─옮긴이)와 빛의 천사들이 아리만과 어둠의 무리를 물리치리라는 확고한 믿음 때문이었다. 페르시아 산꼭대기에 떠오르는 '믿음의 태양'이 의심으로 가득한 '어두운 계곡'을 뒤덮어 버린 셈이었다.

조로아스터는 무엇보다 신이 밝은 영으로 존재한다는 사실에 이끌렸다. 아후라 마즈다는 지혜의 신이라는 뜻이지만 예언자들은 지혜와 진리, 빛을 거의 똑같은 의미로 사용한 듯하다. 그리하여 빛과 불은 조로아스터교에서 대단히 중요한 부분을 차지하게 되었다.

조로아스터의 그러한 관점은 종교 발전에 크게 기여했다. 다시 말해 조로아스터 덕분에 진리의 신과 광명의 신이 언젠가 악과 어둠의 무리를 물리치리라는 확고한 믿음이 형성되었다. 이러한 천 년의 소망은 종교와 인종에 상관없이 많은 이들에게 영감을 주었다.

기독교가 조로아스터교에 진 빛

찰스 프랜시스 포터는 계속해서 설명했다.

신약성서의 마태복음 첫 장에는 모든 기독교도가 좋아해 마지않는 이야기가 나온다. 바로 세 명의 동방박사들이 가장 먼저 아기예수를 찾아가는 이야기이다. 그들은 별을 보고 찾아가 아기예수를 경배한다. 여기에서 박사로 번역된 그리스어가 바로

'마기(Magi)'라는 단어이다. 이것으로 보아 세 명의 고귀한 여행자들이 조로아스터교 성직자였음을 알 수 있다.

고대 종교인 조로아스터교의 성직자들은 오랫동안 기다려온 구원자, 즉 사오시안트(Saoshyant)가 탄생했다는 생각에 아기예수에게 금과 유황, 몰약 같은 귀한 선물을 바쳤다. 당연히 초기 기독교도들은 그 이야기를 좋아했다. 하지만 기독교는 페르시아 예언자의 추종자들, 즉 조로아스터 교도들에게 금과 향료보다 더 값진 것을 받았다.

성장한 아기예수가 자신의 임무를 완수한 후 십자가에 못 박혀 죽어갈 때 오늘 '천국(paradise)'으로 들어갈 것이라는 말을 남겼다. 조로아스터교에서도 축복 받은 자는 천국에 간다고 했다. 파라다이스라는 말 자체도 페르시아어에서 유래했다. 또 히브리인들은 선하든 악하든 모든 인간은 죽어서 스올(Sheol, 히브리인들이 말하는 저승으로 '보이지 않는 세계', '무덤'을 뜻함—옮긴이)에 간다고 했다. 그들은 조로아스터교의 용어와 사상에서 영향을 받아 선한 자만이 가는 곳이라는 뜻으로 비로소 파라다이스라는 말을 쓰기 시작했다.

즉, 위대한 예언자 예수 그리스도의 탄생과 죽음 모두 조로아스터의 도움을 받은 셈이다.

그 밖에도 기독교 사상에는 유대인을 통해 페르시아의 종교에서 비롯된 것들이 많다. 사자의 부활이나 악의 최종적인 패배, 인자(Son of Man), 선과 악을 구분하는 최후의 심판, 악령의 존재와 수호천사에 대한 믿음 같은 사상은 유대인의 바빌론 유수 이후 기독교에 수용된 것이다.

사본에 따르면 기독교도에게 위대한 종교 지도자를 꼽으라고 하면 "동정녀에게서 태어났고 갓난아기였을 때 시기하는 적에게 죽임을 당할 뻔 했으며 유년 시절에 뛰어난 지혜로 학자들을 경탄하게 했고 30세의 나이에 설교를 시작했으며 광야에서 악마의 시험에 들었고 악마를 불러냈으며 눈 먼 자의 눈을 뜨게 했고 선교활동을 하면서 수많은 기적을 일으켰으며 빛과 진리 그리고 선한 신은 오직 하나라고 가르친 '예수 그리스도'라고 대답할 것이다. 적어도 성경의 가르침은 그러하다"라고 한다.

파시(Parsee, 페르시아에서 온 사람이라는 뜻으로 인도에서 소로아스터 교도를 칭하는 말—옮긴이)에게 똑같은 질문을 하면 어떤 대답이 돌아올까? 그들은 한 치의 망설임도 없이 젠드 아베스타(Zend Avesta, 조로아스터교의 경전인 아베스타와 그 주해서인 젠드의 합본—옮긴이)의 가르침에 따라 '조로아스터'라고 대답할 것이다.

그뿐 아니라 많은 기독교 서적들이 천국을 방문한 조로아스터의 이야기를 다루었다. 요한계시록으로 대체되기 전까지 3세기 동안 기독교 성경에 포함되었던 에녹서는 예수와 바울에 의해 해석되었는데, 그 상징과 신학 면에서 분명히 조로아스터교의 성격을 띤다.

이처럼 기독교는 이란의 예언자에게 큰 빚을 졌다.

하지만 언제나 그렇듯 빚을 진 사람은 자신이 빚을 졌다는 사실을 쉽게 잊어버리기 마련이다. 기독교도들도 마찬가지로 조로아스터교에 진 빚을 금방 잊어버렸다. 뒤늦게나마 그들이 빚을 인정하게 된 이유는 흥미롭게도 신학자가 아니라 어느 과학자 덕분이었다. 어느 과학자가 자신이 발명한 전기램프에 조로아스터교의 광명과 지혜의 신인 아후라 마즈다의 이름을 붙였기 때문이다.

그것은 바로 발명왕 토머스 에디슨의 공로였다. 에디슨은 자신이 발명한 전구를 마즈다라고 이름 붙였다. 에디슨뿐 아니라 루터 버뱅크(1849~1926. 미국의 유명한 원예개량가—옮긴이)도 마즈다즈난(조로아스터교)에 관해 연구했다. 조로아스터는 뛰어난 종교 철학자였을 뿐 아니라 과학자이자 농업전문가이기도 했다. 창의력이 뛰어났던 그는 인류를 위해 새로운 식량을 개발하기도 했다.

"지구를 재생하는 것은 사막을 낙원으로 바꾸는 것. 하나님과 하나님의 측근이 가장 살기 좋은 낙원을 만드는 것."

'마즈다'라는 말은 원래 최고 신의 이름인데, 혀로 발음하지 않고 숨을 들이마시며 속삭이거나 호흡하면서 내는 소리였다.

마즈다즈난은 생명의 삼각관계(영적, 정신적, 육체적)를 강조했다. 파란색은 영적인 색깔이고, 노란색은 정신적인 색깔이며, 빨간색은 육체적인 색깔이었다.

조로아스터교에서는 영적, 정신적, 육체적 성향을 인간의 기본으로 보고 첫 번째와 두 번째 성향에 따라 인간을 판단했다.

기본적으로 영적인 것은 분비 기관(선)과 관련 있고, 정신적인 것은 폐와 관련 있으며, 육체적인 것은 간과 관련 있다고 판단했다.

체질에 맞는 음식을 선택할 때 색깔도 중요한 부분을 차지했다.

마기는 생명의 삼각관계뿐 아니라 생명의 다섯 꼭지 별(영혼, 정신, 육체, 사회, 재정을 뜻
하는 꼭짓점)의 조화를 이루어야 하며 인간은 모든 부분에서 강인해져야 한다고 강조
했다.

꼭짓점을 벗어나 어디까지 성장하는가는 각자에게 달려 있다. 천국은 '확장의 왕
국(Kingdom of Expansion)'이기 때문이다. 도토리가 참나무 전체로 퍼지는 것처럼 인간
도 자신의 가능성을 최대한 확장시켜야 한다. 멀리 뻗어나가지 못하고 각각의 꼭짓
점에서만 머무르면 안 된다.

모든 인간은 보편적인 진리의 법칙과 조화를 이루며 살아야 할 의무가 있다. 또 삶
이 확장되면서 자기 자신을 확장시켜야 할 의무도 있다. 그 의무를 거스르는 것은 악
이다. 악하다는 말은 살아 있다는 말의 반대이다.

모든 인간은 자유 의지의 힘을 부여받았다. 어느 마기는 제자에게 이렇게 설명했
다. "두 팔이 부러진 사람이 오른쪽 팔을 치료해달라고 하거든 그렇게 하되 왼쪽 팔
까지 치료해주지는 마라. 한 쪽 팔을 부러진 채 두는 것은 그 사람의 권리이다. 하지
만 그가 왼쪽 팔까지 치료해달라거든 그렇게 하라." "구하라. 그러면 얻을 것이다."

마기는 봉사가 선한 일이라 생각했고 사람은 주는 대로 받는다고 생각했다. 우리
가 남에게 무언가를 나누어주면 마음에 빈 공간이 생긴다. 원래 자연은 공백 상태를
싫어하므로 재빨리 우리가 나누어준 것보다 더 많은 것을 덤으로 준다. 따라서 25만
큼 사랑을 나누어주면 그 대가로 26만큼 사랑을 받게 된다. 또 25만큼 증오를 나누어
주면 26만큼 증오를 받는다. 인간은 선행을 베풀면 자동적으로 보상을 받고, 죄를 지
으면 자동적으로 벌을 받는다.

선은 긍정적이고 영원하지만 죄는 부정적이고 덧없다.

인간에게는 양면이 존재한다. '나는 현존이다(I AM PRESENCE)'라는 생각에 지배받는
높은 자아가 있고, 인위적인 환상(치명적인 오류)에 지배받는 낮은 자아가 있다.

남자와 여자, 빛과 어둠, 온기와 냉기 등 삶에 이중성이 존재한다는 사실을 알았던
마기는 모든 진리의 정반대 쪽에는 환상이 존재한다는 사실도 알고 있었다. 그들은
환상을 이용해 진리를 가르쳤고, 진리를 이용해 환상을 가르치기도 했다.

이교도 신전은 마기의 진리를 모방해서 환상을 만들어냈다. 이교도 신은 가짜 신
을 모시면서 요란한 선전과 공포의 힘을 교묘하게 이용해서 사람들이 가짜 신을 믿

도록 만들었다.

마기는 사랑에 지배 받고, 이교도 성직자는 공포에 지배 받는다.

마기는 모든 인간을 초인으로 확장시키고자 했고, 가짜 성직자는 인간을 노예로 만들고자 했다.

마기는 자연법칙의 기적과 내면의 사랑을 가르쳤고, 가짜 성직자는 현상의 힘을 가르쳤다.

마술사는 마술의 환상적인 면을 이용해서 관객을 즐겁게 해준다. 하지만 그들은 올바른 정신으로 마술을 행한다. 예부터 유머 감각이 뛰어난 사람들은 진실과 환상 그리고 희극과 비극을 이용해서 관객을 즐겁게 해주었다.

마술사에게는 사악한 의도가 없었다. 그렇기 때문에 여기에서 마기의 대략적인 가르침뿐 아니라 그들의 중요성을 설명하려고 하는 것이다.

관객은 신기한 마술을 보고 마술사가 뭐라 설명할 수 없는 힘에 지배당한다고 생각한다. 마술에 관한 관객의 생각은 매우 중요하다.

남녀노소를 떠나 모든 사람들이 마술사의 신기한 능력에 깜짝 놀랐고, 그들이 보여주는 희극과 유머 감각을 즐겁게 감상했다.

마술사는 어린아이는 물론 어머니, 아버지, 할머니, 할아버지에 이르기까지 모든 관객을 만족시켜야만 한다.

마술사는 말과 행동 모두 최고여야 한다. 저속한 말투나 '건전하지 않은' 화젯거리로 수준을 떨어뜨리는 일이 없어야 한다. 순간의 웃음은 정말 그때뿐이다. 단 한 번의 의심스러운 행동으로 관객의 신뢰를 잃으면 절대 회복할 수 없다.

따라서 모든 마술사는 지금까지 설명한 마기의 이야기를 잘 기억해야 한다. 그들을 본받아 계속 자신을 업그레이드해야 한다. 관객은 직관적으로 마술사의 배경과 내면을 꿰뚫어볼 수 있다. 사람은 주는 대로 받는다는 사실을 명심하기 바란다.

조로아스터가 제자들에게 전한 가르침을 항상 기억하라. "좋은 생각은 좋은 말을 낳고, 좋은 말은 좋은 행동을 낳는다."

그리스의 마술

역사를 살펴보면 초기 그리스인과 마술의 관계가 나타난다. 그들은 초자연적인 힘과 인간사가 밀접하게 관련되어 있다고 믿었다. 그래서 인간의 모습에 초자연적인 능력을 가진 신을 믿었다. 그리스에는 흥미진진한 마술 이야기가 많은데 그중 한 가지를 소개하겠다.

키르케는 아름다운 외모로 남자들을 유혹하는 마녀였다. 그녀를 본 남자는 누구나 그 매력에 빠져들었다. 키르케는 그렇게 남자들을 자신의 성으로 끌어들여 돼지로 만들었다. 그 밖에도 고대 그리스에는 마술에 얽힌 재미있는 전설이 많다.

오라클(Oracle, 모든 질문에 대답해주는 그리스 고대 신화에 나오는 여신으로 신탁을 의미함—옮긴이)도 그리스인의 삶에 중요한 한 부분을 차지했다. 그중에서 델피의 신탁이 가장 유명한데, 오라클이 그리스인의 생활과 상상력에 큰 영향을 끼쳤음을 알 수 있다.

마술이 로마에 끼친 영향

시저의 죽음에 관해서는 잘 알고 있을 것이다. 그는 예언자에게 몇 차례나 3월 15일을 조심하라는 경고를 받았지만 무시했다. 결국 예언대로 3월 15일에 암살당하고 말았다.

네로 황제도 마술의 힘을 빌리려고 했다. 그는 어머니 아그리피나를 살해한 후 마술사의 힘으로 어머니의 혼을 불러내 용서를 구하려고 했다.

마술의 새로운 시대

우리가 어렴풋이 짐작하고 있는 것처럼 AD 300년경부터 마술의 새로운 시대가 시작되었다.

그 즈음에 기독교가 로마 제국의 국교로 정해졌다. 국교회 확립은 영혼과 악마 숭상 금지를 의미했다. 그래서 마술이 종교에 끼치는 힘이 약해지기 시작했다. 마술의 특징도 조금씩 바뀌었지만, 마술은 계속해서 인간의 삶에 중대한 영향을 끼쳤다.

기록의 시작

지역과 시대를 불문하고 마술사들은 항상 존재했다. 그 사실을 확인하는 것은 생각보다 어렵지 않다. 셰익스피어의 '맥베스'에서 스코틀랜드의 맥베스 왕은 마녀의 도움으로 망령을 불러냈고, 다른 책에서는 10세기의 교황이 마법을 부리는 모습이 나온다.

하지만 모두 정확하지 않은 사실이다. 암흑시대(dark ages, 476년~1000년경의 유럽 역사상 지적(知的) 암흑기로 여겨지는 시대―옮긴이) 이전까지는 마술에 관한 기록이 거의 없다. 11세기에 들어 기록이 시작되면서 비로소 정확한 역사를 알 수 있게 되었다.

아서왕 시대의 대마법사 멀린

멀린은 암흑시대의 뛰어난 마법사였다. 그는 5세기 후반 사람이었지만 그에 관한 기록은 11세기가 되어서 등장하기 시작했다. 그는 아서왕을 돕는 마법사였다. 그의 가장 큰 업적은 뭐니 뭐니 해도 스톤헨지에 관한 것이다. 영국 솔즈베리 평원에 있는 스톤헨지는 색슨족의 잉글랜드 정복을 기념하는 커다란 돌이다. 전설에 따르면 스톤헨지는 원래 아일랜드에 있었는데 멀린이 잉글랜드로 옮겼다고 한다. 상상을 초월할 만큼 무거운 스톤헨지를 옮기려면 장정 수백 명의 힘이 필요했을 것이다. 하지만 멀린은 마법을 써서 거대한 스톤헨지를 한 번에 솔즈베리 평원으로 날려 보냈다.

아라비안나이트의 땅

많은 사람들이 아시아를 낭만과 신비가 가득한 땅이라고 생각한다. 특히 손에 땀을 쥐게 하는 《아라비안나이트》 이야기는 전 세계 수많은 사람들을 매혹시켰다. 《알라딘의 요술램프》도 모르는 사람이 거의 없을 것이다. 《아라비안나이트》나 《알라딘의 요술램프》는 모두 누군가가 지어낸 이야기지만 15세기 사람들의 삶과 생각에 커다란 영향을 끼쳤다.

손기술의 역사

손기술은 손이나 손가락의 현란한 움직임으로 상대의 눈을 속이는 기술이며, 다음과 같은 효과를 낼 수 있다.

1. 만들기 ― 물체를 나타나게 함
2. 없애기 ― 물체를 사라지게 함
3. 바꾸기 ― 물체를 변하게 함

손기술을 뜻하는 sleight of hand와 같은 뜻으로 쓰이는 말로 legerdemain과 prestidigitation이 있다.

일반적으로 legerdemain은 기계 장치를 이용하는 모든 기술을 포함하지만, 엄밀히 말하자면 손을 사용하는 속임수만을 뜻한다. 그것은 재빠른 손, 말 그대로 '빛처럼 빠른 손' 혹은 '좋은 솜씨'를 뜻하는 프랑스어 'leger de main'에서 유래되었다.

prestidigitation도 오직 손을 사용하는 속임수를 지칭한다. 이 말은 라틴어에서 유래되었으며 '빠른 손가락'을 뜻한다.

마술의 두 분야

고대에도 마술은 두 가지 분야로 나뉘어져 있었다. 바로 영의 세계와 소통하는 점술과 심령술 그리고 속임수와 손기술 분야였다. 두 번째 분야는 첫 번째와 달리 인간의 운명과 아무 상관이 없었고 단지 볼거리를 제공하기 위한 기술이었다. 하지만 사람들은 손기술이 신에게 부여받은 신기한 능력이라고 여겼다.

고대 마술 vs 현대 마술

역사적인 기록을 보면 고대 마술사들에서부터 시작된 마술이 지금까지 전해져 내려옴을 알 수 있다. 그들의 실력은 분명히 뛰어났지만 현대의 마술사들보다 더 뛰어나다고는 말할 수 없다. 근대 초기에 활동한 가장 뛰어난 마술사인 우댕은 이렇게 말했다. "고대는 마술의 요람이다. 그 이유는 당시 마술 기술이 아직 초기 단계였기 때문이다."

자세히 설명하자면 고대에는 마술사의 기술이 기적처럼 보였기 때문에 사람들은 그것이 신에게 부여받은 힘이라고 생각했다. 신 또는 악마에게 영감을 받았다고 여겨진 그들의 능력은 사람들에게 매우 큰 영향을 끼쳤다. 즉, 사람들은 그것이 기적이라고 생각했다.

물론 오늘날에도 마술사의 능력은 여전히 신비롭고 놀랍지만, 신이나 악마에게 부여받았다고 생각하는 사람은 아무도 없다. 그렇기에 마술의 어떤 면이 사라졌다고 할 수 있다. 하지만 마술은 잃은 것보다 얻은 것이 훨씬 더 많다. 문명의 발달과 함께 마술의 초자연적인 부분에 대한 생각이 바뀌었을 뿐이다. 대신 마술은 가장 흥미로운 예술 분야로 자리 잡았다.

마술에 뛰어난 로마인

마술쇼의 역사는 저 멀리 로마제국 시절로 거슬러 올라간다. 당시 마술이 사람들을 즐겁게 해주는 '볼거리'의 하나였음을 알 수 있다. 가장 인기 있는 마술은 컵스 앤드 볼즈(cups and balls)였다. 컵을 뜻하는 라틴어 acetabula에 따라 그 마술을 하는 사람을 'acetabularii'라고 불렀다. 오늘날에는 컵 밑에 코르크로 만든 공을 넣지만 기록에 따르면 당시에는 흰색 자갈을 사용했다. 그래서 사람들의 눈을 속이기가 지금보다 훨씬 더 어려웠을 것이다.

중세의 손기술

로마제국의 붕괴(AD 476년)와 함께 시작된 중세시대 혹은 암흑시대가 15세기 들어 막을 내리고서야 배움의 꽃이 다시 피어올랐다. 하지만 몇 세기 동안이나 계속된 지적인 암흑기에는 자연히 '마술'이 성행할 수밖에 없었다. 그렇기에 모든 분야의 마술이 사람들의 삶에 더욱 막대한 영향을 끼쳤다.

근대 마술의 선구자들

암흑시대가 끝나고 이탈리아 사람들이 근대 마술학파의 선구자로 등장했다. 그중에서 가장 대표적인 인물은 요나스(Jonas)와 안드로레티(Androletti), 안토니오 카를로티(Antonio Carlotti)이다. 하지만 마술사들의 비법은 얄미울 정도로 철저하게 지켜졌으므로 그들의 생애와 업적에 대해서는 잘 알려져 있지 않다.

마술이 언급된 영어 서적이 처음 등장한 것은 1584년이었다. 바로 레지널드 스코트(Reginald Scot)가 쓴 《마술의 발견(The Discoverie of Witchcraft)》이라는 책으로 거기에는 당시에 유행한 속임수와 그 방법이 기록되어 있다. 그중 대다수의 마술이 오늘날까지 인기를 누리고 있다.

독일의 물리학자 도블러(Dobler)는 1840년에 하나의 놀이를 고안했는데, 그것이 근대 손기술 발달의 시초였다. 사실상 그 이후로 마술은 모든 사람들에게 인기 있고 친숙한 오락이 되었다.

윌잘바 프리켈(Wiljalba Frikell)이나 헤르만(Herrmann), 콜타(Buatier de Kolta), 로베르 우댕(J. E. Robert Houdin)처럼 비교적 근대에 활동한 유명 마술사들의 이름은 한 번쯤 들어봤을 것이다.

도구를 이용한 근대 마술

프랑스의 로베르 우댕(Robert Houdin, 1805~1871)은 근대 마술의 아버지라고 불린다. 원래 시계 기술자 겸 기계 수리공이었던 그는 창의성이 뛰어난 천재였다. 어릴 때부터 마술에 관심이 많았던 우댕은 새로운 마술을 개발하고 발전시키는 데 온 힘을 쏟았다. 그는 요란한 도구로 꽉 채운 무대에서 보여주는 기존의 조잡한 속임수를 '이중 바닥 마술(당시에는 속임수를 위해 이중 바닥을 설치했음—옮긴이)'이라고 부르며 경시했다.

우댕은 1845년에 브뤼셀 왕궁의 소극장에서 전혀 새로운 일루전 마술을 선보였다. 현란한 손기술과 쇼맨십 그리고 기계와 전기를 조합시킨 환상적인 마술이었다.

새로운 마술이 파리에서 폭발적인 반응을 얻으면서 우댕은 단숨에 최고 마술사 자리에 올랐다. 그의 명성은 실로 대단했다. 프랑스 정부는 자국의 식민지인 알제리의 반란을 잠재우기 위해 그를 알제리로 보냈다. 당시 알제리에서는 '마라부트족'이 마법의 힘을 이용해서 알제리인이 마라부트족을 섬기도록 만들었고 나아가 알제리의 독립운동을 부추기고 있었다. 마술을 이용해 그들의 봉기를 막는 것이 우댕의 임무였다.

손기술은 연구와 연습이 필요하다. 그것은 우댕의 말에서도 잘 알 수 있다.

"마술사로 성공하기 위해 꼭 필요한 세 가지는 첫째도 능숙함이요, 둘째와 셋째도 능숙함이다."

마술은 단순한 눈속임이 아니라 손과 눈, 혀를 모두 훈련해야 하는 기술이다.

점술과 심령술

심령술

심령술은 죽은 사람과 소통하는 것처럼 해서 미래를 예언하는 마술이다. 질문의 답을 얻거나 숨겨진 보물을 찾기 위해 죽은 영혼을 불렀으며, 사자(死者)의 영혼이 산 사람의 몸으로 들어가게 해서 고통을 가하거나 병을 치료하기도 했다. 사람들은 마술사가 비와 바람을 일으키는 신을 움직일 수 있을 만큼 강력한 힘을 가졌다고 생각했다.

그러한 믿음은 고대에서 시작되어 시간의 흐름을 타고 이어졌으며 지금까지 남아 있다. 영매가 사자의 영혼을 불러 미래를 예언할 수 있다고 믿는 심령술은 오늘날 선진국에서도 존재한다. 또 아직까지 부족사회에서는 유령이 사람의 몸에 들어가 그 사람을 괴롭히거나 병을 낫게 해준다는 믿음이 큰 영향을 미치고 있다.

오스트레일리아 원주민

심령술사 혹은 마법사들은 고대부터 지금까지 선과 악 모두에 막대한 영향력을 행사했다. 역사를 보면 사람들이 마법사를 대단히 신뢰했음을 알 수 있다. 오스트레일리아 원주민들은 아직까지도 마법사를 두려워한다. 그들은 '보일-야(boyl-ya)'라는 신비한 능력을 지닌 마법사들이 하늘을 날 수 있고 일반인의 눈에 보이지 않게 변신할 수도 있다고 믿는다. 또 마법사들이 산 사람의 몸에 들어가 뼈는 먹지 않고 살만 먹을 수도 있다고 믿는다. 원주민들은 '보일-야'가 몸에 들어오면 마치 수정 조각에 찔린 듯한 아픔을 느낀다. 또 다른 마법사는 '보일-야' 의 형태에서 수정 조각으로 악마를 끄집어낼 수도 있다.

마법사는 잠 든 사람의 얼굴에 캥거루 다리뼈를 갖다 대 죽일 수 있다. 원주민에 따르면 마법사는 잠든 사람에게 갖가지 사악한 행동을 할 수 있다. 살며시 다가가 사람의 기가 들어 있는 신장을 빼낼 수도 있고 악마를 불러 목을 치라고 할 수도 있으며, 머리카락을 살과 함께 태워 머리카락 주인이 시름시름 앓다가 죽게 할 수도 있다.

오스트레일리아 원주민들은 다른 부족과 마찬가지로 사람은 타인에게 살해당하거나 마법에 걸려야만 죽음에 이른다고 믿는다. 즉, 자연사(自然死)는 마법사가 사악한 의도를 가지고 행한 짓이라고 생각한다. 사악한 마법을 행한 자는 마법으로 찾아낼 수 있다. 시체가 자신을 운반하는 사람을 범인이 있는 쪽으로 밀치게 하거나 무덤의 불꽃이 범인에게 튀게 하고 벌레가 범인의 집으로 기어가게 할 수 있다. 죽은 자의 측근은 그러한 계시를 보고 범인을 찾아 앙갚음을 한다.

하지만 심령술사들이 오로지 악한 임무만 수행하는 것은 아니다. 그들은 마법을 부리거나 곁에 있어주는 방법으로 환자의 병이 낫도록 도와준다. 돌로 된 창끝이나 물고기 뼈 혹은 그것을 줄에 매달아 병이 환자의 몸에서 빠져나오게 한다. 선한 힘과 악한 힘을 모두 가진 심령술사들은 사람들에게 존경받는 동시에 두려움의 대상이다. 그들은 부족사회에서 막강한 영향력을 행사하므로 모든 사람들에게 귀한 대접을 받는다.

점술

점술은 여러 징조를 이용해서 미래를 예언하는 기술이다. 성서시대에서 고대 그리스 로마시대에 이르기까지 사람들은 신에게 제물을 바치면 좋은 일이 생긴다고 믿었다. 제물로 바친 동물의 창자를 보고 미래를 예언하는 것이 가장 일반적인 점술이었다. 대개 동물의 심장과 간을 이용했는데 그 의식을 거행하는 사람을 '창자 점쟁이'라고 불렀다. 또 하루나 일 년 중 특정한 시간의 새와 동물 소리로 길흉을 점치는 이들은 복점관(augurs)이라 했으며, 잘 알다시피 별을 보고 미래를 점치는 이들은 점성술사라고 했다.

고대 로마에서

로마의 점쟁이들은 공무에도 높은 위치를 차지했다. 모든 공적인 일이 그들의 손을 거쳤다. 유명한 정치가였던 키케로도 복점관이었다. 그는 새들이 나는 모습과 우는 소리를 유심히 관찰했으며 그러한 징조를 바탕으로 공공 정책에 관한 결정을 내렸다.

실제로 로마의 점술은 신에게 의견을 묻는 종교 체제를 띠고 있었다. 사람들은 신이 여러 가지 계시를 내려 인간을 이끈다고 생각했다. 최고의 신 제우스는 천둥과 번개를 다스린다고 믿었다. 그래서 점쟁이들은 하늘에서 천둥과 번개가 치면 대단히 큰 사건이 일어날 징조라고 생각했다. 제우스의 사자인 독수리는 승리의 희망을 상징한 반면 우울한 울음소리를 내는 올빼미는 불운의 상징이었다. 닭이 모이를 잘 먹는지 땅에 모이를 떨어뜨리는지를 보고 앞일을 점치기도 했다. 또 새가 복점관의 오른쪽에 있으면 좋은 징조이고 왼쪽에 있으면 나쁜 징조였다.

이처럼 로마에서는 점쟁이의 역할이 매우 중요했으므로 점쟁이들이 외국에서까지 몰려와 부유한 로마인들을 상대로 점술을 펼쳤다.

오늘날과 마찬가지로 마술은 로마시대에도 '돈이 되는' 사업이었으며 점술과 심령술은 모두 현대 미신의 바탕이 되었다.

미신의 발달

마술의 역사에 관해 살펴보는 이유는 마술이 태고 적부터 현대에 이르기까지 어떤 모습을 거쳐 왔는지 알아보기 위해서이다. 하지만 지금까지 마술의 역사를 제대로 설명해준 사람은 한 명도 없었다. 마술의 역사를 다 설명하는 것은 결코 간단한 일이 아니다. 그래서 마술의 발달 모습에 관해 간략하게 살펴보려고 한다.

마술에 관한 지식을 한데 모으는 일 자체가 무척이나 힘든 일이다. 고대와 중세시대의 마술에 관해서는 지금까지 대략적으로 살펴보았다. 자세히 파고들자면 두꺼운 책 몇 권의 분량이 되고도 남을 것이다. 따라서 지금까지 내가 수집한 역사 기록 중에서 가장 중요한 부분에 관해서만 정확히 설명하겠다. 나는 마술의 배경과 중요성을 설명하기 위해 마술의 다양한 면에 관해 연구했다. 그래야 현대의 과학적인 마술에 관해 이해하기 쉽게 설명할 수 있기 때문이다.

Tarbell course in Magic

사람은 누구나 미신에 관심이 많을 것이다. 그도 그럴 것이 미신은 우리 생활의 일부이다. 아직도 많은 사람들이 오래전부터 내려오는 미신을 믿는다. 인간은 작고 나약한 존재이기에 누구나 조금씩은 미신을 믿을 수밖에 없다.

물론 미신의 뿌리는 고대의 마술에서 전해 내려왔다. 마술은 만물이 처음 시작되었을 때부터 오랫동안 종교와 의학, 사회생활과 밀접한 연관이 있었다.

미신의 토대가 된 점술

점술은 미신의 탄생에 확실한 배경을 제공했다. 물론 마술에 대한 믿음은 원시시대 일상생활의 토대였다. 앞에서 언급했듯이 원시인들은 부적과 마법을 믿었으며 로마 같은 문명국에서조차 복점관 같은 점쟁이들을 믿었다.

원주민과 마술 ─ 문명국의 미신

이상한 일이지만 아직까지 부족사회와 문명국에는 마술에 대한 믿음이 남아 있다.

혜성과 별똥별은 원주민 사회에서 재앙을 의미하는데 선진국에서도 그것이 죽음을 뜻한다는 미신이 있다. 오스트레일리아 원주민은 밤중의 매 울음소리가 어린아이의 죽음을 뜻한다고 믿으며 선진국에는 밤중에 집 앞에서 개가 짖으면 집안에 죽음이 닥친다는 미신이 있다.

주문 ─ 오늘날의 저주

원주민들은 흔히 어떤 목적을 달성하기 위해 주문을 외운다. 예부터 사람들은 타인에게 축복이나 저주의 말을 반복하면 실제로 행운이나 불행이 일어난다고 생각했다. 그러한 믿음의 결과로 오늘날의 저주가 생겨났다. 오늘날 저주는 원한을 갚기 위한 수단이 아니라 단지 분노의 표현으로 여겨진다. 저주가 자신의 목적을 달성하기 위해 주문을 외우던 데서 비롯된 만큼 그 속에는 여전히 악한 요소가 들어 있다고 할 수 있다.

부적 − 마법사의 주요 무기

잘 알다시피 부적은 마법사의 가장 중요한 버팀목 중 하나였다. 부적에는 두 종류가 있었다. 하나는 위험을 막기 위해 몸에 지니고 다니는 것으로 돌이나 보석처럼 조그마한 물건이고 다른 하나는 어떤 물체를 이용해서 특정한 주문을 외울 때 사용하는 부적이었다.

원시부족은 아직도 부적의 힘을 믿는다. 그들은 신성한 돌이나 보석이 장님의 눈을 뜨게 하고 아픈 사람에게 원기를 불어넣어 준다고 믿는다. 마법사들이 돌 같은 신성한 물선에 주문을 외워 '악마의 눈'을 무찌르고 병을 치료할 수 있다고 믿는다.

근대의 부적

부적에 대한 믿음은 조금 바뀌기는 했지만 여전히 남아 있다. 오팔이 불행을 상징한다든가 진주가 눈물을 상징한다든가 하는 미신은 고대에서부터 전해져 내려왔다. 주변을 둘러보면 아직까지 수정이나 부싯돌 혹은 토끼의 발 같은 부적을 지니고 다니는 사람들도 있다. 그들은 딱히 부적의 힘을 믿지는 않지만 '안도감'을 느끼기 위해 몸에 지니고 다닌다. 부적을 지니고 다니면 나쁜 일이 생겨도 가만히 앉아서 '당하지'만은 않을 것이라고 믿고 싶기 때문이다. 부적이 주변에 흐르는 불길한 기운을 '감지'하거나 행운을 끌어들일 수 있다고 말이다. 문명의 발달과 함께 인간의 판단력이 발달한 지금까지도 미신은 여전히 존재하고 있다.

예로부터 사람들은 철을 끌어들이는 자석이 고통을 없애준다고 믿었다. 그래서 유럽의 농부들은 관절염의 통증을 줄이기 위해 바지주머니에 자석을 넣고 다녔다. 전문가들은 자석이 관절염에 아무런 효과가 없다고 말하지만 현대인들은 지금까지도 그 미신을 믿고 '전기 벨트'를 착용하고 다닌다.

악을 물리치는 마법

원시부족은 주문이 사람에게 막대한 힘을 발휘한다고 믿는다. 그래서 수천 년 전에 사용된 주문이 아직까지 전해진다. 지금도 마술사들은 악의 힘을 무찌르기 위해 막대기나 줄, 돌 같은 물체를 사용해 소리 내어 주문을 외운다.

예전에 마법을 직접 목격한 적이 있다. 어느 집의 아이가 많이 아팠는데 아이의 어머니는 악마의 눈이 아이를 쳐다보고 있기 때문에 아이가 아픈 것이라고 생각했다. 아이의 할머니가 짚으로 엮은 비를 손에 어떤 모양으로 엇갈리게 들고 주문 같은 것을 외웠다. 사람들은 그 덕분에 아이의 병이 나았다고 생각했다. 그런데 그만 아이가 또 병이 났다. 가족들은 아이가 무언가를 무서워해서 몸져누웠다고 생각했다. 이번에 아이의 할머니는 뜨거운 냄비에다 소량의 납을 녹인 후 찬물에 부었다. 그러자 납의 모양이 개처럼 변했다. 그래서 사람들은 아이가 개를 무서워한 나머지 앓아누웠다는 사실을 알게 되었다. 물론 그 할머니에게 신비한 능력이 있는 것은 아니었지만 미신을 믿는 이웃들은 할머니가 마법을 부릴 줄 안다고 생각했다.

가장 흔한 미신

미신의 근원은 많이 사라지고 없다. 미신은 입에서 입으로 전해졌으므로 역사가 무척 오래 되었다. 특히 시간이 지나면서 조금씩 형태가 바뀐 것들은 처음에 어떻게 생겼는지 전혀 알 수 없다. 신빙성이 거의 없다고 밝혀졌음에도 여전히 많은 사람들은 미신을 믿는다.

소금이 흩어지는 것을 예로 들어보자. 탁자에 소금이 흩어지면 다툼이 일어날 징조라고 한다. 그런데 도대체 소금과 다툼이 무슨 관계가 있는 것일까? 어떻게 생겨났는지조차 알 수 없지만 그 미신은 여전히 존재한다. 어깨에 소금을 뿌리면 악한 기운을 쫓아낼 수 있다는 미신도 마찬가지이다.

왜 13은 불길한 숫자가 되었을까? 13일의 금요일은 왜 저주와 불행을 상징할까? 그 이유는 전혀 알 수 없지만 여전히 사람들은 되도록 그 숫자를 피하려고 한다.

왜 편자에 악마를 쫓는 힘이 있다는 것일까? 비록 그 이유는 알 수 없지만 원시시대에는 말굽에 편자를 박지 않았으므로 그 미신이 비교적 나중에 생겨났다는 것만은 짐작할 수 있다.

마술과 종교

　누군가가 말했다. '마술은 역사와 과학이라는 쌍둥이 거인의 발상지이다." 맞는 말이기는 하지만 나는 더 정확하게 정의하고 싶다. '마술은 역사와 종교, 의학, 약학, 화학 모두를 포함한 과학의 발상지이다.' 한마디로 마술은 현대 과학의 출발점이다.

　요즘에는 그저 '오락', '볼거리'의 한 분야로 여겨지는 마술이 자연에 대한 이해를 자극하고 과학의 발전을 이끌었다는 것은 참으로 놀랍지만 사실이다. 마술은 역사와 함께 발전했다. 최초의 기록인 성서시대와 그리스 예술의 황금시대, 암흑시대, 르네상스시대 그리고 현대에 이르기까지 마술은 계속해서 큰 영향력을 발휘했다. 앞에서 간략하게 설명한 것처럼 마술은 시대와 지역을 불문하고 역사적으로 막대한 영향력을 행사했다.

　이제 마술과 종교, 과학의 관계가 어떻게 발전해왔는지 살펴보자.

초기의 종교

　최초의 종교는 물질을 숭배하는 것이었다. 원시인은 태양을 보고 감탄했고 어떻게 해서 비가 내리는지 의아해했으며 밤과 낮이 바뀌는 것을 보고 두려워했다. 그래서 태양과 비, 바람에 보이지 않는 신기한 힘이 있다고 생각했다. 인간의 힘으로 어찌할 수 없는 불가사의한 현상을 보고 초자연적인 존재가 세상을 지배한다고 결론짓게 된 것이다. 이해할 수 없는 현상이 두려웠던 그들은 불가사의한 물질을 다스리는 신도 두려워하게 되었다. 신이 기쁘면 태양이 쨍쨍 내리쬐고 성나면 폭풍이 몰아친다고 생각했기 때문이다.

종교에서 마술의 기원

　원시인에게는 숭배, 즉 종교보다 자기보존 본능이 더 중요했다. 그들은 신을 달래기 위해 온 힘을 쏟았다. 원시시대에도 집단에는 어떤 형식으로든지 지도자가 존재했다. 당연히 그 지도자가 한 종교에 속한 사람들의 사상과 행동을 이끌어 나가게 되었다. 사람들은 그의 제안과 행동, 혼잣말, 손짓 등을 보고 하늘의 신과 소통할 수 있다고 생각했다. 그래서 신을 움직이는 능력과 지도자의 존재를 연결지어 생각하게 되었다. 사람들은 그가 초자연적인 능력을 지닌 신과 인간을 이어주는 매개체라고 생각하기 시작했다.

이렇게 해서 마술과 종교의 관계가 시작되었다.

그리스, 로마 같은 고대 문명국에서도 수많은 신을 숭배했다. 그들을 달래기 위해 동물을 희생시킨다거나 다양한 제물을 바친다거나 하는 마법을 사용했다. 물론 마법사가 그러한 의식을 지도했다. 우주의 절대 지도자, 즉 유일신을 숭배한 유대인조차 절대자와 인간의 중간 영역에 어떤 힘이 존재한다고 믿었다. 천사와 악마의 힘이 마법을 통해 인간에게 영향을 끼친다고 생각했다.

고대의 성직자는 진짜 마술사들이었고 최초의 마술 역시 종교와 밀접한 관계가 있었다.

'좋은' 마술과 '나쁜' 마술

처음에는 성직자와 마술사의 역할이 섞여 있었다. 하지만 국가의 규모가 커지고 국교회가 확립되면서 마술사는 마술을 사용하기 시작했고 성직자가 정식으로 행하는 의식과 마술사가 음지에서 은밀하게 행하는 의식이 명확히 구분되기 시작했다.

그렇게 해서 소위 '좋은' 마술과 '나쁜' 마술의 구분이 시작되었다. 국가 기관이 언제나 선을 목적으로 행하는 기적은 '좋은' 마술로 분류되었다. 반면 마술사가 마술을 걸거나 악마를 무찌르기 위해 약을 주는 따위의 행위는 '나쁜' 마술이 되었다.

종교는 규모가 커짐에 따라 '좋은' 마술에 대한 믿음에서 어느 정도 자유로워졌고 '나쁜' 마술은 종교에서 독립했다. 그런데 이상하게도 계몽운동과 종교철학의 발달에도 불구하고 마술과 종교의 관계는 더 탄탄해졌다. 더 정확히 말하자면 몇 세기를 거쳐 근대에 이르기까지 그 영향력이 거의 줄어들지 않았다. '나쁜' 마술은 사람들의 상상력을 지배하게 되었고 앞에서 언급했듯이 미신의 형태로 여전히 남아 있다.

심령술의 기원

고대에 조상 숭배는 종교의 중요한 일부분이었다. 고대인은 조상, 즉 죽은 자의 영이 산 자에게 영향을 끼친다는 사실을 믿었으므로 자연히 심령술이 발달하게 되었다. 그래서 죽은 영을 불러내고 이해할 수 있는 사람이 필요했다. 당연히 신과 소통할 수 있는 초자연적인 능력을 지닌 사람이어야만 했다. 그리하여 심령술사라 불리는 마술사의 한 부류가 생겨났다. 그들은 영의 세계와 소통할 수 있는 신비한 능력을 이용해 사람들의 종교 활동을 도왔다.

그리스의 오라클

고대 그리스의 종교는 주로 심령술을 바탕으로 형성되었다. 오라클이나 죽은 영에게 미래에 관한 조언을 구하기 위한 신전이 많았다. 이는 종교의 밀접한 관계를 보여주는 부분이다. 그중에서 아폴론 신의 신전인 델피의 신탁이 가장 유명하다.

세계 어느 지역을 보더라도 초기의 종교는 마술과 떼려야 뗄 수 없는 관계였다. 오늘날 그러한 믿음은 조금 변형되기는 했지만 원시 부족사회는 물론 선진국에서도 여전히 종교의 일부로 존재한다.

이처럼 마술의 영향력은 실로 대단했다. 비록 지금은 그 힘이 줄어들고 약간 변형되기도 했지만 여전히 우리와 함께 한다.

마술과 의학

오늘날의 의학기술은 인간의 각종 병을 섭렵할 만큼 크게 발달했다. 아직까지 원시부족사회에 남아 있는 고대 마술사들의 치료법과는 비교도 되지 않는다. 하지만 흥미롭게도 오늘날 눈부실 정도로 발달한 의학은 고대 마법사들의 허술한 마법에서 시작되었다.

치유법의 시작

가장 원시적인 치유법은 마법사의 부적과 주문을 이용하는 것이었다. 돌이나 막대기, 줄을 이용해 병자의 몸에서 병을 쫓아냈다. 그리고 나중에는 실제의 약과 마법의 약을 합쳐 사용하게 되었다. 마법사들은 약초와 나무껍질로 만든 용액과 연고를 사용했다. 하지만 약만 사용하는 것이 아니라 병의 원인인 악마를 쫓아내기 위해 마법을 함께 사용했다. 고대에 사용된 약초 중에는 아직까지 사용되는 것들이 많다. 당시에는 의학적인 이유라기보다 마법적인 이유로 약초를 사용했다.

마법과 의학의 밀접한 관계

중국에서는 식물의 머리로 사람의 머리를 치료하고, 줄기로 몸통을, 뿌리로는 다리를 치료했다. 유럽의 의사들도 그러한 '징후이론(doctrines of signatures, 식물의 외형과 신체 일부의 외관 사이의 유사점은 식물의 질병 치유적 효용성을 나타낸다는 이론—옮긴이)'을 적용했다. 사실 그것은 의학이 아니라 마법이었다. 그들은 눈병에 눈 모양과 비슷하게 생긴 좁쌀풀을 처방했다. 또 천연두 치료에는 뽕나무 열매를 사용했다. 천연두가 혈액과 관련된 병이므로 피와 색깔이 똑같은 뽕나무 열매로 치료한 것이다. 이처럼 마술과 의학은 초기의 질병 치료에 중요한 역할을 했다. 종교와 마찬가지로 의학은 마법과 밀접한 관계를 유지했다.

행성에 깃든 마술의 힘

고대인은 행성과 의학의 관계를 나타내는 시스템을 고안했다. 그것은 초기 의학의 발달에 중요한 초석이 되었으며 현대에 이르기까지 큰 영향을 끼쳤다. 부족사회에서는 아직까지 어느 정도는 의학을 지배하고 있다. 그 시스템은 인간의 신체가 특정한 행성의 지배를 받는다는 믿음을 바탕으로 고안되었다.

즉 각각의 행성은 특정한 병을 치료하거나 유발한다. 그러한 믿음은 점술과 함께 시작되어 원시시대의 치유법과 혼합되었다.

고대인은 행성과 치유법의 관계를 나타낸 표를 만들었다. 거기에는 행성과 연관 있는 약초의 이름과 약초를 준비해야 하는 시간이 나와 있다. 그리고 약을 바르기에 좋은 시간과 수술하기에 좋은 시간도 적혀 있었다. '의사' 혹은 마법사들은 그 표를 보고 환자를 어떻게 치료해야 할지 결정했다. 환자가 악화되거나 심지어 사망해도 행성의 탓으로 여겼으므로 그들은 책임을 면할 수 있었다. 근대시대인 17~18세기에 들어서도 마찬가지였다. 환자가 사망해도 의사는 아무런 책임이 없었다. 의사의 실력이 부족해서가 아니라 행성이 불길해서라고 여겼기 때문이다.

초기 의사들의 방식

최초의 의사인 마법사는 다음과 같은 방법으로 환자를 치료했다. 우선 행성을 이용해 환자의 병을 진단했다. 예를 들어 달이 토성을 향해 특정한 위치에 있으면 두통과 감기 증상임을 뜻했다. 그것이 바로 병의 '진단'이었다. 그런 다음 달과 토성의 위치 그리고 환자 본인에게 가장 효과적인 약초를 연구했다. 그 과정이 끝나면 행성계에 따라 약을 처방해야 하는 시간을 찾았다. 그렇게 해서 치료 방법이 결정되었다. 즉 초기 의사들은 약이 아닌 마법에 더 크게 의존하여 병을 치료했다.

부적과 표시

마법사들은 행성과 관련된 약초와 식물, 광물 외에도 행성의 그림과 표시가 있는 부적을 사용했다. 신비한 부적과 표시는 초기의 의학과 뗄 수 없는 관계였다. 특히 그들은 원(circle)이 병을 치료해준다고 믿었다. 이는 원시시대에 태양을 숭배하던 데서 비롯된 것으로 보인다. 숫자도 병의 치료에 대단히 중요한 역할을 했다. 어떤 병은 숫자와 표시를 이용하는 것이 치료의 전부이기도 했다. 폐결핵의 경우 인동덩굴로 만든 동그란 화관을 세 번 지나게 함으로써 치료했다. 인동덩굴은 3월에 달이 찰 때 자른 것으로 사용했다.

조금 다른 방법을 사용하는 마법사도 있었다. 환자가 초록색의 인동덩굴로 만든 화관을 세 번 지나게 한 후 화관을 아홉 조각으로 잘라 불에 태웠다. 이렇게 하면 병이 확실히 낫는다고 했다. 또 백일해는 살아 있는 소의 뿔로 만든 액체를 아홉 번 마시면 낫는다고 했다. 물론 모든 약은 해당 행성이 나타내는 시간에 따라 준비했다.

이처럼 마법을 이용한 치료법은 수세기를 거쳐 근대에까지 이어졌다. 하지만 시대가 바뀌면서 사람들의 인식도 바뀌자 의학은 차차 마법의 영향력에서 벗어나게 되었다.

그 외 학문과의 관계

어떤 사람들은 마술이 유치하고 바보 같다면서 무시한다. 하지만 다행히 요즘은 그런 사람들이 별로 없다. 그들이 마술을 무시하고 얕보는 이유는 마술에 관해 잘 모르기 때문이다. 실제로 마술이 모든 지식의 기원이라는 사실을 알 만한 사람은 다 안다. 마술이 역사적으로 얼마나 중요한 부분을 차지하는지 알면 결코 마술을 가볍게 볼 수 없을 것이다. 마술이 오락분야에만 기여했다고 생각하면 오산이다. 마술이라는 신비한 분야를 제대로 이해하려면 깊이 파고들어야 한다. 현재 마술은 오락의 하나로 자리 잡았지만 사실은 과학의 출발점이었다.

지금까지 마술과 종교, 의학의 역사적인 관계에 대해 알아보았다. 이제 마지막으로 천문학, 화학, 약학, 물리학과의 관계에 대해서 살펴보자.

점성술 ― 천문학의 토대

점성술은 현대 천문학의 토대이다. 고대 사람들은 신이 행성을 만들어 하늘에 올려놓았다고 생각했다. 점성술의 체계는 그렇게 시작되었다. 그들이 행성의 신비한 힘을 숭배하기 시작하고 행성의 영향력에 따라 온 세상을 나눔으로써 점성술이 발달했다.

그리하여 인간의 신체와 동물, 식물, 광물, 나라를 지배하는 행성이 정해졌고 그것은 마법에 대한 믿음을 바탕으로 매우 복잡한 행성 체계로 발전하게 되었다. 행성이 마법에 영향을 끼친 사실은 앞서 의학과 마술의 관계에서 설명했다. 점성술의 체계는 단지 의학만을 포함하지 않으며 인간 생활의 수많은 요소에까지 영향을 끼쳤다.

근대의 점성술

점성술은 근대에 들어 천문학으로 발달했다. 천문학은 마법의 영향력에서 벗어나 행성을 다루는 학문이다. 하지만 아직도 점성술을 믿는 사람은 많다. 특히 생년월일과 행성의 관계로 미래를 예측하는 '별점'은 여전히 인기가 많다.

연금술 ─ 화학의 기초

마법과 함께 발달한 점성술은 연금술의 바탕이 되었다. 행성에 따라 금속을 분류했기 때문에 금속이 특정한 행성의 영향을 받아 만들어진다는 믿음이 생겨났다. 그리하여 토성은 납, 목성은 주석, 금성은 동, 달은 은, 태양은 금을 나타내게 되었다.

원래 연금술은 물질이 어떻게 만들어졌고 무엇으로 이루어졌는지 물질의 특성을 알아보는 기술이지만 마법과도 밀접한 연관이 있다. 행성에 깃든 정신이 금속을 지배한다는 믿음 때문에 연금술사에게 신기한 힘이 있다고 여겨졌기 때문이다.

연금술의 목적은 다음과 같았다.

1. 현자의 돌을 찾는 것
2. 모든 물질을 녹이는 만물용해액(alkahest) 혹은 보편적 용매(universal solvent)를 찾는 것
3. 불로장생 영약을 만드는 것

연금술사들은 모든 물질을 완벽한 형태로 만들 수 있는 현자의 돌이 존재한다고 믿었다. 동식물은 물론 땅과 돌 심지어 영혼에까지 사용할 수 있다고 생각했다. 가장 기본적인 금속을 금으로 돌멩이를 루비와 다이아몬드로 만들 수 있다고 믿었다. 또 현자의 돌로 아무리 멀리 떨어진 곳, 꼭꼭 숨겨진 비밀 동굴까지도 다 들여다 볼 수 있다고 믿었다. 만물용해액은 그들이 금을 포함한 모든 물질을 녹일 수 있다고 믿은 상상의 액체였다. 그것을 통해 광석이 어떻게 만들어졌는지 알 수 있고 더 순수한 물질로 바꿀 수 있다고 믿었다. 하지만 그들은 만물용해액이 존재한다는 생각부터 잘못되었음을 깨달았다. 만물을 다 녹이는 액체는 어떤 그릇에도 담을 수 없지 않은가.

Tarbell course in Magic

또 연금술사들은 건강하게 오래 살게 해주는 빨간색의 불로장생 영약을 찾으려고 했다. 하지만 거기에는 두 가지 문제가 따랐다. 영약이 무엇인지는 물론 사용방법까지 함께 알아야 했기 때문이다. 불로장생 영약은 매우 강해서 잘못 먹으면 몸 전체가 녹는다고 했다. 영약에 관해 막연히 언급된 기록은 많다. 영약 제조법을 남긴 철학자들도 있지만 모두 마법에 의존하므로 막연하기만 하다. 따라서 아직까지도 불로장생 양약은 밝혀지지 않았다.

지금까지 설명한 가짜 과학은 마법과 함께 시작되었고 수세기 동안 서로 매우 밀접한 관계를 유지했다. 나중에는 마법의 영향에서 벗어난 화학과 천문학이 발전했고 대중에게도 자연스럽게 공개되었다. 하지만 아직까지 많은 사람들이 화학과 천문학 하면 마법을 떠올린다.

약학

물론 약학은 화학과 의학에서 비롯된 학문이다. 처음에 약학은 점성술, 마법과 관련이 있었는데 연금술과 화학이 발달하면서 하나의 학문으로 자리 잡았다.

물리학

물리학은 기계와 빛, 열, 소리를 다루는 학문이다. 쉽게 말해서 자연현상에 작용하는 물리적인 힘을 연구하는 학문이다. 물리학도 마법에서 뿌리를 찾을 수 있다. 마법으로 인해 자연에 대한 이해의 길이 열리자 인간은 본격적으로 지식을 탐구하기 시작했다. 그 지식의 나무에서 여러 학문의 가지가 자라났다. 따라서 물리학, 광학 같은 학문을 탐구하게 된 것은 마법의 기원이라고 할 수 있다. 로저 베이컨(Roger Bacon)은 마술사이면서도 과학을 공부했으며 광학 발달에 크게 기여했다. 그 덕분에 과학의 한 분야로만 여겨지던 광학이 마술의 일부에 속하게 되었다.

과학의 발달과 세상에 대한 지식 덕분에 세상은 이렇게 살기 좋아졌다. 일등공신인 과학의 기원이 마술이라니 정말 놀랍지 않은가? 이처럼 인간의 삶에 막대한 영향을 끼친 마술은 이제 가장 재미있는 오락이 되었다.

마술은 교육적이다

마술을 기초로 발달한 학문이 이제는 마술의 기초가 되었다. 마술은 과학과 밀접한 관계가 있다. 마술에 심취하면 자연히 과학 공부에도 심취하게 되고, 마술의 효과를 위해 물리학과 기계학, 광학, 전기, 화학, 심리학을 이용하면서 자연히 그렇게 되는 것이다. 고대인은 마법을 토대로 학문을 발달시켰지만 그와 정반대로 현대인은 학문적 지식을 바탕으로 마술을 배운다. 마술을 통해 배우는 지식은 사업뿐 아니라 대인관계 그리고 마술사라는 직업에 큰 도움이 된다.

마술의 비법은 과학에 좌우된다. 대부분은 광학과 빛, 열, 소리를 다루는 물리학에 달려 있지만 모든 이펙트는 심리학을 이용한다.

마술은 사고력을 키워준다

과학 공부를 하게 해주는 것 외에도 마술은 또 다른 이로움을 선사한다. 바로 이성적 사고력을 발달시킨다는 것이다. 그것은 살아가면서 매우 귀중한 자원이 된다. 마술이 사고력을 발전시키는 이유는 당연하다. 마술은 진지한 사고와 집중력을 필요로 하므로 이성을 훈련시키는 아주 좋은 방법이다. 관객 앞에서 공연할 때는 한 번에 신속하게 여러 가지를 생각해야만 한다.

마술을 배우면 또 다른 보람이 있다. 바로 민첩하고 날카로워진다는 사실이다. 이는 훌륭한 마술사에게 꼭 필요한 자질이다. 마술의 기술은 매우 단순하지만 기본원리와 동작을 마스터해야 완벽하게 시연할 수 있다.

따라서 완벽한 마술을 위해서는 빠르고, 분명하게, 빈틈없이 사고해야만 한다. 마술을 배우다 보면 자연히 그렇게 된다. 이처럼 마술에 필요한 능력은 마술을 통해 얻을 수 있다. 마술을 하려면 정확한 지식과 빠른 사고가 필요한데, 이는 마술을 배움으로써 저절로 얻게 된다.

근대의 마술

　지금까지 마술의 기나긴 역사에 관해 살펴보았다. 이 책에 설명된 내용을 바탕으로 더 자세히 공부하기 바란다. 마술이 고대인에게 어떤 의미였으며 어떤 역할을 했는지 꼭 알아야 한다. 또 마술에 대한 사람들의 생각이 어떠했는지도 알아야 한다. 신기한 마술은 언제나 사람들을 매혹시켰다.

　지금까지 마술이 어떤 모습을 거쳤는지 살펴보았다. 근대와 고대의 마술은 큰 차이가 있다. 현대에는 더 이상 좋은 마술, 나쁜 마술을 구분하지 않으며 그것이 신에게 부여받은 초자연적인 능력이라고도 생각하지 않는다. 단지 오랜 세월 동안 사랑받아온 가장 재미있는 오락의 하나로 평가받는다.

Tarbell
Course in MAGIC

어떤 지혜로운 사람이 직원에게 이렇게 말했다

"하루에 여덟 시간씩 일하고 걱정하지 않으면 언젠가 상사가 될 수 있고, 하루에 열여덟 시간씩 일하면 모든 걱정거리를 짊어지게 된다."

천재는 과학적, 예술적으로 일한다. 기본이 있어야 개성을 발휘하거나 과장할 때 를 제대로 알 수 있다. 전문 마술사가 되든지 아니면 취미로 하든지 간에 일단 마 술을 배우는 사람은 기본 토대를 튼튼하게 닦아야 한다.

Tarbell course in MAGIC

마술은 과학이다
Magic as a Science

마술사는 태어나는 것이지 만들어지는 것이 아니라고 한다. 물론 처음부터 마술사에 적합한 성격과 사고방식을 타고나는 사람들도 있다. 그것은 다른 직업의 경우도 마찬가지다. 미술 분야를 예로 들어 보자. 일 년에도 수많은 예술가 지망생들이 쏟아져 나온다. 그중에는 세계적으로 유명한 예술가로 성공하는 사람도 있고 관련분야에서 그럭저럭 일하는 사람도 있으며, 다른 직업에 종사하면서 그저 취미로만 예술 활동을 하는 사람도 있다.

나는 경험을 통해 천재는 보통 사람보다 두 배 더 노력한다는 사실을 깨달았다. 남들이 포기해도 그들은 계속 전진한다. 저 멀리 높은 산에 닿을 때까지 중간에 돌부리에 걸려 넘어져도 절대 포기하지 않는다.

어떤 지혜로운 사람이 직원에게 이렇게 말했다. "하루에 여덟 시간씩 일하고 걱정하지 않으면 언젠가 상사가 될 수 있고, 하루에 열여덟 시간씩 일하면 모든 걱정거리를 짊어지게 된다."

천재는 과학적, 예술적으로 일한다. 기본이 있어야 개성을 발휘하거나 과장할 때를 제대로 알 수 있다. 우스꽝스러운 캐릭터를 그리는 만화가도 인체의 비율에 관해 공부해야 한다. 지식이 있어야 발전할 수 있다.

전문 마술사가 되든지 아니면 취미로 하든지 간에 일단 마술을 배우는 사람은 기본 토대를 튼튼하게 닦아야 한다. 수학자도 우선 기본적인 수학 공식을 알아야 복잡한 문제를 풀 수 있다. 작가도 단어 구조와 문법, 작문법, 소재에 관해 공부해야 명쾌하고 매끄러운 글을 쓸 수 있다.

나는 몇 년 전에 「포토플레이(Photoplay)」지의 아트 에디터로 일한 적이 있다. 내가 그 일자리를 얻게 된 이유는 순전히 레터링과 디자인 실력 때문이었다. 잡지사는 전문지식을 갖춘 나를 고용하여 디자인을 개선시키면 판매 부수가 늘어나리라고 생각했다. 나는 열여섯 살 때 디트로이트의 찰스 스트롱(Charles Strong) 아래에서 레터링과 디자인을 배웠다. 찰스 스트롱은 레터링(lettering, 글자를 그림처럼 디자인해서 표현하는 기법—옮긴이)과 디자인을 예술뿐 아니라 과학으로까지 승화시킨 장본인이었다. 나는 2년 동안 문자 및 공간의 과학적 구조와 역사, 올바른 용도, 구매력 등에 관해 공부했다.

하지만 주위 사람들은 그런 나를 비웃었다. 일리노이 주 페오리아에서 간판화가인 내 친구 밑에서 일하던 간판화가가 한 명 있었다. 그는 네모 안을 채우고 수치를 계산해 글자를 쓰는 나를 보고 놀리기 일쑤였다. 나를 놀리는 것만으로는 성이 차지 않았는지 순전히 재미 삼아 찰스 스트롱의 레터링 스쿨 통신교육과정에 등록하기까지 했다. "내가 간판화가라는 사실은 밝히지 않을 거야. 그냥 시키는 대로 네모 안이나 채우고 수치를 계산해서 디자인을 해야지. 그리고 마지막에 가서 모두를 비웃어 줄 거야. 하하하!'

그런데 웬일인지 시간이 지날수록 그의 눈이 반짝반짝 빛나기 시작했다. 몇 달이 지난 어느 날 시카고에 간 그는 다른 간판장이에게 자신이 레터링을 배운다는 말을 꺼냈다. 그런데 시카고의 간판화가는 그를 비웃기는커녕 이렇게 말했다. "정말 굉장하군. 자네 실력이 놀랄 만큼 좋아졌겠구먼. 어떤가, 나와 같이 일하지 않겠나? 지금 자네가 받는 주급의 두 배인 100달러를 주겠네." 이렇게 해서 그는 간판장이에서 포스터 디자이너로 변신했다. 뛰어난 포스터 디자이너인 찰스 스트롱은 과학적이고 체계적인 방식으로 학생들에게 포스터 디자인을 가르쳤다. 영화가 막 보급되기 시작한 당시에는 영화를 선전하기 위해 로비에 포스터를 진열하는 극장들이 많았다. 리처드 번(Richard Byrne)이 그린 시카고 맥비커스 극장 포스터는 커다란 센세이션을 일으켰고 레이몬드 캐츠(Raymond Katz)의 시카고 극장 포스터를 보고자 일반 전시회보다 더 많은 관객이 몰려들었다.

레터링을 공부하는 나를 비웃던 그 친구는 점점 수요가 늘어나는 포스터 시장에 준비된 인재였다. 그가 그린 포스터는 이내 뉴욕 바이어들의 관심을 끌었고 마침내 그는 뉴욕에 건너가 포스터 디자이너로 성공했다.

후에 그는 학교 관계자들과 나를 비웃기 위해 레터링 공부를 시작한 이야기를 하며 웃곤 했다. 그렇게 시작한 공부가 시시한 간판화가였던 자신을 포스터 디자이너로 변신시켜줄 줄은 꿈에도 몰랐다고 말이다.

50가지 마술을 배운다고 마술사가 될 수 있는 것은 아니다. 기본이 없으면 마술사가 아니라 단지 눈속임을 하는 사람일 뿐이다.

실험실에서 주어진 지시에 따라 50가지 실험을 한다고 상상해보자. 주어진 방법대로 해도 어설프기 짝이 없을 것이다. 화학의 기본을 모르므로 결과를 전혀 예측할 수도 없다. 폭발이 일어나면 그제야 '아, 뭐가 잘못 되었구나' 라고 생각한다.

하지만 폭발 없이 50가지 실험을 무사히 마쳤다고 해서 화학자라고 할 수 있을까? 결코 그렇지 않다. 실험 후 고개를 끄덕이다가도 얼마 지나지 않아 전부 다 잊어버릴 것이다. 기본 법칙을 모르면 혼자 힘으로 실험을 할 수 없다. 실험방법을 그대로 따른다고 해도 결코 잘할 수는 없다.

마술도 마찬가지이다. 마술은 실험과 마찬가지로 법칙에 따라 이루어진다. 진정한 마술사가 되려면 기술보다 기본 원리를 중요시해야 한다. 그렇지 않으면 왜 손을 어떤 각도로 움직여야 하는지 어떤 지점을 응시해야 하는지 이유도 모른 채 마구잡이로 마술을 하게 된다. 과연 제대로 하고 있는지 계속 의구심이 들 것이다. 결국 실험을 할 때처럼 '펑' 하고 폭발이 일어난다. 전문적으로 훈련받지 않은 마술사는 결국 관객에게 속임수를 들키게 된다.

과학은 추측을 허락하지 않는다. 이미 검증된 확실한 이론을 필요로 한다. 과학은 실험을 기초로 하는 것이 아니라 기초를 토대로 형성된다. 마술도 마찬가지로 기초를 완전히 습득하면 마스터키를 손에 넣게 된다. 기초는 당신의 일부분이 된다. 기초만 제대로 익히면 자세한 방법 따위는 잊어버려도 괜찮다. 기본을 알면 자유자재로 다양한 기술을 구사할 수 있기 때문이다.

내가 마술의 기본과 원리를 강조하는 또 나른 이유는 당신이 이 책에 나오지 않는 마술까지 할 수 있기를 바라기 때문이다. 마술의 원리를 알면 손쉽게 새로운 방식과 기술을 고안할 수 있다.

나는 마술의 원리를 더 쉽게 설명하기 위해서 이 책에 실은 기술들을 한번 더 공부했다. 그리고 기술 자체뿐 아니라 기본 법칙을 함께 공부할 수 있는 내용들을 골라 구성했다. 그래서 이 책에는 특히 기본적인 기술이 많이 포함되어 있다. 하나도 빠짐없이 열심히 연습해서 기본을 익혀야 한다. 기술 자체를 익히는 것이 목표가 되어서는 안 된다. 그것은 비과학적일 뿐 아니라 프로답지 못한 일이다.

기본 법칙을 정확히 익히면 그것을 바탕으로 새로운 마술을 할 수 있다. 단순한 눈속임을 부리는 것이 아니라 마술의 기본과 법칙을 아는 사람이 진정한 마술사다.

한마디로 마술사는 과학자가 되어야 한다.

이 과정을 마스터하면 보통 이상의 실력을 갖춘 마술사가 될 수 있을 것이다. 이 코스는 기본을 시작으로 과학적으로 구성되어 있기 때문이다. 먼저 기초를 탄탄히 다져놓고 실력을 연마하면 반드시 마술사로 성공할 수 있을 것이다.

프로의 자세

가장 먼저 프로의 자세를 가지라고 당부하고 싶다. 내가 이 코스를 기획한 목적은 당신을 마술사로 만들기 위해서다. 설사 지금 당장 무대에 설 생각이 없더라도 전문가의 기술을 익혀야 한다. 이 과정이 끝날 때쯤에는 전문 마술사와 똑같은 기술을 구사할 수 있게 될 것이다. 전문 마술사가 될 생각이 없어도 목표를 크게 잡아라.

대부분은 전문 마술사가 되려고 이 과정에 입문했겠지만 가족이나 친구에게 마술을 보여주려고 입문한 사람도 있을 것이다. 그래도 이 과정이 끝날 즈음에는 전문 마술사로 나서도 손색없을 만큼 실력이 발전해야 한다. 이왕 마술을 배우는 마당에 어중간한 수준으로는 만족하지 마라.

전문적인 기술을 익히겠다고 다짐했다면 가장 먼저 프로의 자세를 지녀야 한다. 프로의 자세는 다음과 같다.

열심히 공부하라

화학자가 되려면 화학을 공부해야 한다. 목표를 진지하게 받아들이고 시간과 열정을 바쳐 화학을 속속들이 공부해야만 비로소 화학자가 될 수 있다.

이 코스를 공부하는 것도 그와 똑같은 맥락으로 생각해야 한다. 아마 이 책을 읽는 사람은 대부분 마술을 취미가 아니라 직업으로 생각할 것이다. 그렇지 않은 사람도 '전문 마술사가 되겠다'는 각오로 임해야 한다.

알다시피 이 책 《타벨의 마술교실》은 책 형식을 빌린 교육과정이다. 화학책을 가지고 화학을 공부하는 것처럼 이 책은 마술을 공부하기 위한 책이다. 하지만 교과서처럼 딱딱한 방식은 피하고 재미있게 구성했다. 바로 앞에서 가르쳐주는 것처럼 쉽고 편안하게 설명했고 모든 동작은 이해하기 쉽도록 그림을 첨부했다. 내가 바로 앞에서 가르쳐준다는 생각으로 열심히 배우기 바란다.

성실하게 연습하라
마술사와 화학자를 계속 비교해보자. 화학자가 되려면 화학책에서 얻은 기술을 활용해야 한다. 그러기 위해 실험실에서 실험을 하거나 이론을 분석한다. 마술을 배우는 사람에게는 거울이 실험실이나 마찬가지다. 거울을 보면서 연습하면 당신의 성과가 거울 속에 그대로 나타난다. 못 하면 못 하는 대로, 잘하면 잘하는 대로… 열심히 연습할수록 여러 기술을 점점 더 정확히 구사할 수 있게 된다.

팜(palm) 기술을 예로 들어 보자. 팜 기술은 마술의 가장 기본적인 기술 중 하나이며 연습하면 할수록 전문가처럼 능숙하게 구사할 수 있다. 하루가 지날수록 발전하는 모습을 보면 더 열심히 해야겠다는 마음이 생길 것이다. 팜 기술을 익혔다는 자체가 아니라 그것을 응용해 수많은 마술이 가능하다는 사실에 흥분이 느껴진다. 연습의 기쁨 속에서 전문가가 된 것 같은 만족감을 느낄 수 있다.

디테일을 중시하라
마술의 디테일은 매우 단순하기 때문에 무심코 지나치기 쉽다. 하지만 그것은 치명적인 실수이다. 이런 말까지 할 필요는 없겠지만 마술의 해법은 싱거우리만치 간단한데도 관객에게는 대단히 신기해 보인다. 신기한 마술은 모두 시시한 디테일로 이루어진다.

물론 마술사들은 그 사실을 잘 알고 있다. 사소한 동작과 자세가 마술의 과학을 좌우한다는 사실을 말이다. 모든 과정에서 디테일을 유심히 살피고 전문 마술사처럼 디테일을 중요하게 여겨야 한다.

기술의 단순성
'무대에서 신기한 마술과 환상은 사실 놀랄 만큼 단순하다.' 이 사실을 마음 속 깊이 새기기 바란다.

당신도 한때는 신기한 마술에 감탄해 마지않던 관객이었다. 물론 이제부터 본격적으로 마술을 배우면 마술의 원리가 매우 단순하다는 것을 알게 되겠지만 그것을 모르는 관객에게는 여전히 신비한 미스터리라는 점을 잊지 말자.

현재의 마술 중에는 수세기 전부터 내려온 것들이 많다. 한 예로 링킹 링 트릭(Linking Ring Trick)은 몇백 년 전에 중국에서 시작되었다. 나도 오래전부터 그 마술을 선보이고 있지만 관객에게 비법을 들킨 적은 한 번도 없다. 링킹 링 트릭의 원리 역시 매우 간단하다.

도대체 언제부터 시작되었는지 알 수 없을 만큼 오래된 마술도 있다. 중세시대에 프랑스 궁궐의 광대들이 시작한 것으로 추정되는 마술도 있다. 그리고 300년 전, 6세기 초반의 헨리 8세 시대 이전에 시작되었거나 중세 이전부터 시작되었다는 마술도 있다.

역사가 오래된 마술일수록 원리가 단순하다. 하지만 오랜 세월을 거치면서도 그 비밀이 잘 지켜졌으며 오늘날까지도 관객에게 즐거움을 선사한다. 이처럼 가장 단순한 마술이 가장 신기하고도 매력적이다.

아마추어 중에는 마술이 복잡해야 한다고 잘못 생각하는 이들이 많다. 마술은 어려워야 하고 복잡한 도구를 사용해야 한다고 착각하는 것이다. 지금부터라도 그런 생각을 버리고 관객을 깜짝 놀라게 하는 마술에는 가장 단순한 기술이 들어 있음을 명심하기 바란다.

이제 마술의 가장 중요한 요소 중 하나에 대해서 살펴볼 차례이다.

자연스러운 연기

자연스러운 연기의 중요성을 확실히 각인시켜줄 수 있다면 내가 이 책을 쓴 목적을 반은 달성한 셈이라고 할 수 있다. 그만큼 마술에서는 '자연스러움'이 중요하다. 예를 들어 손에 동전을 숨길 때 움직임이 뻣뻣하면 관객에게 단번에 들켜버린다. 마술사의 손이 부자연스럽게 움직이면 관객은 마술사가 손에 무언가를 감추고 있다고 생각하게 된다. 따라서 마술사의 손에 시선이 쏠릴 것이다. 반면 손동작이 자연스러우면 관객은 마술사의 손에 신경 쓰지 않는다.

관객을 놀라게 하려면 다음 사실을 명심해야 한다.

"손은 반드시 자연스럽게 움직여라."

체계적이고 과학적으로 훈련받지 않고 속임수를 사용하는 아마추어는 손동작이 뻣뻣하므로 관객에게 금방 들켜버린다.

거울 앞에서 손동작을 연습하라. 손의 위치를 계속 바꿔가며 가장 자연스러운 자세를 찾는다. 늘 '자연스러운 동작'을 되새기면서 연습한다.

관객을 깜짝 놀라게 만드는 것은 자연스러운 손동작에 달려 있다. 자연스러움은 마술의 성공을 좌우한다. 따라서 처음부터 자연스러운 움직임을 익히는 것이 중요하다.

매일 연습하라

앞에서 말한 것처럼 마술의 기술은 대부분 매우 단순하다. 15분만 연습하면 배울 수 있는 기술도 있다.

반면 며칠 동안 연구하고 연습해야만 익힐 수 있는 것들도 있다. 그런데 아마추어들은 기술을 완벽하게 익히지도 않고 사용한다. 마술사는 절대 어설퍼서는 안 된다.

'연습하면 완벽해진다'는 말이 있다. 전문가처럼 능숙하게 시연할 수 있을 때까지 기본 동작과 기술을 연습한다. 그런 다음 관객에게 선보이면 관객을 깜짝 놀라게 할 수 있을 것이다.

하루에 연습시간을 정해놓고 꼬박꼬박 지켜라. 비록 책을 보고 혼자 배우는 것이지만 실제로 수업을 듣는 것처럼 성실하게 집중해야 한다.

꼭 거울 앞에서 연습하라

내 모습이 관객에게 어떻게 보이는지 알아야 한다. 거울을 보며 제대로 하고 있는지 어색해 보이지는 않는지 점검한다. 거울 앞에서 연습하면 잘못된 동작이 습관으로 굳혀지기 전에 즉시 바로 잡을 수 있다.

손을 쳐다보지 마라

진짜 손이 아니라 거울 속에 비친 손을 보면서 연습한다. 마술사가 자신의 손을 보면 관객의 눈도 그곳으로 향하므로 제대로 된 마술의 효과가 나오지 못한다. 손을 쳐다보는 습관은 마법사에게 치명적이므로 애초에 뿌리 뽑아야 한다. 처음부터 손을 쳐다보지 않는 습관을 기르자.

매일 관객이 앞에 있다고 생각하고 연습하라. 그러면 누가 시키지 않아도 동작 하나하나에 최선을 다하게 될 것이다.

대사도 중요하다

'대사(patter)'는 마술에 꼭 필요한 부분이다. '대사' 란 말 그대로 마술사가 마술을 선보이는 도중에 관객에게 하는 말을 뜻한다.

물론 여기에서 내가 사용하는 대사를 가르쳐주겠지만 자신의 성격에 맞게 고치거나 새로 만드는 것이 좋다. 행사의 성격에 따라 대사가 달라져야 한다는 점도 잊지 말자.

기술을 연습할 때마다 이 책에 나와 있는 대사를 사용한다. 그러면 마술을 선보이면서 대사를 하는 습관이 생기므로 머지않아 어색함 없이 대사가 술술 나올 것이다.

대사는 마술의 효과를 좌우하기도 한다. 뛰어난 말솜씨로 관객의 시선을 분산시키면 의도한 결과를 이끌어낼 수 있다.

대사를 만드는 일은 재미있기도 하다. 계속 연습하면 재치 있는 대사가 술술 튀어나올 것이다. 나만의 멋진 레퍼토리를 만들 수도 있다. 혹시 아는가? 당신이 멋지고 유쾌한 대사로 유명한 마술사가 될지도!

기술을 확실히 익혀라

관객 중에는 어떻게 해서든지 마술사의 실력을 깎아내리려는 사람이 있게 마련이다. 그 사실을 꼭 기억해야 한다. 스스로 자신이 없으면 관객에게 놀림감이 되는 것은 시간문제이다. 관객이 마술 비법을 폭로해서 마술사의 권위를 떨어뜨릴 수도 있다.

따라서 마술에 필요한 모든 동작을 완벽하게 마스터해야 한다. 당신이 마술의 신비를 철저히 파헤칠수록 관객의 신비감은 커진다.

기술은 확실히 마스터한 후에 사용하라. 열심히 연습할수록 자신감이 생기고 더 자연스럽게 동작을 보여줄 수 있으며 멋진 공연으로 관객을 사로잡을 수 있다.

똑같은 마술을 반복하지 마라

한 무대에서 똑같은 마술을 반복해서 보여주면 안 된다. 관객의 신비와 환상을 깨뜨리면 안 된다. 같은 마술을 두 번 보여주면 이펙트가 떨어지기 마련이다. 처음에 무심코 지나쳤던 부분이라도 두 번째에는 눈에 띌 수 있기 때문이다. 잘못하다가는 속임수가 탄로 날 수도 있다. 그러면 당연히 마술사의 권위가 땅에 떨어진다.

한 무대에서 똑같은 마술을 두 번 보여주지 않아야 한다는 사실을 꼭 기억하기 바란다.

`기본 원리 * *`

시야의 각도

이 원리는 마술의 가장 중요한 부분 중 하나이다. 관객이 앞에 있거나 당신을 둘러싸고 있을 때 그들의 시야 범위가 어느 정도인지 알아야 한다. 큰 거울 앞에서 연습하면 당신의 위치에 따른 다양한 시야의 각도를 익힐 수 있다.

다양한 각도를 연구해야만 관객에게 들키지 않고 손에 물건을 감출 수 있다.

자, 그럼 여기서 팜 기술을 이용해 시야의 각도에 대해서 알아보자. 아래 그림은 다음 레슨에서 배울 '핑거 팜' 기술이다. 여기에시는 팜 기술 사제가 아니라 원리에 대해서만 살펴보기로 한다.

손은 몸에서 약간 떨어진 허리 높이에 둔다. 물체를 꽉 잡으려는 포즈가 아니라 그냥 앞쪽에 자연스럽게 둔다.

양쪽 모두 능숙해지도록 양손 모두 연습해야 한다.

관객이 서거나 앉은 위치일 때 어떤 각도에서 당신의 손이 보일지 생각해본다.

다음은 세 가지 기본적인 위치이다.

1. 관객이 정면에 있을 때

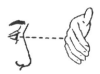

동전을 감추는 손은 엄지손가락을 든 채 손등이 관객을 향해야 한다. 손목을 흔들어 긴장을 풀어준 후 그림의 위치로 자연스럽게 올린다. 손가락은 약간 구부린 채 살짝 오므린다. 손이 이 위치에 있을 때 관객의 시선은 당신의 손등을 향한다.

2. 발코니에서처럼 관객이 높은 곳에서 내려다 볼 때, 혹은 관객이 매우 적거나 2~3명이 가까이에 있을 때처럼 관객이 당신의 손을 내려다볼 때

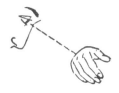

손의 긴장을 푼 후 1번의 위치로 손을 올린다. 그 위치에서 손을 기울인다. 엄지손가락 끝이 당신을 향하고 손등이 비스듬하게 보이며 새끼손가락은 가장 바깥쪽을 향한다. 이 위치에서 관객의 시선은 곧바로 당신의 손등으로 내려간다.

3. 당신이 무대에 서 있을 때처럼 관객이 아래에서 당신의 손을 올려다 볼 때, 또는 당신은 서 있는 상태이고 관객석이 가까울 때

손의 긴장을 푼 후 1번 위치로 손을 올린다. 2번과 반대 방향으로 손을 기울인다.

기울어진 상태에서 손바닥이 보이고 새끼손가락이 가장 안쪽에 있다. 관객의 시선은 당신의 손등을 향한다.

겨울 앞에서 양손을 이용해 여러 위치에서 연습해본다. 시작하기 전에 손목의 긴장을 풀어 자연스럽게 움직인다.

관객이 가까이 있을수록 시야의 각도가 매우 중요하다. 관객이 서거나 앉은 위치에 따라 손을 어느 정도로 기울여야 하는지 거울 앞에서 연습한다.

암시의 힘

마술사의 대단한 힘을 이해하려면 먼저 마술의 심리학을 알아야 한다. 그래야 인간의 심리가 마술사에게 커다란 힘을 부여한다는 사실을 이해할 수 있다.

암시에는 대단한 힘이 들어 있다. 당신은 미처 모르는 사이 타인의 암시에 큰 영향을 받았으며 지금 이 순간에도 타인에게 암시의 힘을 주고 있다. 즉, 암시는 자기 자신에게 작용하는 자기암시와 타인에게 작용하는 타인암시의 두 가지 특성을 띤다.

자기암시의 힘

자기암시는 프랑스의 약사인 쿠에가 만든 "나는 날마다 모든 면에서 점점 더 좋아지고 있다" 는 문구에서 비롯된 이론이다. 쿠에의 자기암시법은 수많은 환자들에게 긍정적인 영향을 끼쳤고 날마다 수많은 이들이 그를 만나려고 몰려왔다. 모두들 그를 치료사라고 칭송하며 열심히 그의 방법을 따라했다. 사람들이 그렇게 폭발적인 반응을 보인 이유는 그가 바로 심리치료사였기 때문이다.

쿠에는 위의 문구를 아침저녁으로 반복해서 외우면 실제로 효과가 나타난다고 했다. 그는 자기암시가 직접적으로 병을 치료하는 것이 아니라 몸과 마음이 더 강해졌다는 자기암시를 계속하면 실제로 마음이 몸을 지배하게 되므로 몸의 기능이 마음이 암시하는 대로 따라가게 된다고 설명했다. 그래서 실제로 몸과 마음이 더 나은 쪽으로 변화한다.

처음에 쿠에는 조그만 집단을 상대로 그 방법을 실시했다. 하지만 놀랄 만한 치료 효과가 나타나자 신문 광고는 물론 사람들의 입소문으로 멀리 퍼져나갔다. 사람들은 주위 사람에게 듣거나 신문에서 읽고 쿠에의 방식이 실제로 효과가 있다는 자기암시를 하게 되었다. 그리하여 쿠에의 자기암시법은 전 세계적으로 퍼져나갔다. 그것은 어디까지나 암시의 위력이었다.

의학적인 관점과 기독교 과학을 간접적으로 이용해서 암시의 힘을 설명한 데는 이유가 있다. 의학이야말로 암시가 인간의 내면에 끼치는 영향을 가장 잘 설명해줄 수 있는 좋은 보기이기 때문이다.

배우는 자기암시가 가장 필요한 사람 중 한 명이다. 예를 들어 알 졸슨(Al Jolson, 워너 브라더스가 1927년에 제작한 최초의 발성영화 〈재즈 싱어〉의 주연을 맡은 배우—옮긴이)도 자기암시를 활용했다. 그는 코르크 먹으로 얼굴을 까맣게 칠한 것이 아니라 정말로 자신의 피부가 까맣다고 생각했고(알 졸슨은 흑인으로 분장하고 연기한 것으로 유명함—옮긴이) 정말로 어머니를 위해 노래 부르고 있다고 자기암시를 했다(알 졸슨이 〈재즈 싱어〉에서 부른 노래가 'My Mammy' 였음—옮긴이). 만약 그가 단순한 연기로만 생각했다면 지금처럼 성공하지 못했을 것이다.

지금까지 당신은 여러 번 자기암시를 해보았을 것이다. 한 사업가가 "거래처와의 계약 건은 잘 될 거야"라고 자기암시를 한다. 그는 서명이 끝난 계약서가 도착하고 거래처 사장과 악수하는 모습을 상상한다. 그는 일이 꼭 잘될 것이라는 믿음으로 끈질기게 거래처 사장을 설득하는 데 성공했다. 이것이 바로 자기암시의 힘이다. 자기암시를 이용하면 먼저 타인에게 당신의 생각을 인정받고 나중에는 당신까지 인정받을 수 있다.

마술에서의 자기암시

마술을 배울 때 어떻게 자기암시를 활용하면 좋을까? 그 방법은 간단하다. 우선 "나는 진짜 마술사가 될 것이다"라고 자기 자신에게 말한다. 그리고 전문 마술사로 성공하거나 마술을 이용해 사람들에게 인기를 끄는 자신의 모습을 떠올려본다. 마술을 통해 어떤 목적을 달성하고 싶은지 생각해본다. 자기암시 덕분에 정말 변화가 나타날 것이다.

마술을 통해 성공하리라고 진지하게 자기암시를 하면 정말로 당신은 "날마다 모든 면에서 점점 더 좋아질 것이다."

Tarbell course in Magic

자기암시의 위력을 과소평가하지 마라. '나는 할 수 있다'는 긍정적인 자기암시를 통해 배움에 대한 열정이 불타오르고 결과적으로 당신의 실력이 일취월장할 것이다.

암시는 또 다른 면에서도 놀라운 힘을 발휘한다. 바로 관객 앞에서 마술을 선보일 때 활용할 수 있다는 점이다. 자신이 맡은 역할에 몰입하라. 관객은 놀라운 마술이 펼쳐질 것이라고 자기암시를 한다. 그러한 관객의 암시를 역이용해서 당신 스스로 "내 실력은 정말 대단하다"라고 생각하라. '나는 할 수 있어'라고 속으로 생각하면 된다. 그러면 정말로 동전이나 담배를 사라지게 하는 마술을 성공시킬 수 있을 것 같은 생각이 들 것이다. 물론 처음에는 어렵고 불가능하게 느껴지겠지만 한 번 시도해 보라.

이처럼 마술에 자기암시를 활용하면 자신감이 충만해지므로 실제로 실력이 향상된다. 마음에서 우러나는 자신감은 얼굴 표정에도 그대로 나타난다. 자신만만한 표정은 마술사에게 꼭 필요한 요소 중 하나이다.

이 모든 자기암시는 당신의 마술 실력에 믿음을 가지게 해준다. 자기암시는 당신의 꿈을 이루어줄 막강한 도구이다. 자기암시의 힘을 굳게 믿어라.

마술에서의 타인암시

이것은 암시의 또 다른 면이다. 관객은 당신이 암시하는 바에 영향을 받는다. 그렇다면 마술사의 암시가 관객에게 어떻게 작용할까?

이 관점에서 한 가지 기술을 분석해보도록 하자. 레슨 4와 그 뒷부분에서 배울 기술을 공부하는 데 큰 도움이 될 것이다.

레슨 4에 나오는 디졸빙 코인(Dissolving Coin)을 예로 들어 보자.

우선 첫 번째 대사를 한다. 주머니에 미리 준비해놓은 유리 디스크를 꺼내야 한다. 하지만 관객에게는 이렇게 말한다. "50센트 동전이 필요합니다. 주머니를 뒤져보면 하나쯤 나올 겁니다." 즉, 주머니에서 동전을 꺼낸다고 관객에게 암시하는 것이다. 그렇게 암시한 후 결과적으로 동전이 없다고 할 것이므로 관객은 당신이 주머니에서 무언가를 꺼내리라고 의심하지 않는다.

이제 두 번째 대사를 할 차례이다. 관객에게 동전을 빌리고 동전에 아무 표시나 하라고 말한다. 그것은 동전에 표시를 함으로써 나중에 쉽게 알아볼 수 있다고 암시하는 행동이다.

움직임을 계속하면서 관객에게 웃음과 친근감을 주는 말을 많이 한다. 그러면 관객이 당신의 암시를 더 쉽게 수용한다.

맨 마지막에 관객이 든 손수건을 휙 들어 올림으로써 마술이 끝날 때까지 관객은 동전이 손수건 안에 없었다는 사실을 절대 눈치 채지 못한다. 그 이유는 당신이 내내 동전이 손수건 안에 있다고 말했고 관객에게 동전을 떨어뜨리라고 암시했기 때문이다. 또한 관객은 동전이 떨어지는 소리까지 분명히 들었다. 이처럼 계속된 암시 때문에 관객은 동전이 계속 그곳에 있었다고 철썩 같이 믿게 된다. 그것이 바로 암시의 힘이다. 관객은 마술사가 손수건을 치웠을 때 동전이 '사라진' 것을 보고 깜짝 놀란다. 분명히 컵에 넣은 동전이 어디로 감쪽같이 사라졌을까? 도저히 이해할 수 없을 것이다.

이처럼 암시는 마술의 이펙트에 대단히 중요한 역할을 한다. 관객이 털끝만큼도 의심하지 않고 당신의 말을 믿게 만드는 것이 바로 암시의 힘이다.

이제는 '쉽게 믿는 성향' 을 통해 마술의 심리학에 관해 살펴보자.

쉽게 믿는 성향

암시의 힘과 더불어 사람들의 '쉽게 믿는 성향' 도 마술에서는 중요한 부분을 차지한다.

처음에는 믿으려고 하는 것이 인간의 본능이다. 의심은 믿음 이후에 생기는 감정이다.

보기를 통해서 더 정확히 알아보자. 평소 당신이 존경하는 사람이 저지른 부정에 관한 기사가 신문에 실렸다고 해보자. 처음에 당신은 그 기사를 믿으려고 할 것이다. "세상에, XXX 같은 사람이 그런 일을 하다니!" 라고 생각한다. 물론 나중에는 "아냐, 신문은 믿을 것이 못 돼"라고 생각할 수도 있지만 처음에는 믿으려고 한다. 이처럼 누구나 타인에게 들은 말을 믿은 경험이 있을 것이다. 우리 주변에는 꼭 남을 헐뜯기 좋아하는 사람이 있다. 그들의 말이 너무 실감나서 한 치도 의심하지 않고 믿어버리게 된다.

'쉽게 믿는 성향'은 마술에서도 마찬가지이다. 관객은 마술사가 동전이나 불붙은 담배를 사라지게 할 수 있다고 믿고 싶어 한다.

사람들의 '믿고 싶어 하는 성향'을 잘 이용하면 절대 손해 볼 일이 없다.

상상으로 보고 듣고 느끼기

마술과 사람의 심리에 관해 더 자세히 알아보자. 사람은 타인에게 들은 말뿐 아니라 자신이 직접 보거나 듣고 느낀 것을 믿는다. 하지만 자신이 보거나 듣거나 느꼈다고 상상하는 것도 믿는다. 상상은 감각과 더불어 인간의 생각을 형성하는 데 중요한 역할을 한다.

누구나 상상으로 보는 경험을 해보았을 것이다. 한 가지 예를 들어보겠다. 나는 길을 가다 만난 사람이 제임스 씨인 줄 알고 "안녕하세요?"라고 인사를 했다. 제임스 씨와 많이 닮은 외모 때문에 그 사람이 제임스 씨라고 '상상'한 것이다. 하지만 그는 제임스 씨가 아니었다. 만약 내가 두 눈으로 똑바로 봤다면 사람을 잘못 보지 않았을 것이다. 하지만 눈이 아니라 상상으로 보았기 때문에 착각한 것이다.

상상으로 보는 것은 마술에서 다음과 같이 작용한다. 버닝 시가렛(Burning Cigarette) 마술을 할 때 마술사는 엄지손가락 끝으로 관객을 가리켜서 손에 아무것도 없음을 암시한다. 관객은 마술사의 빈손을 보고 그 안에 무엇이 숨겨져 있으리라고는 생각하지 않는다. 마술사의 손에서 아무것도 보지 못했다고 상상하는 것이다.

시각뿐 아니라 청각에서도 마찬가지이다. '디졸빙 코인' 마술에서 마술사는 동전이 손수건 안에 있다고 암시한다. 관객은 손수건 아래에 있는 원형 유리판을 만지면서 그것이 동전이라고 상상한다. 관객에게 '동전'을 떨어뜨리라고 암시하면 그는 원형 유리판을 떨어뜨리면서도 진짜 동전이 떨어지는 소리를 들었다고 상상하게 된다. 하지만 상상하지 않고 손으로 만져보면 그것이 동전의 촉감과 다르다는 사실을 금방 알 수 있다. 또 상상하지 않고 귀로 들으면 동전의 소리와 다르다는 것을 알 수 있다.

그렇다고 걱정할 필요는 없다. '쉽게 믿는 성향'은 얼마든지 활용할 수 있으니까. 관객은 당신이 하는 말을 믿을 것이고 감각이 아니라 상상을 이용해서 보고, 듣고, 느낄 것이다. 아주 오래전부터 그러했고 지금도 마찬가지이다. 그것이 바로 마술 심리학의 절대 변하지 않는 원리이다.

이처럼 마술과 심리학은 서로 밀접한 관계를 맺고 있다. 사실 심리학이 모든 마술의 바탕을 이룬다고 해도 과언이 아니다. 그렇기 때문에 심리학자들은 마술에 관심이 많다. 마술만큼 사람의 심리를 잘 보여주는 분야도 없기 때문이다. 마술사라면 당연히 마술과 심리학의 밀접한 관계에 대해서 잘 알아야 한다. 다른 학문과 마술의 관계는 좀더 나중에 알아보기로 하자.

미스디렉션 기술

관객의 시선을 끄는 것은 마술사의 큰 힘 중 하나이다. 마찬가지로 관객의 시선을 엉뚱한 곳으로 유도하는 미스디렉션(misdirection, 관객의 시선을 엉뚱한 곳으로 돌리는 기술—옮긴이)도 마술에서는 중요한 부분을 차지한다.

관객은 마술사가 보는 것을 본다. 왼쪽에 동전을 숨기고 있을 때를 예로 들어 보자. 왼손은 자연스럽게 든 채 관객을 쳐다보고 오른손을 움직이며 이야기한다. 관객의 시선은 당신의 눈을 따라 오른손으로 향하며 동전을 숨긴 왼손은 쳐다보지도 않을 것이다. 앞에서 자신의 손을 쳐다보지 말라고 신신당부한 이유는 바로 이 때문이다. 당신이 살짝만 왼손을 쳐다봐도 관객의 시선이 따라 움직이므로 금세 손에 무언가가 숨겨져 있다는 사실이 드러난다.

관객이 정말 마술사가 보는 것을 보는지 실험해보자. 동전을 허공에 던져 동전이 향하는 곳을 보는 척한다. 하지만 진짜 동전을 던지지는 않는다. 관객의 시선은 마술사를 따라 허공으로 향할 것이다. 이러한 동작을 몇 번씩 반복해도 여전히 관객은 마술사를 따라 위를 쳐다본다.

미스디렉션은 거의 모든 속임수에 사용된다. 따라서 어떤 속임수를 쓰던지 간에 마술 효과의 '반대쪽 끝'을 보면 안 된다는 사실을 명심해야 한다. 그것은 당신이 실제로 하는 동작의 반대쪽을 말한다. 만약 허공에 동전을 던지는 척할 때 '반대쪽 끝'이란 허공이 아니라 동전을 들고 있는 당신의 손이다. 당신이 손을 쳐다보면 관객도 당신의 손—이것이 바로 반대쪽 끝—을 쳐다본다. 또 당신이 허공—이것이 바로 이

Tarbell course in Magic

펙트—을 보면 관객도 그쪽을 쳐다본다.

미스디렉션의 기본 법칙은 '관객은 당신이 이끄는 곳을 쳐다본다' 이다. 디졸빙 코인 마술에서는 컵에 동전을 떨어뜨릴 때 관객의 시선을 돌려야 한다. 관객은 마술사가 손수건을 올리면 무슨 일이 생길지 궁금해 한다. 따라서 당신도 그쪽을 쳐다봐야 한다. 도중에 관객이 눈치 채지 않도록 주머니에 유리 디스크를 넣으면 된다.

그런데 한 가지에 오래 관심을 두지 않는 것이 사람의 심리이다. 이 사실을 꼭 기억해야 한다. 재미있는 대사를 하거나 관심 대상을 바꿈으로써 목적을 이룰 때까지 계속 관객의 시선을 끌어야 한다.

관객이 지루해하거나 당신의 손동작이 아닌 얼굴을 쳐다보지 없도록 최대한 빠르게 움직인다. 관객의 시선은 계속해서 이동하므로 마술사에게는 빠른 동작이 필수이다. 혹시라도 '반대쪽 끝' 을 쳐다봤다면 관객의 시선이 덩달아 따라오지 않도록 얼른 시선을 바꾼다.

미스디렉션 기술을 마스터하려면 다음 사실을 명심해야 한다.

거울 앞에 서서 자신의 모습을 보면서 연습하라는 것이다.

왼손으로 동전을 잡는다. 다음에는 오른손으로 동전을 넘기는 척하는 효과가 나와야 한다. 왼손에서 오른손으로 정말 동전을 넘기는 연습을 한다. 넘기는 척하는 동작을 자연스럽게 하기 위해서이다. 또 눈이 왼손에서 오른손으로 움직이는 모습도 관찰할 수 있다.

충분히 연습한 다음에는 팜 기법을 이용해 왼손에 동전을 그대로 두고 오른손에 넘기는 척하는 연습을 한다. 정말 동전을 잡은 것처럼 오른손 주먹을 쥔다. 실제로 동전을 옮겼을 때처럼 이번에도 옮거지는 동진으로 시선이 향해야 한다. 그러면 관객의 시선도 당신을 따라 당신의 오른손으로 향하며 왼손에는 신경 쓰지 않는다.

계속 연습하다 보면 미스디렉션을 이용해 관객의 코앞에서 토끼처럼 큰 물체라도 들키거나 의심받지 않고 옮길 수 있다는 엄청난 사실을 알게 될 것이다.

거의 모든 손기술이 미스디렉션을 이용한다. 빠르고 재치 있는 동작으로 관객의 시선이 효과의 반대쪽 끝—속임수가 이루어지는 곳—을 향하지 않도록 한다. 본격적으로 손기술을 배우면 미스디렉션이 얼마나 흥미진진한지 깨닫게 될 것이다.

마술의 법칙과 효과를 알면 다양한 속임수를 구사할 수 있으므로 어떤 자리에서든지 응급상황이 닥쳐도 능숙하게 넘길 수 있다. 나는 당신을 위기에 강한 마술사로 키우고 싶다.

그래서 똑같은 법칙을 이용하는 다양한 기술을 가르쳐줄 것이다. 마술사는 짧은 시간 안에 기술을 반복해야 할 때도 있고 관객석에 똑같은 마술을 두 번째 관람하는 관객이 섞여 있는 경우도 있다. 그럴 때는 똑같은 속임수를 다른 방식으로 보여줘야 한다. 두 번째 보는 사람이라도 절대 비법을 알아챌 수 없도록 약간 변형해야 한다. 관객 중에는 '날카로운 관찰자' 들이 있다. 하지만 아주 사소하게 마술을 변형하기만 해도 그들에게 의심 받을 일은 일어나지 않는다.

그렇게 하면 같은 마술사도 속일 수 있다. 기존의 방식을 약간 바꾸거나 새로운 요소를 추가하면 전문 마술사라도 깜빡 속아 넘어간다.

마술을 하면 성격이 좋아진다

성격은 마술사에게 무척 중요하다. 성격은 마술에 영향을 주기도 하고 받기도 한다. 한마디로 성격과 마술은 상호적인 관계를 맺고 있다. 마술을 하면 성격이 좋아지고 성격이 좋아야 마술사로 성공할 수 있다.

왜 성격이 좋아질까?

마술을 배우면 자신감이 생긴다. 자신감이 있어야 성격이 좋아진다. 우선 열심히 마술을 배우고 피나게 연습해야 사람들에게 멋진 모습을 보여줄 수 있다. 마술실력이 향상되면 사람들 앞에서 자신 있게 자신의 능력을 펼칠 수 있다. 자신감 넘치는 사람은 금방 표시가 난다. 관객은 당신의 긍정적이고 카리스마 넘치는 성격을 금방 알아본다. 다시 말해서 자신감이 생기면 성격도 좋아지고 관객에게 한결 더 멋진 마술을 선보일 수 있다.

알다시피 자신감은 사회생활에 막대한 영향을 끼친다. 자신감 넘치는 사람은 파티나 모임에서 가장 인기가 많다. 좋은 성격은 어디에서나 '플러스 요인' 으로 작용하기 때문이다. 그런데 성격 좋은 사람 중에는 특별한 재능을 갖춘 이들이 많다. 노래를 잘한다거나 피아노를 잘 친다거나 재미있는 이야기를 잘한다거나 등이다. 뛰어난 마술 실력도 당신의 성격을 좋게 만들어 줄 수 있다.

지금 당신은 가장 특별하고 가장 재미있는 오락 기술을 배우고 있다. 지금까지 평범하기 짝이 없었던 사람이 매일 매일 파티에 초대되는 인기인이 될 수 있고 심지어 세계적인 유명인사가 될 수도 있다. 사람들 앞에서 멋진 마술을 보여줄 수 있다면 말이다. 누구나 당신을 '성격 좋은 사람' 으로 기억할 것이다.

마술이 성격을 좋게 만들어주는 이유는 마술에 '대사' 를 사용하기 때문이기도 하다. 사람들 앞에 나서지 못하는 수줍음 많은 사람이라면 약점을 극복할 수 있는 좋은 기회이다. 마술사는 관객 앞에서 말하고 행동해야 한다. 그리고 관객을 웃게 만들어야 한다. 관객이 내 말에 즐거워하고 기술에 놀라고 감탄하는 모습을 보면 저절로 자신감에 넘치는 긍정적인 성격으로 바뀐다.

이처럼 마술을 하면 성공의 필수 요건인 '좋은 성격' 을 얻을 수 있다. 그렇기 때문에 마술은 대인관계에서나 비즈니스에서나 든든한 지원군이 되어준다. 또 좋은 성격은 전문 마술사에게 부와 성공을 안겨준다.

성격이 마술사의 성공을 좌우한다

첫인상은 사람을 살릴 수도 있고 죽일 수도 있다. 극단적인 표현이지만 그만큼 첫인상이 중요하다는 뜻이다. 처음 관객 앞에서의 몇 초는 대단히 중요하다. 당신이 호감인지, 비호감인지, 혹은 뛰어난 마술사인지 어설픈 속임수를 쓰는 사람인지 그 짧은 순간에 판가름 나기 때문이다. 짧은 순간 동안 관객에게 인정받아야만 한다. 그러기 위해서는 첫인상에서부터 관객의 호감을 사야 한다.

성격이 첫인상을 좌우한다. 따라서 이렇게 하면 첫인상이 좋아질 수 있는지 연구해야 한다.

아무리 실력이 뛰어난 사람도 성격이 별로거나 쇼맨십이 없으면 절대 마술사로 성공할 수 없다. 비호감을 주는 마술사는 금방 관객의 기억에서 사라지고 심지어는 실력이 형편없는 마술사로 기억될 수도 있다. 그러한 일이 없도록 하려면 다음의 사실을 꼭 기억해야 한다.

1. 속임수를 완벽하게 마스터하라.

2. 자신 있게 시연하라.
3. 카리스마 있고 유쾌하게 말하라.
4. 항상 자연스럽게 움직여라.

그러니까 한마디로 말하자면,
성격이 좋아야 마술사로 성공할 수 있고, 마술을 하면 성격이 좋아진다.

마술은 비즈니스에 도움이 된다

앞에서 말한 것처럼 마술을 하면 성격이 좋아지므로 사회생활에 큰 도움이 된다. 성격은 사회생활에 대단히 중요하다. 사람들에게 인정받고 사랑 받으면 스스로 행복감을 느낄 수 있기 때문이다. 성격은 비즈니스에서도 대단히 중요하다. 성격 좋은 사람은 언제나 남보다 저만치 앞서 간다.

마술은 첫인상을 좋게 만든다

마술 덕분에 성격이 좋아지면 당신의 비즈니스도 점점 발전한다. 마술을 할 줄 알면 사람들과의 만남을 능숙하게 이끌 수 있다. 고객과 대면할 때 간단한 마술을 보여주면 어색한 분위기가 누그러진다. 또 중요한 상황에서 마술을 이용해 상대방의 관심을 끌 수도 있다. 상대방은 당신의 신기한 마술에 깜짝 놀라며 당신을 괜찮은 사람이라고 기억할 것이다. 유쾌한 성격으로 상대방을 사로잡아 친구가 될 수도 있다. 그 사람과 비즈니스 파트너로 발전할 수도 있고 그 관계를 발판 삼아 계속 인맥을 늘려 나갈 수도 있다. 주의할 점이 있다면 다른 재능도 다 마찬가지지만 마술은 때와 장소에 따라 적절하게 선보여야 한다는 것이다.

출장을 자주 다니는 직장인에게 필수

직장인은 마술이 하나님의 선물이라고 생각한다. 마술 덕분에 친구는 물론 고객과 더 가까워질 수 있기 때문이다. "누구나 마술사를 좋아한다"는 말이 있다. 사람들은 마술사를 오래오래 기억한다. '사실'은 죽지만 '전설'은 영원한 법이다.

세인트루이스에 사는 세일즈맨 거스 존슨(Gus Johnson)은 마술을 효과적으로 활용한다. 그는 사무실과 간부회의에서 마술을 선보이고 로터리 클럽이나 키와니스 클럽, 라이온스 클럽처럼 고객이 속한 단체에서 봉사활동도 하면서 진짜 마술사보다 더 큰 인기를 누린다. 업무처리 능력이 뛰어날 뿐 아니라 유머와 마술 실력으로 사람들을 즐겁게 해주는 그는 고객들에게 인기가 많다.

이처럼 타인을 즐겁게 해주는 마술 실력으로 대인관계를 굳건히 다짐으로써 직장에서 승승장구하는 직장인들이 점점 늘어나고 있다.

마술은 훌륭한 취미다

전문 마술사가 되려는 사람이든 마술을 부업으로 삼으려는 사람이든 누구나 마술의 기본 원리를 열심히 공부해야 한다. 기본 원리와 기술을 확실히 익힌 후 본격적으로 마술을 해야 원하는 목표를 달성할 수 있다.

하지만 마술로 돈을 벌려는 사람이나 대인관계를 개선하려는 사람이나 비즈니스에 활용하려는 사람 모두 처음에는 마술을 취미 삼아 시작해도 된다. 마술을 통해 쳇바퀴 돌 듯 지루한 일상에서 해방될 수 있고 점점 실력이 늘어나면서 재미도 느낄 수 있다. 마술은 훌륭한 취미이다.

기업가와 의사, 변호사, 세일즈맨, 예술가 등 다양한 분야의 종사자들이 마술을 취미 삼아 큰 기쁨과 이익을 얻을 수 있다.

Tarbell
Course in MAGIC

동전 메니플레이션은 분야가 매우 넓어 제대로만 익혀두면 마술 실력이 크게 향
상된다. 동전 말고 다른 작은 물체에도 똑같은 기술이 적용되는데 이러한 동전 메
니플레이션을 완전히 마스터 하면 손을 이용한 다른 마술 실력도 월등히 좋아질
것이다.

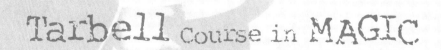
Tarbell Course in MAGIC

동전을 이용한 손기술
Sleight of Hand with Coins

넬슨 다운스(T. Nelson Downs)는 19세기 말 동전 마술의 황제였다. 동전 마술 전문가였던 그는 한때 가장 많은 사람들이 그의 마술을 따라할 만큼 명성이 대단했다. 특히 공중에서 차례로 동전을 뽑아 관객에게 빌린 모자에 딸랑거리는 소리와 함께 집어넣는 '구두쇠의 꿈(Miser's Dream)' 마술은 모든 관객들을 매료시켰다. 이 책을 읽는 모든 마술사 지망생들이 다운스의 마술을 볼 수 있다면 좋을 텐데 아쉽다.

또 다른 동전 마술 전문가로 마이티 달러(Mighty Dollar)의 대가 마누엘(Manuel)이 있다. 그는 자신만의 스타일을 가미해 참신한 마술을 보여주었다.

이번 레슨에서는 동전을 다루는 기술의 원리에 관해 살펴볼 예정이다. 동전 마술을 위한 튼튼한 토대를 쌓기 위해서이다.

새로운 기술이 등장할 때마다 열심히 연습해서 완전히 익히기 바란다. 동전 같은 작은 물체를 자유자재로 숨겼다 내보이는 다양한 기술을 손에 넣을 수 있다.

대부분의 기술은 간단한 손동작만으로 가능하다. 조금 복잡한 기술은 정확한 분석을 거쳐서 간단한 그림으로 표현했다. 그림을 보고 열심히 연구하면 하나도 어렵지 않을 것이다. 최대한 정확하고 구체적으로 표현했으므로 헷갈리지 않을 것이다.

동전 마술에서 가장 중요한 원리는 다음의 세 가지이다.

- 시야의 각도(Angles of Visibility)
- 자연스러움(Naturalness)
- 미스디렉션(Misdirection)

거울을 보고 연습하면 정확한 동작을 익힐 수 있다.

본격적으로 연습하기 전에 **레슨 2**에 나온 '미스디렉션의 예술'을 다시 읽어보자. 동전 메니플레이션을 배우기 전에 미스디렉션에 관해 꼭 알아야 한다.

★　　★　　★

손동작에는 여러 가지가 있는데 메니플레이션의 방식에 따라 좀더 효과적인 동작을 이용할 수 있다. 하나도 빠뜨리지 말고 다 연습해본 후 자신에게 가장 잘 맞는 동작을 찾아보자.

일반적으로 동전 마술에는 50센트짜리 동전을 사용한다. 가장자리가 닳지 않은 동전으로 시작해야 한다. 마술용품점에서 50센트 크기의 팜 코인(paming coin)을 따로 판매한다. 팜 코인은 가장자리가 톱니모양으로 되어 있어 손에 착 감기듯 잡히므로 메니플레이션을 연습하기에 좋다. 나중에 사람들에게 동전 마술을 선보일 때 꼭 필요하므로 미리 두 세트 정도 구입해놓자.

동전 마술에 사용하는 팜 기술
Palming Used in Coin Sleights

1. 프런트 플랫 팜 Front Flat Palm

그림 1

손바닥에 동전을 평평하게 놓는 일반적인 기술이다. 엄지손가락 기부(base, 손가락 밑의 살 부분—옮긴이)에 살짝 힘을 주고 넷째 손가락과 새끼손가락 기부로 동전을 고정한다. 손가락들은 약간 구부리고 나머지는 편안하고 자연스럽게 둔다. 엄지손가락과 나머지 손가락을 바깥으로 쭉 편다든지 하는 어색한 행동은 하지 않는다.

2. 프레셔 팜Pressure Palm

그림 2

동전을 쉽게 감출 수 있는 기술이다. 손바닥에 동전을 평평하게 올려놓는 점은 프런트 플랫 팜 기술과 똑같지만 넷째 손가락 끝으로 손바닥을 눌러서 잡는다는 점이 다르다 (**그림 2**).

그림 3

이 기술을 사용할 때는 손을 자연스럽게 두어야 한다. 넷째 손가락과 새끼손가락은 아래로 구부리고 집게손가락과 가운뎃손가락은 똑바로 편다. **그림 3**은 관객에게 보이는 손의 모습이다.

3. 프런트 에지 팜Front Edge Palm

그림 4

동전의 가장자리를 잡고 감추는 기술이다. 엄지손가락 기부와 새끼손가락 기부 사이로 동전을 비스듬하게 잡는다(**그림 4**).

4. 프런트 섬 팜Front Thumb Palm

그림 5

매우 사용하기 쉬운 기술이다. 엄지손가락과 집게손가락의 기부 사이에 동전을 놓는다. 자칫 손등에서 동전이 보일 수 있으므로 안쪽에 잘 놓는다(**그림 5**).

5. 백 섬 팜Back Thumb Palm

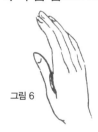

그림 6

엄지손가락과 집게손가락 사이의 갈래에 동전을 놓는다. 동전이 손등에 위치하게 되므로 손바닥을 마음 놓고 내보일 수 있다(**그림 6**).

6. 인비저블 섬 팜Invisible Thumb Palm

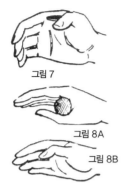

그림 7

그림 8A

그림 8B

동전을 숨긴 채 손의 양쪽을 보여줄 수 있는 기술이다. 엄지손가락과 집게손가락 기부 사이에 수평으로 동전을 놓는다. 엄지의 첫마디를 약간 아래로 내린다(**그림 7**).

그림 8A는 위에서 본 모습이고 **그림 8B**는 관객에게 보이는 모습이다. 동전의 위치를 들키지 않고 손 앞과 손등을 보여줄 수 있다.

7. 핑거 팜Finger Palm

그림 9

가장 자주 쓰이며 동전을 확실하게 숨길 수 있는 팜 기술이다. 가운뎃손가락과 넷째 손가락의 마지막 마디에 동전을 놓는다. 동전이 떨어지지 않도록 두 손가락을 약간 구부려서 잘 잡는다. 나머지 손가락들은 자연스럽게 둔다(**그림 9**).

8. 컬 핑거 팁 팜Curled Finger Tip Palm

그림 10

가운뎃손가락과 넷째 손가락의 끝 부분에 동전을 놓는 간단한 기술이다. 손가락 세 개는 손바닥을 향해 구부리고 나머지 손가락은 자연스럽게 둔다. 다른 손으로 동전을 옮길 때 매우 유용한 기술이다(**그림 10**).

9. 프런트 핑거 팜Front Finger Palm

그림 11

가운뎃손가락과 넷째 손가락의 둘째 마디 위에 동전을 평평하게 놓고 집게손가락과 새끼손가락의 첫째 마디를 이용해서 동전의 양쪽을 잡아야 한다. 가운뎃손가락과 넷째 손가락이 움직일 때도 다른 두 손가락을 이용해 동전을 잘 잡는다(**그림 11**).

10. 백 핑거 팜Back Finger Palm

그림 12

손등에 동전을 놓는다는 점을 제외하고 프런트 핑거 팜과 똑같다. 가운뎃손가락과 넷째 손가락의 둘째 마디에 동전을 놓고 집게손가락과 새끼손가락으로 동전의 가장자리를 꼭 잡는다(**그림 12**).

11. 프런트 핑거 클립Front Finger Clip

그림 13

집게손가락과 가운뎃손가락의 첫째와 둘째 마디 사이로 동전을 잘 잡는다. 이때 동전은 손바닥을 향한다. 손등에서 동전이 보이지 않도록 조심한다(**그림 13**).

12. 백 핑거 클립Back Finger Clip

그림 14

손등에 동전을 놓는다는 점을 제외하면 프런트 핑거 클립과 똑같다. 손 앞에서 동전이 보이면 안 된다(**그림 14**).

13. 클로즈드 핑거 팜Closed Finger Palm

그림 15

넷째 손가락의 둘째 마디를 이용해 동전을 잡고 마치 주먹을 쥐듯이 살짝 구부린다. 나머지 손가락들은 자연스럽게 둔다(**그림 15**).

앞에서 설명한 13가지 팜 기술은 동전을 사라지게 했다 나타나게 하는 기본적인 마술에 사용된다.

이제부터는 관객에게 보여주면서 동전을 잡는 기술에 관해 살펴보자.

동전을 잡는 기술
Holds Used in Coin Sleights

1. 핑거 팁 클립Finger Tip Clip

그림 16

손끝으로 동전을 잡는다. 동전이 최대한 많이 보이도록 하되 떨어지지 않도록 손가락 사이로 충분히 잡아야 한다 (그림 16).

2. 투 핑거 밸런스Two Finger Balance

그림 17

나란히 있는 두 손가락(어느 손가락이든 상관없음)의 끝에 떨어지지 않도록 동전을 잘 올려놓는다(그림 17).

3. 섬-핑거팁 호리즌탈 홀드Thumb-Fingertip Horizontal Hold

그림 18

첫 손가락 끝과 집게, 가운데, 새끼손가락 끝 사이로 수평이 되도록 동전을 잡는다(그림 18).

4. 섬-핑거팁 버티컬 홀드Thumb-Fingertip Vertical Hold

엄지손가락 끝과 집게, 가운뎃손가락 끝 사이로 수직이 되도록 동전을 잡는다. **그림 19**는 마술사에게 보이는 모습이고 **그림 20**은 관객에게 보이는 손과 동전의 모습이다.

그림 19   그림 20

5. 프로덕션 클립Production Clip

'구두쇠의 꿈'을 비롯해 동전이 나타나게 하는 마술에서 효과적으로 사용할 수 있는 기술이다. 엄지손가락과 집게손가락 끝 사이로 동전을 잡는다. 다양한 방법으로 동전을 잡고 프로덕션 클립을 이용해 숨기는 방법을 연습한다(**그림 21**).

그림 21

6. 핀치 클립Pinch Clip

엄지손가락과 집게손가락 끝 사이로 동전의 가장자리를 잡는다(**그림 22**).

그림 22

7. 플랫 핑거 포지션Flat Finger Position

가운데에 있는 두 개의 손가락 기부 가까이로 평평하게 동전을 잡는다(**그림 23**).

그림 23

8. 피스트 호리즌탈 앤드 피스트 버티컬 홀드Fist Horizontal and Fist Vertical Holds

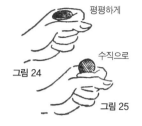

평평하게

그림 24

수직으로

그림 25

주먹 쥔 손의 엄지손가락과 집게손가락 위에 평평하게 올려놓는다(**그림 24**).

주먹 쥔 손의 집게손가락 안으로 동전을 세워서 고정시킨다(**그림 25**).

이때 동전이 사라지게 하려면 오른손 끝으로 동전을 잡는 것처럼 한다. 손가락으로 잡는 척하는 순간 동전을 주먹 쥔 왼손 안으로 떨어뜨리고 오른손은 동전을 잡은 것처럼 움직인다. 손을 펴서 동전이 사라졌음을 보여준다.

동전을 사라지게 하는 메니플레이션 방식
Manipulative Methods for Vanishing a Coin

1. 프런트 섬 팜 배니시Front Thumb Palm Vanish

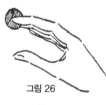

그림 26

핑거 팁 클립을 이용해 오른손으로 동전을 잡는다(**그림 26**).

그림 27

왼손(편 상태)으로 동전을 던지는 척한다. 던지는 동작을 취할 때 집게손가락과 가운뎃손가락을 구부려 동전이 엄지손가락 아귀로 들어오도록 감는다(**그림 27**).

그림 28

엄지손가락으로 동전을 감싸 프런트 섬 팜 자세를 취한다. 동전이 잘 잡히면 손가락을 쭉 편다(**그림 28**).

그림 29

오른손은 쉬지 말고 계속 움직이면서 왼손으로 가져간다. 왼손은 정말 동전을 받은 것처럼 재빨리 오므린다(**그림 29**).

관객에게는 마술사가 왼손에 동전을 놓은 것처럼 보인다. 여전히 동전을 잡고 있는 오른손을 빼고 왼손을 펴서 동전이 사라졌음을 보여준다. 갑자기 홱 움직이지 말고 점잖게 움직인다. 메니플레이션은 부드러워야 한다.

2. 톱 포켓 배니시Top Pocket Vanish

그림 30

이것은 위 방식의 연장선이다. 동전이 왼손에 있을 때 주먹을 쥐고 왼팔을 허리 높이로 올린다. 물론 오른팔도 왼팔과 똑같은 높이에 와야 한다(**그림 30**).

그림 31

오른손은 윗옷 왼쪽 가슴주머니 바로 위에 와야 한다. 그 상태에서 주머니에 동전을 쉽게 떨어뜨릴 수 있다(**그림 31**). 단, 당신의 시선은 꼭 왼손을 향해야 한다.

오른손을 약간 아래로 내린다. 다시 왼손을 펴서 동전이 사라졌음을 보여준다. 역시 텅 빈 오른손을 펴서 보여줘도 된다. 어떤 마술사들은 동전이 쉽게 들어가도록 주머니 입구의 가장자리에 심을 덧대기도 한다.

손을 펼쳐 동전이 사라졌음을 보여준다. 이 동작을 할 때는 쇼맨십이 필요하다. 천천히 품위 있게 손을 펼친다. '던지는' 동작을 비롯한 특수 상황을 제외하고 절대 손을 갑자기 확 펼쳐서는 안 된다. 이 동작이 손에 완전히 익을 때까지 연습한다.

다시 한번 말하지만 반드시 거울 앞에서 연습할 것! 모든 손기술은 정말 왼손에 동전을 올려놓는 것처럼 연습해야 한다. 절대 이펙트의 '반대쪽 끝'을 쳐다보면 안 된다. 모든 동작은 자연스러워야 한다.

3. 프런트 플랫 팜 배니시 Front Flat Palm Vanish

그림 32

이 기술은 역사가 오래되었으므로 꼭 배워둘 필요가 있다. 물론 요즘에는 훨씬 더 자연스러운 동작이 많지만 여전히 쓸모 있는 기술이다. 핑거 팜은 오늘날 가장 흔하게 사용되는 기술이다.

투 핑거 밸런스를 이용해 동전을 잡고 관객에게 보여준다(**그림 32**).

그림 33

오른손을 왼손으로 가져가 동전을 놓는 척하면서 가운뎃손가락과 넷째 손가락을 손바닥으로 구부린다(**그림 33**).

그림 34

손바닥으로 동전을 누르고 손가락을 쫙 편다. 그러면 프런트 플랫 팜으로 동전을 잡은 상태가 된다. 관객은 당신이 동전을 오른손에 숨겼다는 사실을 모르고 왼손으로 옮겼다고 생각할 것이다(**그림 34**).

모든 배니시 동작을 할 때는 오른손에 동전을 숨긴 후 오른손을 왼손으로 움직여야 한다. 왼손으로 동전을 잡는 척하고 오른손을 펼친다. 그런 다음 천천히 왼손을 펼쳐 동전이 사라졌음을 보여준다.

4. 프런트 핑거 팜 배니시Front Finger Palm Vanish

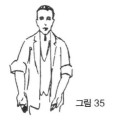

그림 35

프런트 핑거 팜 자세를 이용해 오른손으로 동전을 잡는다. 두 손이 관객에게 향하게 하고 동전을 보여준다(**그림 35**).

그림 36

동전을 떨어뜨리는 것처럼 오른손을 왼손 안에 넣는다(**그림 36**). 하지만 여전히 프런트 핑거 팜으로 동전을 감춘 채 오른손을 뺀다. 이때 넷째 손가락을 안쪽으로 구부리는 클로즈드 핑거 팜(**그림 15**)으로 동전을 숨긴다. 이렇게 하면 오른손 집게손가락으로 자연스럽게 왼손을 가리킬 수 있다. 왼손을 펼쳐 동전이 사라졌음을 보여준다.

5. 코인 슬라이드 배니시The Coin Slide Vanish

그림 36A

위의 배니시를 변형한 방식이다. 우선 오른쪽 손바닥 가운데에 동전을 놓는다. 손가락을 아래로 기울여 프런트 핑거 팜 자세가 되도록 동전을 미끄러뜨린다. 그 상태에서 동전을 잡아 왼손으로 가져간다. 그런 다음 일반적인 프런트 핑거 팜 배니시 동작을 계속한다.

관객에게는 동전이 계속 오른손에서 왼손으로 미끄러지는 것처럼 보인다. 서두르지 말고 자연스럽게 오른손을 왼손으로 가져가면 완벽한 착시현상을 만들어낼 수 있다.

6. 섬 그립 배니시Thumb Grip Vanish

오른손 집게손가락 기부에 동전을 올려놓는다. 그 자세로 관객에게 동전을 보여준다(**그림 37**).

그림 37

그림 38

오른손에 있는 동전을 왼손에 떨어뜨리는 척한다. 손의 방향을 바꿀 때 오른쪽 엄지손가락으로 동전을 잡는다(**그림 38**).

그림 39

계속해서 오른손을 왼손으로 가져간다. 왼손 손가락을 구부려 동전을 잡는 척한다. 오른손은 치우고 왼손은 주먹을 쥔다(**그림 39**).

그림 40

왼손을 천천히 펴서 동전이 사라졌음을 보여준다(**그림 40**).

절대 동전 숨기는 손을 쳐다보지 말고 반대쪽 손을 쳐다본다. 그러면 관객도 당신이 보는 곳을 본다. 미스디렉션의 간단한 보기이다.

7. 핑거 팜 배니시 Finger Palm Vanish

그림 41

이것도 간단하고 자연스러운 배니시이다 **그림 41**처럼 플랫 핑거 포지션(**그림 23**)으로 동전을 잡는다.

손의 방향을 왼쪽으로 틀면서 가운뎃손가락과 넷째 손가락, 새끼손가락을 구부려

동전을 잡는다. 일반적인 핑거 팜 스타일로 동전을 숨긴다 (**그림 42**).

그림 42

오른손에서 던진 동전을 잡는 척하면서 왼손을 오므린 다. 왼손을 펴서 동전이 사라졌음을 보여준다.

8. 리프트 업 배니시Lift Up Vanish

플랫 핑거 포지션을 이용해 왼손으로 동전을 잡고 관객 에게 보여준다(**그림 43**).

그림 43

오른손을 내밀어 동전을 잡는 척한다. 동전을 올리는 척 할 때 동전을 숨기는 모습이 관객에게 보이지 않도록 왼손 이 약간 안쪽으로 향하게 한다. 왼손으로 동전을 핑거 팜 해서 집게손가락이 오른손을 가리키게 한다. 오른손은 동 전을 가져가는 척하며 계속 위로 움직인다(**그림 44**).

그림 44

그림 45는 관객에게 보이는 이펙트이다. 동작이 무척 자 연스러우므로 관객은 동전이 오른손에 없음을 눈치 채지 못한다.

그림 45

오른손은 동전을 잡은 것처럼 오므렸다가 펴서 동전이 사라졌음을 보여준다.

9. 인비저블 섬 배니시Invisible Thumb Vanish
그림 26과 같은 자세로 동전을 잡는다. 동전을 왼손으로 떨어뜨리는 척하면서 **그림 27**처럼 손가락을 구부린다. 하지만 프롬트 섬 팜을 하면 안 된다. **그림 46**처럼 엄지손 가락 아귀에 동전을 놓고 동전의 가장자리를 잡는다.

그림 46

손의 양쪽을 보여주어야 한다. 손등을 보여주면 관객에게는 동전이 보이지 않는다. 손 앞을 보여주려면 손가락을 안으로 구부려 동전을 감춘다. 그런 다음 다시 손가락을 쭉 펴서 손 앞을 보여준다(**그림 47**과 **그림 48**).

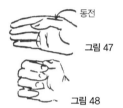

동전

그림 47

손을 아래로 떨어뜨리는 순간 동전을 일반적인 핑거 팜 상태로 놓이게 할 수 있다.

그림 48

10. 르 투어니켓 배니시 Le Trouniquet Vanish, 일명 프렌치 배니시

그림 49

이것은 매우 오래된 기술인데 앞으로 소개할 세 가지 배니시 기술과 비교하기 위해서 설명한다. 섬-핑거팁 호리즌탈 포지션(**그림 18**)으로 동전을 잡는다. 엄지손가락이 동전 아래에 오도록 해서 오른손으로 동전을 감싼다(**그림 49**).

그림 50

핑거 팜 자세로 왼손에 동전을 떨어뜨린다. 그런 다음 정말 왼손에서 오른손으로 동전을 가져온 것처럼 손을 오므린다(**그림 50**).

왼손은 옆으로 내리고 오른손을 펼쳐 동전이 사라졌음을 보여준다.

11. 타벨의 프렌치 배니시 업그레이드 버전

'르 투어니켓' 혹은 프렌치 배니시의 단점은 수평으로 동전을 잡고 얼른 오른손을 내밀어 잽싸게 동전을 감싸기가 어렵다는 것이다. 그런 방법으로는 도저히 한 손에서 다른 손으로 '자연스럽게' 동전을 옮길 수 없다. 그것은 그야말로 초보자의 손으로는 불가능한 진짜 '마법'과도 같은 기술이다. 이 동작은 마술 교본에서 아예 빼버리거나 "사용해서는 안 될 배니시"라고 이름 붙여야 마땅하다.

그래서 나는 엄지손가락과 나머지 손가락 끝의 가장자리로 동전을 들면 어떻게 다른 손으로 자연스럽게 동전을 가져올 수 있는지 생각하게 되었다.

왼손 엄지손가락 끝과 집게손가락, 가운뎃손가락 끝 사이로 동전을 잡는다(**그림 A**). 동전을 '수직으로' 잡고 살짝 기울여 평평한 면이 관객을 향하게 한다.

그림 B처럼 오른손을 가까이 가져간다.

그림 A   그림 B

오른손으로 동전을 감싼 채 왼손 집게손가락과 가운뎃손가락 아래 마디로 떨어뜨린다(**그림 C**).

그림 C   그림 D

오른손 엄지손가락을 나머지 손가락 끝에 붙여 정말로 왼손에서 오른손으로 동전을 옮기는 척한다(**그림 D**).

관객을 향해 엄지손가락과 나머지 손가락을 문지르면 동전이 사라진 것처럼 보인다. 이처럼 왼손 엄지손가락과 나머지 손가락 끝 사이로 동전을 잡는 것이 오른손을 오므려 동전을 감싸는 것보다 훨씬 자연스럽다.

12. 르 폴의 프렌치 배니시 업그레이드 버전

르 폴(Le Paul)도 대부분의 마술책에 수록된 '르 투어니켓' 혹은 프렌치 배니시가 초보자에게는 무리라고 생각했다.

다음은 그가 고안한 새로운 방법의 손동작을 보여주는 그림이다. 관객의 시선에서 본 모습이다.

오른손 엄지손가락과 집게손가락 사이로 동전을 잡는다. 손바닥이 관객을 향한다 (**그림 E**).

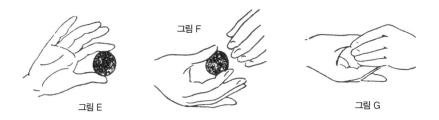

그림 E   그림 F   그림 G

엄지손가락이 위로, 집게손가락이 아래로 오도록 손의 위치를 바꾼다(**그림 F**). 왼손을 가까이 가져가 손가락으로 동전을 감싼다(**그림 G**).

동전을 잘 감싼 후 오른손 가운뎃손가락과 넷째 손가락으로 떨어뜨려 핑거 팜 준비를 한다. **그림 H**는 당신의 위치에서 보이는 손의 모습이다.

그림 H   그림 I   그림 J

왼손 엄지손가락과 손가락 끝 사이로 동전을 잡아 옮기는 척한다(**그림 I**).

동전을 감춘 오른손을 위로 올려 집게손가락이 관객을 향하게 한다. 거짓으로 동전을 잡고 있는 왼손은 **그림 J**처럼 된다.

오른손 집게손가락으로 왼손을 가리킨다. 왼손 엄지손가락과 나머지 손가락 끝을 문질러 동전이 사라지게 한 것처럼 보인다. 왼손 앞쪽이 관객을 향한다.

르 폴이 고안한 이 방법은 매우 자연스러우면서도 효과적이다.

13. 타벨의 닙-어웨이 배니시

이것은 내가 오래전부터 즐겨 사용해온 방법인데 매우 자연스러워 보인다.

왼손 엄지손가락 끝과 집게손가락, 가운뎃손가락 끝 사이로 동전을 잡는다(**그림 K**).

그림 K

그림 L

오른손 손가락 끝을 왼손으로 가져가 왼손 손가락 뒤쪽과 맞닿게 한다. 오른손 엄지손가락이 동전 위에 놓이게 된다(**그림 L**).

왼손 엄지손가락 끝을 '회전축' 삼아 오른쪽 엄지손가락으로 동전을 아래로 민다. 동전이 빙빙 돌아 왼손 안으로 들어간다(**그림 M**).

엄지손가락이
회전축 역할

동전이 빙글빙글
돌아감

그림 M

그림 N

그림 O

오른손 엄지손가락과 나머지 손끝 사이로 왼손에서 동전을 가져오는 척한다(**그림 N**).

왼손 엄지손가락을 이용해 동전이 핑거 그립 포지션으로 미끄러져 들어가게 한다(**그림 O**).

오른손 손바닥이 관객을 향한 채 엄지손가락으로 나머지 손가락 끝을 미끄러지듯 훑자 동전이 사라진다.

오른손으로 동전을 집는 척할 때 재빠르게 움직여야 한다. 동전을 다루는 손기술은 타이밍이 생명이다.

14. 슈퍼바 코인 배니시<small>The Superba Coin Vanish</small>

주먹 쥔 오른손에 넣은 동전이 사라지는 마술이다.

왼손은 주먹 쥔다. 오른손 엄지손가락과 집게손가락 사이로 동전을 잡는다(**그림 P**).

그림 P   그림 Q

주먹 쥔 왼손에 생긴 틈으로 동전을 집어넣는다(**그림 Q**). 왼손 주먹의 틈이 위로 향하게 한다. **그림 Q**는 위에서 곧바로 내려다본 손의 모습이다. 동전을 수직으로 잡고 왼손 주먹에 넣는다.

동전이 왼손으로 들어가는 순간 오른손 가운뎃손가락과 넷째 손가락, 새끼손가락을 왼손 손등에 올려놓는다. 이처럼 오른손 손가락으로 감싼 상태에서 엄지손가락과 집게손가락을 살짝 들어 왼손 꼭대기에서 3/4인치 정도 위로 옮긴다. 이렇게 하면 동전이 위로 굴러가게 된다. 엄지손가락 끝과 집게손가락 끝이 회전축 역할을 한다(**그림 R**).

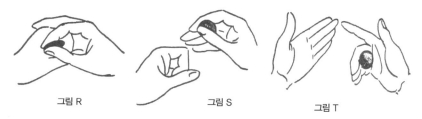

그림 R   그림 S   그림 T

그림 S처럼 오른손으로 동전을 잡아서 들어올린다. **그림 T**처럼 오른손 엄지손가락을 이용해 핑거 팜 자세로 동전을 미끄러뜨린다. 왼손을 펼쳐 동전이 사라졌음을 보여준다.

15. 다이렉트 코인 배니시<small>The Direct Coin Vanish</small>

이는 매우 자연스럽게 동전을 사라지게 하는 방법이다. 동전이 곧바로 손으로 들어가므로 매우 간단하고 들킬 염려가 없다.

오른손 엄지손가락 끝과 집게손가락 끝 사이로 동전을 잡는다. 왼손 손바닥, 즉 집게손가락과 가운뎃손가락의 맨 끝마디에 동전을 올려놓는다(**그림 U**).

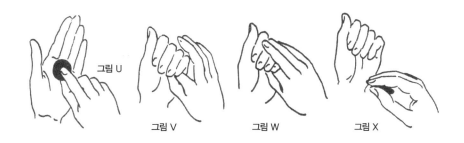

그림 U

그림 V

그림 W

그림 X

왼손 손가락을 오므린다(**그림 V**). 오른손을 앞으로 살짝 밀어 동전이 약간 뒤로 굴러가게 한다. 엄지손가락과 집게손가락 끝이 회전축으로 작용한다. 오른손의 나머지 손가락은 왼손 위에 놓는다(**그림 W**).

오른손 엄지손가락과 집게손가락 끝으로 여전히 동전을 집고 다른 손가락으로 가린 상태에서 왼손을 뺀다(**그림 X**). 동전은 오른손에 숨겨져 있고 왼손을 펼쳐 동전이 사라졌음을 보여준다.

정말로 왼손에 동전을 놓는 것처럼 자연스럽게 움직여야 한다. 처음에는 실제로 왼손에 동전을 놓으면서 연습한다. 어느 정도 익숙해지면 똑같은 동작과 타이밍을 이용해 오른손으로 동전을 빼내는 연습을 한다. 왼손에 동전을 놓고 오른손을 빼내는 동작은 순식간에 재빠르게 이루어져야 한다.

16. 조 버그의 섬 코인 배니시Joe Berg' s Thumb Coin Vanish
이는 색다른 동작을 원하는 사람에게 안성맞춤인 배니시이다.
주먹 쥔 왼손에 동전의 일부분을 넣는다(**그림 AA**).

그림 AA

그림 BB

오른손 엄지손가락을 올려 왼손 안으로 동전을 밀어 넣는다(**그림 BB**).

왼손을 뺀 후 앞이 관객을 향하게 하고 손을 펼쳐 여전히 동전이 그 안에 있음을 보여준다.

그러고 나서 **그림 AA**와 같은 자세로 돌아간다.

다시 오른손 엄지손가락으로 왼손에 동전을 밀어 넣는다. 하지만 이번에는 오른손 엄지손가락을 동전 위에 살짝 미끄러뜨린다. 엄지손가락 기부의 마디로 엄지손가락을 꽉 눌러서 섬 팜 포지션으로 동전을 잡는다(**그림 CC**).

그림 CC

그림 DD

오른손 엄지손가락을 왼손에서 빼 양손을 분리시킨다(**그림 DD**). 동전은 오른손에 섬 팜으로 감춰져 있다.

17. **픽 업 배니시**Pick Up Vanish

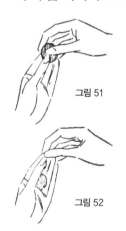

그림 51

그림 52

섬 핑거팁 버티컬 홀드(**그림 19**와 **그림 20**)를 이용해 왼손으로 동전을 잡는다. 동전을 잡으려는 것처럼 오른손을 왼손으로 가져간다(**그림 51**).

관객에게 보이지 않도록 오른손으로 동전을 가리고 동전이 핑거 팜 자세로 왼손으로 미끄러지게 한다(**그림 52**).

동전을 잡은 척 오른손을 빼서 주먹을 쥐고 동전이 사라진 척한다. 그런 다음 손을 펴서 동전이 사라졌음을 보여준다.

18. 프런트 앤드 백 핑거 팜 Front and Back Finger Palming

이것은 오직 한 손만을 사용하여 관객에게 손 앞과 손등 모두를 보여주는 배니시이다. 능숙한 기술이 필요하므로 열심히 연습해야만 사용할 수 있다. 다운스와 마누엘 같은 뛰어난 마술사들은 여러 개의 동전을 가지고 프런트 앤드 백 팜을 구사할 수 있다. 아니, 12개, 24개도 문제없다. 하지만 보통 마술사는 그렇게까지 하기 힘들다. 책의 뒷부분에서 여러 개의 동전을 한꺼번에 다루는 기술을 가르쳐주겠지만, 우선 여기에서는 동전 하나를 이용해서 기본 원리에 대해 살펴본다.

그림 53

프런트 핑거 팜 자세(**그림 11**)로 동전을 잡는다. 동전이 떨어지지 않도록 집게손가락과 새끼손가락 사이로 동전의 양쪽을 단단히 잡는다(**그림 53**).

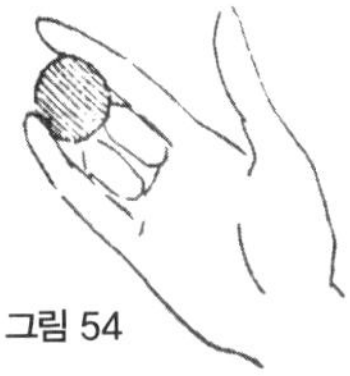

그림 54

가운뎃손가락과 넷째 손가락을 동전 아래로 구부려 집게손가락과 새끼손가락 사이로 동전을 안정감 있게 잡는다(**그림 54**).

그림 55

손가락이 동전 아래로 들어가면서 동전이 회전하도록 한다(**그림 55**). 이 동작은 천천히 생각하면서 연습할 필요가 있다. 동작이 끊어지지 않도록 재빠르게 움직여야 한다는 사실도 꼭 기억한다.

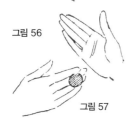

그림 56

그림 57

손가락을 쭉 뻗는다. 이렇게 하면 동전이 손 앞에 있었을 때와 똑같은 자세로 저절로 손등으로 옮겨간다. 관객에게 손바닥은 보이지만 동전은 사라지고 없다(**그림 56**과 **그림 57**).

이처럼 처음에 손 앞에서 손등으로 동전을 옮길 때는 팔 전체를 이용해서 크게 움직여야 한다. 팔을 약간 내렸다가 허공에 동전을 던지는 것처럼 들어올린다. 그와 동시에 동전 아래로 손가락을 구부려서 손등으로 회전시키면 된다.

이제 동전을 숨긴 채 손등을 보여주려면,

앞의 동작이 끝나면 동전은 손등에 있게 된다. **그림 58~62**는 동전을 다시 손 앞으로 가져와 관객에게 보여주기 위한 동작이다.

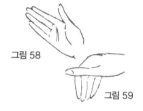

그림 58

그림 59

그림 58처럼 동전이 손등에 놓인 자세로 시작한다.
그림 59처럼 손가락을 아래로 내리고 엄지손가락은 그 위로 뻗는다.

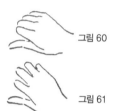

그림 60

엄지손가락을 아래로 내리면서 손등이 관객을 향하도록 한다(**그림 60**).

그림 61

가운뎃손가락과 넷째 손가락을 동전 아래에서 미끄러뜨리는 동시에 동전이 손가락과 함께 회전하게 한다(**그림 61**).

그림 62

동전 뒤로 손가락을 쭉 뻗어 처음처럼 프런트 핑거 팜으로 동전을 잡는다. 이제 손등을 관객에게 보여줄 수 있다 (**그림 62**).

동전을 숨긴 채 손 앞을 보여주려면,

동전을 손등에서 손 앞으로 옮기는 동작을 거꾸로 하면 된다. **그림 62**의 자세로 시작해 **그림 58**로 돌아간다.

그림 63은 프런트 앤드 백 핑거 팜 도중 팔과 몸의 자세를 나타낸다. 몸의 오른쪽이 관객에게 보이지 않도록 선다. 오른팔은 어깨에 붙인 채 손을 들어올린다.

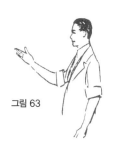

그림 63

양손으로 이 법칙을 사용하는 방법을 완전히 익힌다. 그러면 동전 한 개를 이용해서 이펙트를 낼 수 있다. 하지만 실제로는 양손에 동전을 하나씩 들고 사용할 수 있게 된다. 한쪽 동전이 노출되면 다른 손에 나머지 동전을 숨긴다. 손에서 팔로, 양쪽 무릎으로 등 다양한 곳으로 동전을 옮길 수 있다. 그렇게 되면 비로소 프런트 앤드 백 핑거 팜의 원리를 완전히 터득한 것이다.

19. 백 핑거 클립 배니시 Back Finger Clip Vanish

그림 64

그림 64와 같이 동전을 잡는다. 이것도 한 손을 사용하는 배니시이다.

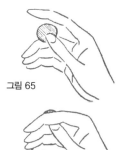

그림 65

실제로는 엄지손가락 끝과 가운뎃손가락 둘째 마디로 동전을 누르게 된다. 동전에서 집게손가락을 들어올린다(**그림 65**).

집게손가락을 동전의 반대쪽으로 내린다(**그림 66**).

그림 66

집게손가락과 가운뎃손가락 사이로 농전을 잡고 엄지손가락은 치운다. 그러면 백 핑거 클립 포지션으로 동전을 잡게 된다.

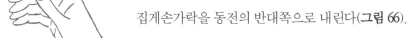

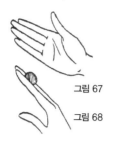

그림 67

그림 68

손바닥이 관객에게 보이지만 동전은 사라지고 없다(**그림 67**과 **그림 68**).

이 배니시는 동전을 던지는 동작과 함께 사용해야 한다. 몸 왼쪽이 관객을 향하게 하고 팔을 오른쪽으로 쭉 뻗는다.

프런트 핑거 클립 포지션으로 동전을 잡으려면,

이것은 프런트 앤드 백 핸드 팜을 변형한 기술이다. 하지만 동전이 집게손가락과 가운뎃손가락 사이로 왔다갔다 움직인다는 점이 다르다.

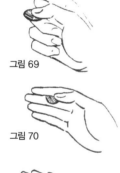

그림 69

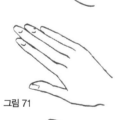

그림 70

주먹을 쥐고 엄지손가락 끝을 자연스럽게 동전 위에 올려놓는다. 엄지손가락으로 집게손가락 위에 놓인 동전을 꾹 누른다. 이때 집게손가락은 동전의 반대쪽 가장자리로 움직인다. 엄지손가락도 동전이 앞쪽으로 당겨지도록 돕는다(**그림 69**).

집게손가락과 가운뎃손가락 사이에 동전을 끼우고 쭉 뻗는다. 엄지손가락은 동전에서 뗀다. 이제 프런트 핑거 클립으로 동전을 잡게 된다(**그림 70**).

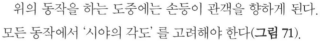

그림 71

위의 동작을 하는 도중에는 손등이 관객을 향하게 된다. 모든 동작에서 '시야의 각도'를 고려해야 한다(**그림 71**).

그림 72

그림 72처럼 이 동작을 하는 도중에는 동전이 백 핑거 클립에서 프런트 핑거 클립으로 옮겨지는 모습이 관객에게

보이지 않도록 손목을 약간 뒤로 구부려야 한다.

동전을 다시 손 앞에서 손등으로 옮기려면,

　손등이 관객을 향할 때 엄지손가락을 동전에 갖다 댄다. 그리고 손가락들 사이로 밀어서 백 핑거 클립 자세로 옮긴 후 손의 방향을 바꿔 손바닥이 텅 비었음을 보여준다. 엄지손가락은 동전이 손등으로 돌아갈 때까지 동전을 가리고 있다가 **그림 67**처럼 들어올린다.

배니시가 끝난 후 동전 처리 방법
To get Ride of Coin after Vanishing it in Hand

　관객은 마술사가 손을 펼쳐서 보여주면 정말 동전이 사라졌다고 생각하고 놀라워한다. 그러나 마술사에게는 한쪽 손에 감춘 동전을 처리해야 하는 문제가 남겨진다.
　동전을 처리하기에 가장 좋은 장소 중 하나는 바로 당신의 주머니이다. 이번 레슨의 앞에서 설명한 톱 포켓 배니시를 이용하면 된다.
　오른손에 동전을 감추었다고 해보자. 그렇다면 오른쪽 바지주머니 안에 떨어뜨려야 할 것이다. 물론 관객이 눈치 채지 못하도록 미스디렉션이 필요하다.
　왼손을 펼쳐 동전이 사라졌음을 보여주기 전에 먼저 앞으로 뻗는다. 이렇게 왼손을 앞으로 뻗으면 몸이 앞으로 숙여지므로 자연히 오른손이 오른쪽 바지주머니와 가까워진다. 몸 왼쪽이 관객을 향하게 하고 왼손을 앞으로 흔들면서 조수에게 동전을 주는 척하거나 동전이 사라진

그림 73

척한다. 그와 동시에 오른손의 동전을 살짝 주머니에 떨어뜨린다. 재빨리 주머니에

서 손을 빼야 한다. **그림 73**은 관객에게 보이지 않는 쪽의 모습이다.

이 동작이 완료되면 몸 앞쪽이 관객을 향하게 될 것이다. 몸을 앞으로 숙여 왼손으로 동전을 던지는 동작을 취하면 관객의 시선이 그쪽을 향하므로 들키지 않고 오른쪽 바지주머니에 동전을 넣을 수 있다. 또 다른 방법도 있다. 몸 왼쪽이 관객을 향하게 하고 왼손으로 테이블에서 무언가를 집으면서 오른쪽 바지주머니에 동전을 떨어뜨린다.

똑같은 방법으로 윗옷 가슴주머니에 동전을 넣을 수도 있다. 왼손의 동전을 왼쪽 윗옷 주머니에 넣는다.

나는 배니시를 할 때 굳이 동전을 빨리 처리하려고 하지 않는다. 손수건을 집으면서 천천히 주머니에 넣거나 그 밖의 다른 물체를 이용한다. 지팡이를 잡으면서 테이블에 잘 보이지 않도록 올려놓기도 한다.

체인지-오버 팜
The Elusive Change-Over Palm

이것은 마지막에 동전이 사라졌음을 보여주기 위해서가 아니라 마술 중간에 양손 모두 빈 상태로 보여줄 수 있는 기술이다. 물론 동전은 한 손에 숨긴다.

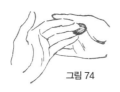

그림 74

오른손에 동전을 섬 팜했다고 가정해보자. 왼손을 그 위에 올려 가운뎃손가락과 넷째 손가락 끝으로 동전을 잡는다(**그림 74**).

그림 75

손바닥을 향해 손가락을 구부린다. 이렇게 하면 동전이 컬 핑거 팁 팜으로 왼손에 들어가게 된다(**그림 75**).

동전이 왼손에 있으므로 오른손은 자유롭게 보여줄 수 있다. 동작을 거꾸로 해서 동전을 다시 섬 팜으로 놓는다. 이렇게 하면 왼손이 자유로워지므로 관객에게 자유롭게 보여줄 수 있다. 이런 식으로 양손 모두를 보여줄 수 있다.

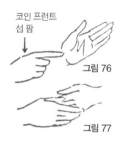
코인 프런트
섬 팜
그림 76

그림 77

이것은 관객에게 보이는 손의 모습이다. 동전은 오른손에 섬 팜으로 숨겨져 있으며 관객은 당신의 오른쪽 손등과 왼쪽 손바닥을 보게 된다. 이제 몸을 오른쪽으로 돌린다. 양손이 앞으로 움직이면서 자연스럽게 포개지므로 왼손 손가락으로 동전을 잡을 수 있다(**그림 76**과 **그림 77**).

코인 핑거
팁 팜
그림 78

몸을 계속 오른쪽으로 움직인다. 그러면 오른손 손바닥과 컬 핑거 팁 팜으로 동전을 감춘 왼손이 관객에게 보이게 된다(**그림 78**).

이처럼 관객은 당신의 양손을 모두 볼 수 있다. 동전이 없어졌다고 말하지 않고 동작으로 암시하기만 한다.

거울 앞에서 한 동작 한 동작 세심하게 연습한다. 먼저 왼손으로 동전을 프런트 섬 팜 하고 왼쪽으로 몸을 돌리는 것부터 시작해 양손으로 원리를 익힌다.

섬 체인지-오버
The Thumb Change-Over

동전

그림 79

이 체인-오버도 무척 유용하게 사용할 수 있다. 오른손으로 동전을 프런트 섬 팜 한다. 몸 오른쪽이 관객을 향하게 하고 양손은 손등이 관객을 향하도록 하여 몸 왼쪽에서 든다(**그림 79**).

그림 80

왼손을 내려 오른쪽 엄지손가락 앞이 왼쪽 엄지손가락 뒤에 오도록 한다. 오른손의 프런트 섬 팜 포지션에서 왼손의 섬 팜 포지션으로 동전의 위치를 바꾼다(**그림 80**).

그림 81

양손을 함께 앞으로 올려 손바닥이 관객을 향하게 한다. 이제 관객은 손의 앞과 뒤를 모두 보았으므로 동전이 손안에 숨겨져 있다고 생각하지 않을 것이다(**그림 81**).

그림 82

손을 가슴 위치로 올린다. 양손을 서로 떨어뜨려 그 사이에 동전이 숨겨져 있지 않음을 보여준다(**그림 82**).

손등을 보여주려면 위의 동작을 거꾸로 하고 **그림 79**처럼 프런트 섬 팜으로 동전을 감춘다.

그림 21의 동전을 다시 프로덕션 클립으로 가져오는 방법도 연습해야 한다. 어떤 팜에서든지 쉽게 이 자세로 동전을 옮길 수 있다. 익숙해질 때까지 열심히 연습한다.

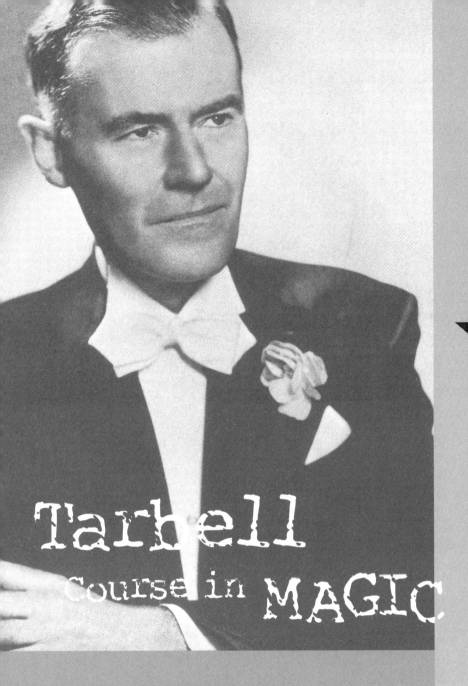

Tarbell
Course in MAGIC

레슨 3에서는 동전을 이용하는 팜 기술과 손기술을 배웠다.
기본적인 기술을 익혔으니 실제 마술에 이용하는 속임수를 배울 준비가 되었다
고 할 수 있다. 물론 실제로 사용하려면 익숙해질 때까지 열심히 연습해야 한다.

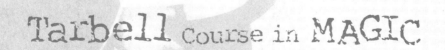
Tarbell course in MAGIC

디졸빙 코인
The Dissolving Coin

이것은 동전을 이용하는 가장 신기한 마술 중 하나이다. 가족이나 친구와의 식사 모임이나 직장 혹은 전문 무대에서 활용할 수 있다.

★ 이펙트

관객 한 명에게 50센트짜리 동전을 빌린다. 나중에 알아보기 쉽도록 동전에 표시를 해달라고 부탁한다. 손수건도 빌려 손수건 가운데에 동전을 올려놓는다. 관객에게 왼손에는 물 컵을, 오른손에는 동전과 손수건을 들고 있으라고 한다. 관객이 마술사의 신호에 따라 컵에 동전을 떨어뜨리고 손수건을 들어 올리면 동전이 사라진다. 깜짝 놀라는 관객에게 마술사가 태연히 미리 주머니에 넣어둔 지갑에서 동전을 꺼내 보여준다.

★ 준비물

1. 50센트 동전 크기의 원형 유리판(마술용품점에서 구입)
2. 바닥이 유리 디스크만 한 컵. 그리고…
   a. 똑딱이 지갑
   b. 빌린 50센트 동전
   c. 빌린 손수건

★ 해법과 대사

바지주머니에 조그만 지갑과 원형 유리판을 감춘다.

관객에게 말하는 도중 자연스럽게 왼손으로 원형 유리판(G)을 꺼내 가운뎃손가락과 넷째 손가락 기부로 잡고 그 위로 손가락을 약간 구부린다. 이것이 바로 핑거 팜이다.

참고: 모든 대사는 고딕체와 큰 따옴표(" ")로 표기한다.

"이제부터 실험을 하나 해보겠습니다. 모든 마술은 실험입니다. 그래서 실패할 때도 있죠. 50센트짜리 동전이 하나 필요합니다. 이런, 바지주머니에 있는 줄 알았는데 없네요. 빌리는 수밖에 없군요."

당신은 손에 무언가를 감추었다고 의심받지 않고 관객에게 가까이 다가갈 수 있다. 하지만 언제나 머릿속으로 '시야의 각도'를 고려해야 한다.

"50센트짜리 동전 하나 빌려주실 분 계신가요? 동전에 굵직하게 표시를 해주세요. 아무 표시나 좋습니다. 아, 애인 전화번호를 쓰는 것도 좋겠군요. 제가 나중에 전화해보겠습니다."

아래 그림은 관객에게 보이는 손의 모습이다. 손에 원형 유리판을 숨겼다고 의심하는 사람은 하나도 없을 것이다. 동전이 숨겨진 손은 반드시 자연스럽게 움직여야 한다.

"아니면 제 월수입을 적으셔도 좋겠군요. 어차피 0원이니까 공간이 넉넉할 거예요."

오른손으로 빌린 동전(H)을 들고 왼손으로 가져간다. 왼손 엄지손가락 끝과 집게손가락, 가운뎃손가락 끝으로 동전을 잡는다.

　　"혹시 손수건 빌려주실 분 안 계십니까?"
　　"동전을 가리는 데 쓸 겁니다."

　엄지손가락 끝과 집게손가락 끝으로 동전(H)을 잡은 상태에서 손수건으로 왼손
을 가린다. 원형 유리판(G)은 가운뎃손가락과 넷째 손가락 기부에 숨긴다.

　엄지손가락과 집게손가락을 구부려 동전(H)을 디스크(G)와 같은 높이로 옮긴다.
디스크(G)와 바꿔치기 하기 위해서이다.

　　"이 마술은 은행에서 보여주기 딱 좋은 마술이에요. 은행에서는 매일 매일 은밀한 돈 거래
　　가 이루어지잖아요."

　누군가에게 컵에 물을 따르라고 하고 관객(동전 주인)에게 컵 안에 아무것도 없는지
자세히 살펴보라고 한다.
　이제 오른손으로 손수건에 덮인 동전(H)을 잡는 척한다. 하지만 실제로는 디스크
(G)를 잡고 진짜 동전(H)은 왼손 엄지손가락으로 옮겨 숨긴다.

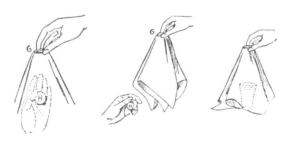

　　"컵 안을 잘 살펴보셨나요?"

이제 오른손으로 잡은 손수건 안에 디스크(G)가 있고 동전은 왼쪽 가운뎃손가락과 넷째 손가락 기부에 팜을 한 상태이다.

손수건을 들어서 동전이 없다는 사실을 보여주기 전까지 왼손은 자연스럽게 들고 있어야 한다. 동전 주인에게 손수건을 주고 그 안에 든 동전을 잘 잡고 있으라고 한다.

"손수건 안에 동전이 들어 있습니다. 물 컵 위로 들고 있어 주세요."

물론 동전은 손수건 속에 없다. 이것은 '대사' 일 뿐이다. 진짜 동전은 당신의 왼손에 숨겨져 있으며 손수건 안에 든 것은 원형 유리판이다.

앞의 그림에서처럼 관객이 손수건을 들고 물 컵을 완전히 가린다.

★ 참고: 조명의 위치를 주의하라

조명이 측면에서 비추고 손수건과 디스크가 관객과 조명 사이에 있다면 매우 위험하다. 조명이 손수건과 디스크를 비추므로 동전이 손수건 안에 없다는 사실이 드러난다. 따라서 관객은 조명과 손수건 사이에 있어야 한다. 반면 식사 자리에서처럼 조명이 위에서 비춘다면 안성맞춤이다. 조명의 위치를 꼼꼼히 따지는 것이 중요하다. 만약 손수건이 얇다면 두 겹으로 접어서 사용한다.

"제가 셋까지 세면 컵에 동전을 떨어뜨리세요. 하나, 둘, 셋!"

관객이 동전을 떨어뜨린다. 바로 그 순간에 왼손을 이용해 지갑에 동전을 떨어뜨려야 한다. 지갑은 당신의 왼쪽 바지주머니에 있다. 손은 최대한 빨리 바지에서 떼고 절대 시선이 그곳으로 향해서는 안 된다.

"쨍그랑! 참 소리도 예쁘네요."

이제 관객에게 손수건을 들어보라고 한다.

"동전은 당연히 컵 속에 있어야겠죠. 아니, 그런데 이게 웬일입니까? 동전이 온데간데없이
사라졌군요. 1등 당첨된 로또가 사라진 것처럼 황당하네요!"

컵의 물을 따른다. 원형 유리판은 컵 바닥에 있고 표시된 동전은 당신의 지갑에
있다.

"아, 이런… 동전을 잃어버렸습니다. 이럴 때를 대비해서 제가 꼭꼭 숨겨둔 돈이 있습니다.
여기 계신 분께 나눠드리도록 하죠. 여기 아까 주신 동전입니다. 아까부터 계속 제 주머니
에 들어 있었죠."

또 나른 마무리 방법도 있다. 바로 관객의 옆 호주머니에 동전을 떨어뜨리고 거기
에서 꺼내는 방법이다. 단, 들키지 않을 자신이 있을 때만 사용해야 한다. 또 당신의
무릎이나 팔 뒤 또는 조끼 안에서 꺼내는 방법도 있다. 테이블에 앉아 있는 상태라면
동전이 테이블을 뚫고 지나간 것처럼 테이블 아래에서 꺼내도 된다.

절대적으로 완벽하게 마무리하는 방법

마술이 끝난 후 누군가가 컵을 살피려고 한다면 컵에 동전을 떨어뜨리고 컵을 툭

친다. 그러면 물기 때문에 동전과 디스크가 함께 붙어서 나온다. 호기심에 찬 관객은 컵 바닥을 살펴보지만 별 다른 점을 발견하지 못한다. 그러는 사이 손수건으로 동전의 물기를 닦는 척하면서 손수건과 함께 디스크를 바지주머니에 넣는다.

손수건 안에 든 동전 사라지게 하기
Vanishing Coin in Handkerchief

이 마술은 오래전부터 시작되었지만 요즘은 쉽게 볼 수 없다. 아무래도 이 마술의 묘미를 제대로 보여줄 수 있는 뛰어난 마술사가 많지 않기 때문인 것 같다. 예전에 선배 마술사들이 보여준 이 마술은 환상 그 자체였다.

★ 이펙트
탁자에 손수건을 펼치고 가운데에 동전을 올려놓는다. 네 귀퉁이를 차례로 접어 동전을 덮는다. 마술사가 손수건 한쪽을 잡고 활짝 펼치면 동전이 사라진다.

★ 준비물
1. 동전(50센트, 25센트, 10센트, 5센트, 1센트 모두 가능)
2. 손수건
3. 마술용 왁스 약간. 마술용품점에서 쉽게 구입할 수 있다. 급한 경우에는 약국에서 고약을 구입해 사용해도 된다. 손가락으로 연고나 왁스를 문질러 부드럽게 만든다.

★ 해법과 대사
마술을 시작하기 전에 왼손 엄지손가락 손톱 밑에 몰래 마술용 왁스를 발라 둔다. '초승달' 모양으로 바른다. 관객은 왁스를 발랐다는 사실을 절대 눈치 채지 못한다.

손수건은 미리 준비해두거나 관객에게 빌려서 사용한다. 테이블 위에 손수건을 펼치고 가운데에 동전을 놓는다.

"지금부터 사람의 감각이 환상에 불과하다는 사실을 보여드리겠습니다. 여기 있는 동전이 확실히 보이십니까? 한번 만져보세요."

관객이 동전을 만진다.

"그럼 손수건 한 쪽을 접어보겠습니다."

그림 1

그림 2

동전이 가려져 보이지 않는다(**그림 1**). 왼손 엄지손가락으로 동전을 누르고 손수건으로 가린다. 오른손 엄지손가락은 손수건 꼭대기에 놓는다. 오른손 엄지손가락으로 왼손 엄지손가락 손톱에 묻은 왁스를 문질러 동전에 바른다. 오른손 엄지손가락으로 왁스 묻은 동전 위로 손수건을 꽉 누르고 왼손 엄지손가락은 **뺀다**.

"다시 한번 만져보세요. 손수건 아래에 동전이 있죠?"

관객이 손수건 위로 동전을 누른다.

"손수건에 덮여 있기는 하지만 동전이 확실히 있습니다."

손수건의 두 번째 귀퉁이를 접어 동전을 가린다(**그림 2**).

"이제 동전이 두 겹으로 가려졌습니다. 다시 한번 만져보세요."

관객이 다시 동전을 만진다.

"여전히 동전이 있습니다. 확실하죠? 두 개 남은 귀퉁이도 다 접으면 어떻게 될까요? 그래
도 동전이 만져질까요?"

나머지 귀퉁이를 마저 접는다(**그림 3**). 관객에게 또 동전을 만져보라고 한다.

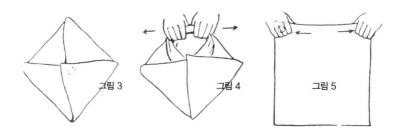

"지금까지 동전이 손수건 가운데에 있다는 것을 확실히 느끼셨을 겁니다."

가장 가까이에 있는 면을 펼친 후 양손으로 가장자리를 잡는다(**그림 4**). 손수건의
가장자리를 따라 양손을 따로따로 귀퉁이까지 천천히 잡아당긴다. 그러면 양손으로
귀퉁이를 하나씩 잡게 된다(**그림 5**). 그렇게 하면 왁스 묻은 동전이 손수건 귀퉁이에
달라붙으면서 자연히 손수건 아래쪽으로 오른손에 들어간다. 양손을 따로따로 잡아
당기므로 손수건이 펄럭거리면서 테이블에서 떨어져 올라간다. 즉 양손으로 손수건
을 든 상태가 된다. 동전이 확실히 사라졌다.

"하지만 과연 인간의 감각이 얼마나 정확할까요? 과연 믿을 수 있을까요?"

손수건에 붙은 동전은 손쉽게 처리할 수 있다. 손수건을 주머니에 넣을 때 같이 넣
는다. 관객에게 빌린 손수건이라면 동전을 처리한 후 다음의 말과 함께 돌려준다.

"손수건 잘 썼습니다."

동전이 손수건을 통과하는 마술
Coin Through Handkerchief

이것은 기본적인 즉흥 마술이며 관객에게 좋은 반응을 얻을 수 있다.

★ 이펙트

손수건으로 동전을 싼 후 가운데를 꼰다. 마술사가 동전이 손수건을 통과해서 나오게 한다. 하지만 손수건을 펼쳐도 구멍이 없다.

★ 준비물

1. 50센트 동전
2. 손수건

★ 해법과 대사

그림 1처럼 왼손 엄지손가락과 나머지 손가락으로 동전을 잡는다. 손과 동전 위로 손수건을 씌운다.

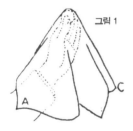
그림 1

그림 2

그림 3

"믿지 못하시는 분들도 계시겠지만 전 믿습니다. 제가 직접 손수건으로 동전을 가렸으니까요."

오른손 엄지손가락과 나머지 손가락을 이용해 손수건 위로 동전을 잡는다(**그림 2**).

가슴을 향해 동전과 손수건을 접는다(**그림 3**).

마찬가지로 왼손 엄지손가락과 나머지 손가락을 이용해 손수건 위로 동전을 잡는다(**그림 4**).

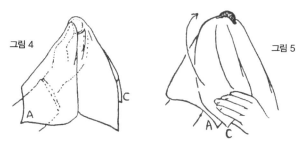

그림 4   그림 5

"동전은 정말 손수건 속에 있습니다. 믿기 어려우시면 다시 보여드리죠."

귀퉁이 C를 동전을 잡고 있는 윗부분으로 넘겨서 귀퉁이 A와 맞닿게 한다. 동전의 모습이 드러난다.

이제 특수한 동작을 취해야 한다. 귀퉁이 C뿐 아니라 귀퉁이 A도 함께 다시 동전 위로 가져간다. **그림 5**, **그림 6**과 같은 자세가 된다. 관객은 당신이 손수건으로 다시 동전을 감쌌다고 생각한다. 하지만 실제로 동전은 손수건 가운데의 뒤쪽에 있다(**그림 6**).

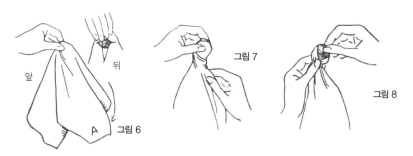

앞   뒤   그림 7

그림 6   그림 8

손수건으로 동전 주위를 꼰다(**그림 7**).

"이렇게 손수건을 단단히 꼬면 동전이 손수건을 통과해서 나올 겁니다."

오른손으로 천천히 동전을 꺼낸다(**그림 8**).

"손수건에 구멍을 뚫지 않고도 말입니다."

오른손으로 오른쪽 옆 귀퉁이 아래를 잡고 왼손으로 다른 위쪽 귀퉁이를 잡은 채 손수건을 위로 들어 구멍이 뚫리지 않았음을 보여준다.

동화와 은화 뚫기 마술
Copper or Silver Penetration

동전이 손수건을 통과하는 마술을 재미있게 변형시킨 마술이다.

★ 이펙트

2개의 동전, 영국 1페니 동전과 50센트 동전을 준비한다. 동전 두 개를 관객에게 보여준 후 손수건 귀퉁이로 감싸고 손수건을 꼰다. 관객이 선택한 동전이 손수건을 통과해서 나온다. 손수건을 풀면 나머지 동전은 처음과 똑같이 손수건 가운데에 있다.

★ 준비물

1. 50센드와 크기가 비슷한 농화. 원한다면 금화를 사용해도 된다. 마술용품점에서 다양한 동전을 판매한다. 서로 크기는 비슷하면서 색깔이 다른 동전 두 개를 사용하는 것이 포인트이다.
2. 50센트 동전 두 개

★ 해법과 대사

왼손에 50센트 동전(은화) 하나를 몰래 감춰둔다. 물론 관객은 동전이 하나 더 있다는 사실을 절대 알지 못한다.

은화를 든 손이 손수건의 가운데에 오도록 손수건을 덮는다. 은화는 왼손 엄지손가락과 나머지 손가락을 이용해 수평으로 잡는다.

"동화와 은화에는 재미있는 사실이 있습니다."

동화를 집어 순수건 가운데(밑에는 동전이 숨겨져 있음)에 올려놓는다(**그림 1**). 이렇게 하면 손수건 안에 미리 숨겨놓은 은화와 위에 올려놓은 동화가 서로 포개어진다. 즉, 동전이 **그림 1**의 오른쪽 그림처럼 놓이게 된다.

그림 1

손수건 안에
감춘 은화

그림 2

그림 3

은화(공개적인 은화)를 동화 위에 밑바닥이 겹치도록 올려놓는다(**그림 2**).

손수건의 뒤쪽 귀퉁이를 들어 동전을 덮고 앞으로 떨어뜨린다. 오른손을 이용한다 (**그림 3**).

이렇게 하면 동화와 은화가 손수건 가운데로 온다(**그림 3**). 숨긴 은화는 손수건 뒤에 동화보다 약 1cm 정도 아래에 위치한다(**그림 3**).

"동화와 은화가 손수건 가운데로 오게 하고 있습니다."

이렇게 말하면서 오른손으로 손수건 귀퉁이를 동전 뒤쪽으로 올린다. 동전 두 개가 관객에게 드러난다(**그림 4**).

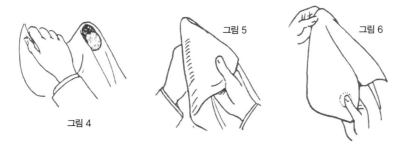

그림 4

그림 5

그림 6

손수건 귀퉁이가 다시 동전 앞쪽으로 내려가면서 손수건 안에 있던 은화가 오른쪽 손가락 안으로 떨어진다(**그림** 5). 이때 오른손의 움직임을 멈추지 말고 **그림** 6처럼 계속 아래로 내린다.

오른손 손등을 관객에게 향하고 동전을 손에 감춘 채 치운다.

양손으로 손수건을 꼬거나 감춘 동전의 뒤쪽 위로 접는다(**그림** 7).

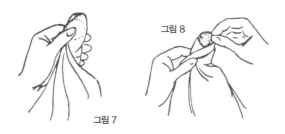

그림 8

그림 7

왼손을 이용해 손수건에 싸인 동전으로 관객의 관심을 집중시키는 동안 오른손으로는 아무도 눈치 채지 못하게 왼쪽 가슴주머니로 은화를 떨어뜨린다.

"자, 은화와 동화 중에서 하나 골라보세요. 아무거나 상관없습니다. 은화를 고르셨군요. 네, 좋습니다."

"자, 잘 보세요. 은화 나와라, 뚝딱!"

오른손으로 은화를 꺼낸다(**그림** 8).

"그럼 손수건 안에는 동화가 있어야겠죠?"

손수건 안에 남은 동화를 보여준다. 모두에게 잘 보이도록 손수건을 펼친다.

"은화 나와라 뚝딱! 하니까 정말 은화가 나왔죠?"

★ 참고

관객이 동화를 골랐다고 가정해보자. 관객에게 동전보다 약간 아래쪽으로 손수건을 잡고 있으라고 한다. 이 경우에는 다음과 같은 대사를 활용한다.

"좋습니다. 동화를 고르셨군요. 저는 어쩔 수 없이 은화를 가져야겠네요. 은화 나와라, 은화 나와라, 뚝딱! 선생님께서 동화를 선택해서 다행입니다. 덕분에 저는 은화를 가지게 되었으니까요."

동화 대신 금화를 사용할 경우 관객이 금화를 고르면 다음과 같이 말한다.

"좋습니다. 금화를 선택하셨으니 저는 은화를 가져야겠군요. 물론 마술을 이용해서 말입니다(은화를 빼낸 후 관객에게 은화를 보여주며). 저는 이렇게 마술로 물건을 손에 넣는답니다."

연필을 이용해 동전이 사라졌다 나타나게 하기
The Pencil Coin Vanish and Reapperance

이 마술은 뉴욕의 제임스 허픽(James F. Herpick)의 공로가 큰 마술이다. 그는 오랜 시간이 흐른 후 해법을 공개했다. 이것은 폴 로시니가 "왈츠곡 조금만 부탁해요"라는 제목으로 즐겨 선보였던 마술이다.

★ 이펙트

마술사가 오른손에 50센트 동전을 놓고 주먹을 쥔다. 연필로 손등을 툭툭 치자 동전이 사라진다. 손가락을 펴서 동전이 감쪽같이 사라졌음을 보여준다. 하지만 다시 주먹을 쥐고 연필로 손등을 툭툭 치자 동전이 다시 나타난다. 관객에게 빌린 동전을 사용해도 된다(표시를 하라고 함).

★ 도구

1. 50센트 동전
2. 오른쪽 가슴주머니나 안주머니에 넣은 연필

★ 해법과 대사

"펜은 칼보다 강하다는 말이 있습니다. 하지만 펜보다 강한 게 있습니다. 바로 연필이죠. 50센트 동전을 이용해서 증명해드리겠습니다."

섬 그립 배니시(**레슨** 3의 **그림** 37, 38, 49)를 할 때처럼 오른손에 동전을 놓는다. 단 실제로 오른손에 동전을 놓아야 한다. 동전을 잡고 오른손을 주먹 쥔다.

윗옷 안주머니에서 연필을 꺼낸다.

"손에 연필을 대야합니다."

주먹 쥔 손에 연필을 댄 후 손을 펼친다. 동전이 그대로 있다.

"이런, 아직 그대로 있네요."

왼손으로 연필을 다시 주머니에 넣는다. 그러고 나서 동전을 왼손으로 옮긴다.

"아, 제가 실수를 했군요."

관객에게 잘 보이도록 동전을 다시 오른손에 놓는 척한다.

섬 그립 배니시를 사용하여 오른손으로 동전을 잡은 척하며 주먹을 쥔다.

동전을 숨긴 왼손은 연필을 꺼내려는 척하며 윗옷 안에 넣고 오른쪽 소매로 동전을 떨어뜨린다(**그림** 1). 오른팔을 약간 구부려서 동전이 팔꿈치로 떨어지도록 한다.

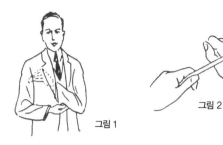

그림 1
그림 2

왼손으로 연필을 꺼낸 후 연필로 주먹 쥔 손을 가리킨다.

"손등을 두드려야 하는데 앞쪽을 두드렸네요."

오른손 손등이 위로 오도록 한 후 연필로 톡톡 두드린다(**그림 2**). 그런 다음 다시 손을 펴서 동전이 사라졌음을 보여준다. 손가락을 쭉 펴 앞뒤 모두 보여준다.

"손등을 두드리니까 동전이 사라졌습니다. 제가 말했잖아요. 연필이 제일 강하다니까요."

왼손으로 연필을 들어 그곳을 바라보고 오른손은 옆으로 내린다. 오른손 손가락은 컵 모양처럼 살짝 오므린다. 오른쪽 팔이 아래로 내려오면서 소매 안에 있는 동전이 손으로 떨어진다(**그림 3**). 오른손으로 동전을 잡고 가슴 앞으로 가져온다.

그림 3
그림 4

"손등을 한번 더 두드리면 더 신기한 일이 생깁니다."

연필로 오른손을 두드린다.

"동전이 다시 나타났습니다!"

손을 펴서 동전을 보여준다(**그림 4**).

★ 참고

이펙트를 변형할 수도 있다. 오른손이 아닌 왼손에 동전을 넣고 왼쪽 소매로 떨어뜨린다. 연필은 왼쪽 조끼 윗주머니에 넣어야 한다.

Tarbell
Course in MAGIC

레슨 4에서는 실제 마술에서 활용되는 동전을 이용한 다양한 속임수(trick)에 대해
배웠다. 이번 레슨에서는 동전 마술에 대해 본격적으로 배우게 되는데, 그에 앞서
마술은 꾸준한 연습을 통해서만이 이루어질 수 있다는 사실을 명심하고 열심히
연습해야 한다.

Tarbell course in MAGIC

조 버그의 미라클 코인 배니시
Joe Berg' s Miracle Coin Vanish

이것은 동전이 손수건 안으로 사라졌다 나타나게 하는 매우 재치 있는 마술이다. 꼭 배워야 할 기본 원리 중 하나이다.

★ 이펙트

손수건 안에 동전을 넣는다. 동전을 둘러싸면서 손수건을 밧줄 모양으로 접는다. 관객이 손수건에 든 동전을 만져본다. 손수건 맨 끝을 잡고 살짝 흔들면 동전이 사라진다. 손수건을 펴서 정말 동전이 사라지고 없음을 보여준다.

손수건 끝부분을 모으면 동전이 다시 손수건 안에 나타난다. 손수건을 펼쳐 동전을 꺼낸다.

★ 준비물

1. 50센트 동전. 다른 동전도 가능하지만 50센트가 가장 알맞다.
2. 손수건

준비

손수건에 미리 손을 써 두어야 한다. 흰색 실과 바늘을 이용해서 한쪽 귀퉁이에 조그만 주머니를 만든다(**그림 1**과 **그림 2**).

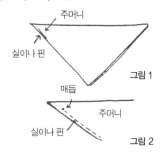

바느질 부분이 약 5cm 정도가 되게 한다. 왼쪽 실 끝에만 매듭을 만들어두면 관객에게 손수건을 살펴보게 하거나 또 다른 마술에 사용할 때 몰래 실을 잡아당겨 풀 수 있다.

실이 없으면 핀을 사용해도 된다. 포개진 두 겹의 가장자리에 핀을 꽂아 손쉽게 주머니를 만들 수 있다.

★ 해법과 대사

왼손으로 비밀주머니가 있는 귀퉁이를 잡는다(**그림 3**). 관객에게 동전을 보여준 후 오른손으로 손수건 안의 가운데에 넣는다.

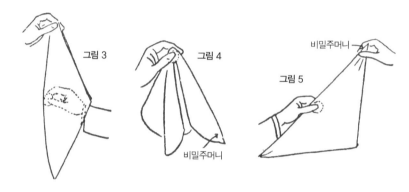

왼손으로 손수건 귀퉁이를 떨어뜨리고 손수건 안에 든 동전을 위에서 잡는다. 손수건이 커튼 모양으로 동전을 감싸게 된다(**그림 4**).

오른손으로 비밀주머니가 있는 귀퉁이를 잡는다. 왼손은 여전히 가운데에서 동전을 잡고 있다(**그림 5**). 최대한 가운데와 가깝게 손수건을 접는다.

양손을 이용해 밧줄 모양이 되도록 손수건으로 동전을 싼다(**그림 6**).

왼손으로 손수건 위에서 동전을 잡고 손수건 양끝이 아래로 떨어지도록 든다(**그림 7**).

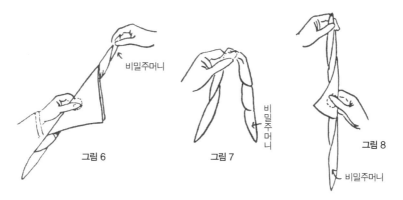

그림 6   그림 7   그림 8

비밀주머니

비밀주머니

비밀주머니

왼손에서 오른손으로 동전을 옮겨 잡고 손수건 귀퉁이를 잡는다(**그림 8**). 비밀주머니가 있는 귀퉁이는 아래에 있게 된다.

> "빗줄 모양으로 손수건에 동전을 쌀 때는 조심해야 합니다. 동전을 잘 잡아야 하죠. 자칫 하다가는 떨어뜨릴 수도 있거든요. 동전을 제대로 잡지 않아서 떨어뜨린 사람도 있었죠."

오른손은 동전에서 떼고 왼손으로는 위 아래로 손수건을 살짝 흔든다. 동전이 빗줄 모양으로 인해 생긴 튜브 안으로 떨어져 아래쪽 귀퉁이의 비닐주머니로 들어간다(**그림 9**).

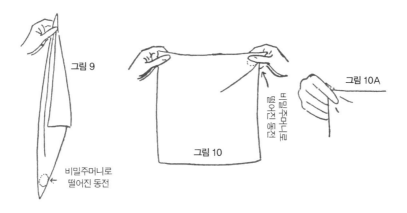

그림 9

비밀주머니로 떨어진 동전

비밀주머니로 떨어진 동전

그림 10

그림 10A

> "그래서 어떻게 됐을까요? 손수건을 펼쳐보니…"

오른손 엄지손가락과 나머지 손가락 사이로 비밀주머니가 달린 귀퉁이를 잡는다.

손수건 안쪽 가장자리를 따라 왼손을 움직인다. 왼손이 비밀주머니에서 멀어져 마침내 다른 쪽 귀퉁이에 이르게 한다(**그림 10**). 오른손으로 비밀주머니가 달린 귀퉁이를 잘 잡아야 한다. **그림 10A**는 앞쪽에서 보이는 손의 위치와 손수건 귀퉁이가 관객에게 보이는 모습이다. 관객은 손수건 속에 비밀주머니가 있다고 절대 의심하지 않을 것이다.

"동전이 사라졌지요."

손수건을 흔들어 효과를 더 해도 된다.

"하지만 사라진 동전은 그 사람이 가진 유일한 돈이었습니다. 정말 안타까운 일이었죠. 그래서 제가 그 사람을 도와주기로 했습니다. 손수건을 잠깐만 빌려달라고 했죠. 이렇게 네 귀퉁이를 한데 접고…"

비밀주머니 달린 귀퉁이가 왼손에 오게 한다(**그림 11**). 그리고 왼손으로 동전을 잘 잡는다. 다른 두 개의 귀퉁이도 왼손으로 올린다(**그림 12**). 가방 모양처럼 된 손수건 아랫부분을 오른손으로 잡는다. 엄지손가락과 손가락들 사이로 동전을 떨어뜨린다.

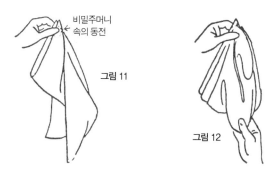

그림 11

그림 12

"이렇게 주문을 외웠죠. 동전아, 동전아, 다시 나타나라!"

오른손과 손수건을 함께 위로 올리고 왼손으로는 귀퉁이를 떨어뜨린다. 왼손으로 오른손에서 동전과 손수건을 함께 잡아 가져온다(**그림 13**). 관객에게 가까운 쪽 귀퉁이를 오른손으로 잡아 왼손으로 걷어내면 안에서 동전이 나타난다(**그림 14**). 동전을 꺼낸 후 손수건은 주머니에 넣거나 테이블에 올려놓는다.

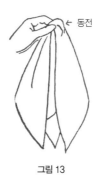
← 동전

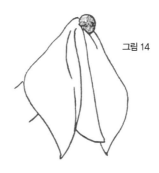
그림 14

그림 13

동전과 봉투 그리고 손수건
The Coin, Envelope, and Handkerchief

★ 이펙트

관객에게 동전을 빌려 표시를 하라고 한다. 봉투에 동전을 넣는다. 빌린 손수건에 매듭을 묶는다. 봉투에 든 동전이 사라지고 손수건의 매듭에서 나타난다. 봉투를 찢고 손수건의 매듭을 풀어 동전을 보여준다.

★ 준비물

1. 마닐라지 봉투나 그 외의 불투명한 봉투. 규격 약 10cm × 16.5cm

2. 50센트 동전

3. 관객에게 빌린 동전

4. 관객에게 빌린 손수건

★ 해법과 대사
준비

봉투 바닥을 약 4.4cm 가량 자른다. 표시나지 않도록 접힌 부분을 반듯하게 잘라야 한다. 안전 면도날을 이용하면 좋다(**그림 1**).

조끼 아래나 윗옷 아래쪽 가장자리에 와이어클립으로 동전을 고정해둔다. 또는 닿기 쉬운 주머니에 넣어두어도 된다. 원한다면 미리 동전을 핑거 팜 하여 준비한 후 시작해도 된다.

1¾ 구멍

그림 1

시연

관객에게 손수건을 빌려 왼쪽 팔에 놓는다. 동전도 빌려서 표시를 해달라고 부탁한다. 이미 핑거 팜 되어 있는 동전이 보이지 않도록 조심하면서 오른손으로 동전을 잡는다. 핑거 클립(Finger Clip)한 후 왼손으로 동전을 옮기는 척하면서 프런트 섬 팜(Front Thumb Palm) 하고 미리 숨겨둔 동전을 왼손으로 떨어뜨린다.

섬 팜 되어 있는 빌린 동전을 핑거 팜 자세로 미끄러뜨린다.

다시 무대로 돌아간다. 가장 가까이에 있는 손수건 귀퉁이를 잡는다. 손은 동전과 함께 손수건 안에 넣고 엄지손가락은 손수건 위쪽에 놓아 관객을 향하게 한다. 미리 준비한 동전은 왼손으로 잡는다(**그림 2**).

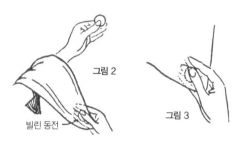

그림 2

빌린 동전

그림 3

Tarbell course in Magic

왼팔에서 손수건을 치운다. 그와 동시에 오른손 집게손가락을 들어 엄지손가락 가까이에 있는 손수건의 앞쪽, 즉 동전의 가장자리 근처에 올린다. 손수건은 집게손가락과 가운뎃손가락 사이로 잡는다(**그림 3**).

손수건을 왼팔에서 떨어뜨려 오른손으로 잡는다. 빌린 동전은 엄지손가락과 나머지 손가락들 사이로 잡으며 양면이 모두 손수건에 덮인다(**그림 4**).

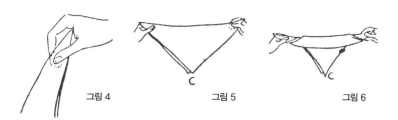

그림 4　　　　　　그림 5　　　　　　그림 6

왼손에 있는 동전을 테이블이나 사방에서 훤히 잘 보이는 곳에 올려놓는다. 조수가 있다면 조수에게 줘도 된다.

손수건에 접혀 있는 동전을 오른손으로 들고 왼손으로는 반대쪽 귀퉁이를 잡고 **그림 5**처럼 든다.

귀퉁이 C를 뒤로 넘겨 가운데가 접힌 후 앞쪽으로 떨어지도록 한다(**그림 6**).

이렇게 하면 손수건 가운데에 튜브 모양이 생긴다. 상단 양쪽 끝을 가까이 갖다 댄다. 그러면 튜브 안에 든 동전이 가운데로 미끄러진다(**그림 7**).

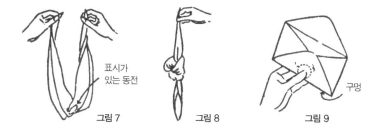

표시가
있는 동전

그림 7　　　　　　그림 8　　　　　　그림 9

구멍

손수건에 매듭을 묶은 후 관객에게 한쪽 귀퉁이를 잡으라고 한다. 매듭 안에 있는 동전이 보이지 않도록 매듭을 잘 추슬러야 한다(**그림 8**).

테이블에 올려둔 동전과 절개된 봉투를 가져온다.

"아까 동전에 표시를 했으니 쉽게 알아보실 수 있을 겁니다. 동전을 봉투에 넣고 멀리 보내도 될까요?"

관객에게 텅 빈 봉투를 보여주고 모두에게 잘 보이도록 봉투 안에 동전을 넣는다. 동전이 봉투 아래쪽으로 내려간다. 왼손 엄지손가락과 나머지 손가락으로 그곳을 잡는다(**그림 9**).

봉투 입구를 봉한다. 미리 잘라놓은 입구의 끝이 아래로 향하게 한다. 그러면 동전이 절개된 귀퉁이로 미끄러져 내려온다. 오른손으로 동전을 잡는다(**그림 10**).

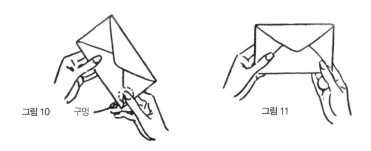

그림 10 구멍   그림 11

동전이 절개선으로 빠져나오게 한 후 다시 봉투를 똑바로 들고 오른손에 핑거 팜한다(**그림 11**).

왼손으로 봉투를 잡는다. 왼쪽 가슴주머니나 오른쪽 바지주머니에 동전을 떨어뜨린다. 지금까지 배운 대로 관객이 눈치 채지 못하도록 해야 한다. 윗옷 주머니에 미리 넣어둔 연필을 꺼내면서 동전을 떨어뜨린다.

"봉투에 제 비밀 이니셜을 써넣겠습니다."

글씨를 쓴 후 연필을 다시 주머니에 넣는다.

"굳이 글씨를 쓸 필요까지는 없었는데… 아까 신사 분께서 동전에 표시하신 걸 깜빡했군요. 그런데 정말 신기하게도 마법 표시가 한 곳에 두 개 있으면 안쪽에 있는 표시가 사라집니다."

봉투를 귀에 갖다 대고 흔든다.

"봉투 안이 조용하네요. 아무래도 선생님의 동전이 이별의 편지 봉투만 남기고 떠나버린 모양입니다."

봉투를 여러 번 찢은 후 테이블에 올려놓는다.

★ 참고

50센트 동전 크기로 동그랗게 자른 불투명한 종이를 봉투 바닥에 붙이는 방법을 이용할 수도 있다. 동전을 꺼낸 후 촛불이나 성냥불 앞에 봉투를 대고 그 안에 있는 동전(실제로는 불투명한 종이) 그림자를 보여준다. 봉투에 불을 붙인 후 접시에 잔재를 올려놓는다. 동전이 감쪽같이 불 타 버린 것이다.

그 외에도 동전만 한 원형 유리판에 쇼 카드(show card, 상품의 특성을 간단히 기록해놓는 디스플레이 카드—옮긴이) 제작자나 화가들이 쓰는 수채화물감을 칠해서 흰색 봉투 안에 넣는 방법이 있다. 그러면 봉투 안이 텅 빈 것처럼 보이지만 조명에 비추면 원형 유리판이 동전인 것처럼 보인다. 동전처럼 보이도록 색칠한 디스크가 봉투 바닥에 들어 있다. 마닐라지 봉투를 사용할 때는 흰색과 빨간색, 노란색 그리고 약간의 검정색 물감을 혼합해서 디스크를 칠한다.

또 다른 방법도 있다. 오른손에 동전을 슬쩍 집어넣기 전에 봉투를 조명에 갖다 댄다. 그러려면 동전이 봉투 아래쪽 가운데에 있어야 한다. 조명이 없는 곳으로 봉투를 옮긴 후 동전이 손에 미끄러져 들어오도록 한다. 왼손으로 봉투를 들고 태우는 동안 오른손에 동전을 숨긴다.

"하지만 다행입니다. 아직 멀리 가진 못한 것 같아요."

매듭 묶은 손수건을 든 관객에게 말한다.

"손수건을 한 번 풀어보시겠습니까? 귀신이 곡할 노릇이지만 동전이 그 안으로 들어간 것 같군요."

관객이 손수건의 매듭을 풀자 그 안에서 표시된 동전이 나타난다.

"동전을 빌려주신 분께 돌려주세요. 원래 동전이 맞는지 확인해보세요. 저는 그 동전에 손도 대지 않았습니다. 빌려주신 동전이 맞나요? '주면 받을 것이다' 라는 옛말이 꼭 맞지 않습니까?"

손수건도 빌려준 사람에게 되돌려주거나 다른 마술에 계속 사용한다.

종이에 싼 동전 사라지게 하기
How to Vanish A Coin by Wrapping it in a Piece of Paper

이제부터 소개할 여러 가지 배니시는 매우 유용하게 사용할 수 있다. 모두 자연스러운 동작으로 신기한 이펙트를 낼 수 있다.

★ 방법 1

약 10cm 규격의 정사각형으로 된 종이를 준비한다. 신문지나 불투명한 종이면 된다. 가운데에서 약간 위쪽에 동전을 놓는다(**그림 1**).

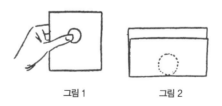

그림 1   그림 2

위쪽 약 1.2cm 정도만 남기고 아래에서 위로 접는다(**그림 2**).
종이 오른쪽을 앞으로 접는다(**그림 3**).
그런 다음 종이 왼쪽을 앞으로 접는다(**그림 4**).

위에 남겨둔 1.2cm 공간을 앞쪽으로 내려접는다. 이렇게 하면 어느 쪽에서 보든지 동전이 종이 안에 갇힌 모양이 된다. 하지만 실제로 동전은 뒷면 상단에 생긴 틈 안에 들어 있다(**그림 5**(뒤에서 본 모습), **그림 6**(앞에서 본 모습 참조)).

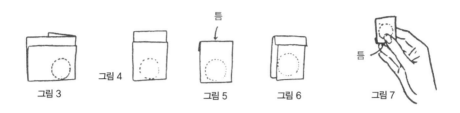

그림 3　그림 4　그림 5　그림 6　그림 7

그림 7처럼 종이의 방향을 바꿔 틈이 아래로 향하게 하고 오른손으로 잡는다.

가까이 있는 사람에게 종이 위를 만져보라고 해도 된다. 그런 다음 동전이 오른손으로 빠져나오도록 한다. 동전을 핑거 팜하고 왼손으로 종이를 잡는다. 이제 동전을 주머니에 몰래 넣고 종이를 찢는 일만 남았다. 원한다면 여전히 동전을 핑거 팜 한 채 종이를 찢은 후 적당한 곳에서 나타나게 해도 된다.

★ **방법 2**

종이 가운데에 동전을 놓는다(**그림 8**). 아래쪽 1/3을 접어서 동전을 가린다(**그림 9**). 위쪽 1/3은 아래로 접는다(**그림 10**).

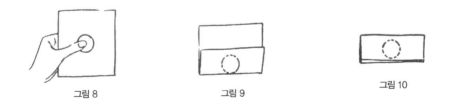

그림 8　그림 9　그림 10

오른손 엄지손가락과 집게손가락, 가운뎃손가락으로 종이의 오른쪽 끝을 잡는다(**그림 11**).

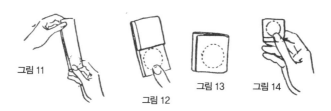

그림 11   그림 12   그림 13   그림 14

왼쪽 1/3을 접는다. 이때 수직으로 종이를 들어 가운데에 있는 동전이 아래로 미끄러져 내려와 오른손에 닿도록 한다(**그림 12**).

이제 아래쪽, 즉 동전이 들어 있는 오른쪽 1/3을 접는다(**그림 13**).

동전이 맨 뒤쪽의 접은 부분, 즉 종이 끝에 위치하므로 틈을 이용해서 오른손으로 쉽게 핑거 팜 할 수 있다(**그림 14**).

종이를 찢은 후 태우거나 한다.

★　　★　　★

이제 고전적인 기술 두 가지를 배울 차례이다. 두 가지 모두 '돈 늘리기(Multi—plication of Money)'라고 하는 인기 마술의 기본이 되는 기술이다. 영국의 유명한 마술사 데이비드 드방(David Devant)은 그것을 '마술 덧셈(Magical Addition)'이라고 부른다. 돈을 추가하지도 않았는데도 신기하게 늘어나기 때문이다. 드방의 방식은 선배 마술사들에게는 인기였지만 요즘은 거의 찾아볼 수 없다. 돈이 늘어나게 하는 손놀림은 환상 그 자체였다. 나는 그의 방식을 철저하게 분석해서 현대에 맞는 간단한 방식으로 고쳤다.

호밍 코인
The Homing Coin

★ 이펙트

관객에게 동전이 가득한 접시를 보여준다. 관객에게 모자를 빌려 남자아이에게 들고 있게 한 후 그 안에 동전을 쏟는다. 마술사는 동전 15개가 들어갔다고 말하지만 세지는 않았으므로 관객은 쉽게 믿지 않으려 할 것이다. 아이가 동전을 하나씩 세보고 정말 15개라고 한다. 다시 동전을 모자에 넣는다. 아이가 마술사에게 두 개를 주면 모자에 13개가 남는다. 손수건으로 두 개의 동전을 싼 후 아이에게 들고 있으라고 한다. 그런데 신기하게도 두 개의 동전이 모자 안으로 들어간다. 아이가 다시 모자의 동전을 세서 접시에 올려놓자 처음처럼 15개가 된다. 다시 반복해도 여전히 동전의 개수는 15개이고 관객은 깜짝 놀란다.

★ 준비물

1. 똑같은 동전 17개. 50센트 동전이나 팜 코인이 가장 적합하다.
2. 작은 접시
3. 마술용 왁스 약간
4. 미리 준비한 손수건(귀퉁이에 두 개의 동전을 꿰매놓는다.)

동전 두 개를 가릴 수 있을 만한 네모난 흰색 헝겊으로 손수건 한 귀퉁이에 주머니를 만든다. 손수건이 움직일 때 동전 소리가 들리지 않도록 동전 사이에 헝겊을 하나 더 놓는다. 주머니 안에 동전을 넣고 꿰맨다(**그림 1**).

주머니 안에 넣고
꿰맨 동전

그림 1

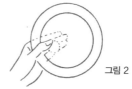

그림 2

★ 해법과 대사

준비

오른쪽 주머니에 미리 손수건을 넣어 둔다.

손가락으로 왁스를 문질러 부드럽게 한 후 조끼 아래 단추에 붙여놓는다. 왁스는 지름 0.3cm 정도로 조금만 있으면 된다.

접시에 동전 15개를 놓는다.

왼손으로 동전 두 개를 핑거 팜 한다. 왼손 엄지손가락은 위로, 나머지 손가락은 아래로 오도록 접시를 잡는다. 이렇게 하면 접시와 손가락 사이로 쉽게 동전을 잡을 수 있다. 자연스럽게 접시를 든 모습이므로 관객은 당신이 손에 동전을 숨겼다고 의심하지 않을 것이다(**그림 2**).

시연

왼손으로 동전 접시를 들고 접시 아래에 두 개의 동전을 숨긴 채 등장한다.

"우선 저를 도와줄 꼬마 신사가 필요합니다. 돈을 좋아하는 아이였으면 좋겠군요. 아, 저기 돈을 아주 좋아할 것 같은 꼬마신사가 있네요. 얘야, 돈을 이용해서 여기 있는 사람들을 깜짝 놀라게 해주려고 하는데 좀 도와주겠니? (아이에게 일어나라고 함) 그나저나 모자도 필요합니다. 여기 있는 꼬마신사에게 잠깐 모자를 빌려주실 분 계십니까? 아, 저기 계시군요. 여기로 좀 가져다주세요."

관객 쪽으로 가까이 가서 말해야만 아이가 쉽게 자원하도록 만들 수 있다. 자원자가 나오면 무대 위로 올라오라고 손짓한다. 아이가 오면 무대 가운데로 안내하고 당신의 오른쪽에 세운다.

"자, 우리 같이 돈을 가지고 놀기 전에 자기소개 먼저 하자. 이름이 뭐지?"

아이가 이름을 말한다. 아이의 이름이 존(John)이라고 해보자.

"좋은 이름이구나. 우리 고조할아버지의 이름도 존이었단다. 고조할아버지 이름을 따라 조니케이크가 생겼지. 어쨌든 만나서 반갑다. 난 널 철썩 같이 믿고 있어. 너도 날 믿지? 물론 여기 계신 분들도 우리가 속임수 따윈 쓰지 않으리라고 믿을 거야. 그렇지, 존? 존(=요한)은 믿어도 되는 사람이니까."

관객에게 모자를 빌린다.

"이 모자를 저금통으로 써도 될까요? (존에게) 저금통 안이 텅 비었지? 한 번 잘 살펴보렴."

아이가 모자 안을 살펴보고 아무것도 없다고 말한다.

"이런… 저금통에 돈이 하나도 없다니… 자금이 많이 부족하구나, 응? 모자를 잠깐 들고 있으면 내가 동전을 넣어주마. 우리 저금통을 쑥쑥 불려보자꾸나."

아이가 모자를 내민다. 접시의 동전을 모자로 떨어뜨린다. 접시를 살짝 기울여 관객에게 한 개도 빠짐없이 집어넣었음을 보여준다.

"모자에 30달러 치의 은화를 넣었습니다. 30달러 치 백금 조각이죠. 고로 모두 15개 되겠습니다. 존, 모자를 잘 들어라. 혹시라도 돈이 사라지면 안 되잖아."

관객을 보고 존을 본 후 다시 관객을 보고 또다시 존을 쳐다본다.

"존, 여기 계신 분들 중에 동전의 숫자를 의심하는 분들이 있는 것 같구나. 누구라고 콕 집어서 말하기는 좀 그렇지만 말이야. 기분이 상하는걸.
난 분명히 동전 15개를 넣었는데… 넌 동전이 15개라는 걸 일지? ("아니요" 라고 말하라고 존에게 속삭인다) 아니! 너도 못 믿겠다고? 말도 안 돼. 넌 모자에 동전 15개가 들어 있다는 사실을 잘 알거야. 여러분, 제 말을 증명하려면 존에게 동전을 세보라고 해야겠군요. 존, 접시

에 하나씩 올려놓으면서 세 보렴. 큰 소리로!'

존이 하나씩 동전을 세면서 접시에 올려놓는다. 아이의 목소리가 작으면 관객에게 잘 들리도록 같이 센다.

"잘 보셨죠? 15개가 맞습니다. 좋습니다. 자, 이제 도로 모자 저금통에 넣겠습니다."

다시 동전을 모자에 쏟아 넣는다. 동전이 모자로 들어가는 모습이 관객에게 잘 보이도록 한다. 동전을 떨어뜨리면서 손에 숨기고 있던 동전도 같이 떨어뜨린다. 그러기 위해서는 접시의 가장자리가 모자 위로 와야 한다(**그림 3**).

그림 3

이렇게 해서 모자에 모두 17개의 동전이 들어 있게 된다. 하지만 관객은 여전히 15개라고 생각한다. 테이블에 접시를 올려놓는다.

"존, 모자에서 동전 두 개만 꺼내주겠니?"

동전을 받은 후 정확히 두 개임을 관객에게 보여준다.

"하나! 둘! 두 개 맞습니다."

존에게 귓속말로 모자를 빙 돌리라고 한다.

"아니, 모자를 빙글빙글 돌리는 모습이 꼭 헌금 걷는 것 같구나. 이제 머리 위로 최대한 모자를 높이 들어봐."

이제 아이는 모자 안을 들여다 볼 수도 없으며 동전을 셀 수도 없다.

Tarbell course in Magic

아이에게 받은 동전을 한 손에 하나씩 쥐고 관객에게 평평한 면을 보여준다.
아이에게 이렇게 말한다.

"두 개를 꺼냈으니 이제 13개가 됐지? 확실히 13개가 들어 있지?" (관객에게) "돈이 줄어들긴 했지만 그래도 10개보다는 13개가 낫다고 하네요. 아주 똑똑한 녀석이죠? 나중에 크게 되겠어요."

왼손에 동전 두 개를 놓는다. 주머니에서 미리 넣어둔 손수건을 꺼낸다. 왼팔에 손수건을 놓고 오른손으로 동전을 잡는다. 손수건을 왼손에 올려 끝자락이 아래로 떨어지게 한다. 주머니 달린 귀퉁이가 당신의 몸 쪽으로 향해야 한다.

그림 4

비밀주머니

그림 5

두 개의 동전 사이를 약간 떨어뜨린 채 보여준 후 손수건 가운데에 올려놓는다. 손수건 속에서 왼손 엄지손가락 끝과 나머지 손가락으로 동전을 꽉 잡는다(**그림 4**).
이제 오른손을 동전으로 가져가면서 넷째 손가락과 새끼손가락 사이로 비밀주머니를 잡는다. 오른손 집게손가락과 가운뎃손가락 끝으로 동전을 잡는다(**그림 5**).
왼손으로는 손수건으로 동전을 덮고 오른손으로는 손수건 위에서 왼손에 든 동전을 잡는 척한다. 실제로는 귀퉁이에 꿰매놓은 동전을 잡고 오른손에 잡고 있던 동전은 핑거 팜 한다. 오른손은 아래로 빼고 왼손으로는 손수건을 들어올린다.

"자, 존. 이제 손수건으로 동전 두 개를 싸서 너한테 꽉 들고 있으라고 할 거다. 오른손으로 모자를 들고 왼손으로는 손수건을 들어라."

아이에게 동전을 감싼 손수건을 들고 있으라고 준다. 아이는 손의 감촉으로 동전이 손수건에 분명히 들어 있다고 믿는다. 손수건 양끝이 늘어져 있다.

오른손에 동전을 핑거 팜 할 때 시야의 각도를 신중히 고려해야 한다. 아이와 관객 모두 눈치 채지 못하도록 한다.

"손수건에 든 동전 두 개가 만져지지? 좋아. 떨어지지 않게 잘 들어야 한다. 저금통에서 꺼낸 돈을 보니 비둘기가 생각나네요. 비둘기는 밖으로 날려 보내도 꼭 자기 보금자리로 돌아오잖아요. 존, 동전이 비둘기처럼 모자로 날아가는 모습 좀 볼래? "출발!" 이라고 외치고 동전을 날려 보내봐."

아이가 "출발!" 이라고 말할 때 왼손으로 손수건 한 쪽 귀퉁이를 잡는다. 그리고 아이의 손에서 손수건을 휙 잡아챈다. 동전이 사라지고 없다.

"날아갔습니다!"

오른손으로 손수건을 잡고 왼손으로 테이블에서 접시를 집으면서 손수건을 오른쪽 주머니에 넣는다. 이제 접시를 오른손으로 옮겨 엄지손가락은 위로 오게 하고 나머지 손가락으로 접시 아래에 핑거 팜하고 있던 동전을 숨긴다.

이제 처음처럼 접시 밑에 동전 두 개를 숨긴 상태가 된다.

"존, 모자에 든 동전을 세어봐. 두 개가 다시 들어갔으니까 13개가 아니라 15개겠지? 큰 소리로 하나씩 세어보렴."

아이가 하나씩 동전을 세면서 접시에 놓는다.

"15개군요. 다시 15개로 돌아왔습니다. 존, 이 마술을 어떻게 하는지 알려줄까? 궁금하지? 그럼 한 수 가르쳐주마. 한 번에 동전 15개가 되도록 하는 게 가장 중요하단다. 우선 접시에 동전을 놓고 모자를 빌려. 그리고 모자에 동전을 쏟는 거야. 15개 전부 말이야. 하지만 진짜 15개를 넣었는지 의심하는 사람도 있으니까 아까처럼 큰 소리로 세야 해."

"쏟는 거야" 라고 말할 때 아까처럼 다시 모자에 동전을 쏟아 넣는다. 오른손에 숨긴 동전도 함께 떨어뜨린다.

"모자를 들어줄 사람이 필요한데 지금은 아무도 없으니까 그냥 테이블에 올려놓자. 그 전에 동전 두 개를 꺼내자."

아이가 동전을 꺼낸다.

"테이블에 모자를 올려놔."

아이가 테이블에 모자를 올려놓는다.

"동전 두 개를 이리 주렴."

왼손으로 동전을 잡는 동시에 오른손 엄지손가락과 집게손가락 끝으로 조끼 맨 아래 단추에 묻혀둔 조그만 왁스덩어리를 바른다. 오른손 위로 동전을 가져오면서 당신을 향한 쪽 가운데에 왁스를 바른다. 오른손으로 평평하게 눌러서 골고루 발라지게 한다. 관객이 눈치 채지 못하도록 쉽게 할 수 있다.

"그럼 이제 당연히 모자에는 동전 13개가 남았겠지? 내가 동전으로 뭘 하는지 잘 보렴."

왁스를 바른 면이 당신을 향하도록 동전을 잡는다. 두 번째 동전은 첫 번째 동전 앞에 관객을 향하도록 놓되 둘 사이를 약간 떨어뜨린다. 왼손으로 동전을 잡는다.

모두에게 두 개의 동전을 보여준다. 오른손으로 왁스 바른 동전을 약간 옆으로 치웠다가 두 번째 동전의 다른 면에 다시 올려놓는다. 따라서 두 개의 동전 사이에 왁스가 묻게 된다.

"동전이 확실히 두 개 있지, 존?"

그림 6A처럼 왼손이 관객에게 보이게 한다. 오른손으로 동전을 가리고 뒤에서 잡는 척한다. 하지만 실제로는 왼손 엄지손가락과 나머지 손가락들로 동전 두 개를 눌러서 붙인다(**그림 6B**).

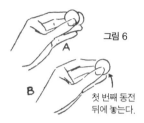

그림 6

첫 번째 동전
뒤에 놓는다.

오른손으로 동전을 가져온 척한다. 오른손을 천천히 펴서 동전 하나가 사라졌음을 보여준다.

"자, 하나가 없어졌지?"

왁스로 인해 두 겹으로 붙은 동전을 오른손으로 던졌다 다시 왼손으로 던진다. 두 개의 동전이 하나처럼 붙어 있어도 동전의 두께가 수상하다고 의심하는 사람은 아무도 없을 것이다. 관객을 향해 동전을 들 때는 평평한 면이 정면을 향하도록 한다.

핑거 팁 클립 포지션으로 두 겹의 동전을 잡는다(**레슨** 3의 **그림 16**). 그리고 왼손으로 던지는 척하고 왼손은 동전을 잡은 것처럼 주먹 쥔다. 던지는 동작을 할 때 오른손으로 두 겹의 동전을 프런트 섬 팜 한다. 집게손가락은 주먹 쥔 왼손을 향하게 하고 그쪽으로 움직인다. 그와 동시에 왼쪽 가슴주머니에 손을 올려 동전을 떨어뜨린다(**레슨** 3 참조). 왼손을 펼쳐 동전이 사라졌음을 보여준다. 이제 양손의 간격을 떨어뜨린 채 손가락을 쭉 펴서 보여준다.

"두 번째 동전도 감쪽같이 없어졌지. 너도 알다시피 동전은 모자로 날아갔어. 물론 내가 가르쳐준 대로 제대로 했다면 말이야. 동전을 꺼내서 접시에 하나씩 놓으면서 세 봐."

아이는 모자를 당신은 접시를 든다. 아이가 큰 소리로 개수를 센다.

"그래, 15개구나. 네가 제대로 한 거야. 너를 마술사로 고용하고 싶어 하는 사람에게는 내가 추천을 해주마."

아이를 내려보내고 모자는 주인에게 돌려준다. 더 쓸 일이 있다면 계속 가지고 있어도 된다.

움직이는 돈
Invisible Money Transit

이것은 '동전 늘리기' 의 또 다른 버전이다.

★ 이펙트

접시에 동전 15개를 올려놓고 등장한다. 마술사가 관객의 손에 동전을 쏟고 관객은 접시에 하나씩 올려놓으면서 센다. 동전의 개수가 15개라는 사실이 증명되었다. 마술사는 동전 두 개를 갖고 나머지는 관객의 손에 돌려준다. 따라서 관객의 손에는 13개의 동전이 남는다. 마술사가 손수건에 동전 두 개를 싼 후 관객에게 나머지 손으로 들라고 한다. 손수건에서 동전 두 개가 사라지고 신기하게도 13개의 동전과 함께 있다. 관객이 다시 손에 든 동전을 세보니 열다섯 개이다.

★ 준비물

1. 동전 17개. 팜 코인이나 50센트가 가장 알맞다.
2. 작은 접시
3. 앞에서와 똑같이 귀퉁이에 동전 두 개를 숨겨놓은 손수건
4. 앞에서와 똑같은 이펙트를 위해 마술용 왁스 약간

★ 해법과 대사
준비

지름 0.3cm 정도의 작은 왁스 덩어리를 조끼 맨 아래 단추에 바른다. 미리 손을 써둔 손수건을 주머니에 넣는다.

앞에서와 똑같이 접시 위에 동전 15개를 놓고 밑에 두 개를 숨긴다.

시연

앞에서처럼 준비한 접시와 동전을 왼손에 들고 등장한다.
관객 한 명을 뽑아 당신의 오른쪽에 서 있게 한다.

"지금부터 보여드릴 마술은 많은 사람들이 좋아하는 마술입니다. 당연하죠. 돈을 이용한 마술이니까요. 선생님도 돈을 좋아하시겠죠? 이 접시에 돈이 가득 있습니다. 모두 합해서 30달러나 됩니다. 정확히는 모르겠지만 은이나 백금으로 만든 동전 같군요."

오른손으로 동전 하나를 집어 관객에게 보여준 후 다시 접시에 놓는다.

"동전은 모두 15개입니다."

접시 아래에 동전을 숨긴 채 접시에 든 동전을 오른손에 쏟는다.

"이것 좀 가져가세요."

관객에게 동전을 준다.

"큰 소리로 하나씩 세면서 접시에 놓으세요. 동전이 정말 15개인지 믿지 못하는 분들이 계신 것 같습니다."

관객이 큰 소리로 동전을 세서 접시에 올려놓는다. 목소리가 작으면 같이 센다. 동전이 15개라는 사실을 관객에게 확실히 보여준다.

"15개 맞네요. 정확히 세셨습니다."

오른손으로 접시를 잡고 왼손에 쏟는다. 이때 접시 뒤쪽이 관객을 향하게 한다. 15개의 동전을 왼손에 쏟는다. 왼손에 미리 숨겨둔 두 개의 동전과 합쳐진다(**그림 7**).

그림 7

관객에게 동전을 준다.

★ 참고 1

원한다면 오른손에 동전을 쏟아도 된다. 물론 접시 아래에 숨긴 두 개의 동전도 함께 떨어뜨린다. 또는 왼손으로 접시를 들고 조수의 손에 직접 쏟아 부어도 된다.

"왼손으로 동전 15개를 다시 들고 있으세요."

관객이 동전을 받으면 이렇게 말한다.

"동전이 감쪽같이 사라질지도 모르니 꽉 잡으십시오. 원래 돈은 어디로 새는지도 모르게 잘 새어나가지 않습니까? 그러니까 꽉 잡으세요."

이렇게 말하는 이유는 관객이 동전을 세지 못하게 하기 위해서이다.

"자, 이제 동전 두 개를 빌려야겠어요. 두 개만 빌려주시겠어요?"

관객에게 동전 두 개를 받는다.

"이제 다시 주먹을 꼭 쥐세요. 부인이 백화점에서 또 옷을 사 달라고 하네요. 대체 몇 번째입니까? 사주기 싫으면 돈을 꽉 잡고 놓지 마세요."

오른손으로 조끼 단추에서 왁스를 묻혀 한 동전의 가운데에 바른다. 관객에게 보이는 반대쪽, 당신에게는 안쪽에 발라야 한다.

모두에게 보이도록 왼손에 동전 두 개를 놓는다. 앞 동전과 나머지 다른 동전을 맞닿게 하여 둘 사이에 왁스가 발라지게 한다. 아직은 두 개의 동전을 누르지 않는다.

오른손으로 주머니에서 미리 준비해 둔 손수건을 꺼낸다. 손수건을 왼팔 위로 던진다. 두 개의 동전을 오른손에 옮긴 후 손수건으로 왼손을 감싸고 왼손 손가락 끝에 동전을 놓는다. 손수건 바깥쪽에서 동전을 잡는다. 미리 만들어 둔 귀퉁이가 관객에게 보이지 않도록 한다.

앞에서 한 것처럼 손수건으로 두 개의 동전을 싼다. 비밀 귀퉁이를 가운데로 올리고 동전이 그 안에 있도록 한다. 왼손으로 가짜 귀퉁이를 잡고 오른손으로는 두 개의 비밀 동전을 누른다.

오른손으로 두 겹의 동전을 프런트 섬 팜 하고 손수건 아래에서 뺀다.

"오른손 엄지손가락과 손가락 끝으로 이 동전을 잡으시겠습니까? 양손을 벌려 떨어지게 놓으세요."

손에 든 동전

그림 8

관객에게 손수건을 주고 가운데에 위치한 비밀 귀퉁이를 잡게 한다. 이제 관객은 오른손에는 손수건을, 왼손에는 13개로 추정되는 동전을 들고 있다. **그림 8**은 그러한 관객의 모습이다.

이제 오른손으로 윗옷 가슴주머니에 두 겹의 동전을 떨어뜨린다. 왁스로 단단히 붙어 있으므로 주머니 안에 아무것도 없는 한 쨍그랑 소리가 나지 않는다. 앞에서 언급한 것처럼 주머니 입구 가장자리에 심을 넣으면 입구가 넓어지므로 한결 손쉽게 동전을 넣을 수 있다. 주머니에 만년필을 꽂아두는 것도 좋은 방법이다.

"동전이 만져지시나요? 스크루지처럼 꽉 잡으세요. 아니면, 누가 돈을 빌려달라고 한다고 생각해보세요. 그런데 요즘은 마술사도 은행처럼 돈을 빌려줄 수 있답니다. 마술로 만들어 내면 되거든요. 여기 있는 동전 두 개가 저기 있는 동전으로 점프하게 만들 겁니다. 아니, 돈에 발이 달렸냐고요? 물론 여러분이 못 보는 사이에 점프할 겁니다. 돈은 부족할수록 잘 안 보인다는 말이 있잖아요. 세상에는 말이죠, 우리 눈에 보이지 않는 돈이 어마어마하게 많답니다."

손수건 한 쪽 귀퉁이를 잡는다.

"발 달린 돈을 볼 준비가 되셨나요? 돈은 발이 엄청나게 빠르죠. 특히 올 때보다 갈 때가 더 빨라요. 그러니까 잘 보세요. 아직도 동전이 만져지죠? 그럼 출발하겠습니다. 출발!"

관객이 든 손수건을 홱 잡아챈다. 손수건 안의 동전이 사라지고 없다.

"사라졌습니다."

접시를 들면서 주머니나 테이블에 손수건을 놓는다.

"발 달린 동전이 그리로 갔으니까 아까보다 좀더 무거워졌을 거예요. 아까처럼 동전을 세면서 접시에 놔주세요. 동전 두 개가 점프해서 왔으니까 13개가 아니라 15개가 있겠죠."

조수가 큰 소리로 동전을 세면서 접시에 올려놓는다.

"네, 15개입니다."

★ 참고 2

왁스를 준비하지 못했을 경우, 타이밍을 잘 살핀 후 동전 하나는 오른쪽 윗옷 주머니에 넣고 나머지는 다른 주머니에 넣는다.

또는 두 개의 동전을 모두 사라지게 할 수도 있다. 조수의 맥박을 잰다며 주머니에서 시계를 꺼낸다. 그와 동시에 몰래 두 개의 동전을 주머니에 넣는다.

잠깐 조수의 팔목을 잡고 있다가 이렇게 말한다.

"네, 아무 이상 없군요."

주머니에 시계를 다시 넣고 마술을 계속한다. 나는 관객이 든 손수건을 걷어 올릴 때까지 두 개의 동전을 핑거 팜 해둘 때가 종종 있다. 그리고 나서 동전과 손수건을 함께 주머니에 넣는다.

돈이 나오는 쟁반
The Multiplying Money Tray

요즘은 여분의 동전을 넣을 수 있는 기계 접시 혹은 쟁반을 마술용품점에서 판매한다. 그 쟁반에는 동전 두세 개가 들어갈 수 있는 구멍이 있다. 쟁반을 손에 기울이면 홈에 숨겨진 동전이 위에 놓인 동전과 함께 쏟아진다.

이러한 접시나 쟁반은 식탁에서 재떨이 크기까지 매우 다양하다.

동전이 미끄러져 내려옴

입구

★ 접시 대신 신문지도 사용 가능

접은 신문지는 '동전 늘리기' 마술에 아주 유용하게 사용할 수 있다. 미리 종이 속에 동전 두 개를 준비한다. 동전을 셀 때는 신문지에 올려놓고 센다. 신문지를 약간 기울여 동전을 쏟아 부을 때 그 안에 숨겨놓은 두 개의 동전이 같이 쏟아진다.

Tarbell
Course in MAGIC

이번 레슨에서는 쓰임새가 다양한 도구를 이용한 마술을 소개한다.
바로 '섬 팁(Thumb Tip)' 이라는 도구이다. 섬 팁을 이용한 다양한 마술을 지금부터
배워보자.

Tarbell Course in MAGIC

엄지손가락에 끼우는 섬 팁
The Thumb Tip

섬 팁은 엄지손가락 첫마디에 끼우는 금속으로 된 도구인데(부드러운 고무나 실리콘 재질로 된 것도 있다—감수자) 피부색으로 칠해져 있다.

섬 팁은 엄지손가락 끝에 끼우도록 되어 있지만 손에 꽉 맞지는 않고 약간의 여유 공간이 생긴다. 그렇기 때문에 섬 팁의 끝과 엄지손가락 사이에 생긴 공간에 담배 조각이나 종잇조각, 헝겊 조각 따위의 작은 물체를 숨길 수 있다.

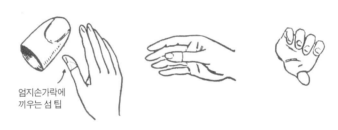

엄지손가락에
끼우는 섬 팁

거울 앞에 서서 엄지손가락에 섬 팁을 끼운다. 손가락을 옆으로 기울이면 섬 팁이 확연히 표시 난다. 따라서 네 손가락 뒤에 엄지손가락을 자연스럽게 놓아야만 섬 팁이 보이지 않는다.

엄지손가락으로 거울을 가리킨다. 관객에게 손을 보여줄 때는 그렇게 손가락 끝이 정면에서 보이게 한다. 그렇게 하면 섬 팁이 눈에 띄지 않고 엄지손가락이 자연스러워 보인다. 손에 아무것도 없는 것처럼 보이므로 관객은 손에 도구를 끼웠다는 사실을 눈치 채지 못한다.

이번 레슨에서는 섬 팁을 이용한 메니플레이션에 관해 배울 예정이다. 여러 자세로 섬 팁을 숨길 수 있다.

★ 주의

주머니에 금속 재질의 섬 팁을 오래 두면 표면이 닳아 칠이 벗겨져 반짝거린다. 약간 빛나는 것은 괜찮지만 너무 심하면 피부가 부자연스러워 보이므로 마술을 망치게 된다. 이를 막기 위해 가끔씩 섬 팁에 칠을 해주어야 한다. 미술용품점에서 그 용도에 꼭 맞는 살색 물감을 구할 수 있다. 가끔씩 헝겊으로 테레빈유나 휘발유를 발라주면 반짝거림이 줄어들기도 한다(요즘은 고무나 플라스틱류의 제품이 보편화되어 있어 특별한 용도 외에는 금속성 섬 팁을 잘 사용하지 않는다―감수자).

이 과에서는 섬 팁을 이용한 다섯 가지 마술에 관해 배운다. 다섯 가지 모두 매우 신기하고 놀라울 뿐 아니라 어디에서든지 간편하게 선보일 수 있다.

기본적으로 다섯 가지 마술는 똑같은 원리를 바탕으로 섬 팁을 사용하는 하나의 마술이다. 하지만 기본원리를 확실히 익히기 위해서 다섯 가지 모두 배워야 한다. 수많은 마술이 섬 팁과 배니시, 프로덕션의 한 가지 원리를 바탕으로 한다. 이 레슨을 마치고 나면 이펙트를 변형하거나 새롭게 만들어낼 수 있을 것이다.

한 무대에서 이 다섯 가지 이펙트를 한꺼번에 선보이는 것은 권하지 않는다. 물론 다섯 가지 이펙트를 차례로 보여준다고 해서 안 될 것은 없지만 가능한 한 무대에서는 한두 가지만 선보이는 편이 좋다.

다섯 가지 이펙트 모두 식사자리나 클럽, 집안, 무대 등 어디에서나 선보일 수 있다.

버닝 시가렛 마술
Mystery of the Burning Cigarette

★ 이펙트

마술사가 왼손을 주먹 쥐고 엄지손가락은 옆으로 든 채 그 위에 빌린 손수건을 올려놓는다. 오른손이 텅 비었음을 보여준 후 왼손에 손수건을 약간 밀어 넣는다. 불붙은 담배를 빌린 후 손수건에 생긴 조그만 우물에 오른손으로 떨어뜨린다. 관객은 당연히 손수건에 불이 붙을 것이라고 생각하고 조마조마해한다. 마술사가 손수건에 마법의 가루를 뿌리고 손을 뺀다. 손수건은 멀쩡하고 담배는 사라지고 없다.

★ 준비물

1. 섬 팁(마술용품점에서 구입) / 고무일 경우에는 미리 젖은 휴지를 넣어둔다.

그 밖에 다음과 같은 준비물이 필요하다.

    a. 빌린 손수건(남녀용 모두 가능)

    b. 빌린 불붙은 담배(절반 이하 크기)

★ 해법과 대사

> "손수건을 잠깐 빌려야겠군요. 아무 손수건이나 좋습니다. 신사용, 숙녀용 다 됩니다. 크기도 상관없습니다. 네, 감사합니다. 이거면 되겠군요."

관객 중 누군가가 손수건을 건네주는 동안 오른쪽 조끼주머니에 섬 팁을 넣는다. 손톱 부분이 당신의 몸쪽을 향하도록 놓는다. 오른손을 넣어 엄지손가락에 섬 팁을 슬쩍 끼워 넣는다.

왼손으로 손수건을 받아서 오른손에 가져간다. 왼손으로 손수건을 받아야만 오른손에 낀 섬 팁이 보이지 않는다. 손수건을 펼쳐서 두 귀퉁이를 잡는다. 손수건과 오른손 손가락으로 섬 팁을 가린다.

아무 말도 하지 않고 텅 빈 왼손을 보여준 후 오른손으로 왼손 위에 손수건을 펼쳐 놓는다. 관객은 마술사의 빈손을 보았으므로 손에 무언가를 숨겼다고 의심하지 않는다.

자, 여기에서 마술의 중요한 요점을 가르쳐주겠다.

여러 번 빈손을 보여주되 그 사실을 너무 강조해서는 안 된다. 관객이 거기에 특별한 관심을 기울이지 않도록 자연스럽게 움직인다. 자연스럽게 관객은 마술사의 빈손을 보게 된다. "손에 아무것도 없습니다"라고 말하지 않는다. 빈손을 보여주는 암시 행위만으로도 충분하다. 한 번의 행동이 백 번의 말보다 더 가치 있다는 사실을 기억하라.

"왼손에 손수건을 펴고 그 안에 조그만 우물을 만들었습니다. 자, 이제…"

이제 네 손가락으로 섬 팁을 가린 채 오른손을 손수건으로 가져간다. 오른손 엄지손가락으로 손수건과 섬 팁을 감싼 왼손을 민다. 섬 팁이 가려지면 오른손 손가락을 허공으로 높이 든다. 오른손 엄지손가락으로 우물을 만들었다는 사실을 관객에게 보여주는 것이다. 엄지손가락을 뺐다가(섬 팁은 손수건 안에 놓은 채) 다시 민다. 이렇게 한번 더 손수건을 밀어 넣는 이유는 심리 효과를 유발하기 위해서이다. 엄지손가락을 뺄 때의 모습이 자연스러워 보이고 두 번째는 맨손가락으로 밀기 때문에 관객은 처음에도 똑같이 맨손가락으로 밀었다고 생각하게 된다.

"이제 불붙인 담배를 빌려야겠습니다. 제 담배를 사용해도 되고요."

담배를 피우고 있는 사람이 있으면 그 사람에게 빌린다. 그렇지 않다면 관객 한 명에게 담배에 불을 붙여 달라고 한다. 모두 여의치 않다면 당신의 담배를 사용해도 된다. 담배에 불을 붙인 후 관객에게 담배를 반으로 자르고 불붙은 쪽을 달라고 한다.

"네, 됐습니다. 불붙은 쪽을 이리 주세요."

오른손 엄지손가락과 집게손가락 사이로 담배를 잡는다.

Tarbell course in Magic

"잘 보십시오. 불붙은 쪽을 손수건에 떨어뜨리겠습니다."

손수건의 우물을 보여준 후 그곳에 천천히 담배를 떨어뜨린다. 정말로 손수건에 불붙은 담배를 떨어뜨리는 것처럼 보이게 해야 한다. 따라서 담배를 떨어뜨린 후 오른손을 관객 쪽으로 쫙 펼친다.

"정말로 떨어뜨렸습니다."

관객은 정말 손수건에서 연기가 피어오르는 모습을 본다.

"과학자들은 연기를 압축할 수 있습니다. 이렇게 꽉 쥐는 거죠."

오른손 엄지손가락을 우물과 섬 팁 안으로 밀어 넣어 다시 끼운다. 이렇게 하면 공기가 차단되므로 곧바로 담뱃불이 꺼진다.

섬 팁을 착용한 오른손을 옆으로 치운다. 이때 엄지손가락 끝이 관객을 향하도록 하여 자연스럽게 손을 보여준다.

"때로는 '마법가루'를 뿌려서 가라앉히기도 하지요."

조끼주머니에서 한 줌의 '마법가루'를 꺼내는 척한다. 사실은 그 안에 섬 팁을 빼놓기 위해서이다. 조끼주머니에 섬 팁을 빼놓은 후 손수건에 가루를 뿌리는 척한다. 그리고 나서 손수건 귀퉁이를 잡아 천천히 왼손에서 벗긴다. 손수건은 전혀 타지 않았고 담배는 사라지고 없다. 다시 양손으로 손수건 귀퉁이를 하나씩 잡는다.

"네, 바로 마법가루의 힘입니다. 마법가루가 연기를 압축하고 담배를 사라지게 했습니다. 덕분에 불에 탄 손수건이 감쪽같이 원래대로 돌아왔습니다."

관객에게 손수건을 돌려준다.

루이스 태넌(Louis Tannen)은 마술이 끝난 후 다음과 같이 교묘한 방법으로 섬 팁을 처리했다.

담배가 사라진 후 섬 팁을 낀 오른손은 손수건 한 귀퉁이를 잡고 왼손은 또 다른 귀퉁이를 잡아 몸 앞쪽으로 펼친다. 손수건을 밑으로 내리고 살짝 흔든다. 손수건을 잡은 오른손이 오른쪽 다리로 내려가는 순간 오른손 엄지손가락으로 섬 팁을 벗긴다.

손수건을 다시 위로 올린다. 손수건 반대쪽을 보여주며 오른손은 손수건 뒤에, 왼손은 앞에 둔다. 이렇게 하면 오른손이 윗옷 가슴주머니 위에 오므로 벗긴 섬 팁을 쉽게 집어넣을 수 있다. 위의 그림을 참고한다. 모든 동작은 손수건을 움직이는 동안 재빠르게 이루어진다. 손수건이 다리에 왔을 때 섬 팁을 재빨리 벗기고 다시 가슴으로 올라왔을 때 재빨리 주머니에 넣는다.

아스베스토스 팜
The Asbestos Palm

★ 이펙트

앞에서 설명한 이펙트와 비슷하지만 손수건을 사용하지 않는다는 점이 다르다. 불붙은 담배를 왼손에 떨어뜨리고 그 위에 마법의 모래를 뿌린다. 천천히 왼손을 펼치면 담배가 사라진다.

★ 섬 팁 메니플레이션

이 이펙트를 실행하려면 새로운 메니플레이션을 배울 필요가 있다. 바로 섬 팁을 숨긴 채 손을 보여주는 기술이다. 이 메니플레이션을 이용하면 엄지손가락을 자유롭게 보여줄 수 있다. 이렇게 사소한 동작이 진정으로 훌륭한 마술사를 만든다는 사실을 알게 될 것이다.

왼손에 섬 팁을 끼운다. 다음의 그림을 보고 일련의 동작을 꼼꼼하게 연구한다. A처럼 엄지손가락을 들고 B처럼 구부린 후 C처럼 네 손가락을 오므려 엄지손가락을 감싸고 D처럼 손의 일부분을 펴서 섬 팁이 왼손 가운뎃손가락, 넷째 손가락, 새끼손가락 안에 오게 한다. 세 손가락이 섬 팁을 가리므로 아무 거리낌 없이 관객에게 손을 보여줄 수 있다.

위에서 설명한 동작을 거꾸로 해서 다시 엄지손가락에 섬 팁을 끼운다. 양손 모두 익숙해질 때까지 열심히 연습한다.

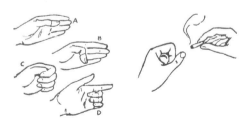

왼쪽 주머니에 섬 팁을 준비한다. 왼손 엄지손가락에 끼우고 위의 A처럼 숨긴다. 앞에서 설명한 이펙트에서처럼 불붙은 담배를 빌린다.

D의 자세가 되도록 섬 팁을 움직인다. 왼손을 자연스럽게 보여준다. 오른손 엄지손가락과 집게손가락 사이로 담배를 잡는다.

다시 A처럼 섬 팁을 엄지손가락에 끼운다. 엄지손가락을 들어 손으로 관객을 가리킨다. 엄지손가락 끝이 정면을 향해야 한다. 이렇게 하면 관객에게는 마술사의 손에 텅 빈 것처럼 보인다.

재빨리 주먹을 쥐고 엄지손가락을 구부려서 섬 팁이 다시 D처럼 되게 한다. 엄지손가락을 뺀다. 관객에게는 빈손을 주먹 쥔 것처럼 보인다.

담배를 왼손에 떨어뜨리고 오른손 엄지손가락으로 밀어 넣는다. 담뱃불이 꺼지고 오른손 엄지손가락에 섬 팁을 끼울 수 있다.

엄지손가락 끝이 관객의 정면을 향하게 하여 오른손이 비었음을 보여준다. 조끼주머니에서 마법의 모래를 꺼내는 척하면서 섬 팁을 빼놓는다. 왼손 위에 마법의 모래를 뿌리는 척한다.

천천히 왼손을 펼치면 담배가 사라지고 없다.

첫 번째 '버닝 시가렛'을 자세히 연구한 후 그것을 바탕으로 이 마술를 선보인다. 적당한 상황에서는 똑같은 대사를 사용해도 된다.

빌린 손수건 태우기
Burning A Borrowed Handkerchief

관객에게 손수건을 빌린다(남녀용 모두 가능). 촛불이나 성냥으로 손수건 가운데에 불을 붙인다. 손수건의 불을 끈 후 마법의 반지를 갖다 대자 손수건이 원래 상태로 돌아온다.

이 마술은 식사자리나 집안, 무대에서 모두 간단하게 보여줄 수 있다. 나는 손수건을 든 숙녀가 우연히 눈에 띌 때마다 이 마술을 선보인다. 손수건만 보면 이 마술이 떠오른다.

★ 준비물
1. 섬 팁
2. 빌린 손수건
3. 손수건 원단과 비슷한 10cm 정사각형 모양의 헝겊
4. 성냥갑이나 촛불
5. 니켈 도금된 반지 또는 그냥 반지

★ 해법과 대사
정사각형의 조그만 헝겊의 가운데를 잡아 가장자리가 흘러내리도록 한다(**그림 A**와 **그림 B** 참조).

그런 다음 섬 팁에 헝겊을 밀어 넣는다(헝겊 가운데가 맨 마지막에 들어간다). 엄지손가락이 섬 팁에 잘 들어가도록 헝겊 가운데가 섬 팁 측면에 놓여야 한다. 엄지손가락에서 섬 팁을 뺐을 때 헝겊도 같이 빠져나오도록 잘 넣는다.

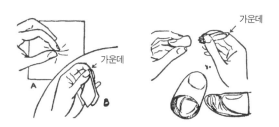

이렇게 헝겊을 넣은 섬 팁은 필요할 때까지 오른쪽 주머니에 넣어둔다.

오른손에 섬 팁을 끼우고 손을 옆으로 내린 후 오른손이 관객에게 보이지 않도록 하면 모든 준비가 끝난다.

연회나 응접실에서 손수건을 든 숙녀가 눈에 띄면 이렇게 말한다.

"실례합니다만, 손수건을 들고 계시군요. 손수건 원단이 아주 특별하네요. 흔하게 볼 수 있는 원단이 아니에요."

손수건을 빌려야 하는 상황이라면 위와 비슷한 말로 빌리고 왼손으로 받는다.

"손수건을 잠깐 빌리고 싶은데요. 아주 재미있는 마술이 생각났거든요. 네, 고맙습니다. 바로 제가 찾던 손수건이군요(무언가를 발견한 척한다). 아주 특별한 손수건이네요. (손수건을 만지며) 아주 보기 힘든 원단으로 만들어진 손수건이네요."

전자이든지 후자이든지 손수건을 펼쳐서 두 귀퉁이를 든다. 섬 팁을 끼운 손가락은 손수건의 뒤에 놓아 관객에게 보이지 않도록 한다. 이렇게 하면 양손 손바닥 모두 비었음을 보여줄 수 있다.

이제 왼손으로 손수건 가운데를 들어 오른손으로 옮긴다. 섬 팁을 끼운 오른손 엄지손가락이 손수건 뒤로 가고 집게손가락이 앞에 온다. 이때 또다시 오른손 손바닥이 보이므로 관객은 당신이 손수건 외에 다른 물건을 들고 있지 않다고 믿게 된다.

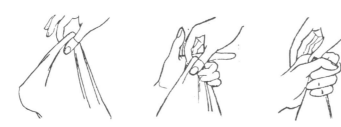

왼손으로 위 그림의 높이까지 손수건을 들어올린다.

왼손은 손수건과 섬 팁을 감싼 채 안정감 있게 든다. 가짜 손수건이 있는 섬 팁을 왼손에 놓아둔다. 오른손이 섬 팁에서 빠질 때 손수건의 가운데에 미리 넣어둔 헝겊 조각도 같이 빠진다. 헝겊 조각을 금방 뺄 수 없더라도 걱정할 필요는 없다. 엄지손가락과 집게손가락으로 당기면 쉽게 빠진다. 이는 마치 당신이 손수건을 위로 당기는 모습처럼 보인다.

가운데

가운데

관객에게는 손수건 일부분만 손에서 빠져나오고 가운데는 위로 빠져나왔으며 귀퉁이와 바깥쪽은 아래에 걸려 있는 것처럼 보인다. 하지만 실제로는 손수건의 가운데로 보이는 곳은 관객의 손수건이 아니라 섬 팁 안에 미리 준비해놓은 헝겊이다.

"이것은 불에 타지 않는 특별한 손수건입니다. 어지간한 불꽃으로는 타지 않습니다."

촛불로 가운데 헝겊에 불을 붙인다. 관객은 정말로 손수건을 태운다고 생각할 것이다.

촛불이 없으면 누군가에게 성냥불을 붙여달라고 한다.

"이런… 불타버리고 말았네요. 제가 실수를 한 모양입니다. (빌려준 사람에게) 정말 죄송합니다."

관객은 헝겊이 살짝 타는 모습을 보고 손수건이 불에 탔다고 생각한다. 오른손 엄지손가락과 집게손가락으로 불을 비벼 끄거나 입으로 불어서 끈다. 불 탄 부분은 오른손 섬 팁에 밀어 넣고 섬 팁을 낀다. 섬 팁의 끝이 관객을 향하도록 하여 손에 아무것도 없음을 보여준다. 이제 오른쪽 조끼주머니에 섬 팁을 빼놓아야 하므로 다음과 같이 말한다.

"제 주머니에 반지가 있습니다. (반지를 꺼낸다) 바로 마법의 반지죠. 손수건에 반지를 떨어뜨리면 곤란한 문제가 싹 해결됩니다. (왼손 위에 반지를 놓는다) 불에 타서 생긴 구멍과 동그란 반지라… 뭔가 깊은 연관이 있을 것 같지 않습니까?"

오른손으로 반지를 잡는다. 손수건 맨 아래를 잡고 반지 구멍을 통과한 후 왼손에서 끄집어낸다. 손수건 두 귀퉁이를 잡고 손수건이 원래 상태로 돌아왔음을 보여준다.

"자, 보십시오. 제가 말한 대로 문제가 싹 해결됐죠? 불 탄 부분이 원래대로 돌아왔습니다. 손수건을 빌려주셔서 감사합니다(손수건을 돌려준다)."

"잘 기억하세요. 초(또는 성냥)의 불꽃 하나는 손수건 안의 불꽃 두 개의 가치가 있다는 것을 요."

마법의 종이
The Enchanted Paper

이것은 앞에서 소개한 두 가지 마술과 똑같은 원리로 이루어지며 어디서나 간편하게 선보일 수 있다. 특히 담뱃불을 사용하기 곤란한 자리에서 선보이면 좋다.

★ 이펙트

관객에게 색깔 있는 종이(tissue paper, 박엽지, 즉 얇은 종이를 말함─옮긴이)를 보여준 후 왼손에 구겨 넣는다. 마술사가 손을 펼치자 종이가 사라지고 없다. 하지만 마술사는 종이가 아직 손에 있으며 착한 사람에게만 보인다고 말한다. 그리고 투명한 종이뭉치를 관객의 손바닥에 올려놓는다. 손수건을 빌려 자신의 왼손에 펼쳐 놓는다. 빈 오른손을 이용해 왼손 주먹 안으로 손수건을 살짝 밀어 넣어 작은 우물을 만든다. 그런 다음 관객의 손에서 투명한 종이뭉치를 가져다 손수건 우물에 떨어뜨린다. 그리고 그 안에서 처음처럼 긴 종잇조각을 꺼낸다.

★ 준비물
1. 섬 팁
2. 길이 약 50cm, 너비 2.5cm의 색깔 있는 종잇조각
3. 빌린 손수건

★ 해법과 대사

왼쪽 주머니에 섬 팁을 넣는다. 그리고 마술을 시작하기 직전에 왼손 엄지손가락에 끼운다. 주머니나 테이블에서 길쭉한 종잇조각을 가져온다. 자연스럽게 양손과 종이를 보여준다. 섬 팁을 끼운 엄지손가락 끝이 관객을 향하게 한 채 동작을 계속해야 한다. 섬 팁 메니플레이션에서 설명한 것처럼 섬 팁을 손에 숨기고 아래 그림과 같이 종잇조각을 보여준다.

　　　섬 팁

"이것은 중국에서 처음 시작된 마술인데요. 옛날부터 전해 내려오는 교훈을 보여줍니다. 바로 '눈에 보이는 것이 전부가 아니다' 라는 교훈이죠. 이 종잇조각을 이용해서 그 교훈을 보여드리겠습니다. 보통 사람의 눈에는 평범한 종잇조각일 뿐이지만 착한 사람들에게는 그렇지 않습니다."

"우선 왼손에 구겨 넣겠습니다."

오른손 집게손가락으로 천천히 길쭉한 종이를 왼손에 구겨 넣는다. 하지만 실제로는 손가락에 숨긴 섬 팁 안에 밀어 넣는다. 마지막 두 번은 종이를 넣는 척하면서 오른손 엄지손가락을 이용해 섬 팁을 손가락에 끼운다.

자연스럽게 텅 빈 오른손을 보여주고 천천히 왼손을 펼쳐 손바닥이 위로 향하게 한다.

"네, 종이는 제 손바닥에 있습니다. 아니, 종이가 안 보이십니까? 아까 말씀드렸듯이 이 종이는 착한 사람에게만 보입니다. 제 손의 온기 때문에 별모양으로 변해버렸군요. 제가 말했죠? 눈에 보이는 것이 전부가 아닙니다."

옆에 있는 관객에게 말한다.

"여기 계신 이분은 마음씨가 착하실 것 같군요. 이것 좀 대신 들고 있어주시겠습니까? 네, 고맙습니다. 오른쪽 손바닥에 높이 들고 계세요."

왼손에 있는 보이지 않는 종이뭉치를 관객의 손으로 옮기는 척한다. 정말로 종이 뭉치를 옮기는 것처럼 자연스럽게 움직인다.

"이제 종이가 이분의 손으로 옮겨졌습니다. 잘 보이시나요?"

관객이 그렇다고 하면 이렇게 말한다.

"네, 그러실 겁니다. 마음씨가 착한 분이니까요."

관객이 보이지 않는다고 하면 이렇게 말한다.

"음, 오늘은 컨디션이 안 좋으신가 보군요. 어쨌든 떨어뜨리지 말고 잘 들고 있으세요."

관객석을 향해 말한다.

"손수건을 빌려야겠습니다. 남녀용 아무것이나 좋습니다. 네, 그거면 되겠군요."

왼손으로 손수건을 잡는다. 손수건의 두 귀퉁이를 들고 상단 오른쪽 귀퉁이 뒤에 섬 팁을 숨긴다. 왼손에서 손수건을 놓아 오른손으로만 잡는다. 왼손 양쪽을 관객에게 보여준 후 그 위에 손수건을 펼친다. 텅 빈 오른손을 보여준 후 엄지손가락을 이용해 왼손 주먹으로 손수건을 밀어 넣어 왼손 주먹으로 섬 팁을 잡는다. 그곳에 종이가 숨겨져 있지만 관객에게는 손수건에 아무것도 없는 것처럼 보인다. 투명한 종이를 들고 있는 관객에게 말한다.

"이제 별모양 종이를 이리 주세요."

오른손 엄지손가락과 집게손가락으로 종이를 잡고 손수건 쪽으로 가져와 우물에 떨어뜨리는 척한다. 투명한 종이를 옮길 때는 손바닥이 관객에게 보이게 하고 다른 손가락들은 위로 든다. 손에 종이가 있다고 말은 했지만 관객이 그 말을 믿지 않도록 만들어야 한다.

"제가 손수건을 빌린 이유가 있습니다. 손수건의 온기는 손의 온기와 다르죠. 손수건의 온기는 물건을 나타나게 하고 손의 온기는 사라지게 합니다. 그렇기 때문에 똑같은 물체라도 어떤 사람은 있다고 하고 어떤 사람은 없다고 하죠. 이번에는 있다는 쪽이 맞는다는 것을 알게 되실 겁니다."

오른손 엄지손가락과 집게손가락으로 섬 팁에서 천천히 화장지를 잡아 뺀다. 너무 성급하게 잡아당기면 종이가 길쭉한 모양이 아니라 구겨진 뭉치로 나오게 되므로 왼손 엄지손가락과 집게손가락으로 종이를 꽉 잡고 천천히 빼야 한다.

종이가 다 나오면 방금 투명한 종이를 들고 있던 관객에게 이렇게 말한다.

"여기 있습니다. 기념으로 가지셔도 됩니다. 조심해서 들고 가세요. 또 눈에 안 보이게 될지도 모르니까요."

코미디 인터루드
A Comedy Interlude

이것도 역시 섬 팁을 이용하는 간단한 마술이다. 신기한 동작으로 물체가 사라지게 만들 수 있다. 다시 말해서 섬 팁에 물체를 넣어둔다는 뜻이다.

왼손에 손수건을 놓는다. 섬 팁은 손수건의 우물에 들어 있다. 그 위로 오른손을 가져가 엄지손가락이 우물 근처에 놓이게 한다.

왼손에서 오른손 위로 손수건을 던지는 동시에 섬 팁이 오른손 엄지손가락으로 가게 한다. 아래 그림은 섬 팁을 끼운 모습과 손수건으로 손을 가린 모습이다.

평평한 손에 놓인 손수건으로 관객의 관심을 집중시켜야 한다. 집게손가락을 올린다. 엄지손가락과 섬 팁이 섬 팁을 숨기고 있는 세 손가락 안으로 들어간다.

관객을 향해 무언가가 나타나게 하려는 듯한 동작을 취한다. 손수건을 홱 치워 곧게 선 집게손가락을 보여준다. 그런 다음 집게손가락을 흔들면 재미있는 효과를 낼 수 있다. 꼭 실행에 옮기기 바란다. 이는 섬 팁을 다른 손으로 옮기거나 완전히 사라지게 하기 위한 동작이다.

　왼손으로 손수건을 관객에게 돌려주고 오른손으로는 주머니에 섬 팁을 넣는다. 간단히 섬 팁을 처리하려면 손수건을 오른쪽 윗옷 주머니에 넣은 후 깜빡했다며 다시 꺼내서 관객에게 돌려주면 된다. 주머니에 손수건을 넣을 때 간단히 섬 팁을 빼놓을 수 있다.

빠세-빠세 솔트
The Passe-Passe Salt

　한 손에 소금을 붓고 사라지게 한 후 다른 손에서 나타나게 하는 마술은 오래전부터 많은 마술사들이 선보였다. 이 마술을 하려면 '소매'를 이용한 능숙한 메니플레이션이 필요했다. 소매로 소금을 흘려 넣은 후 다른 손에서 나타나게 해야 했기 때문이다. 자로(Jarrow)는 불붙은 담배를 소매에 넣고 다른 쪽 소매에서 나타나게 했다. 하지만 섬 팁의 등장으로 새로운 이펙트를 낼 수 있게 되었다. 또한 섬 팁의 영향으로 이 이펙트에 사용하기 위한 다양한 도구가 등장하게 되었다.

　섬 팁을 이용한 마술은 즉흥 마술에 매우 유용하며 특히 테이블에서 이루어지는 식후 마술쇼에 흔히 사용된다.

★ 이펙트
　마술사가 텅 빈 양손을 보여준다. 왼손은 주먹 쥐고 오른손으로는 뚜껑이 열린 소금통을 잡는다. 주먹 쥔 왼손에 소금을 뿌리고 테이블에 소금통을 내려놓는다. 왼손을 펼치자 소금이 사라지고 없다. 주먹 쥔 오른손으로 왼손 손바닥에 소금을 뿌린다.

★ 준비물

1. 섬 팁
2. 소금통(뚜껑이 열린 상태로)

★ 해법과 대사

왼손 엄지손가락에 몰래 섬 팁을 끼운다. 소금통은 뚜껑을 열고 테이블 가까이에 올려놓는다.

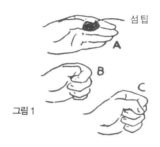

양손 엄지손가락과 나머지 손가락이 관객을 향하게 해서 자연스럽게 양손에 아무 것도 없음을 보여준다. 하지만 그 시간이 절대 길어서는 안 된다(**그림 1A**). 왼손 손가락을 오므려서 섬 팁을 잡는다(**그림 1B**). 엄지손가락에서 섬 팁을 빼서 주먹 안에 놓는다(**그림 1C**).

오른손으로 소금통을 잡고 왼손의 섬 팁 안에 뿌린다(**그림 2**). 소금은 적당히 뿌려야 한다. 나중에 오른손 엄지손가락을 넣을 때 소금이 잘 달라붙어야 하기 때문이다. 이 부분은 미리 충분히 연습할 필요가 있다.

소금을 뿌리면서 이렇게 말한다.

"잘 보십시오."

소금통을 테이블에 내려놓는다. 오른손 엄지손가락으로 소금을 왼손 안으로 집어넣는 척한다. 그런 다음 손가락으로 가린 채 오른손 엄지손가락 위로 섬 팁을 옮긴다(**그림 3**). 엄지손가락은 아래로 구부리고 나머지 손가락들을 오므려서 섬 팁을 꽉 쥔다(**그림 4**).

그림 2   그림 3   그림 4

오른손 집게손가락으로 주먹 쥔 왼손을 가리킨다.

"소금이 여기에 있을까요?"

왼손을 펴서 아무것도 없음을 보여준다.

"없습니다!"

이번에는 오른손을 쳐다보면서 말한다.

"그럼 여기에 있을까요?"
"네, 여기 있군요!"

주먹 쥔 오른손의 섬 팁에서 소금을 쏟는다(**그림 5**).

관객의 관심이 왼손 손바닥에 쏟아지는 소금으로 향할 때 오른손 엄지손가락을 섬 팁에 끼우고 잠깐 동안 오른손을 관객에게 노출시킨다(**그림 6**). 물론 섬 팁은 관객의 정면을 향하도록 들어야 한다. 관객에게는 오른손이 빈 것처럼 보인다.

그림 5

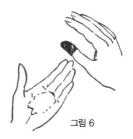

그림 6

다시 가운뎃손가락과 넷째 손가락, 새끼손가락을 구부려 섬 팁을 잡고 적당한 때에 처리한다.

Tarbell
Course in MAGIC

미술사는 늘 도구를 준비해 가지고 다니면서 언제든지 마술을 선보일 수 있다.
이번 레슨에서는 준비물만 있으면 언제 어디서든 성공할 수 있는 이펙트를 소개
한다.

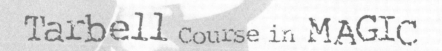

Tarbell course in MAGIC

반지 통과 마술
The Penetrating Ring

★ 이펙트

오른손 손가락에 고무 밴드 두 개를 꼬아서 연결한다. 가운뎃손가락 첫마디에 니켈 반지를 끼운다. 반지에 이상이 없는지 먼저 관객에게 확인시킨다. 반지가 고무 밴드 때문에 손가락 아래로 내려가지 못한다는 사실을 강조한다. 하지만 신기하게도 반지가 고무 밴드를 통과해서 아래로 내려간다. 고무 밴드는 여전히 손가락에 연결되어 있으므로 반지가 고무 밴드를 통과한 것처럼 보인다. 마술사가 다시 고무 밴드를 뚫어 반지를 손가락에서 뺀다.

★ 준비물

1. 약 6.8cm 길이의 고무줄 두 개. 내 경험에 의하면 에버하르트 파베르(Eberhard Faber) 사에서 나오는 18사이즈 고무 밴드가 가장 좋다.
2. 지름 약 2.5cm의 니켈 반지. 오른손 가운뎃손가락에 쉽게 들어가고 빠질 만한 크기여야 한다.
3. 되도록이면 끝이 뭉툭한 가위

★ 해법과 대사
시연

고무 밴드 두 개와 니켈 반지를 잡으면서 말한다.

"이 마술에는 고무 밴드 두 개와 반지가 필요합니다. 반지에 이상한 점이 있는지 한번 살펴보세요. 자, 그럼 손가락에 고무 밴드를 감겠습니다."

그림 1

그림 2

관객에게 반지를 살펴보라고 한다. 고무 밴드 두 개를 하나로 포갠 후 오른손 손가락에 **그림 1**과 **그림 2**처럼 감는다. 그림처럼 네 손가락에 꼬면서 감는다. 고무 밴드는 손가락 첫째 마디와 둘째 마디 사이에 와야 한다. 손을 펴서 양쪽을 보여줌으로써 고무 밴드가 꽉 감겨 있음을 보여준다.

"자, 보시다시피 손가락에 고무 밴드를 빙빙 돌려서 감았습니다. 손가락이 하나로 이어졌습니다. 반지를 주시겠습니까?"

왼손으로 반지를 잡는다. 이때 아주 잠깐 동안 오른손을 옆으로 내리면서 가운뎃손가락을 고무 밴드 고리에서 뺀다(**그림 3**).

그림 3

가운뎃손가락을 밴드의 위로 뺀다.

그림 4

손가락을 빼 고무 밴드 뒤에 놓는다. 이처럼 실제로는 가운뎃손가락이 빠졌지만 손 앞에서는 아직도 네 손가락 모두 묶어져 있는 것처럼 보인다. 손가락을 쫙 펴서 고무줄이 여전히 묶여 있는 것처럼 보여줄 수도 있다(**그림 4**).

"가운뎃손가락 둘째 마디에 반지를 끼우겠습니다."

이때 한번 더 손의 양쪽을 보여주고 고무 밴드가 여전히 있음을 확인시켜야 한다. 손등을 보여주려면 가운뎃손가락 끝을 밴드 밑으로 밀어 밴드의 앞쪽으로 오게 하면 된다. 손의 방향을 돌리면서 해야 한다. 다시 손 앞을 보여줄 때는 가운뎃손가락을 다시 밴드 뒤쪽으로 옮긴다.

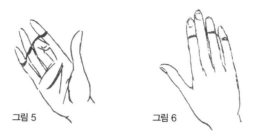

그림 5　　　　　　　　그림 6

이 동작이 자연스럽게 될 때까지 계속 연습해야 한다. 가운뎃손가락은 고무 밴드에서 빠져 있지만 손 앞과 손등을 보여줄 때 모두 네 손가락이 묶여 있는 것처럼 보여야 한다. **그림 5**와 **그림 6**을 보고 동작을 연구한다.

오른손 가운뎃손가락 첫째 마디, 즉 고무 밴드 바깥쪽에 반지를 끼운다. 이때 약간 오른쪽을 향해 서고 오른손은 옆으로 해서 어깨 높이로 든다(**그림 7**).

　"고체는 다른 고체를 통과할 수 없습니다. 부수지 않는 한 말이죠. 맞는 말입니다만 이 반지는 예외입니다. 이 반지는 빙글빙글 돌아서 어디로 갈지 모릅니다. 지금은 고무 밴드 바깥쪽에 끼워져 있습니다. 고무 밴드가 떡 하니 막고 있어서 아래로 내려갈 수 없죠."

오른손을 쭉 편 후 왼손으로 고무 밴드를 만지며 반지가 아래로 내려갈 수 없음을 보여준다. 그런 다음 다시 오른손 손가락을 오므린다.

　"하지만 반지의 생각은 그렇지 않은가 봅니다."

갑자기 손을 쭉 뻗어 반지가 아래로 미끄러져 내려가게 한다. 자유로운 가운뎃손가락을 밴드에서 살짝만 떼면 반지가 내려간나(**그림 8**).

그림 7   그림 8   그림 9

"보십시오. 정말 반지가 내려갔습니다. 장애물을 뛰어넘었습니다. 철창 감옥을 탈출하듯 고무 밴드 감옥을 탈출했네요."

다시 손의 양쪽을 보여준다. 손가락들은 계속 약간 위를 향하게 하고 손의 방향을 바꾸면서 아까처럼 가운뎃손가락을 고무 밴드 아래로 내린다(**그림 9**).

손가락을 약간 위로 향하게 드는 이유는 반지가 떨어지지 않게 하기 위해서이다. 손등을 보여주기 위해 손의 방향을 바꿀 때는 **그림 10**처럼 반지가 떨어지지 않도록 손의 위치를 주의해야 한다.

그림 10   그림 11   그림 12

이제 손가락을 아래로 내리고 손바닥이 관객을 향하게 하여 반지가 빠져나오게 한다(**그림 11**). 이 동작은 재빨리 이루어져야 한다.

"하나, 둘, 셋! 반지가 탈출했습니다. 오해의 소지가 없도록 가위로 고무 밴드를 자르면서 다시 한번 자세히 설명해드리겠습니다."

왼손으로 주머니에서 날이 뭉툭한 가위를 꺼낸다. 가위의 한쪽 손잡이에 오른손 가운뎃손가락 끝을 넣는다. 왼손으로는 가위 끝을 잡는다(**그림 12**).

"손가락 첫째 마디를 가위 손잡이에 넣었습니다."

고무 밴드 뒤로 가위를 손가락 아래로 민다.

"가위가 셋째 마디로 내려갔습니다."

손의 방향을 돌리면서 가운뎃손가락을 고무 밴드 앞에 놓는다. 따라서 손등과 함께 고무 밴드가 모든 손가락에 묶여져 모습이 보인다.
왼손으로 손가락에서 가위를 빼는 동시에 오른손의 방향을 바꾼다.
그런 다음 가운뎃손가락을 고무 밴드 뒤에 놓고 다시 손바닥을 보여준다.

"하지만 보세요. 다시 빠져 나왔습니다."

가위를 손에서 완전히 치운다.

"가위를 완전히 치웠습니다."

다시 관객에게 오른손 양쪽을 보여주고 네 손가락 모두 고무 밴드에 묶여 있음을 확인시킨다.

"정말 신기한 일이 아닐 수 없습니다."

얼른 손에서 고무 밴드를 벗겨 증거를 없앤다.

점핑 러버 밴드
The Jumping Rubber Band

나는 오래전에 테오(오키토)가 이 마술을 선보이는 모습을 보았다. 손기술의 대가인 그의 손에서 펼쳐지는 이 마술은 환상 그 자체였다.

이것은 반지 통과 마술을 하기 전이나 후에 선보이면 좋다. 이 이펙트를 먼저 시연하면 반지를 어떻게 했는지 설명할 수 있다. 물론 관객은 두 번째 이펙트가 끝나도 여전히 어리둥절하며 신기해할 것이다.

★ 이펙트

오른손 집게손가락과 가운뎃손가락 위에 고무 밴드를 끼운다. 나머지 밴드는 네 손가락 첫마디와 둘째 마디 사이에 꼬아서 감는다. 첫 번째 고무 밴드를 끼운 손가락은 두 번째 밴드 때문에 옴짝달싹 할 수 없다. 그런데 갑자기 첫 번째 고무 밴드가 넷째 손가락과 새끼손가락으로 뛰어 내려간다. 그런 다음 집게손가락과 가운뎃손가락으로 되돌아간다.

★ 준비물

고무 밴드 두 개(앞의 '반지 통과 마술' 에서와 똑같은 것).

★ 해법과 대사
시연

고무 밴드 하나를 두 겹으로 하여 오른손 집게손가락과 가운뎃손가락에 끼운다(그림 13).

"어제 점심 때 저는 중국에 있었습니다. 거기에서 고무 밴드를 이용한 재미있는 마술을 봤죠. 중국인 한 명이 손가락에 고무 밴드를 끼우더군요. 지금 제가 한 것처럼 똑같이요."

Tarbell course in Magic

그림 13

오른손 앞뒤를 보여준다.

"그리고 또 하나를 네 손가락에 전부 끼우더라고요. 당연히 첫 번째 고무 밴드는 옴짝달싹 못하게 되었죠."

바로 앞의 '반지 통과' 마술에서처럼 오른손 손가락의 첫째 마디와 둘째 마디에 두 번째 고무 밴드를 꼬아서 감는다.

"정말 똑똑한 중국인이죠."

오른손 손바닥은 당신을, 손등은 관객을 향하게 든다. 고무 밴드 A에 왼손 집게손 가락과 가운뎃손가락을 넣고 약 2.5~5cm 정도 잡아당긴다(**그림 14**). 이 모습은 오른 손에 가려져 관객에게 보이지 않는다.

그림 14   그림 15   그림 16

그런 다음 오른손을 주먹 쥐는 동시에 네 손가락을 고무 밴드 사이로 집어넣는다. 따라서 고무 밴드 A는 다음과 같이 위치하게 된다. 다른 고무 밴드 아래에서 오른손 집게손가락과 가운뎃손가락을 둘러싼다. 가운뎃손가락과 네 번째 손가락 사이에 꼬 임이 생긴다. 그런 다음 다른 고무 밴드 위에서 넷째 손가락과 새끼손가락을 둘러싸 게 된다(**그림 15**). 왼손을 뺀다.

손등이 관객을 향한다. 손을 잠깐 동안만 오므려 관객이 그 안에서 이루어지는 움직임을 보지 못하도록 한다. 움직임이 손바닥 안에서 이루어지므로 관객은 손등을 보고 여전히 두 개의 고무 밴드가 제자리에 있다고 생각한다(**그림 16**).

"그런 다음 그 중국인은 주먹을 쥐고 이렇게 말하더군요. '수리수리 마수리, 수리수리 마수리' 그랬더니 아주 신기한 일이 벌어졌습니다."

집게손가락과 가운뎃손가락을 쫙 펴자 갑자기 고무 밴드가 넷째 손가락과 새끼손가락으로 내려간다.

손을 쫙 펴서 양쪽을 모두 보여준다(**그림 17**).

그림 17   그림 18   그림 19

"고무 밴드가 아래쪽 손가락으로 뛰어 내려갔습니다."

다시 손등이 관객을 향하게 한 채 오른손 엄지손가락을 고무 밴드 A에 집어넣고 잡아당긴다(**그림 18**).

다시 주먹을 쥐고 네 손가락을 전부 고리에 넣는다(**그림 19**).

그런 다음 엄지손가락을 빼면 고무 밴드 A가 손가락 끝에 놓이게 된다.

"그 남자는 다시 주먹을 쥐고 말했습니다. 어느 것을 고를까, 알아맞혀 보세요. 딩동댕!"

손을 활짝 펴 고무 밴드가 집게손가락과 가운뎃손가락으로 돌아가게 한다.

"고무 밴드가 다시 위쪽 손가락으로 올라갔습니다. 어떻게 된 영문인지 어리둥절하시죠? 그런 분들을 위해서 지금부터 설명해드리겠습니다. 중국말로요!"

처음에 했던 대로 왼손의 두 손가락으로 고무줄을 잡아당긴다. 오른손을 주먹 쥐고 손가락이 고리 안으로 들어가게 한 후 왼손을 치운다.

"고무 밴드가 손가락 위에 있을 때 이렇게 말하면 되죠. '파라이 부 프란사이'"

고무 밴드가 아래쪽 손가락으로 날아간다.

"고무 밴드가 아래로 내려갔죠? 그리고 '스프레첸 시에 드츄' 라고 하면…"

앞에서 설명한 것처럼 엄지손가락을 고무 밴드 A에 넣는다. 밴드를 들어 올리고 주먹을 쥐어 손가락을 고리에 넣은 후 엄지손가락을 뺀다. 손가락을 펴면 밴드가 위쪽 손가락으로 날아간다.

"밴드가 다시 위로 날아갑니다."

손의 양쪽을 모두 보여준다.

"좀 바보 같은 설명이지만 어쨌든 훌륭한 마술이죠."

손에서 밴드를 뺀다.

끈에 걸린 반지
Metal Ring On A String

★ 이펙트

직경 2.3cm의 반지를 관객에게 주고 잘 살펴보게 한다. 약 76cm의 끈도 관객에게 살펴보라고 한다. 그런 다음 관객이 끈에 반지를 끼우고 끈의 양쪽 끝을 잡는다. 마술사가 손수건으로 반지를 덮은 후 잠시 후 걷어낸다. 그리고 관객이 붙잡고 있는 끈에서 마술사가 반지를 빼낸다.

★ 준비물

1. 직경 2.5cm 정도의 금속 반지 두 개
2. 약 76cm의 줄(string) 또는 끈(cord)

★ 해법과 대사

준비

오른쪽 바지주머니나 가슴주머니에 손수건과 함께 반지를 넣어둔다. 또 다른 주머니에는 반지와 끈을 넣는다.

시연

주머니에서 끈과 반지를 꺼낸다(끈은 관객에게 빌려도 된다).

"여기 있는 끈과 반지로 아주 신기한 마술을 보여드리겠습니다. 그 전에 이 반지를 한번 살펴보세요. 보면 아시겠지만 아주 단단하고 평범한 반지입니다."

관객에게 반지를 준다.

"만약 제가 따로 손을 써두었다면 이렇게 자신 있게 보여드리지도 못하겠죠. 이 줄도 자세히 보십시오."

관객에게 줄을 준다.

"반지에 아무런 이상도 없죠?"

이렇게 말하면서 손에 반지를 끼워본다.

"반지에 구멍이 없으면 반지가 아니죠. 자, 끈에 반지를 끼워주세요."
"양끝을 잘 잡으세요. 절대 놓치면 안 됩니다!"

끈의 양끝을 관객에게 준다. 관객이 든 끈에 반지가 매달려 있다.

Tarbell course in Magic

"반지가 끈에 매달려서 흔들립니다."

이렇게 말하면서 주머니에 오른손을 넣는다. **레슨** 4에서 원형 유리판을 핑거 팜 한 것처럼 주머니 안에서 반지를 핑거 팜 한다.

그와 동시에 주머니에서 손수건을 꺼낸다. 당연히 관객에게는 주머니에서 손수건 만 꺼낸 것처럼 보인다. 미리 하나 더 준비해놓은 반지를 오른손에 감추었다는 사실 은 전혀 알지 못한다. 다음의 그림에서 여분의 반지는 B, 관객에게 보이는 반지는 A 로 표시되어 있다. 앞으로 두 반지의 위치가 바뀌므로 그림을 유심히 살펴야 한다. 나중에는 A를 감추고 B는 관객에게 보이게 된다.

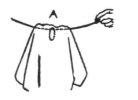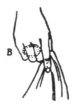

"혹시 '울트라 변신법' 이라고 들어보셨습니까? 아마 못 들어보셨을 겁니다. 제가 지어낸 말이거든요. 눈에 보이지 않는 투명한 옷에 물체를 넣어서 눈에 보이게도 하고 보이지 않 게도 만드는 것을 뜻하죠. 옷 대신 이 손수건을 사용해서 한번 보여드리겠습니다."

손수건으로 끈에 걸린 반지를 덮는다.

"물론 이 손수건은 투명하지 않습니다. 눈에 보이니까요. 하지만 이 손수건으로는 어떤 물 체든지 보이지 않게 만들 수 있습니다."

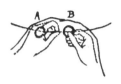

손수건 안에 양손을 넣는다. 왼손으로는 끈에 걸린 반지 A를 감싼 후 가운데에서 왼쪽으로 떼어놓는다. 대신 오른손에 든 반지 B를 그 위에 놓는다. 끈을 들고 있는 관객에게 말한다.

"약간 느슨하게 잡아보세요. 네, 좋습니다."

이제 반지 B를 끈에 끼운다. 방법은 다음의 그림에 나와 있다. 왼손 엄지손가락과 집게손가락 사이에 반지를 놓는다. 오른손을 이용해 반지와 상단 가장자리로 끈을 가져온다. 끈을 팽팽하게 잡아당기면 반지가 고리에 고정된다.

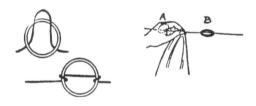

반지 A를 감싼 왼손으로는 반지 B에서 약 10cm 떨어진 지점에서 끈을 잡고 팽팽하게 잡아당긴다.

오른손으로 손수건을 들어 왼손 엄지손가락과 집게손가락 사이에 놓는다. 다른 손가락은 끈 위로 오므려서 반지 A를 감춘다.

"처음에는 그냥 손수건을 이용해 '울트라 변신법'의 원리를 보여드리려고 했는데요. 지금 생각해보니 무슨 일이 벌어졌는지 직접 보여드리면 더 좋을 것 같네요. 하지만 기억하세요. 울트라 변신법의 원리는 '보면 볼수록 아리송해진다' 입니다."

반지 B가 줄에서 떨어지지 않도록 오른손 엄지손가락과 집게손가락으로 잘 잡는다. 그런 다음 끈을 들고 있는 관객에게 말한다.

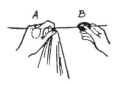

　　"자, 이제 끈 아래의 고리에서 반지가 빠져나올 거예요. 한번 보세요. 끈은 제가 들고 있겠
　　습니다."

　관객이 왼쪽 끈을 놓고 반지 B를 빼는 순간 당신은 반지 A가 감춰진 왼손을 끈 왼
쪽 끝으로 움직인다.
　관객이 반지를 빼면 왼쪽 주머니에 반지와 손수건을 집어넣는다.
　반지를 들어 모두에게 보여준다.

　　"다시 살펴보시죠."

관객에게 반지를 준다.

　　"자세히 보시면 처음 상태와 똑같습니다. 이것이 바로 '울트라 변신법'의 묘미입니다. 아
　　무런 흔적도 남기지 않는 거죠."

　관객 한 명에게 끈을 잡으라고 하고 간단하게 이 마술을 시연할 수 있다. 완전히 능
숙하게 익혔다면 관객 두 명에게 끈을 한 쪽씩 붙잡으라고 해도 된다.

세 개의 종이 고리
The Patriotic Rings and String

★ 이펙트

빨간색과 흰색, 파란색 종이 고리 세 개와 약 75cm 길이의 줄(string)이나 끈(cord)을 준비한 후 관객에게 살펴보라고 한다. 줄에 고리를 끼우고 관객 두 명에게 줄을 잡으라고 한다. 마술사가 손수건으로 줄을 가린 채 관객에게 고리 색깔을 고르라고 한다. 예를 들어 관객이 '빨간색'을 고르면 마술사가 손수건 밑에 손을 넣어 줄을 끊지 않은 상태로 빨간색 고리를 뺀다. 줄에는 흰색과 파란색 고리가 남는다. 관객이 어떤 색깔을 골라도 자유롭게 빼낸다.

★ 준비물

1. 빨간색 고리 두 개
2. 흰색 고리 두 개
3. 파란색 고리 두 개
4. 약 75cm 길이의 줄 또는 끈
5. 손수건

★ 해법과 대사

준비

오른쪽 바지주머니에 빨간색, 흰색, 파란색 고리를 하나씩 넣어둔다. 이 순서대로 잘 넣어야 한다. 그 주머니에 손수건도 넣는다.

나머지 고리 세 개는 조끼주머니에 넣는다. 줄은 미리 준비하거나 관객에게 빌려서 사용한다.

시연

조끼주머니에서 고리 세 개를 꺼낸다. 관객에게 줄과 고리를 보여준다.

"저를 도와주실 분이 두 분 필요합니다."

관객 두 명을 무대로 부른다. 한 명은 앞에서 약간 왼쪽에, 다른 한 명은 앞에서 약간 오른쪽에 세운다.

"자, 여기 종이 고리 세 개가 있습니다. 빨간색, 흰색, 파란색입니다."

하나씩 보여주고 왼쪽에 있는 관객에게 말한다.

"한번 자세히 살펴보세요."

오른쪽에 있는 관객에게는 이렇게 말한다.

"줄을 살펴보세요."

관객이 줄을 다 살피면 이렇게 말한다.

"줄의 한 쪽 끝을 잡고 한 쪽은 저분에게 주세요. 이분(왼쪽에 있는 관객)에게 고리 세 개를 줄에 끼우라고 할 겁니다. 네, 됐어요. 감사합니다. 이제 한 쪽 끝을 잡으세요."

관객을 향해 말한다.

"자, 보시는 것처럼 아무 이상 없는 빨간색, 흰색, 파란색 고리가 줄에 걸려 있습니다. 두 분께서 이렇게 한 쪽씩 줄을 붙잡고 계십니다. 줄이 떨어지지 않게 꼭 잡으세요. 이러고 보니까 꼭 옛날 엽전 걸어놓은 모습 같네요."

이렇게 말하면서 세 고리의 간격을 각각 1.5cm 정도 떨어뜨린다. 그런 다음 오른

쪽 바지주머니에 손을 넣어 세 개의 고리를 핑거 팜 한다. 고리가 어떤 색깔 순서대로 놓였는지 알아야 한다. 그와 동시에 주머니에서 손수건을 꺼낸다. 앞에서처럼 관객은 단순히 당신이 주머니에서 손수건을 꺼냈다고 생각할 뿐 오른손에 여분의 고리를 감추었다고는 생각하지 않는다.

"이 손수건으로 잠깐 고리를 가리겠습니다."

손수건으로 고리를 가리고 오른손의 일부가 그 안에 들어가도록 한다. 오른손으로 계속 손수건을 잡아 핑거 팜 한 고리를 가린다.

"이 고리들은 아주 예민합니다. 얼마나 예민하냐고요? 누가 부르기만 해도 곧바로 반응합니다. 큰 소리로 말을 걸면 놀라서 도망가더군요. 누가 고리의 색깔을 불러주시겠습니까? 빨간색, 흰색, 파란색 아무거나 좋습니다. 마음대로 고르세요. 빨간색이요? 좋아요, 그럼 빨간색으로 하지요."

양손 모두 손수건 아래에 넣은 상태로 빨간색 고리로 손을 가져간다. 왼손으로 조용히 신속하게 고리를 찢어 줄에서 뺀다.

찢어진 고리

오른손에 있는 또 다른 빨간색 고리를 왼손으로 옮기고 찢어진 고리는 오른손에 놓는다. 오른손에 고리를 숨길 때 빨간색이 가장 위에 있어야 한다.

이제 오른손에는 두 개의 멀쩡한 고리(흰색과 파란색)와 찢어진 빨간색 고리가 남는다. 멀쩡한 빨간색 고리는 왼손에 있다.

손수건 밖으로 왼손을 빼서 빨간색 고리를 높이 든다. 그와 동시에 세 개의 고리를 숨긴 오른손으로는 손수건을 치운다.

"제가 말씀드렸죠? 큰 소리로 부르면 고리가 도망간다고요. 하지만 제가 도망가지 못하도록 이렇게 꽉 잡았습니다. 흰색과 파란색 고리는 계속 줄에 걸려 있습니다."

이렇게 말하면서 주머니에 손수건을 집어넣고 고리도 함께 넣는다.

왼쪽에 있는 관객에게 빨간색 고리를 보여준다.

"고리가 처음처럼 멀쩡한지 잘 보십시오. 한 가지 부탁 좀 드리겠습니다…"

두 명의 관객에게서 고리 두 개가 걸려 있는 줄을 받아든다. 왼손과 오른손으로 들어 고리가 줄에 매달려 있도록 한다.

"빨간색 고리가 멀쩡한 채 줄을 탈출했다는 사실은 아무에게도 말하지 마세요."

관객이 흰색이나 파란색 고리를 선택하는 경우에도 위와 똑같이 하면 된다. 빨간색이 아니라 흰색이나 파란색 고리를 찢은 후 그와 똑같은 색깔의 고리를 오른손에서 왼손으로 옮기면 된다.

셀로판 종이에서 시가 밴드 빼기
The Penetrative Cigar Band

이것은 러스 왈시(Russ Walsh)가 고안한 새로운 버전이다. 즉석에서 간편하게 시연할 수 있으며 효과도 뛰어나다.

★ 이펙트

마술사가 주머니에서 시가를 꺼낸다. 그리고 셀로판 종이를 꺼내 밧줄 모양으로 감는다. 시가 밴드(cigar band, 시가의 입에 무는 쪽에 감겨져 있는 종이로 된 링. 원래 시가의 캡 부분을 보호하기 위한 목적으로 사용했으나 지금은 제조업체의 상표를 나타내기 위해서 붙임—옮긴이)를 떼어낸다. 관객에게 셀로판 종이에 밴드를 끼우고 셀로판 종이 양끝을 잡으라고 한다. 마술사가 주머니에서 손수건을 꺼내 시가 밴드와 셀로판 종이를 덮은 후 멀쩡하게 밴드를 꺼낸다. 관객에게 시가 밴드와 셀로판 종이를 살펴보라고 한다.

★ 준비물

1. 셀로판 종이로 감싼 시가
2. 똑같은 시가 밴드 한 개 더. 오른쪽 바지주머니에 손수건과 함께 넣어둔다.

★ 해법

시가에서 셀로판 종이를 벗겨 밧줄 모양으로 꼬아서 만다(**그림 1**).

그림 1

그림 2

관객에게 그것을 들라고 한다.

부서지지 않도록 조심하면서 시가의 포장지를 벗긴다. 관객에게 그것을 주고 셀로판 종이에 걸라고 한다(**그림 2**). 양손으로 셀로판 종이의 끝을 들고 있으라고 한다.

오른쪽 바지주머니에서 손수건을 꺼내면서 똑같은 담배 포장지를 핑거 팜 해서 꺼낸다.

손수건으로 시가 밴드와 셀로판 종이를 덮는다. 손수건 안에 손을 넣고 셀로판 종이에 걸린 원래의 시가 밴드를 찢어서 잡는다. 똑같은 밴드는 왼손 엄지손가락과 나머지 손가락 끝에 놓고 찢어진 밴드는 오른손에 핑거 팜 한다. 오른손으로 손수건을 치운 후 왼손의 밴드를 보여준다. 셀로판에 걸려 있던 밴드가 찢어지지 않은 채 손으로 옮겨왔다고 말한다.

손수건과 찢어진 밴드는 오른쪽 바지주머니에 넣는다. 관객에게 시가 밴드를 주고 살펴보라고 한다.

실에 걸린 고리 사라지게 하기
The Vanishing Ring On String

이 마술은 앞에서 소개한 두 개의 마술 중 하나를 선보인 후에 하면 좋다. 줄만 있으면 된다.

★ **이펙트**

줄 가운데에 고리 모양의 매듭을 하나 만든다. 줄의 끝을 같이 4~5번 묶는다. 이렇게 하면 전체적으로 기다란 매듭이 만들어진다. 관객 한 명에게 끝매듭을 풀지 않고 고리를 꺼내보라고 말한다. 관객이 실패하면 마술사가 양손으로 줄을 잡은 후 관객에게 손수건으로 자신의 손을 가리라고 한다.

마술사가 손을 빼자 줄에서 고리가 사라지고 없다.

★ 준비물

1. 줄(이번 과정의 다른 마술에서 사용한 줄)
2. 빌린 손수건

★ 해법과 대사

줄을 잡는다.

> "고리가 줄에서 감쪽같이 빠져나오는 모습 잘 보셨죠? 이번에도 비슷한 마술을 보여드리
> 겠습니다. 줄에 고리 모양의 매듭을 만들겠습니다."

줄 가운데에 매듭을 묶어 고리 모양을 만든다.

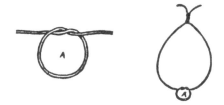

> "관객 두 분에게 줄 끝을 잡으라고 하지 않고 끝을 이렇게 묶겠습니다."

실 끝을 5~6번 정도 묶는다.

> "탈출 마술의 달인 후디니라도 이 매듭은 못 빠져나오겠죠? 매듭을 풀지 않고 고리를 뺄
> 수 있는 분 계십니까?"

관객에게 줄을 준다. 관객이 고리를 빼는 데 실패하면 다시 줄을 가져온다.

> "제가 말씀드린 대로 탈출 마술의 달인 후디니라도 이 매듭은 빠져나오지 못할 거예요. 손
> 수건 좀 잠시 빌려주시겠습니까? 손수건으로 줄과 제 손을 덮으세요. 손수건을 잠깐만 그
> 렇게 들고 계세요."

관객석에서 당신과 손수건이 잘 보이도록 도우미 관객은 당신의 옆에 서야 한다.

Tarbell course in Magic

손이 손수건에 가려지면 손가락으로 고리를 잡고 옆으로 크게 늘린다. 끝매듭으로 사라질 때까지 넓힌다.

   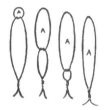

이렇게 하나의 매듭을 반대쪽 매듭에 묶기만 하면 감쪽같이 고리가 사라진다.

간단하다! 물론 간단하다는 것이 이 마술의 묘미이다. 이렇게 해서 고리가 사라졌다. 손수건 아래에서 줄을 꺼내 옆에 있는 도우미 관객과 관객석에 보여준다. 줄의 한쪽 끝을 들어 고리가 사라졌음을 확실히 보여준다.

"자, 보세요. 고리가 감쪽같이 사라졌습니다. 마술의 신비는 정말 끝도 없는 것 같습니다."

켈라의 끈 마술
Kellar's Cut And Restored Cord

해리 켈라(Harry Kellar)는 훌륭한 마술사였다. 그의 실력은 가히 세계 최고 수준이었다. 특히 끈을 이용한 그의 마술은 마술사들까지도 깜짝 놀라게 할 만큼 환상적이었다. 여기에서 한번 배워보자.

★ 이펙트
약 76cm의 갈색 끈을 관객에게 보여준 후 관객에게 반으로 자르라고 한다. 마술사가 분리된 두 개의 끈을 들고 정말로 끈이 잘라졌다는 사실을 보여준다. 그런 다음 두 끝을 잡고 한데 묶는다. 그러자 갑자기 끈이 원래의 멀쩡한 상태로 돌아간다.

★ 준비물

1. 튼튼한 갈색 끈. 철물점에서 쉽게 구입할 수 있다.
2. 마술용 왁스 혹은 고약. 손가락으로 문질러 부드럽게 만든다.
3. 잘 드는 가위. 날이 뭉툭한 가위는 주머니에 넣어둔다.

★ 해법과 대사

준비

끈을 준비한다. 잘 드는 칼이나 가위로 양끝이 점점 가늘어져서 점으로 되게 자른다. 마술용 왁스를 조금 덜어서 양쪽 끝에 바른다. 이 작업이 제대로 되었는지 확인하려면 두 끝을 함께 잡은 후 굴려서 눌러 본다. 두 개가 잘 붙어서 하나처럼 보이면 작업이 잘 된 것이다. 이 작업을 제대로 하면 아무리 가까이 있는 관객이라도 이음매를 눈치 채지 못한다. 이제 양끝을 뗀 후 뾰족한 끝부분을 매만져서 잘 편다. 이제 모든 준비가 끝났다.

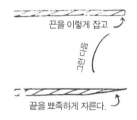

끈을 이렇게 잡고

그런다음

끝을 뾰족하게 자른다.

다른 마술과 마찬가지로 이 마술의 원리도 매우 간단하다.

관객에게 끈을 보여준다. 가위를 가져와 관객에게 준다.

"지금부터 예전에 위대한 마술사 해리 켈라가 선보였던 환상적인 마술을 보여드리겠습니다. 여러분도 아시다시피 켈라는 당대의 가장 뛰어난 마술사였죠. 들리는 말에 의하면 켈라는 인도의 길거리에서 힌두교 주술사가 관광객들에게 실을 이용해 신기한 마술을 보여주는 모습에서 이 마술의 힌트를 얻었다는군요. 어찌되었거나 켈라의 멋진 마술을 이 자리에서 보여드리게 되어 정말 기쁩니다."

양손으로 끈을 잡고 올린다.

"켈라는 제가 준비한 이 끈처럼 평범한 끈을 사용했습니다. 즉석에서 소포의 포장끈을 잘라 사용하기도 했죠. 자, 가위로 끈 가운데를 잘라주세요."

관객 한 명이 끈을 반으로 자른다. 양손의 간격을 떨어뜨려 끈이 확실히 잘라졌음을 보여준다.

"잘 보세요. 선생님, 정말 싹둑 잘라졌죠?"

도우미 관객을 쳐다보면서 끈을 거꾸로 든다. 아래에 있던 왁스 바른 끝이 위로 향한다.

"여러분께서도 잘 보십시오. 끈이 확실히 잘라졌습니다. 자, 잘 보세요."

왁스 바른 두 개의 끝을 포갠 후 왼손 집게손가락과 가운뎃손가락 사이로 잡는다.

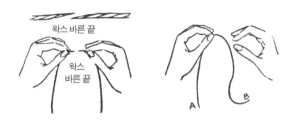

왁스 바른 양끝을 함께 누른 후 왼손 집게손가락과 가운뎃손가락 사이로 약간 굴린다. 이렇게 하면 두 끈의 이음매가 나머지 부분의 지름과 똑같아진다.

위의 동작이 이루어지는 동안 관객의 시선이 왼손으로 향하지 않도록 하기 위해 A끝을 끈 가운데로 올려 고리 안에 넣는다.

A 끝을 집어넣었다 빼면 끈 안에 고리 모양이 생긴다.

"켈라는 한 쪽 끝을 위로 올렸다가 내린 다음 이렇게 집어넣어서 고리를 만들었죠. 그런 다음 다시 고리 안으로 끝을 밀어서 매듭을 풀었죠."

오른손으로 A 끝을 잡고 다시 고리 안으로 밀어 넣는다. 이렇게 하면 당연히 매듭이 풀어진다.

그림과 같이 오른손으로 A를 잡는다.

"이렇게 하면 끈이 처음처럼 멀쩡하게 하나로 돌아옵니다."

왼손을 떼서 끈이 오른손에 매달리도록 한다. 처음처럼 하나가 된 끈과 손바닥을 관객에게 보여준다. 이음매가 완벽하다면 정말로 끈이 다시 하나로 된 것처럼 보인다. 가까이에 있는 사람도 이음매를 눈치 채지 못한다.

"처음처럼 멀쩡하게 돌아왔습니다. 이제 이걸로 선물을 포장하면 되겠네요."

끈을 대충 말아서 주머니에 넣는다. 나는 주머니에 똑같은 끈을 하나 더 준비해놓을 때도 있다. 주머니에 끈을 넣으면서 새것과 바꿔치기 한다. 이렇게 새 끈을 꺼내서 '반지 통과 마술' 같은 이펙트에 사용한다. 하지만 관객은 새 끈이 아니라 방금 처음 상태로 돌려놓은 끈을 사용한다고 생각한다. 또는 나중에 호기심 많은 관객의 눈에 띄도록 일부러 주머니에서 멀쩡한 끈을 꺼내 아무데나 놓아두기도 한다. 관객은 끈이 정말 멀쩡하게 돌아온 것을 보고 깜짝 놀란다.

저메인의 코미디 버전 끈 마술
Comedy Version of Germain Cord Effect

★ 이펙트
이것은 또 다른 유명 마술사 칼 저메인(Karl Germain)이 선보인 유명한 방식이다. 켈라의 방식과 똑같지만 처음에 줄을 묶어 고리를 만든다는 점이 다르다. 고리 가운데를 자른 후 묶으면 신기하게도 줄이 원래 상태로 돌아온다.

준비
앞의 마술과 똑같은 끈을 준비한다. 양끝을 뾰족하게 만든 후 왁스를 바른다. 그런 다음 양끝을 함께 누른 후 굴려서 이음매가 표시나지 않도록 붙인다. 줄이 고리 모양으로 변한다.

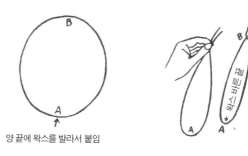

양 끝에 왁스를 발라서 붙임

왁신 바른 쪽이 반대쪽을 쉽게 구분하기
위해 이 부분을 돌려두어야 한다.

이제 약 12~15cm 길이의 똑같은 끈을 꺼낸다. 나중에 왁스 바른 쪽의 반대쪽을 쉽게 구분할 수 있도록 고리의 B 지점을 꼬집어 놓는다. B 지점에서 짧은 끈을 큰 고리에 건다. 엄지손가락과 나머지 손가락들로 고리와 짧은 끈을 함께 잡으면 관객에게는 끝이 잘린 끈이 손가락 사이에서 튀어나온 것처럼 보인다. 이렇게 고리에 짧은 끈을 끼워서 준비하고 잘 보이지 않는 곳에 미리 놓아둔다(그림에서처럼 왼손으로 잡아서 든다).

★ 해법과 대사

"지금부터 직선과 동그라미의 특별한 관계에 대해서 설명해드리겠습니다. 우선 동그라미가 필요합니다. 혹시 주머니에 동그라미 가지고 계신 분 있나요? 없나요? 그럼 노끈을 묶어서 동그라미를 만들어야겠군요."

끈의 양끝을 묶는다. 위의 그림대로 하면 매우 쉽다. 이렇게 매듭을 묶는 방법은 이 과정의 나중에 가서도 유용하게 활용할 수 있다.

매듭을 묶은 후 관객에게 고리를 보여준다. 관객에게는 평범한 끈으로 만든 고리처럼 보인다.

"자, 동그라미가 만들어졌습니다."

손가락으로 동그라미의 모양을 매만진 후 높이 들어서 보여준다.

"허공에 대고 만들어서 그런지 별로 예쁜 동그라미는 아니군요. 여러분도 아시다시피 이렇게 동그랗게 모양만 잡았을 뿐이지 이 끈은 직선입니다. 꼭지부분이 잘렸긴 하지만요."

끈의 끝을 가리켜서 꼭지부분을 보여준다.

"어쨌든 계속 설명하죠."

가위를 든다.

"동그라미를 자르겠습니다."

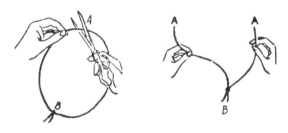

끈을 들고 왁스가 묻어 있는 부분을 자른다. 당연히 한 쪽 끝이 아래로 떨어진다.

"잘 보세요. 동그라미가 사라졌습니다."

양쪽 끝을 잡는다. 한 쪽을 다른 쪽보다 약 1cm 정도 높이 든다.

"아이쿠, 이것 좀 보세요. 양쪽 길이가 다르게 잘랐네요."

위에 있는 쪽을 조금 자르고 아래에 있는 쪽도 조금 잘라서 양쪽 길이를 똑같게 만든다.

이것은 관객에게는 단순히 길이를 맞추려는 행동처럼 보이지만 사실은 증거를 없애기 위한 것이다. 왁스 묻은 부분을 잘라낸다.

끈의 양쪽 간격이 약 30cm 정도 떨어지게 해서 잡는다.

　　"이제 좀 비슷해졌네요."

끈을 당겨서 반듯하게 편다.

　　"자, 다시 직선이 됐습니다. 이 꼭지 부분만 없으면 직선이죠."

고개로 끈 가운데에 있는 매듭을 가리킨다.

　　"이제 다시 양끝을 묶겠습니다."

양끝을 묶는다.

　　"또 동그라미가 만들어졌습니다."

고리의 양쪽에 생긴 매듭을 관객에게 보여준다.

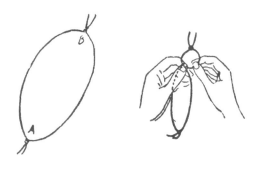

　　"꼭지를 없애고 제대로 모양만 잡아주면 완벽한 동그라미가 되겠죠. 보시다시피 꼭지가 두 쌍이나 생겼습니다."

그림과 같은 자세로 고리를 잡는다. 고리가 토끼처럼 보인다.

"꼭 토끼 같죠? 여기는 토끼 몸통, 토끼 머리, 토끼 귀… 하지만 이제 토끼가 사라집니다."

다시 커다란 고리 모양으로 돌아간다.

"이제 꼭지를 자르겠습니다."

가위를 잡는다. 다음의 그림처럼 왼손으로 B의 끝을 잡는다. 이 부분이 바로 짧은 끈을 묶어놓은 곳이다. 그 매듭을 자른다. 당연히 짧은 끈 조각과 함께 잘려나간다. 원한다면 두세 번에 걸쳐 매듭을 잘라도 된다. 끝에서 시작해 매듭을 향해 자른다.

왼손 손가락으로 양끝을 잡은 것처럼 잡는다. 관객은 당신이 끈을 잘랐으며 양끝은 손가락에 가려져 있다고 생각할 것이다.

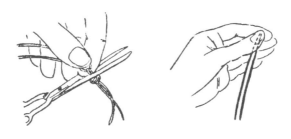

"양쪽 꼭지를 잘라도 여전히 두 개의 끝이 남는군요. 아까 노끈이 직선이었을 때와 똑같이 되었습니다. 끝을 묶으면 또 꼭지가 생기겠죠. 하지만 좋은 생각이 있습니다."

아래로 매달려 있는 매듭을 가리킨다.

"매듭은 두 개의 끝으로 만들어졌죠. 매듭 가운데에는 또 두 개의 끝이 생겼습니다. 왜 진작 몰랐을까요? 이렇게 중요한 사실을 몰랐다니! 가운데에 생긴 두 개의 끝이 끈을 하나로 이어줍니다. 둘이 뭐가 그렇게 좋은지 바짝 붙어 있네요. 얼레리 꼴레리~"

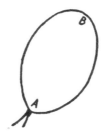

고리를 펼쳐서 끈이 하나로 연결되었음을 보여준다.

"둘이서 행복하게 살았는지 어쨌는지는 모르겠네요."

고리를 동그라미처럼 보이도록 든다.

"또다시 똑같은 문제로 돌아왔군요. 하지만 걱정할 필요는 없습니다. 매듭을 풀면 되니까요. 그러면 두 개의 끝이 생기고 끈을 반듯하게 펴면 됩니다. 두 끝의 거리는 직선일 때 가장 가깝다는 사실은 제가 이미 보여드렸습니다."

"거기 계신 분, 이 끈을 집에 가지고 가서 연구하세요."

즉석 끈 리스토어 마술
An Impromptu Cut and Restored Cord Effect

이것은 앞에서 소개한 두 가지 방법보다 더 일반적으로 사용되는 방법이다. 그 이유는 아무런 준비가 필요 없어 언제 어디에서든지 즉흥적으로 선보일 수 있기 때문이다. 끈에 미처 세팅을 해두지 못해서 평범한 끈밖에 없을 때 사용하면 좋은 방법이다.

★ 이펙트

관객이 칼이나 가위로 마술사가 들고 있는 줄이나 끈을 반으로 자른다. 마술사가 양쪽 끝을 하나로 묶는다. 갑자기 끈이 원래 상태로 돌아간다.

★ 준비물

1. 약 76cm 길이의 줄 또는 끈
2. 잘 드는 칼이나 가위

★ 해법과 대사

관객에게 끈과 양손을 보여준다. 다음 그림과 같은 자세로 양손으로 끈을 잡는다.

"어느 발명가가 종이로 끈을 만들었습니다. 실로 소포를 묶던 시절에는 집배원들이 이리저리 던지는 바람에 소포가 망가지는 일이 많았죠. 손해가 너무 심해서 뭔가 대책이 필요했습니다. 자, 그럼 지금부터 새로운 끈 사용법을 보여드리겠습니다."

오른손의 끈을 아래 그림과 같은 자세로 옮긴다.

 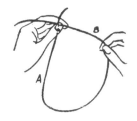

왼손 집게손가락 끝과 엄지손가락으로 끈을 잡는다. 손바닥이 관객을 향하게 한다. 손가락을 쫙 펴서 관객에게 실의 모양을 보여준다.

"일반적으로 끈은 가운데를 잡아서 끊죠. 끝을 끊는 경우는 거의 없죠. 가운데를 찾아야겠
군요. 당연히 중심부에 있겠죠?"

B 부분이 양손 사이에서 늘어난다. 위 그림에서 보듯 손에서 A 끝을 놓고 떨어뜨린
다. 관객에게 B가 끈의 가운데라는 사실이 잘 보인다.

A 끝을 오른손 엄지손가락과 집게손가락 사이로 올리는 과정을 되풀이한다. 이 동
작을 되풀이함으로써 관객은 끈 가운데가 정말로 당신의 양손 사이에 있다고 생각하
게 된다.

"자, 됐습니다. 굳이 재보지 않아도 되겠네요.
주머니칼로 끈 가운데를 잘라주시겠습니까?"

옆에 가위가 있으면 가위를 사용하라고 준다. 도우미 관객에게 이렇게 말하는 동
안 당신에게는 매우 중요한 할 일이 기다리고 있다. 앞으로 약 15cm 정도 떨어진 위
치에서 끈을 잡는다(그림을 주의 깊게 살펴본다).

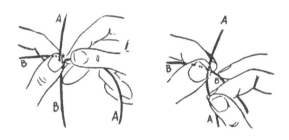

오른손 집게손가락 끝과 엄지손가락으로 A를 잡는다. 오른손 가운뎃손가락을 이
용해 B를 앞쪽으로 밀어내리고(관객을 향해) A는 위쪽으로 올린다. 다시 말해서 A와 B
의 위치를 뒤집으면 된다. 이때 양손 손가락을 서로 가까이 놓고 움직여야 한다.

이렇게 하면 왼손 엄지손가락과 집게손가락 사이의 끈에 꼬임이 생긴다. A와 B가
바뀌자마자 오른손은 A를 따라 움직여 왼손에서 10cm 떨어진 지점에서 멈춘다. 이 동
작을 하는 도중에 손이 앞을 향하게 한다. 따라서 관객에게는 당신이 오른손을 왼손
가까이 가져간 후 끈을 앞쪽으로 가져가면서 오른손을 왼손에서 뺀 것처럼 보인다.

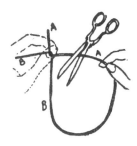

양손이 앞쪽에 있는 관객을 향하게 함으로써 관객에게 끈을 잘라달라고 신호를 보낸다.

"여기 가운데를 자르세요. 네, 거기요."

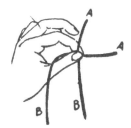

관객이 끈을 자른다. 오른손에 든 끈을 떨어뜨린다. 관객에게는 끈 가운데가 잘려 두 개의 짧은 끝이 왼손 손가락에서 삐져나오고 다른 두 개의 끝은 매달려 있는 것처럼 보인다.

관객은 당신이 끈을 반으로 잘랐다고 생각한다. 하지만 실제로는 끝에서 4~5인치 정도가 잘렸을 뿐이다. 당신의 왼손 손가락 위로 뻗은 양끝은 사실 관객이 자른 끈 조각의 끝이다. 이중 매듭을 AA에 묶는다.

"한 분께서는 여기를 잡으시고, 한 분께서는 여기를 잡으세요."

관객에게 끝을 하나씩 준다. 매듭은 끈의 가운데에 있다. 바로 옆에 있는 사람에게도 끈을 자른 후 양끝을 묶은 것처럼 보인다.

"이분께서 자르신 이 끈이 소포의 끊어진 포장끈이라고 생각하시면 됩니다. 제가 벌써 묶어 놨으니 집배원이 다시 묶지 않아도 되겠죠. 아니, 끈이 너무 빡빡해서 묶을 수도 없겠네요."

오른손으로 매듭을 가리고 주먹을 쥐어 감싼다. 그런 다음 왼손을 오른손 위로 가져간다. 손을 오른쪽으로 움직여 끈과 매듭을 움직인다. 왼손은 매듭이 있었던 곳에 대고 주먹을 쥔다. 이 모습은 관객에게 당신이 오른손으로 매듭을 가린 후 다시 마음을 바꿔 왼손으로 가린 것처럼 보인다. 오른쪽에서 끈을 잡은 관객에게 말한다.

매듭이 있어야 할 위치

"좀더 가운데 쪽으로 잡아주시겠습니까?"

관객이 좀더 가운데 쪽으로 끈을 잡으려고 할 때 끈이 떨어지지 않도록 당신이 오른손으로 잘 잡아야 한다. 이때 오른손으로 가린 채 매듭을 끈에서 뺄 수 있다. 매듭을 뺀 후 오른손을 잠깐 아래로 내린다.

"자, 두 분 모두 끈을 단단히 잡으세요. 이제 손수건을 꺼내겠습니다."

오른손으로 오른쪽 윗옷 주머니에서 손수건을 꺼내면서 그 안에 매듭을 떨어뜨린다. 재빨리 손을 뺀 후 다시 바지주머니에 넣고 손수건을 찾는 척한다.

"이런… 손수건으로 가린 다음에 어떻게 됐는지 보여드리려고 했는데 손수건이 없네요. 그래도 보여드릴 건 보여드려야겠죠? 어차피 손수건으로 가리면 잘 안 보이니까 없는 편이 더 나은지도 모르겠네요. 어쨌든 제가 새로 만든 끈을 보여드리겠습니다. 이 끈의 장점은 끊어져도 원래 상태로 되돌아온다는 것입니다. 처음의 멀쩡한 상태로요!"

끈에서 왼손을 뗀다. 물론 그곳에 있던 매듭은 주머니에 넣고 없다.

"두 분, 끈을 힘껏 잡아당겨보세요. 처음처럼 튼튼해졌나요? 정말 기막힌 발명품입니다."

★ 참고

또 다른 방법으로 매듭을 처리할 수도 있다. 바로 '저메인의 코미디 버전 끈 마술'에서처럼 조금씩 잘라서 없애는 방법이다.

관객에게 "제가 벌써 묶어놨으니 집배원이 다시 묶지 않아도 되겠죠. 아니, 끈이 너무 빡빡해서 묶을 수도 없겠네요"라고 말한 후 다음과 같이 말을 계속한다.

"매듭이 없어야 한다면 없애야겠죠. 여러분을 위해서 한번, 저를 위해서 한번, 또 저기 계신 아리따운 여성분을 위해서 또 한번 자르겠습니다."

마지막 문장을 말하면서 끈의 매듭을 자른다.

"이제 매듭은 없지만 끝부분은 이렇게 남았네요. 하지만 위대한 발명가가 있는 한 문제없습니다. 새롭게 발명한 이 끈은 끊어져도 처음으로 돌아가거든요. 각각의 끝이 제 짝을 찾아서 다시 처음부터 바짝 붙기 때문이죠. 떼려야 뗄 수 없는 연인들처럼요."

끈에서 왼손을 뗀다.

"두 분, 끈을 힘껏 잡아당겨보세요. 처음처럼 튼튼해졌나요? 정말 위대한 발명입니다."

즉석 끈 마술은 실이나 밧줄, 리본으로도 시연할 수 있다.

혹은 빨랫줄을 잘라서 이용해도 된다. 빨랫줄을 이용하면 훌륭한 무대효과를 낼 수 있다. 대사에는 빨래에 얽힌 경험담을 이용하면 된다.

Tarbell
Course in MAGIC

이번 레슨에서는 '컵스 앤드 볼즈' 등 공을 활용해 할 수 있는 다양한 마술에 대해 배워보겠다. 단순히 공을 이용하는 것에 그치는 것이 아니라 환상적인 손기술도 함께 배울 수 있는 마술이다.

Tarbell course in MAGIC

컵스 앤드 볼즈
The Cups and Balls

마술사가 아니라도 누구나 잘 알고 있을 컵스 앤드 볼즈 마술! 세 개의 컵 아래에서 공이 사라졌다 나타나기도 하고 뛰어오르기도 하는 컵스 앤드 볼즈는 굉장히 오래전부터 전해 내려오는 마술이다. 컵스 앤드 볼즈는 다양한 루틴을 연출할 수 있으며 기초만 탄탄히 다져놓으면 컵 아래의 공을 사라졌다 나타나게 하는 것에서 서커스의 골무 마술, 모자에 종이뭉치 통과하게 하기까지 다양하게 변형할 수 있다. 예전에는 컵스 앤드 볼즈를 중심으로 쇼를 구성하는 마술사들이 많았으며 그만큼 다양하고 환상적인 손기술을 선보였다. 이번 과정에서는 훨씬 간단하면서도 효과가 뛰어난 현대식 컵스 앤드 볼즈 마술을 배운다. 이 마술은 거실이나 클럽 등의 장소처럼 관객이 가까이 있을 때 선보이면 좋다.

★ 이펙트

관객에게 종이컵 세 개와 스펀지 고무로 만든 공 세 개를 보여준다. 하나의 컵 위에 하나의 공을 올려놓고 다른 컵으로 가리자 갑자기 그 공이 첫 번째 컵 아래에서 나타난다. 똑같은 과정을 반복하자 두 번째 공도 첫 번째 컵 아래에서 나타난다. 손에 든 세 번째 공은 갑자기 사라져 다른 두 개의 공과 함께 컵 안에서 나타난다. 세 개의 공이 계속 사라졌다 나타났다 한다. 마침내 세 개의 컵을 들자 각각의 컵에 감자와 양파, 레몬이 들어 있다.

★ 준비물

1. 종이컵 세 개. 일반적으로 높이 약 9.5cm, 맨 윗부분의 지름 약 7cm. 컵은 직선으로 곧게 뻗어 있으며 밑바닥이 약 0.8cm 정도 도드라져 있다. 가까운 슈퍼마켓 어디에서나 쉽게 구입할 수 있다(**그림 1**).

그림 1

그림 2

2. 약국이나 상점에서 고무로 된 빨간색 목욕 스펀지(bath sponge)를 구입한다. 가위로 잘라 지름 2.2~2.5cm의 고무공 네 개를 만든다(**그림 2**).

3. 감자, 양파, 레몬 또는 라임

★ **해법과 대사**

준비

거꾸로 세운 종이컵에 고무공 한 개를 올려놓는다(**그림 3**). 첫 번째 컵 위에 또 하나의 컵을 포개어놓는다(**그림 4**). 그 위에 세 번째 컵도 올린다(**그림 5**).

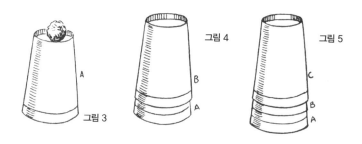

그림 4

그림 5

그림 3

오른쪽 윗옷 주머니에 조그만 감자와 양파, 레몬을 넣어둔다.

시연

컵스 앤드 볼즈 마술은 "자, 됐습니다"라든가 "여기 있습니다"와 같은 간단한 대사로 이루어지므로 여기에서는 따로 설명하지 않는다. 마술을 선보이면서 자연스럽게 대사를 구사할 수 있을 것이다.

테이블에 고무공 세 개를 올려놓는다. 거꾸로 포개어 놓은 컵 세 개를 보여준다.

그림 6처럼 오른손으로 컵을 들어올린다. 첫 번째 컵을 빼서 테이블에 거꾸로 놓는다. 이 동작은 관객이 두 번째 컵에 든 고무공을 보지 못하도록 매우 재빠르게 이루어져야 한다. 두 번째 컵도 뺀다.

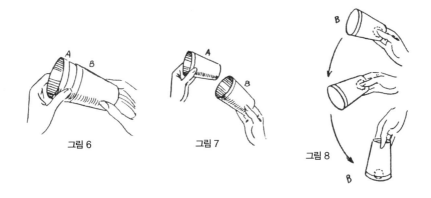

그림 6   그림 7   그림 8

두 번째 컵은 공이 떨어지지 않도록 약간 기울여 든 상태에서 왼손으로 뺀다(**그림 7**).

테이블에 두 번째 컵을 내려놓는다. 고무공이 컵 아래에 오도록 재빠르게 움직여야 한다(**그림 8**).

테이블에 세 번째 컵도 내려놓는다. 컵 안에 아무것도 들어 있지 않은 것처럼 자연스럽게 움직이면 관객이 의심하지 않을 것이다.

컵 B에 고무공 한 개를 올리고 컵 A로 덮는다. 이렇게 하면 맨 아래에 있는 컵 아래와 두 컵 사이에 모두 두 개의 공이 놓이게 된다(**그림 9**와 **그림 10**).

그림 9   그림 10

두 개의 컵을 들어서 공이 컵 B를 통과했음을 확실히 보여준다(**그림 11**).

그림 11   그림 12

컵 A에서 컵 B를 뺀다. 그런 다음 테이블에 있는 첫 번째 고무공 위에 올려놓는다. 이렇게 하면 컵 A 아래에 모두 두 개의 고무공이 있게 된다. 하지만 관객은 한 개밖에 없다고 생각한다(**그림 12**).

컵 A 위에 고무공 하나를 올리고 컵 B로 덮는다. 두 컵을 들어 그 공도 맨 아래에 있는 컵으로 통과했음을 보여준다. 컵 아래에 두 개의 고무공이 있기 때문이다.

컵 B에서 컵 A를 뺀 후 컵 B를 테이블에 있는 두 개의 고무공에 올려놓는다. 이제 컵 B 아래에 고무공 세 개가 있다. 하지만 관객은 두 개라고 생각한다.

오른손으로 테이블에 남은 공 한 개를 들어 손바닥에 올려놓는다. 그런 다음 왼손을 오른손 위로 가져온다(**그림 13**).

그림 13   그림 14

왼손에 공을 놓는 척하면서 오른손에 핑거 팜 한다(**그림 14**).

정말로 고무공을 잡는 것처럼 왼손을 오므려서 뺀다. **그림 15**는 당신에게 보이는 모습이다.

왼손으로 공을 컵 B 위로 던지는 척하고 손을 펼쳐서 공이 없음을 보여준다. 컵 B를 들어 그 아래에 있는 세 개의 공을 보여준다(**그림 16**).

공 두 개를
하나처럼 든다.

그림 16

그림 15

그림 17

오른손으로 고무공 한 개를 들어 이미 핑거 팜 되어 있는 공으로 가져간다. 두 개의 공을 함께 꽉 눌러 왼손 엄지손가락과 집게손가락 사이로 마치 하나처럼 잡는다(**그림 17**).

고무를 꽉 눌러서 공 한 개의 크기처럼 만든다. 이렇게 하면 두 개의 공이 마치 한 개처럼 보인다. 하나로 합쳐진 공을 오른손에 놓으면서 "하나!"라고 외친다.

또 다른 공을 집어 왼손 집게손가락과 가운뎃손가락 사이에 놓으면서 "둘!"이라고 외친다.

테이블에 남은 공을 들어 왼손 가운뎃손가락과 넷째 손가락 사이에 놓으며 "셋!"이라고 외친다.

그림 18은 왼손에 배치된 공의 모습이다.

그림 19

그림 18

하나로 만든 공

이제 공 E를 테이블에 내려놓는다. 왼쪽으로 약간 떨어진 곳에 D를 놓는다. 그런 다음 컵으로 덮는다.

세 번째 공을 잡는다. 관객에게 잘 보이지 않도록 컵을 약간 기울인 채 공을 컵 아래에 넣는다. **그림 19**는 관객에게 보이지 않는 쪽이다.

테이블에 세 개의 컵이 나란히 놓여 있다. 왼손과 오른손으로 컵 B와 C를 잡고 **그**

림 20처럼 비스듬하게 약간 뒤쪽으로 민다.

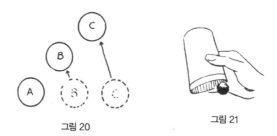

그림 20   그림 21

이때 컵 B는 테이블 위로 들지 말고 컵 C의 뒤쪽 가장자리를 약간 들어 고무공이 빠져나오게 한 후 오른손 넷째 손가락과 새끼손가락 안에 핑거 팜 한다. 컵을 약간만 들어 올리면 테이블 위에 있는 공이 쉽게 손가락 안으로 들어온다(**그림 21**).

재빨리 동작을 끝마친 후 컵을 테이블에 바짝 붙인 채 마저 뒤로 옮긴다. 관객에게는 단순히 컵만 옮긴 것처럼 보인다.

"세 개의 컵 아래에 공이 하나씩 있습니다"라고 말한 후 공을 보여준다.

왼손으로 컵 B를 들어 여전히 아래에 있는 공을 보여준다. 컵을 오른손으로 옮긴다. 이때 손바닥으로 컵 윗부분을 잘 감싸서 핑거 팜 된 공을 컵 안으로 떨어뜨린다(**그림 22**).

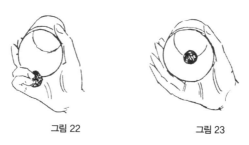

그림 22   그림 23

그림 23은 당신에게 보이는 모습으로 컵 안에 공을 넣는 모습이다. 관객의 시선은 당신의 미스디렉션에 따라 테이블에 놓인 공에 쏠리므로 오른손의 움직임을 눈치 채지 못한다.

다시 컵 B를 공 위에 올려놓는다. 이제 컵 B 아래에는 공이 두 개 있다.

컵 C를 들어 공이 사라졌음을 보여준다. 컵 A를 들어 두 개의 공을 보여준다. 컵 B

에 있던 공이 컵 A로 이동했다. 공 한 개를 들어 왼손에 놓고(실제로는 오른손에 핑거 팜 한다) 왼손에 든 공을 컵 B 안에 떨어뜨리는 척한다. 컵 B를 들어 그 안에 있는 두 개의 공을 보여준다.

공을 모두 잡고 그중 하나는 오른손에 핑거 팜 된 공과 함께 놓는다. 오른손 엄지손가락과 집게손가락 사이로 두 개의 공을 하나처럼 든다(**그림 17** 참조). 나머지 공 두 개는 **그림 18**처럼 손가락 사이에 놓는다.

이제 공 E를 테이블 왼편에 놓고 컵으로 덮는다. 조금 떨어진 곳에 D를 놓고 역시 컵으로 덮는다. C를 세 번째 컵 아래에 놓을 때는 공을 하나만 놓고 재빨리 오른손을 오른쪽 윗옷 주머니에 가져간다. 주머니에 든 감자를 핑거 팜 해서 꺼낸다.

관객은 갑자기 당신이 주머니에 손을 넣는 모습을 보고 세 번째 공을 컵 아래에 놓지 않았다고 의심할 것이다. 따라서 주머니에서 손을 꺼낸 후 왼손으로 컵 C를 들어 공이 들어 있다는 사실을 확인시켜준다.

오른손으로 컵을 옮겨 곧바로 컵 윗부분에서 감자가 나오게 한다(**그림 24**).

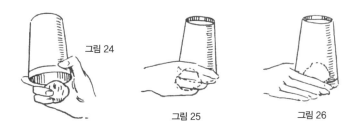

그림 24

그림 25

그림 26

왼손으로 테이블에 놓인 공을 집는다. 그와 동시에 오른손으로 테이블에 다시 컵을 놓는다(**그림 25**).

이렇게 하면서 컵의 뒤쪽 가장자리를 약간 위로 기울여 컵 아래에 감자를 넣는다. 컵을 테이블에 똑바로 내려놓고 양손도 테이블에 평평하게 올려놓는다. 이렇게 하면 손에 아무것도 숨기지 않았음을 보여줄 수 있다(**그림 26**).

"저는 여러분 몰래 주머니에 뭘 넣지 않습니다.
지금은 여러분의 허락을 얻어 주머니에 이 공을 넣겠습니다."

왼손의 공을 오른손으로 잡아서 오른쪽 윗옷 주머니에 넣으면서 미리 넣어둔 양파를 핑거 팜 해서 꺼낸다. 왼손으로 가운데에 있는 컵을 들어 그 아래의 공을 보여준다. 오른손에 컵을 놓고 그 안에 양파를 넣을 준비를 한다. 왼손으로 테이블에 있는 공을 잡고 테이블에 컵을 내려놓을 때 몰래 양파를 넣는다(감자를 숨긴 방법과 똑같이).

그런 다음 이렇게 말한다.

"이 공도 주머니에 넣겠습니다."

오른쪽 윗옷 주머니에 공을 넣고 레몬을 핑거 팜 해서 꺼낸다. 왼손으로 컵 A를 들어 공을 보여준다. 오른손으로 테이블에 컵을 놓고 레몬을 넣을 준비를 한다. 왼손으로 테이블에서 공을 잡은 후 테이블에 컵을 내려놓으면서 핑거 팜 되어 있는 레몬을 그 아래에 넣는다.

관객에게 이렇게 말한다.

"이제 마지막 남은 공을 주머니에 넣겠습니다."

주머니에 공을 넣으면서 "아니, 다시 꺼내서…"라고 말한다.

주머니에 넣으려던 공을 꺼내 관객에게 보여준다. 왼손으로 공을 잡고 컵 A로 던져 넣는 척한다. 공은 오른손에 핑거 팜 되어 있다.

"컵에 던지고 다른 공도…"

다시 오른쪽 주머니에 손을 넣고 아까 그 공을 꺼낸다. 왼손에 숨기고 가운데 컵으로 던지는 척한다. 세 번째로 주머니에 손을 넣은 후 또 똑같은 공을 꺼낸다.

"또 다른 공도 던지면…"

왼손에 공을 숨기고 컵 C에 던지는 척한다.

이제 왼쪽에 놓인 컵 A를 들고 약간 옆으로 옮겨 그 안에 든 감자를 보여준다. 가운데 컵 B를 들어 양파를 보여준다.

"이렇게 되는 거지요"라고 말하며 세 번째 컵 C를 들어 레몬을 보여준다(**그림 27**).

그림 27

관객은 갑자기 컵 안에서 감자와 양파, 레몬이 나오자 깜짝 놀랄 것이다. 이렇게 멋지게 마무리 한다.

마음대로 움직이는
세 개의 스펀지 공
The Three Wandering Sponge Balls

마술사는 새로운 물체를 재빨리 이용해서 새로운 마술을 보여줄 수 있어야 한다.

지금까지 수많은 마술사들이 조그만 공을 이용하는 마술을 선보였다. 모라(Mora)는 공을 이용한 메니플레이션을 중심적으로 보여준다. 중국인을 비롯해 동양의 마술사들도 공을 이용해 매우 흥미로운 루틴을 연출한다. 칭링푸(Ching Ling Foo)는 스스로 '앵두(Chinese Cherries)' 라고 부른 작은 빨간색 공을 사용했다.

압축력과 팽창력이 뛰어난 스펀지 고무의 등장은 마술사들에게 큰 기쁨이었다.

아일랜드는 여러 가지 크기의 공을 이용한 다양한 루틴을 고안하는 데 힘썼다. 멋지면서도 복잡한 루틴은 평범함을 거부하는 마술사들에게는 크게 환영받았다.

이번에는 스펀지 공을 이용한 간단하고 효과적인 메니플레이션에 대해 배워본다.

★ 이펙트

지름 약 2.5cm의 스펀지 공 세 개를 보여준다. 도우미 관객의 오른손에 한번에 한 개씩 두 개를 올려놓는다. 관객에게 손을 꽉 쥐라고 한다. 마술사가 세 번째 공을 들자 감쪽같이 사라진다. 관객이 손을 펼치자 두 개가 아닌 세 개의 공이 들어 있다.

다음에는 마술사가 두 개의 공을 잡고 주먹을 쥔다. 세 번째 공은 오른쪽 윗옷 주머니에 넣는다. 왼손을 펼치자 그 안에서 세 개의 공이 테이블 위로 굴러 나온다.

마술사가 똑같은 동작을 세 번이나 반복하지만 결과는 모두 똑같다. 마지막으로 오른손에 세 개의 공을 놓고 주먹을 펴자 이번에는 공이 전부 사라진다.

★ 준비물

스펀지 고무공 네 개. 마술용품점에서 구입할 수 있다. 혹은 슈퍼마켓에서 목욕 스펀지(짙은 빨간색이 좋다)를 산다. 가위로 잘라 지름 약 2.5cm 정도의 동그란 공 네 개를 만든다. 처음에 네모 모양으로 자른 후 공 모양으로 다듬으면 쉽다.

스펀지 공을 준비하지 못했다면 종이냅킨을 네 조각으로 자른 후 뭉쳐서 공으로 만든다. 특히 집안이나 식사 자리에서는 이렇게 종이를 활용하면 편리하다.

★ 해법과 대사

실제로는 네 개의 공을 이용하지만 관객은 공이 세 개 있다고 생각한다.

공 세 개를 테이블에 한 줄로 놓는다. 네 번째 공은 오른손 넷째 손가락과 새끼손가락에 핑거 팜 한다(**그림 1**).

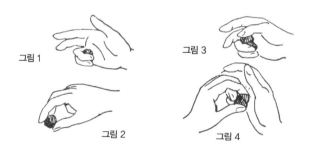

그림 1

그림 3

그림 2

그림 4

오른손 집게손가락으로 테이블에 놓인 공을 가리킨다.

"하나! 둘! 셋!"

오른손 엄지손가락과 집게손가락, 가운뎃손가락 사이로 공 하나를 잡는다(**그림 2**).

손가락을 오므리고 오른손 엄지손가락으로 핑거 팜 되어 있는 공과 함께 아래쪽으로 민다(**그림 3**).

왼손을 가져와 엄지손가락과 집게손가락, 가운뎃손가락 사이로 두 개의 공을 잡는다(**그림 4**). 두 개의 공을 눌러서 하나처럼 보이게 만든다.

왼손 엄지손가락과 집게손가락 사이로 두 개의 공을 하나처럼 들어 관객에게 보여준다(**그림 5**).

그림 5

그림 6

"하나!"

오른손으로 두 번째 공을 들어 왼손 집게손가락과 가운뎃손가락 사이에 놓는다.

"둘!"

세 번째 공을 들어 왼손 가운뎃손가락과 넷째 손가락 사이에 놓는다(**그림 6**).

관객 한 명에게 말한다.

"오른손을 손바닥이 위로 향하게 들어주시겠습니까? 그 위에 세 번째 공을 놓겠습니다."

오른손 엄지손가락과 집게손가락, 가운뎃손가락으로 왼손의 엄지손가락과 집게손가락 사이에 있는 공을 잡아 관객의 손바닥에 올려놓는다.

"주먹을 꽉 쥐세요."

관객이 주먹을 쥔다.

"손에 공이 몇 개 있습니까? 한 개요? 어디 한번 주먹을 펴보세요."

관객이 손을 펴서 손바닥에 놓인 공을 보여준다.

"네, 한 개 맞네요. 당신의 감각이 정확하다는 사실이 증명되었습니다. 자, 이제 공을 하나 더 놓겠습니다."

왼손 엄지손가락과 집게손가락 사이에 하나처럼 들고 있는 두 개의 공을 오른손으로 잡아 관객의 손바닥에 올려놓는다.

"주먹을 꽉 쥐세요."

관객이 주먹을 쥔다. 관객은 당연히 손에 공이 두 개 있다고 생각하지만 실제로는 세 개이다.

"이분의 손에는 공이 두 개 있습니다. 이제 세 번째 공을…"

마지막 남은 공을 오른손 가운뎃손가락 위에 놓는다(**그림 7**).

"제 왼손에 올려놓겠습니다."

그림 7

그림 8

그림 9

그림 10

오른손이 왼손을 향하게 하는 동시에 엄지손가락을 이용해 손으로 공을 눌러서 잡는다(**그림 8**).

오른손은 계속 빠르게 왼손으로 가져가고 그와 거의 동시에 왼손을 오므린다(그림 9).

오른손을 빼고 왼손은 오므린다(그림 10).

이 모든 동작은 몇 초 만에 재빨리 이루어져야 한다. 마치 왼손에 공을 던지는 것처럼 빠르게 움직인다.

오른손에 공을 핑거 팜 한다. 관객의 주먹 쥔 오른손에 공을 던지는 척한다. 왼손을 펴서 아무것도 없음을 보여준다. 관객의 손에 공을 던지는 것처럼 보인다.

"손을 펴보세요."

관객이 손을 펴자 세 개의 공이 나온다.

그림 2처럼 오른손 엄지손가락과 집게손가락, 가운뎃손가락으로 그중 하나를 집어든다. 이렇게 하면 공은 다시 **그림 3**처럼 왼손 엄지손가락과 집게손가락 사이에 놓이게 된다(**그림 4**와 **그림 5**). 이 동작도 순식간에 이루어진다. 이는 오른손이 관객의 손에서 당신의 왼손으로 움직이는 동안에 이루어져야 한다.

"하나!"

두 번째 공을 집어 왼손 집게손가락과 가운뎃손가락 사이에 놓는다.

"둘!"

마찬가지로 세 번째 공을 집어 왼손 가운뎃손가락과 넷째 손가락 사이에 놓는다(**그림 6**).

"지금 제가 어떻게 했는지 어리둥절하실 겁니다. 자세히 설명해드리는 게 좋겠군요."

테이블에 세 번째 공을 놓은 후 두 번째 공도 놓는다.

오른손 엄지손가락과 집게손가락, 가운뎃손가락으로 더블 공을 잡는다. 관객에게 공이 '하나'라는 사실을 보여준다.

"다시 한번 해보겠습니다."

그림 11처럼 더블 공을 왼손에 넣은 후 똑같이 손가락을 오므린다(**그림** 12).

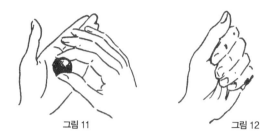

그림 11   그림 12

"하나!'

오른손으로 테이블에서 두 번째 공을 집어 주먹 쥔 왼손에 넣는다. 왼손은 공이 들어올 만큼만 열었다가 곧바로 꽉 오므린다.

"둘! 세 번째 공은 제 주머니에 넣겠습니다."

테이블에서 하나 남은 공을 집어 오른쪽 윗옷 주머니에 넣는다. 주머니 속에서 공을 핑거 팜 한다. 공을 숨긴 채 손을 밖으로 꺼낸다.

왼손을 펼치자 세 개의 공이 굴러 나온다(**그림** 13).

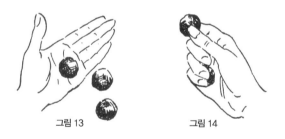

그림 13   그림 14

"하나, 둘, 셋! 다시 한번 해보겠습니다."

오른손 엄지손가락과 집게손가락, 가운뎃손가락으로 테이블에서 공을 집어(**그림** 14) 왼손에 놓는다. 왼손에 공이 하나만 있다는 사실을 확실히 보여준다.

"하나"

공이 든 왼손을 주먹 쥔다. 오른손 엄지손가락과 집게손가락, 가운뎃손가락으로 두 번째 공을 잡는다. 이때 오른손을 위로 올려서 핑거 팜 되어 있는 공을 그 안에 넣는다. 공이 떨어지는 모습이 보이지 않도록 왼손 손가락으로 오른손을 가린다. 오른손을 내리는 동시에 왼손을 재빨리 오므려야 한다.

"둘"

테이블에 하나 남은 공을 잡는다.

"이 공은 제 주머니에 넣겠습니다."

이번에는 주머니에 진짜로 넣는다. 주머니에서 오른손을 꺼내 손에 아무것도 없음을 보여준다.

다시 왼손을 펼쳐 세 개의 공을 보여주고 테이블에 던진다.

"세 개죠?"

이제 오른손으로 공 하나를 들어 왼손에 놓는 척한다. **그림** 7, 8, 9, 10의 동작을 반복한다. 이제 공은 넷째 손가락과 새끼손가락 사이에 핑거 팜 된다(**그림 1**).

"하나"

오른손 엄지손가락과 집게손가락, 가운뎃손가락으로 테이블에서 두 번째 공을 집는다. 그것을 왼손에 놓는 척한다(**그림 9**). 오른손 엄지손가락으로 공을 잡은 후(**그림 15**) 왼손에서 뺀다. 관객이 진짜로 손 안에 공이 두 개 있다고 생각하도록 왼손을 충분히 열어서 진짜 공을 넣는 척한다.

그림 15

　"둘"

오른손으로 남은 공을 집는다.

　"세 번째 공은 제 주머니에 넣겠습니다."

주머니에 손을 넣어 세 개의 공을 떨어뜨린다. 주머니에서 손을 뺀다.

　"제 손에 공이 몇 개 있을까요?"

누군가가 세 개라고 말한다.

　"세 개라고요? 틀렸습니다."

왼손을 펴 아무것도 없음을 보여준다.

　"하나도 없습니다. 이상, 신기한 마술의 세계였습니다."

★ 참고

또 다른 마무리 방법도 있다. 공이 손에 두 개, 주머니에 하나 있을 때 누군가에게 이렇게 묻는다.

　"제 손에 공이 몇 개 있을까요?"

관객은 당연히 '세 개' 라고 대답한다.

　"세 개, 정답입니다."

Tarbell course in Magic

왼손을 펼치자 12개의 공이 테이블로 굴러 나온다.

물론 이를 위해서 미리 오른쪽 윗옷 주머니에 12개의 공을 넣어둔다.

주머니에 세 번째 공을 넣을 때 미리 넣어둔 12개의 공을 잡고 손바닥을 꽉 눌러 압축시킨 후 가운뎃손가락과 넷째 손가락, 새끼손가락으로 잡아서 꺼낸다.

테이블에서 공을 집어 왼손에 넣을 때 오른손 엄지손가락과 집게손가락을 사용한다. 첫 번째 공은 모두에게 잘 보이도록 왼손에 놓는다. 두 번째 공을 놓을 때 12개의 공도 함께 놓는다. 테이블에 하나 남은 공은 주머니에 넣는다.

하지만 12개나 되는 공을 오른손으로 잡고 왼손으로 옮기기가 힘들다면 다음과 같이 동작을 약간 변형할 수 있다.

오른손은 주먹을 쥔다. 왼손으로 테이블에서 첫 번째 공을 집은 후 주먹 쥔 오른손의 엄지손가락과 집게손가락 사이에 생긴 틈에 놓는다. 손 안으로 밀어 넣는다(**그림 16**).

그림 16

그림 17

위와 똑같은 방법으로 테이블에서 두 번째 공을 집어 오른 주먹으로 밀어 넣는다. 세 번째 공은 왼쪽 윗옷 주머니에 넣는다.

그림 17처럼 오른손을 펴면 갑자기 수많은 공이 쏟아져 나와 관객들이 깜짝 놀란다. 마치 주먹이 아니라 모자 안에서 공이 우르르 쏟아져 나오는 것처럼 보인다. 갑자기 주먹에서 그렇게 많은 공이 쏟아져 나오는 모습은 정말 놀랍다. 이 방법을 한번 시도해보고 관객의 반응을 살펴본다.

이동하는 네 개의 공
The Four Traveling Balls

이것은 무척 오래된 마술이다. 간단하면서도 놀라운 효과를 낼 수 있다.

★ 이펙트

관객에게 빌린 모자 안에서 네 개의 스펀지 공이 신기하게 이동한다. 똑같은 모습이 되풀이해서 펼쳐진 후 마지막에 더 신기한 결과가 나타난다.

★ 준비물

1. 지름 약 2.5cm의 스펀지 공 다섯 개
2. 커다란 스펀지 공 또는 목욕 스펀지
3. 빌린 신사용 모자

준비

왼쪽의 벨트나 조끼 오른쪽 아래에 목욕 스펀지나 커다란 스펀지 공을 넣고 윗옷 자락을 덮어 감춘다. 조끼 안에 감출 경우 윗옷에 오른손을 쉽게 넣을 수 있도록 충분한 여유를 두어야 한다.

★ 해법

이 과정에서는 훨씬 간단하면서도 효과가 뛰어난 현대식 컵스 앤드 볼즈 마술을 배운다. 이 마술은 거실이나 클럽 등의 장소처럼 관객이 가까이에 있을 때 선보이면 좋다.

모두 다섯 개의 공을 사용하지만 관객은 네 개라고 생각한다. 나머지 한 개는 오른손에 핑거 팜 한다.

자세한 손기술은 바로 앞에서 소개한 "마음대로 움직이는 세 개의 스펀지 공"을 참고한다. 머릿속으로 테이블 위에 18인치 정사각형을 그린다. 각각의 모서리에 스펀지 공을 하나씩 놓는다(**그림 1**).

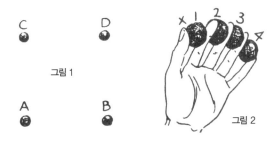

그림 1

그림 2

오른손 엄지손가락과 집게손가락, 가운뎃손가락으로 공 1을 잡고 왼손 엄지손가락과 집게손가락 사이에 핑거 팜 한 공과 함께 놓는다. 두 개의 공이 하나처럼 보이도록 잡는다.

나머지 공도 이렇게 한번에 하나씩 왼손 손가락 사이에 끼운다(**그림 2**).

이 동작은 관객이 무의식적으로 공이 네 개라고 생각하도록 만들기 위해서이다.

4번 공부터 시작해 네 개의 공을 차례로 테이블에 놓는다.

모자 윗부분을 잡고 안에 아무것도 없음을 보여준 후 챙이 바닥에 닿도록 D에 놓는다. 테이블에 모자를 내려놓기 직전에 그 안에 더블 공 X1을 집어넣는다. 관객은 모자 안에 공이 한 개 들었다고 생각하지만 사실은 두 개이다(**그림 3**).

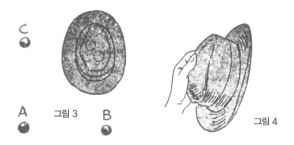

그림 3

그림 4

B의 공을 집어 왼손에 넣는 척하면서 계속 오른손에 둔다. 주먹 쥔 왼손을 모자로

던지는 척하면서 펼친다. 마치 모자 옆에서 그 안으로 던진 것 같은 동작이다. 왼손을 펴서 아무것도 없음을 보여주고 모자를 들어 올려 그 안에 공이 두 개 있음을 보여준다(**그림 4**).

관객에게는 정말로 공이 모자 안으로 통과해 들어간 것처럼 보인다.

오른손으로 모자를 옮긴다. 공을 숨긴 손가락이 모자 안쪽에 그리고 엄지손가락이 챙에 오도록 잡는다.

그림 5처럼 D에 모자를 내려놓고 두 개의 공을 덮고 세 번째 공도 그 안에 놓는다.

그림 5

그림 6

오른손을 모자에서 뗀다. A의 공을 집어 왼손에 놓는다. 아까처럼 모자를 향해 던지는 척한다. 왼손으로 모자를 들어서 세 개의 공을 보여준다.

또다시 오른손으로 모자를 옮겨 테이블에 올려놓으면서 핑거 팜 한 공을 그 안에 넣는다(**그림 6**). 이제 모자 안에 네 개의 공이 있게 된다.

오른손으로 C의 공을 잡고 왼손에 놓은 후 입에 공을 넣는 척한다. 공을 모자로 옮기려는 것처럼 모자를 향해 입김을 분다.

모자를 들어 테이블에 놓인 네 개의 공을 보여준다. 관객의 시선이 네 개의 공에 쏠렸을 때 왼손을 이용해 모자를 몸 윗옷 오른쪽 가장자리의 틈 가까이 당긴다. 오른손을 윗옷 안쪽에 넣어 커다란 스펀지 공이나 목욕 스펀지를 꺼낸다(**그림 7**). 모자 안에서 집게손가락과 가운뎃손가락을 이용해 잡는다.

그림 7

왼손으로 테이블에 있는 네 개의 공을 왼쪽으로 민다. D에 모자를 내려놓는다. 관객은 그 안에 아무것도 없다고 생각한다.

공 하나를 잡고 이렇게 말한다.

"이번에는 세 개만 사용해보겠습니다."

핑거 팜 된 공과 함께 오른쪽 윗옷 주머니에 넣는다.

오른손으로 테이블에 놓인 공을 전부 집어 주먹 쥔 왼손에 하나씩 넣는다. 실제로는 모두 오른손에 핑거 팜 한다.

왼손으로 모자를 던지면서 주먹을 펼친다. 왼손으로 모자를 들자 그 안에서 커다란 스펀지 공이나 목욕 스펀지가 나타난다.

관객들이 깜짝 놀라는 사이 핑거 팜 된 세 개의 공을 주머니에 넣어서 처리한다.

마술사들은 마지막에 모자 속에서 컵이나 토끼, 꽃다발, 담배상자 등 신기한 물건을 꺼내면서 마술을 마무리 짓는다.

한 예로 말리니(Malini)는 모자 안에서 벽돌 조각을 꺼냈다. 난데없이 모자 안에서 벽돌이 나타나는 모습은 매우 놀라웠다.

또 어떤 마술사들은 오른쪽 조끼주머니에서 여분의 공을 처리하는 동시에 관객을 깜짝 놀라게 할 만한 물건을 꺼낸다. 그런 다음 왼손으로 테이블 왼쪽에 네 개의 공을 전부 놓는 척하고 모자에 던져서 꺼내는 처한다.

서로 떨어질 수 없는 빨간색, 흰색, 파란색 공

The Patriotic Paper Balls

이 마술은 매우 간단하면서도 신기하다. 한두 가지 손기술만 필요할 정도로 간단하다.

★ 이펙트

세 개의 빈 그릇(오목한 볼)을 보여주고 테이블에 6cm 간격으로 나란히 올려놓는다. 마술사가 각각의 그릇 앞에 종이로 만든 공을 세 개씩 놓는다. 첫 번째 그릇 앞에는 빨간색, 두 번째 그릇 앞에는 흰색, 세 번째 그릇 앞에는 파란색이다. 그런 다음 첫 번째 그릇에 빨간색 공을 하나씩 떨어뜨린다. 마찬가지로 가운데 그릇에는 흰색 공을, 세 번째 그릇에는 파란색 공을 떨어뜨린다. 마술사가 빨간색, 흰색, 파란색은 애국의 상징이므로 서로 절대 떨어질 수 없는 사이라는 설명으로 관객의 관심을 끈다. 그런 다음 그릇을 뒤집자 각각의 그릇에는 똑같은 색깔의 공이 세 개씩 들어 있는 것이 아니라 빨간색, 흰색, 파란색 공이 하나씩 세 개 들어 있다.

★ 준비물

1. 수프볼처럼 오목한 그릇
2. 종이를 뭉쳐서 만든 빨간색 공 세 개
   종이를 뭉쳐서 만든 흰색 공 세 개
   종이를 뭉쳐서 만든 파란색 공 세 개

공을 만드는 방법은 다음과 같다. 필요한 공의 개수만큼 15~17cm 길이의 정사각형 종이를 준비한다.

네 개의 모서리가 가운데를 약간 지나칠 만큼 해서 전부 접는다. 계속 모서리를 접

Tarbell course in Magic

은 후 공 모양으로 변하면 펼쳐지지 않도록 꽉 누른다. 공의 지름은 약 2cm 정도여야 한다.

★ 해법과 대사
준비
세 개의 그릇을 겹겹이 쌓아올린다. 맨 위의 그릇에 아홉 개의 종이공을 넣는다. 이 상태로 테이블에 미리 올려놓거나 마술을 선보일 때 테이블로 가져온다.

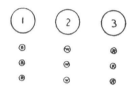

그릇을 하나씩 떼어놓고 테이블 위에 놓는다. 세 개의 그릇이 모두 텅 비었음을 보여주고 약 15cm 정도 간격으로 나란히 놓는다. 왼쪽 그릇(1) 앞에 파란색 공 세 개를 약 6cm 간격으로 나란히 놓는다. 가운데 그릇(2) 앞에는 흰색 공 세 개를, 오른쪽 그릇(3) 앞에는 빨간색 공 세 개를 놓는다. 위의 그림에서 그릇과 공의 위치를 주의 깊게 살펴본다.

> "성조기가 왜 빨간색과 흰색, 파란색으로 되어 있는지 아십니까? 왜 녹색이나 검정색, 분홍색, 오렌지색, 보라색이 아니라 하필 빨간색, 흰색, 파란색일까요? 그 이유는 바로 빨간색과 흰색, 파란색이 애국심을 상징하는 색깔이기 때문이죠. 이 세 가지 색깔은 화합을 상징하기 때문에 절대 떨어져서는 안 됩니다. 자, 여기에 그릇 세 개와 빨간색 공 세 개, 흰색 공 세 개, 파란색 공 세 개가 있습니다. 이것들을 가지고 더 쉽게 설명해드리도록 하죠. 1번 그릇을 여기에 놓겠습니다. 2번은 그 옆에, 또 그 옆에는 3번 그릇을 놓겠습니다. 보시다시피 그는 아무것도 들어 있지 않습니다."

이렇게 말하면서 그릇을 하나씩 보여주고 제자리에 놓는다.

"각각의 그릇 앞에 공을 세 개씩 놓겠습니다. 3번 그릇 앞에는 빨간색…"

3번 그릇 앞에 빨간색 공 세 개를 한 줄로 놓는다.

"2번 그릇 앞에는 흰색…"

2번 그릇 앞에 흰색 공 세 개를 한 줄로 놓는다.

"1번 그릇 앞에는 파란색을 놓겠습니다."

1번 그릇 앞에 파란색 공 세 개를 한 줄로 놓는다.

"자, 이제 공을 하나씩 그릇에 넣겠습니다. 3번 그릇에는 빨간색 공…"

텅 빈 오른손을 보여준 후 엄지손가락과 집게손가락, 가운뎃손가락 사이로 공을 잡고 3번 그릇에 넣는 척한다. 관객은 당신이 공을 넣었다고 생각하지만 실제로는 넣지 않는다. 공을 잡은 후 넷째 손가락 가운데로 옮기고 넷째 손가락과 새끼손가락을 구부려서 핑거 팜 한다. 이 마술을 할 때는 거의 대부분 손등을 관객을 향하게 놓고 움직인다.

그런 다음 오른손 엄지손가락과 집게손가락으로 흰색 공을 잡는다. 넷째 손가락과 새끼손가락에는 빨간색 공이 핑거 팜 되어 있다.

"2번 그릇에는 흰색 공을 넣겠습니다."

2번 그릇에 흰색 공을 넣는 척한다. 실제로는 빨간색 공을 떨어뜨린다. 그런 다음 오른손 엄지손가락을 이용해서 집게손가락과 가운뎃손가락 끝에 있는 공을 넷째 손가락으로 내려보낸 후 핑거 팜 한다. 빨간색 공을 핑거 팜 한 방법과 같다. 이제 집게손가락과 가운뎃손가락, 엄지손가락을 이용해서 다른 공을 잡을 수 있다.

앞으로도 다음의 똑같은 동작이 계속 이어진다.

공 잡기
핑거 팜 하기
떨어뜨리기

"1번 그릇에는 파란색 공을 넣겠습니다."

파란색 공을 집은 후 흰색 공을 떨어뜨린다.

"또 빨간색 공을 넣겠습니다."

빨간색 공을 집은 후 파란색 공을 떨어뜨린다.

"이 파란색 공도 또 넣겠습니다."

파란색 공을 집은 후 빨간색 공을 떨어뜨린다.
위에서 흰색 공을 떨어뜨린 데는 다 이유가 있다.

"이 흰색 공도 다른 흰색 공과 함께 넣겠습니다."

흰색 공을 집은 후 파란색 공을 떨어뜨린다.

"하나 남은 빨간색 공이 외로워 보이네요. 얼른 친구들 있는 곳으로 데려다줘야겠군요."

빨간색 공을 집은 후 3번 그릇에 빨간색과 흰색 공을 모두 떨어뜨린다.

"흰색 공은 흰색 친구들이 있는 곳으로…"

앞의 동작을 주의 깊게 살펴본다. 흰색 공을 들면서 오른손 손바닥을 자연스럽게 관객에게 보여준다. 다른 공을 떨어뜨릴 때처럼 그릇에 손을 넣지 말고 관객에게 잘 보이도록 2번 그릇에서 약 8cm 정도 떨어진 높이에서 떨어뜨린다.

그렇게 하는 이유는 무엇일까? 거기에는 바로 마술을 만드는 신기한 힘이 들어 있다. 어떤 부분을 두드러지게 하여 메시지를 전달하면 상대방에게 그 부분을 강조할 수 있다.

여기서 우리의 목적은 관객이 그릇에 모든 색의 공을 하나씩 차례로 집어넣었다고 믿게 만드는 것이다. 일곱 개의 공은 그렇게 하지 않지만 마지막에 두 개 남은 흰색 공과 파란색 공은 그렇게 해야 한다. 흰색 공은 진짜로 2번 그릇에 파란색 공은 1번 그릇에 떨어뜨리는 모습을 보여줘야 한다. 마지막으로 그릇에 공을 떨어뜨리는 모습을 확실히 보여주는 이유는 앞에서도 모두 그렇게 했다는 믿음을 심어주기 위해서이다.

"마지막으로 파란색 공은 파란색 친구들이 있는 곳으로 떨어뜨리겠습니다."

파란색 공을 위에서 아래로 떨어뜨린다.

"지금 상황을 정리해볼까요? 3번 그릇에는 빨간색 공 세 개, 2번 그릇에는 흰색 공 세 개, 3번 그릇에는 파란색 공이 세 개가 들어 있습니다. 그쪽에서는 안 보이시겠지만, 지금 이 안에서는 아주 신기한 일이 벌어지고 있어요. 빨간 녀석이 바쁘게 움직이는군요."

그릇 안을 쳐다보면서 실제로 신기한 일이 벌어지는 척한다.

"그럼 이제부터 왜 빨간색과 흰색, 파란색이 애국심을 상징하는지 보여드리겠습니다. 3번 그릇을 뒤집어보죠. 잘 보십시오! 빨간색, 흰색, 파란색 공이 하나씩 모여 있습니다. 2번 그릇에도 빨간색, 흰색, 파란색 공이 하나씩 있고, 3번도 마찬가지입니다."

이렇게 말하는 동시에 각각의 그릇을 한번에 하나씩 뒤집어서 세 개의 공을 보여준다. 오른손에 공을 쏟은 후 테이블로 굴러 나오게 한다.

"이 세 가지 색깔이 애국심을 상징한다고 했죠? 그래서 서로 떨어질 수 없는 겁니다."

아래처럼 표를 그려서 머릿속에 기억해두면 공을 떨어뜨리는 순서를 잊어버리지 않을 수 있다.

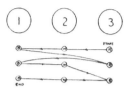

★ 하나 더

나는 무대나 클럽에서 디테일을 변형하여 이 마술을 선보인다. 그릇 앞에 공을 한 줄로 놓는 대신 모두에게 잘 보이도록 소접시에 올려놓는다. 평평한 테이블에 올려놓으면 잘 보이지 않을 수도 있기 때문이다.

빨간색 그릇과 흰색 그릇, 파란색 그릇을 준비하고 똑같은 색깔의 소접시에 똑같은 색의 공을 담아서 그 앞에 놓으면 한층 더 멋지고 화려한 무대를 연출할 수 있다.

마술을 선보이는 도중에 아무도 그릇 안을 들여다보지 못하도록 주의해야 한다.

욕실에서 사용하는 불투명한 컵을 사용하면 무척 편리하다. 깊이가 깊은 데다 안이 들여다보이지 않기 때문이다. 특히 관객이 가까이에 있을 때 유용하다. 세 개의 원통형 컵 위에 각각 빨간색, 흰색, 파란색 종이를 씌워서 사용할 때도 있다.

이펙트를 변형하려면 종이공 대신 양파 세 개, 감자 세 개, 홍당무 세 개를 사용해도 된다. 대사는 상황에 맞게 바꾼다.

Tarbell
Course in MAGIC

이번 레슨에서는 숫자 마술의 원리와 이펙트에 관해서 살펴본다.
숫자 마술의 원리는 다른 마술에도 유용하게 활용할 수 있으며 식탁이나 클럽, 무
대에서 선보이기에 적당하다.

Tarbell course in MAGIC

신기하게 움직이는 숫자
Mystery of the Traveling Numbers

★ 이펙트

마술사가 빨간색 종이를 조명에 비춰 양면 모두 아무런 이상이 없음을 보여준다. 종이를 말아 공으로 만들어서 관객 한 명에게 들고 있으라고 한다. 그런 다음 하얀색 카드를 들어 모두에게 양쪽을 보여준다. 관객에게 카드에 342나 569처럼 세 자리 숫자를 쓰라고 한다. 또 다른 관객 네 명에게도 돌아가며 똑같이 세 자리 숫자를 쓰게 한다. 또 다른 관객에게 다섯 개의 숫자를 더한 숫자를 쓰라고 한다. 마술사가 카드는 평범한 종이이며 자신은 숫자의 합계를 모른다고 강조한다. 하지만 신기하게도 마술사는 종이에 숫자의 합계가 찍히게 만든다. 종이뭉치를 들고 있는 관객이 종이를 펼치자 검정색으로 쓰인 숫자의 합계가 나타난다.

★ 준비물

1. 약 30cm 규격의 정사각형으로 된 빨간 종이
2. 검정색으로 2573이라고 써 있는 똑같은 크기의 빨간 종이(**그림 1**)

<table>
<tr><td>2573
그림 1</td><td>562
283
644
729
355
그림 2</td></tr>
</table>

3. 5cm × 8.9cm 규격의 흰색 카드. **그림 2**처럼 한 면에 연필로 숫자를 쓴다. 모두 다른 사람이 쓴 것처럼 글씨체를 다르게 쓴다.

4. 카드에 숫자를 쓸 때 받침으로 사용할 책

5. 연필

★ 해법과 대사
준비
2573이라고 쓰인 종이를 뭉쳐서 작은 공처럼 만든다. 오른쪽 윗옷 주머니에 넣어둔다.
아무것도 쓰여 있지 않은 종이를 작게 접어 같은 주머니에 넣는다.
숫자를 쓴 카드도 같은 주머니에 넣는다.
테이블에 책 한 권을 올려놓는다.

시연
오른쪽 윗옷 주머니에 손을 넣는다. 그 안에서 아무것도 쓰여 있지 않은 종이를 꺼내고 공 상태로 말아놓은 종이도 핑거 팜 한다.

　"이번에 보여드릴 마술은 종이를 이용한 마술입니다. 잘 보세요. 앞뒤 모두 아무런 이상 없는 평범한 종이입니다. 조명에도 한번 비추어보겠습니다. 흔히 쓰는 선물 포장지처럼 평범한 종이죠?"

종이의 앞뒤를 보여준다. 가까이에 조명이 있으면 조명 아래에서 들고 보여준다. 조명이 없으면 그냥 앞뒤로 흔들어 보여준다. 종이공이 보이지 않도록 오른손 손등이 관객을 향하게 한다. 관객에게 종이를 보여줄 때는 왼손을 사용한다.

　"우선 이 종이를 말아서 공으로 만들겠습니다."

공처럼 돌돌 만다. 그 공을 미리 숨겨둔 종이공과 하나처럼 보이게 한다.

　"아무리 뛰어난 곡예사라도 이렇게까지 작게 몸을 구부리지는 못 하겠죠?"

공을 오른손에 핑거 팜 한 후 오른손을 옆으로 내린다. 미리 준비해 놓은 공은 왼손에 숨기고 가슴 높이로 든다.

Tarbell course in Magic

"이 공에게 친구를 만들어줘야겠군요. 저기 계신 분, 이 공을 잠시만 맡아주시면 감사하겠습니다."

미리 준비해놓은 공을 관객에게 준다.

"다른 분들에게 잘 보이도록 들고 있어 주세요."

오른쪽 윗옷 주머니에서 흰색 카드를 꺼내면서 핑거 팜 한 공(종이로 만든 공)을 떨어뜨린다. 아무것도 쓰이지 않은 쪽이 관객을 향하도록 하여 카드를 꺼낸다. 뒤쪽에 쓰인 숫자가 보이면 안 된다.

"자, 이제 이 흰색 카드가 필요합니다. 앞뒤 모두 흰색입니다."

이제 매우 중요한 동작이 기다리고 있다.

관객에게 카드의 앞뒤를 보여주되 실제로는 한 쪽만 보여줘야 한다. 이 동작은 조금 어려우므로 재빠르고 자연스럽게 될 때까지 거울 앞에서 몇 번이고 연습해야 한다. 제대로만 하면 관객에게 확실한 환상을 일으킬 수 있다.

그림 3처럼 카드를 잡는다. 글씨가 쓰여 있지 않은 면이 관객을 향하고 손등이 당신을 향한다. 집게손가락과 가운뎃손가락으로 카드의 뒷면을 잡고 넷째 손가락과 새끼손가락으로는 앞면을 잡는다.

그림 3

그림 4

이렇게 왼쪽 어깨 앞에 턱보다 약간 낮은 높이로 카드를 든다(**그림 4**).

오른손을 오른쪽으로 돌린다. 이때 카드의 측면 또는 옆면이 관객을 향한다. 뒷면의 숫자는 보이지 않도록 재빨리 방향을 틀어야 한다. **그림 5**처럼 움직인다.

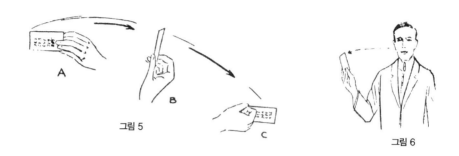

그림 5

그림 6

팔이 절반 정도 움직였을 때 오른손 엄지손가락을 이용해 카드를 아래쪽으로 민다 (**그림 6**).

그림 7

그림 7처럼 오른손이 측면으로 나아갈 때까지 계속 움직인다. 이처럼 왼쪽 어깨에서 몸통을 지나 측면으로 오른손을 움직인 후 재빨리 엄지손가락으로 카드를 아래로 내리면 관객은 마술사가 카드를 돌려 앞뒤를 보여준다고 생각한다.

정말로 카드의 앞뒤를 보여주는 것처럼 한 치의 망설임 없이 재빠르고 자연스럽게 움직여야 한다.

"받칠 만한 것이 필요한데요, 이 책으로 하면 되겠군요."

책에 카드를 올려놓는다. **그림 8**처럼 빈 면이 위로 온다.
주머니에서 연필을 꺼낸다.

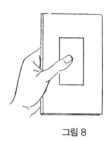

그림 8

"카드에 세 자리 숫자를 써 주실 분이 필요합니다. 3430이나 864처럼 아무 숫자나 좋아요. 단, 글씨를 너무 크게 쓰지 마세요. 숫자를 여러 개 써야 하니까 공간이 부족하면 안 되거든요."

관객 한 명에게 책과 카드를 준다. 관객이 숫자를 쓰고 난 후 두 번째 관객에게 책과 카드를 주고 그 밑에 숫자를 쓰게 한다.

"거기 계신 분, 이 밑에 세 자리 숫자를 써주시겠습니까?"

이렇게 해서 모두 다섯 명에게 숫자를 쓰게 한다.

★ 주의

숫자를 쓰는 다섯 명의 관객은 관객석의 한 쪽에서 고른다. 하지만 다섯 명이 모두 너무 가까이에 있으면 안 된다.

이제 책과 카드를 가지고 다른 쪽으로 자리를 옮긴다. 당신의 뒤에는 아무도 없어야 한다. 관객에게 카드가 보이지 않도록 책을 잠깐 동안 높이 든다. 양손을 이용해서 든다. 왼손으로는 책을 잘 잡는다. 오른손 가운뎃손가락, 넷째 손가락, 새끼손가락은 책 아래에 놓고 엄지손가락과 집게손가락으로 카드를 잡는다.

그림 9

책으로 가린 상태에서 오른손 엄지손가락과 집게손가락으로 재빨리 카드를 뒤집는다. **그림 9**처럼 왼쪽을 향해 움직인다. 미리 숫자를 써놓은 면이 위로 온다.

왼손 엄지손가락으로 카드를 잡고 오른손은 책과 카드에서 완전히 뗀다. 그런 다음 연필로 숫자 밑에 줄을 긋는다. 카드에 숫자를 쓴 관객들과 멀리 떨어져 있는 사람에게 책과 카드를 준다. 그 사람에게 다섯 숫자의 합을 쓰라고 한다.

"왠지 덧셈을 아주 잘하실 것 같아요. 여기 있는 숫자를 더해서 제일 아래에 써주시겠습니까?"

관객이 합계를 쓰면 책과 카드를 다시 받아 왼손으로 잡는다. 연필은 윗옷 주머니나 조끼주머니에 넣는다.

"숫자의 합은 25730이군요. 2.5.7.3 맞습니까? 잘 기억해두세요. 2.5.7.3입니다! 지금부터 대단히 신기한 손기술을 보여드리겠습니다. 그 전에 지금까지의 상황을 한번 정리해볼까요? 저기 계신 숙녀분께서는 아무것도 써 있지 않은 종이를 들고 계십니다. 그리고 이 카드에는 여러 개의 숫자가 쓰여 있죠. 다섯 분께 세 자리 숫자를 쓰라고 했습니다. 어떤 숫자를 썼는지 저는 모릅니다. 또 마지막에 한 분께서 다섯 숫자의 합을 쓰셨습니다. 바로 2.5.7.3이죠. 지금부터 숫자들이 하나씩 저 숙녀분이 들고 있는 종이로 이동하는 마술을 보여드리겠습니다."

오른손 엄지손가락과 집게손가락, 가운뎃손가락을 카드에 놓고 숫자를 집어 종이가 있는 쪽으로 던지는 척한다.

"2!"

던지는 동작을 취한다.

"5! 잠깐만요, 종이를 들고 계신 분! 뭔가가 느껴지지 않으십니까? 아니라고요? 이번에는 어떠세요?"

또 던지는 동작을 취한다.

"7! 이번에는 뭔가 느끼셨죠?"

또 던지는 동작을 취한다.

"3! 자, 이제 종이를 펴보세요."

여성 관객이 공을 편다.

"종이에 숫자가 적혀 있습니까?"

관객이 종이를 펴서 본 후 그것을 가져와 잘 펼친다. 높이 들어 모두에게 숫자를 보여준다.

"제 말이 맞죠? 2,5,7,3이 신기하게도 이 종이로 와 있습니다. 이런 걸 보고 순간이동이라고 하나 봅니다."

★ 주의
카드에 쓰는 숫자를 달리 해서 '미리 결정된 숫자의 합'을 바꿀 수 있다. 나는 같은 숫자를 두 번씩 사용하지 않는다.

신기한 산수
The Spirit Mathematician

이것도 관객이 쓴 숫자의 합을 맞추는 마술이다.

★ 이펙트

마술사가 흰색 종이를 보여준다. 관객 한 명에게 종이를 살펴보라고 한 후 봉투에 넣고 봉한다. 그런 다음 여러 명의 관객에게 아무 숫자나 부르라고 한다. 관객이 부르는 숫자를 카드에 적는다. 관객에게 카드를 건네 준 후 숫자의 합계를 말해보라고 한다. 봉투를 열자 합계를 나타내는 숫자가 종이에서 오려진 채 들어 있다.

★ 준비물

1. 8~13cm 규격의 빳빳한 흰색 본드지
2. 숫자 45가 오려져 있는 똑같은 크기의 흰색 본드지. 잘 드는 칼로 오려낸다(**그림 10**). 오려낸 숫자와 숫자가 오려진 종이 모두 필요하다.

그림 10

3. 숫자를 쓸 흰색 카드
4. 받침으로 사용할 책
5. 연필

6. 연필 깎는 깔이나 작은 단검(편지봉투를 열 때 사용하는 지칼이 좋다—감수자)

7. 특별한 봉투(이중 봉투)

이 특별한 봉투를 '이중 봉투' 라 부르기로 한다.

이 봉투는 단순하면서도 특별한 마술 도구로 다양한 마술에 사용할 수 있다.

만드는 방법도 매우 간단하다.

이중 봉투를 이용해서 카드나 종잇조각처럼 평면으로 된 물체를 나타나게 하거나 사라지게 하거나 변하게 할 수 있다.

준비

마닐라지로 된 봉투 두 개를 준비한다. 불투명한 종이에 가까울 정도로 약간의 무게감이 있어야 한다. 불투명한 컬러 봉투를 사용해도 된다.

봉투의 앞면을 뚜껑 채 바닥과 양쪽에서 0.2cm 정도 떨어진 곳에서 잘라낸다. 이렇게 하면 **그림 11**처럼 한 면에 뚜껑만 달린 상태가 된다.

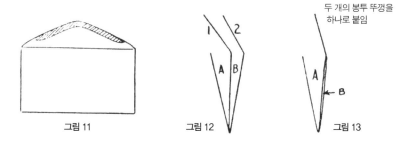

두 개의 봉투 뚜껑을 하나로 붙임

그림 11   그림 12   그림 13

그것을 나머지 멀쩡한 봉투에 넣는다. 뚜껑의 풀칠 부분이 서로 마주보도록 잘 맞춰서 넣는다. 삽입물이 벽 또는 칸막이 역할을 하게 된다.

삽입물 앞쪽의 공간을 A, 뒤쪽을 B라고 부르자(**그림 12**).

B에 숫자가 오려진 종이와 오려낸 숫자 4, 5를 넣는다. **그림 13**처럼 뚜껑 2에 침을 발라서 뚜껑 1에 붙인다. 나는 가장자리뿐 아니라 뚜껑 전체를 붙일 때도 있다.

이제 봉투를 열어보면 평범한 봉투와 똑같이 보인다. 관객은 그 안에 칸막이가 들어 있다고 생각하지 못할 것이다.

시연

이중 봉투와 종잇조각, 책, 카드, 연필, 칼을 테이블에 놓는다.
종이와 봉투를 잡는다.

"마술사인 저조차 마술이 신기하게 느껴질 때가 있습니다. 저도 여러분처럼 깜짝 놀랄 때가 있죠. 제가 해놓고도 정말 신기하죠. 지금부터 보여드릴 마술이 그렇습니다. 보시는 것처럼 아무 이상 없는 봉투와 종이가 있습니다. 저기 계신 분, 한번 종이를 확인해보시겠습니까?"

관객 한 명에게 종이를 준다.

"평범한 종잇조각 맞죠? 하지만 절대 평범한 종이가 아닙니다. 헌 책방에서 오래된 책을 한 권 샀는데 책에 이런 종이가 몇 장 껴있더군요. 그중 한 장에 이렇게 적혀 있었습니다. "언젠가 마술사가 이 종이를 사용할 것이다. 더 이상 구할 수 없으니 소중하게 다루어라." 정말 이상하지 않습니까? 도대체 누가 종이를 끼워놨는지 궁금합니다. 책 뒤에는 봉투와 칼까지 들어 있더군요. 이 봉투가 바로 그 봉투입니다. 안에 아무것도 없는 평범한 봉투더군요. 전 돈이라도 들어 있을 줄 알고 기대했거든요. 보세요, 정말 텅 비었죠?"

관객에게 봉투 안을 보여준다. 물론 봉투 안에는 아무것도 없다.

"이 종이를 봉투 안에 넣어주시겠습니까?

관객이 종이를 넣으면 봉투를 봉한다.

"봉투를 붙인 다음에 이 칼로 찔러보겠습니다. 잘 보이도록 여기에 놓죠."

그림 14처럼 봉투 앞면을 칼로 찌른다. 관객에게 잘 보이도록 봉투를 테이블 위에 세워놓거나 관객에게 들고 있으라고 한다. 관객은 칼이 매달린 봉투를 들고 있게 된다.

그림 14

테이블에서 카드와 책, 연필을 가져온다.

"말 안 해도 아시겠죠? 책과 카드, 연필입니다."

책과 카드의 앞뒤를 보여준다.

"혹시 산수 잘하시나요? 10까지 못 세시는 분은 없겠죠? 1에서부터 10까지 아신다면 충분합니다. 9까지의 숫자 중에서 하나를 선택하면 되거든요. 몇 분께서 숫자를 골라주시면 제가 받아 적겠습니다. 자, 그럼 어느 분부터 시작할까요? 1에서 9까지 아무 숫자나 부르시면 됩니다."

누군가가 숫자를 부른다. 예를 들어 5라고 했다면 카드에 5라고 쓴다.

"좋습니다. 이제 다른 분이 불러주세요. 다른 숫자도 되고, 앞에 분과 똑같은 숫자도 됩니다."

다음 관객이 부른 숫자도 적는다. 예를 들어 7이라고 했다면 7이라고 쓴다(**그림 15**).

★ 중요 사항

그림 16처럼 카드에 세 개의 숫자를 쓴 후 한 칸을 띄어놓고 나머지 숫자를 써야 한다.

한 칸을 띄운 후 계속해서 관객이 부르는 숫자를 쓴다. 숫자를 쓰면서 숫자의 합이 36~45 사이에 이를 때까지 머릿속으로 계산한다.

만약 숫자의 합이 36이라면 한 명의 관객에게 숫자를 더 부르라고 해야 한다. 대부분의 경우 숫자가 아홉 개이므로 합이 45를 넘을 위험이 없다. 그러나 합이 36보다 크다면 더 이상 관객에게 숫자를 부르라고 하지 않아도 된다.

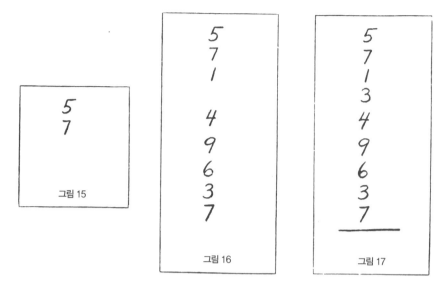

그림 15

그림 16

그림 17

관객이 부른 숫자가 위의 목록과 같다고 가정해보자. 그렇다면 숫자의 합은 42이다. 합이 미리 준비해놓은 숫자인 45가 되려면 아까 한 칸 띄워놓은 곳에 3을 써넣으면 된다. 그런 다음 숫자에 밑줄을 긋는다(**그림 17**).

"지금부터 숫자를 불러보겠습니다. 숫자 불러주신 분들, 맞는지 확인해보세요. 5,7,1,3,4,9,6,3,7."

숫자를 빠르게 읽는다.

"숫자를 모두 더해주시겠습니까?"

관객 한 명에게 숫자를 더하라고 한다. 숫자의 합을 물어본다.

"숫자의 합이 얼만가요? 45요? 네, 고맙습니다. 45 잘 기억해두세요. 지금까지 여러분들이 마음대로 불러주신 숫자를 적었습니다. 이분께서 숫자의 합이 45라고 하셨습니다. 45 맞죠? 지금부터 신기한 일이 벌어집니다."

봉투를 잡는다.

"아까 어떤 분이 봉투에 종이를 넣으셨고, 제가 이렇게 칼을 매달았습니다."

칼을 뺀다.

봉투 뚜껑이 당신을 향하도록 들고 끝을 찢은 후 'B(관객에게 가까운 쪽)'에 손을 넣는다. 이때 칸막이를 당신에게서 가장 가까운 쪽으로 민다. 봉투를 약간 기울여 준비된 종이와 오려진 숫자를 꺼낸다. 만약 장소가 집안이나 클럽이라면 관객 한 명에게 가까이 걸어간다.

"잘 보십시오. 봉투 안에서 신기한 일이 벌어졌습니다. 칼이 종이에서 숫자의 합인 45를 오려냈습니다."

모두에게 보이도록 종이를 들고 4와 5도 든다.

"봉투 안에는 아무것도 없습니다. 귀신이 곡할 노릇이군요."

빠른 동작으로 봉투를 흔들면서 안을 보여준다. 칸막이를 봉투 뒷부분에 대고 꽉 누르면 관객에게 보일 위험이 없다.

"종이와 숫자를 한번 살펴봐주시겠습니까? 정말 저조차도 신기합니다. 나중에 이 마술의 비밀이 풀리면 알려드리도록 하죠."

★ 참고

조금만 집중하면 쉽게 숫자의 합을 계산할 수 있다. 숫자의 합은 가끔씩 바꿔줘야 한다. 35에서 50 사이의 숫자 중에서 마음대로 이용한다.

예를 들어 숫자의 합을 41로 하고 싶다면 미리 준비한 종이에서 41이라는 숫자를 오려낸다. 그리고 관객이 다음과 같은 숫자를 불렀다고 가정해보자.

3	
5	8
9	17
4	21
3	24
8	32
7	39

숫자의 합이 41이 되어야 하므로 4와 9 사이에 2를 적는다.

앞에서 소개한 마술과 이 마술은 매우 유용하게 활용할 수 있다. 서로의 방식을 교환해서 이용할 수도 있다. 이 마술에 종이공을 사용하고 앞에서 설명한 마술에 오린 종이를 사용해도 된다.

팔에 숫자 나타나게 하기
The Numbers On the Arm

이것은 숫자 마술을 재미있게 변형시킨 방식이다. 붓이나 분필, 연필을 우유나 레몬주스에 담갔다가 왼쪽 팔뚝에 만들어야 할 숫자의 합을 쓴다. 또는 비누를 사용해도 된다. 글씨가 잘 마르게 둔다.

그림 18

관객이 불러주는 숫자를 카드에 적고 다른 관객에게 더하라고 한 후 종이나 카드를 접시에 놓고 태운다. 그 재로 팔뚝을 문지르면 **그림 18**처럼 숫자의 합이 검정색으로 나타난다. 우유나 레몬주스 혹은 비누에 재가 붙기 때문이다.

그 자리에서 수표 바꾸기
Rapid Banking

★ 이펙트

마술사가 'BANK(은행)'라고 적힌 봉투와 아무것도 쓰어 있지 않은 봉투를 보여준다. 두 개 모두 안에 아무것도 없다. 관객에게 1달러 지폐를 빌린 후 지폐번호를 잘 기억하라고 한다. 'BANK'라고 쓰인 봉투에 지폐를 넣는다. 그런 다음 자신의 수표장을 꺼내 '1달러'라고 적은 후 다른 봉투에 넣고 봉한다. 여행 도중에 현금을 수표로 바꾸기가 어려운데 자신은 비밀거래로 즉시 바꿀 수 있다고 말한다. 'BANK'라고 적힌 봉투를 찢자 그 안에는 1달러짜리 지폐 대신 수표가 들어 있다. 또 다른 봉투를 열자 1달러가 들어 있다. 마술사는 주인에게 지폐를 돌려주며 처음의 지폐가 맞는지 확인해보라고 한다.

★ 준비물

1. 앞에서 설명한 이중 봉투 두 개, 두 개의 색깔이 다르면 좋다.
2. 1달러 지폐, 너무 새것이거나 너무 낡지 않은 적당한 상태
3. 수표장
4. 수표를 쓰기 위한 펜
5. 관객에게 빌린 1달러 지폐

★ **해법과 대사**

준비

봉투 하나에 'BANK' 라고 쓴다(**그림 19**).

칸막이와 봉투 앞면 사이의 공간 'B'에 1달러가 적힌 수표를 넣는다.

아무것도 적히지 않은 봉투의 공간 'B'에는 1달러 지폐를 넣는다. 그 전에 지폐의 마지막 세 자리 숫자와 글자를 외워둔다. 예를 들어 735A.

이제 1과 2의 뚜껑을 붙여 평범한 봉투처럼 보이게 한다.

주머니에 펜과 수표장을 넣어둔다.

그림 19

시연

먼저 다음과 같은 대사로 시작한다.

> "수표를 현금으로 바꾸기 어려웠던 경험, 한번쯤은 있으시죠? 저도·많았습니다. 너무 불편했죠. 그래서 아주 쉽게 수표를 현금으로 바꾸는 방법을 찾았습니다. 은행과 직접 거래할 수 있는 시스템을 만들었거든요. 어떻게 하는 것인지 궁금하시죠? 여기서 바로 보여드리죠. 우선 1달러를 좀 빌려야겠습니다. 너무 빳빳하지도 않고 너덜너덜하지도 않은 지폐였으면 좋겠군요."

관객이 새 돈을 내밀면 이렇게 말한다.

> "너무 빳빳한 새 돈이라 날려 보내기가 아까운데요?"

관객이 꾸깃꾸깃한 돈을 내밀면 이렇게 말한다.

> "이 녀석은 너무 너덜너덜해서 기운이 하나도 없어 보이는군요. 멀리 날아가야 하니 좀더

쌩쌩한 녀석이 필요합니다."

드디어 적당한 돈을 받아든다.

"여기 친절하신 분께서 이자도 없이 제게 돈을 빌려주셨습니다. 나중에 알아볼 수 있도록 지폐 번호를 잘 외워두세요. 세 자리와 숫자와 문자를 적어놓으세요. 7, 3, 5, A입니다."

이것은 봉투에 든 지폐의 번호이다. 하지만 관객은 당신이 손에 든 지폐의 번호를 부른다고 생각한다.

'BANK' 라고 적힌 봉투를 집어 든다.

"이 봉투가 은행입니다. 빌린 1달러를 은행에 예금하고 문을 닫겠습니다."

다른 봉투에 넣은 지폐와 마찬가지로 지폐를 반으로 접는다. 빈 봉투를 보여준 후 지폐를 넣거나 관객이 넣도록 한다. 봉투를 봉한 후 모두에게 잘 보이도록 높이 들었다가 관객에게 들고 있으라고 준다.

"이제 제 앞으로 수표를 쓰겠습니다."

주머니에서 수표장을 꺼내서 펼치고 펜도 꺼낸다.

"은행에 예금한 1달러를 적겠습니다. 계속 두면 2달러로 불어날 수도 있겠지만 은행에서는 싫어할 것 같군요."

자신의 이름으로 1달러 수표를 쓴다. 'BANK' 봉투에 몰래 넣어둔 수표와 똑같이 쓴다.

"수표를 다른 봉투에 넣겠습니다."

역시 봉투가 비어 있음을 보여준 후 수표를 접어서 넣는다. 봉투를 봉한 후 테이블에 세워놓거나 관객 한 명에게 잘 보이도록 들고 있으리고 한다.

"은행과 거래를 하려면 돈이 필요합니다. 길거리에서 지나가는 사람 아무나 붙잡고 달라고 할까요? 아마 이상한 사람 취급 받을 겁니다. 더 좋은 방법이 있습니다. 제가 "수리수리 마수리!" 하고 외치면 돈이 은행에서 날아올 겁니다."

'BANK' 라고 적힌 봉투를 찢는다. 가운데 칸막이가 봉투의 뒤쪽에 놓이게 한다. 봉투에서 수표를 꺼낸다. 봉투의 틈새가 관객을 향하게 한 채 수표를 꺼낸 후 재빨리 관객에게 봉투 안을 보여준다.

"보세요. 현금은 날아가고 수표가 은행에 도착했네요."

모두에게 수표를 보여준 후 관객 한 명에게 주거나 테이블에 올려놓는다.

"수표를 넣은 봉투는 어떻게 됐는지 보겠습니다."

다른 봉투를 뜯어서 1달러 지폐를 꺼낸다. 재빨리 봉투 안을 보여준다. 이 봉투 역시 칸막이가 봉투 뒷면에 잘 맞춰져 있도록 해야 한다.

"은행에 예금해놓은 1달러를 찾았습니다. 아까 번호를 적어놓았으니 쉽게 확인할 수 있겠군요."

관객에게 지폐 번호를 보여준다.

"마지막 자리가 735A입니다. 맞습니까? 돈 빌려주셔서 고맙습니다."

주인에게 지폐를 돌려준다. 관객은 그것이 자신이 빌려준 돈이라고 생각하지만 사실은 마술사가 미리 준비해놓은 것이다. 관객이 봉투를 자세히 들여다보지 못하도록 얼른 정리한다. 봉투를 내려놓을 때는 찢어진 부분이 관객에게 보이지 않도록 해야 한다. 칸막이가 보이면 안 되기 때문이다.

나는 가끔씩 봉투의 수표에 '7번' 이라고 적어놓는다. 그리고 관객 앞에서 또 다른 수표를 쓸 때 관객 한 명에게 5~10 중 아무 숫자나 고르라고 한다. 심리법칙에 따라 이때 대부분의 관객은 7을 고른다. 관객이 7이라고 말하면 "수표에 7번이라고 쓰겠습니다. 숫자를 잘 기억해두세요. 나중에 확인해야 하니까요."

그리고 봉투에서 또 다른 수표를 꺼낼 때는 수표번호에 관객의 관심을 집중시킨다.

만약 관객이 7이 아닌 8을 고르면 "8요? 마법의 숫자군요. 8에게 수표를 잘 지키라고 하겠습니다"라고 말하고 더 이상 숫자에 관해 언급하지 않는다.

전문 마술사와 초보자에게 각각 조언을 하겠다. 전문 마술사인 경우 'BANK'라고 적힌 봉투에 은행에서 현금을 수표로 바꿔줄 때 찍어주는 '지급' 도장을 찍고 처음과 똑같은 수표라는 사실은 '찢은 귀퉁이'로 확인한다. 초보자들에게는 좀더 나중에 'torn corner'에 관해 설명하겠다. 아직은 활용할 수 있는 단계가 아니다.

카드를 이용하는 마술은 마술 분야에서도 매우 중요한 부분을 차지한다. 현란
한 손기술을 바탕으로 하는 카드 마술은 그 자체가 예술이다.

기본 원리는 복잡하지 않지만 곰곰이 생각하고 연구하고 열심히 연습해야만 한
다. 기본 원리를 잘 익히면 그것을 바탕으로 다양한 이펙트를 만들어낼 수 있다.

Tarbell course in MAGIC

카드 마술
Effective Card Mysteries

카드를 이용하는 마술은 마술 분야에서 매우 중요한 부분을 차지한다. 현란한 손기술을 바탕으로 하는 카드 마술은 그 자체가 예술이다. 또한 정확한 기본 원리로 이루어지므로 피나는 연습이 필요하다. 지금부터 카드 마술의 기본 원리에 관해 하나씩 배워볼 예정이다. 열심히 배우면 카드 마술에 필요한 기본적인 손기술을 익힐 수 있다. 기본 원리 자체는 복잡하지 않지만 곰곰이 생각하고 연구하고 열심히 연습해야만 한다. 기본 원리를 잘 익히면 그것을 바탕으로 다양한 이펙트를 만들어낼 수 있다.

이번 레슨에서 배울 내용은 다음과 같다.
1. 심플 패스(The Simplified Pass)
2. 폴스 셔플(The False Shuffle)
3. 더블 카드 리프트(The Double Card Lift)
4. 슬립 체인지(The Slip Change)
5. 파밍 오브 어 카드(The Palming of a Card)

카드의 위치에 대한 설명
Guide To Card Positions

이것은 카드 마술의 손기술과 원리를 배우기 위해서 꼭 알아야 하는 부분이다. 카드 마술을 배우려면 카드의 위치에 관해 정확히 이해해야만 한다. 헷갈리는 일이 없도록 카드 용어를 반드시 암기해야 한다.

"보텀(bottom)" 카드는 나머지 팩이 한 방향으로 놓여 있을 때 앞면이 밖으로 나온 카드이다(**그림 1**). 아래 그림에서 하트 2가 보텀 카드이다.

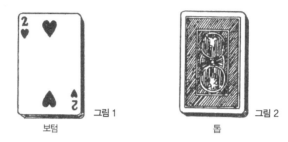

그림 1
보텀

그림 2
톱

반면 "톱(top)" 카드는 나머지 팩이 한 방향으로 놓여 있을 때 뒷면이 바깥쪽을 향하는 카드이다(**그림 2**).

하지만 이것은 마술사들을 기준으로 한 용어이다. 관객에게는 덱의 앞면이 위를 향해 놓여 있을 때 첫 번째 카드가 톱 카드이고 맨 마지막 카드가 보텀 카드이다. 그러나 마술사에게는 맨 위에 있는 카드가 "보텀" 카드이고 마지막 카드가 "톱" 카드이다. 다시 말해서 덱의 위치에 상관없이 앞면이 나와 있는 카드가 "보텀" 카드이고 뒷면이 나와 있는 카드가 "톱" 카드이다.

이제부터 마술사들의 용어를 뜻할 때는 큰 따옴표를 붙여서 "보텀" 또는 "톱"으로 표시할 예정이니 헷갈리지 말기 바란다.

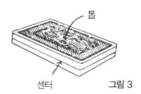

톱
센터   그림 3

가운데, 즉 센터는 물론 "톱"과 "보텀"의 중간을 말한다(**그림 3**).

Tarbell course in Magic

라이징 카드 이스케이프
The Rising Card Escape

라이징 카드는 매우 인기 있는 마술이다. 이펙트의 방식이 매우 다양하지만 대부분은 사전 준비가 필요하다. 하지만 여기에서는 언제 어디에서나 덱만 있으면 선보일 수 있는 방식에 대해서 배우기로 한다. 몇 가지 손기술만 익히고 카드 케이스를 교묘하게 닫기만 하면 된다.

★ 이펙트

관객 한 명이 덱에서 카드 한 장을 꺼내 모두에게 보여준다. 그리고 덱에 도로 넣고 셔플(카드를 섞는 행동—감수자)한다. 마술사가 케이스에 덱을 넣고 뚜껑을 닫는다. 그런 다음 관객을 시켜 자신의 오른손에 놓인 케이스를 손수건으로 묶으라고 한다. 그러자 관객이 선택한 카드가 케이스를 통과하여 솟아나온다.

★ 준비물

1. 덱

마술사들이 가장 많이 사용하는 덱은 '에비에이터(Aviator)' 이다. 에비에이터 카드는 다른 여러 가지 카드와 매치할 수 있어 만족도가 높다. 하지만 '바이시클(Bicycle)' 카드나 '비(Bee)' 카드를 좋아하는 마술사들도 있다. 손을 움직이는 도중에 눈에 잘 띄지 않도록 뒷면이 파란색으로 된 카드가 가장 좋다. 그리고 낡고 너덜너덜한 덱보다는 깨끗한 새 덱이 좋다. 물론 덱을 관객에게 빌려 사용할 때는 선택의 여지가 없다(요즘은 바이시클이 가장 많이 사용된다—감수자).

2. 빌린 손수건

★ 해법과 대사
시연

케이스에서 카드를 꺼내 관객에게 섞으라고 한다.

"아무거나 한 장 고르시고 나머지 카드를 저에게 주세요."

관객이 카드를 뽑는다.

"무슨 카드를 골랐는지 잘 기억해두세요. 원하신다면 옆 사람에게 살짝 보여주셔도 됩니다. 이제 덱 중간쯤에 다시 넣으세요."

덱을 절반으로 커트한다. 이때 왼손으로 카드 뒷면이 위로 오도록 잡는다. 오른손 엄지손가락은 카드 아래쪽 가장자리를, 집게손가락과 가운뎃손가락, 넷째 손가락은 위쪽을 잡는다. 이렇게 하면 덱의 절반 부분을 쉽게 들어 올릴 수 있다(**그림 1**).

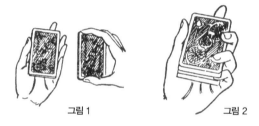

그림 1   그림 2

관객에게 선택한 카드를 덱의 아래쪽에 넣으라고 한다.

심플 패스(카드 덱의 반을 맨 위나 아래로 보내는 기술명—감수자)

오른손의 위쪽 절반을 왼손의 나머지 절반 위에 놓는다. 이때 **그림 2**처럼 왼손 손가락을 덱의 두 패킷 사이에 놓는다.

덱의 앞부분은 자연스럽게 같이 잡고 뒷부분은 새끼손가락을 이용해서 분리한다. 덱을 절반으로 나눈 후 섞었으므로 관객은 선택된 카드가 가운데 어딘가에 있다고 생각할 것이다.

그림 3은 현재 왼손의 위치이다. 엄지손가락은 팩의 왼쪽에 있고 엄지손가락은 전

단(앞끝)에, 가운뎃손가락과 넷째 손가락은 오른쪽에, 새끼손가락은 두 부분으로 나뉜 덱의 사이에 있다.

그림 3

관객에게 들키지 않고 자연스럽게 새끼손가락을 집어넣을 수 있을 때까지 거울 앞에서 연습한다.

왼손을 오른쪽으로 돌려서 엄지손가락으로 잡은 부분이 위로 향하게 한다.

새끼손가락을 지렛대 삼아 덱의 위쪽 절반을 약간 밀고 오른손으로 잡는다(**그림 4**).

여기서 당신의 목적은 선택된 카드가 덱의 "톱"에 오도록 만드는 것이다. 그 카드는 현재 왼손 새끼손가락 아래에 있는 절반 아랫부분의 "톱" 카드이다. 이 목적을 달성하려면 다음과 같이 심플 패스를 해야 한다.

오른손을 이용해 위쪽 절반을 아래쪽 절반 앞쪽에 놓고 이 패킷의 앞면이 왼손에 든 패킷의 앞면으로 오도록 셔플한다. 카드 앞면이 관객을 향한다(**그림 5**). 이 동작은 한번의 움직임으로 이루어져야 한다. 위쪽 카드를 아래쪽에 카드에 놓은 후 셔플하기 시작하면 안 된다. 반드시 패스한 직후 섞어야 한다.

| 그림 4 | 그림 5 | 그림 6 |

뽑은 카드가 위로 떨어진다.

이것은 선택된 카드를 셔플하지 않고 계속 덱의 '톱'에 두는 폴스 셔플이다.

또 다른 폴스 셔플

이것은 실제로 카드를 섞지만 "톱" 카드 위에는 아무것도 놓지 않는 방법이다(그림 6). 절반으로 나눈 덱을 리플(riffle, 카드를 두 갈래로 나눠 튕겨 엇갈리게 섞기 -옮긴이)할 때 맨 위에 있는 카드가 위에 떨어지도록 한다.

이 방법으로 자연스럽게 셔플할 수 있어야 한다.

관객은 선택된 카드가 덱의 가운데로 돌아갔다가 셔플로 인해 다시 어디론가 사라졌다고 생각한다. 카드가 어디에 있는지 모른다는 사실을 증명하려면 또 다른 방법을 활용해야 한다.

더블 카드 리프트

선택된 카드는 덱의 맨 위에 있지만 관객에게는 그곳에 없다는 사실을 증명해야 한다.

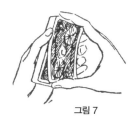

그림 7

왼손으로 카드 뒷면이 위로 향하도록 덱을 든다. **그림 7**처럼 오른손 엄지손가락으로 두 장의 "톱" 카드의 아래쪽 왼쪽 모서리를 들어올린다.

두 장의 "톱" 카드를 마치 한 장인 것처럼 들어서 보여준다(**그림 8**). 관객에게는 카드 한 장으로 보인다. 그리고 그것은 선택된 카드가 아니다.

""톱" 카드가 아까 저분이 뽑은 카드가 아니죠? 어딘가로 섞여버렸습니다."

카드를 보여준 후 다시 덱의 "톱" 에 놓는다. 카드 케이스를 들어 안이 텅 비었음을 보여준다. 관객 한 명에게 살펴보라고 해도 된다.

그림 9처럼 카드 앞면이 뚜껑을 향하도록 하여 덱을 케이스에 넣는다.

그림 8   그림 9   그림 10

작은 뚜껑을 밀어 내린 후 큰 뚜껑을 카드 위에 놓고 닫는다. 카드 케이스를 닫는 모습처럼 보인다. 하지만 실제로는 왼손 집게손가락을 선택한 카드 위에 놓고 나머지 덱에서 0.2cm 정도 끌어당긴다(**그림 10**). 이렇게 하면 케이스 뚜껑을 집어넣을 수 있는 충분한 공간이 생긴다.

이제 선택한 카드는 케이스의 뒷면과 뚜껑 사이에 위치한다(**그림 11**). 박스는 케이스와 색깔이 똑같으므로 관객에게 들키지 않고 움직일 수 있으며 잠깐 동안 보여줄 수도 있다. 관객은 당신이 한 장의 카드를 빼놓고 케이스를 닫았다고 의심하지 않을 것이다.

선택된 카드

그림 11   그림 12

보여주고자 하는 부분을 왼손 엄지손가락으로 잡은 후 관객에게 보여줘도 된다(**그림 12**). 케이스에 카드를 전부 넣었다는 사실을 보여준다.

"잠시 손수건을 빌리겠습니다."

관객에게 손수건을 빌리고 밧줄 모양으로 감아달라고 부탁한다.

"손수건을 밧줄 모양으로 감고 제 오른손 손바닥에 있는 덱을 묶으세요."

오른손 손가락을 펼쳐서 양쪽에 아무것도 없음을 보여준다. 카드 케이스의 양쪽도 보여준다. 그런 다음 오른손 손바닥에 덱을 올려놓는다. **그림 13**처럼 선택된 카드가 보이는 쪽이 손가락 끝을 향하게 하여 손바닥에 올려놓는다.

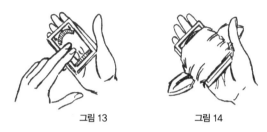

그림 13   그림 14

"떨어지지 않게 꽉 묶으세요."

관객이 손수건으로 케이스를 감고 아래로 묶는다(**그림 14**).

"다시 한번 잘 보세요. 카드는 전부 케이스 안에 들어 있습니다."

왼손 집게손가락과 가운뎃손가락으로 선택된 카드를 가린 채 왼손으로 케이스 가장자리를 들어올린다. 손과 케이스 사이에는 아무것도 없다. 카드 뒤쪽 끝도 들어올린다.

"자, 아까 뽑으신 카드가 뭐였죠? 아, 스페이드 잭이라고요?(여기에서는 스페이드 잭이라고 가정하지만 어떤 카드든지 상관없다.) 여기 어딘가에 스페이드 잭이 섞여 있겠죠. 자, 한번 큰 소리로 불러보실래요? 스페이드 잭 나와라!"

관객이 큰 소리로 외치면 왼손 가운뎃손가락을 케이스 안쪽의 카드에 대고 천천히 밖으로 민다.

약 2cm 정도 밀어서 뺀 후 손가락을 케이스 위에 놓고 다시 약간 위로 민다. 그런 다음 이 동작을 되풀이한다. 이렇게 하면 카드가 서서히 밖으로 빠져나온다. 서두르지 말고 자연스럽게 움직여야 제대로 된 이펙트를 연출할 수 있다(**그림 15**).

그림 15   그림 16

"아, 이게 웬일입니까! 카드가 밖으로 나오고 있습니다."

그림 16처럼 스페이드 잭이 완전히 밖으로 나오면 왼손으로 잡아 관객에게 주거나 테이블에 올려놓는다.

"이 카드가 맞는지 한번 보세요. 나머지 카드는 얌전히 케이스 안에 들어 있습니다."

케이스가 손에서 떨어지게 않도록 조심하면서 손수건을 푼다. 케이스의 양쪽을 보여준다. 뚜껑을 열어 덱을 꺼내고 부채모양으로 펼쳐서 보여준다. 빌린 손수건은 돌려준다.

"네, 스페이드 잭이 감쪽같이 탈출했습니다!"

★ 참고
더 빠른 마무리를 원한다면 손수건으로 케이스를 묶지 않고 그냥 손에 올려놓은 채 진행한다.

봉투 카드 마술
Sealed Card Mystery

★ 이펙트

마술사가 관객에게 덱을 잘 섞은 후 카드 한 장을 뽑으라고 한다. 그 관객이 다른 두 명의 관객에게 덱을 주고 각각 한 장씩 뽑으라고 한다. 마술사는 관객들이 카드를 뽑을 때 전혀 덱을 만지지 않는다. 관객들은 마술사의 지시에 따라 자신들이 뽑은 카드를 작은 편지봉투에 넣고 봉한다. 그런 다음 각각의 작은 봉투를 큰 봉투에 넣어 봉한다. 마술사가 덱을 절반으로 나눈 후 각 부분의 "톱" 카드를 보여준다. 그리고 봉투 한 개를 고른다. 관객 한 명이 각 부분의 "톱" 카드를 들어 올리자 톱 카드가 바뀌었으며 그중 하나는 선택된 카드의 패이고 나머지는 뽑은 카드의 숫자이다. 봉투를 찢자 마술사가 말한 카드가 나온다.

★ 준비물

1. 작은 봉투 세 장. 편지봉투나 은행에서 사용하는 돈봉투처럼 불투명한 것. 약 6.3cm × 10.6cm
2. 규격봉투 세 장. 약 16cm × 8.8cm **그림 17** 참조
3. 덱

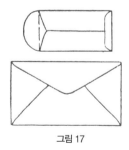

그림 17

★ 해법과 대사

준비

작은 봉투 하나를 꺼낸다. 가위로 오른쪽 하단 측면을 자른다. 바닥에서 위로 약 3cm, 바닥을 따라 약 1.8cm 정도 자른다(**그림 18**).

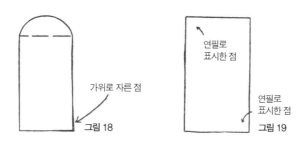

가위로 자른 점
그림 18

연필로
표시한 점
연필로
표시한 점
그림 19

큰 봉투 왼쪽 상단 귀퉁이와 하단 오른쪽 귀퉁이에 연필로 점을 찍는다. 봉투의 양면 모두 그렇게 한다(**그림 19**). 세 장의 봉투 중에서 하나에만 알아볼 수 있을 만한 크기로 찍으면 된다.

시연

가까운 테이블에 모든 봉투를 올려놓는다. 양손으로 덱을 꺼내 부채모양으로 펼쳐 아무 이상이 없음을 보여준다. 하지만 "보시다시피 평범한 카드입니다. 그렇죠?"라는 말은 하지 않는다. 그저 팬(카드를 부채모양으로 펴는 행동—감수자)하는 행위를 이용해서 암시만 한다.

"카드를 섞어주시겠습니까? 골고루 섞으세요."

관객 한 명에게 덱을 준다.

"그중에서 한 장만 뽑으세요. 무슨 카드인지 잘 확인하세요. 저한테는 보여주지 마시고요. 확인하셨으면 다른 분께 덱을 주세요."

첫 번째 관객이 카드를 뽑은 후 다른 사람에게 덱을 건네준다.

"카드 한 장을 뽑으시고 잘 봐두세요. 저한테는 보여주지 마세요. 자, 다 하셨으면 다른 분께 덱을 주세요."

두 번째 관객이 카드를 뽑은 후 세 번째 관객에게 덱을 준다.

"앞에 분들이 하신 대로 똑같이 하세요. 카드 한 장을 뽑으시고 무슨 카드인지 확인하세요. 저한테는 보여주시면 안 됩니다. 자, 좋습니다. 이제 제가 덱을 가져가겠습니다."

세 번째 관객까지 카드를 뽑으면 덱을 가져와 모두에게 잘 보이도록 테이블에 올려놓는다. 왼손으로 미리 손을 써두지 않은 작은 봉투를 잡는다.

"자, 첫 번째 분! 이 봉투에 카드를 넣어주세요. 제가 보지 못하도록 앞면이 밑으로 가게 넣으세요."

관객이 카드를 집어넣을 수 있도록 **그림 20**처럼 봉투를 들어준다. 봉투에 침을 발라 봉한다. 테이블에서 큰 봉투를 가져와 그 안에 작은 봉투를 넣는다.

그림 20

그림 21

"큰 봉투를 봉하신 다음 잠시만 들고 계십시오."

이렇게 말한 후 미리 손을 써둔 작은 봉투를 들어올린다. 왼손 엄지손가락과 집게손가락으로 절개선이 있는 부분을 잡는다. 아까처럼 관객을 향해 봉투를 잡는다.

"두 번째 분께서는 이 봉투에 카드를 넣어주세요. 저한테 보이지 않도록 앞면이 밑으로 가게 하세요."

두 번째 관객이 봉투에 카드를 넣는다. 오른손 집게손가락과 가운뎃손가락으로 카드를 봉투 바닥으로 잘 밀어 넣는다. 봉투를 봉한 후 관객을 향해 든다. 오른손으로 봉투를 봉할 때 왼손 엄지손가락으로 봉투의 절개 부분을 들어서 카드의 패와 숫자를 확인한다(**그림 21**).

봉투 안에 무슨 카드가 들어 있는지 한번에 확인할 수 있다. 예를 들어 스페이드 5라고 해보자. 봉투 뚜껑의 귀퉁이를 제자리에 놓는다. 관객에게는 당신이 단순히 봉투를 붙이는 것으로 보인다. 이때 봉투를 약간 위쪽으로 기울이면 봉투의 뒷부분이 보이지 않으므로 들킬 염려가 없다.

테이블에서 미리 손을 써둔(귀퉁이에 점을 찍어둔) 큰 봉투를 가져온다.

"봉투에 든 카드를 또다시 더 큰 봉투에 넣겠습니다."

당신이 큰 봉투에 작은 봉투를 넣고 봉한다.

"이 봉투를 들고 있을 분이 필요합니다."

관객에게 봉투를 들고 있으라고 준다. 주머니에서 또 다른 작은 봉투를 꺼낸다.

"마지막 카드도 봉투에 넣고 봉하겠습니다."

관객이 봉투에 카드를 넣고 봉한다.

"이제 이것도 큰 봉투에 넣겠습니다."

세 번째 큰 봉투에 작은 봉투를 넣고 역시 봉한다.

"봉투를 들고 계세요."

이제 다시 테이블이 있는 쪽으로 가서 덱을 집어 든다. 부채꼴로 살짝 펼쳐서 얼른 들여다본다. 절개 봉투에 든 카드의 패와 숫자가 똑같은 두 장의 카드를 찾아내야 한다. 앞에서 말한 것처럼 절개 봉투에 든 카드가 스페이드 5라고 해보자. 카드를 살짝 패닝하면서 재빨리 아무 그림이든지 숫자 5의 카드를 찾고 그 카드의 뒷면에 오른손 집게손가락을 놓는다(**그림 22**).

그림 22 그림 23

그리고 스페이드가 나올 때까지 계속 카드를 훑어본다. 스페이드를 발견하면 최대한 살짝 올려서 오른손 집게손가락 앞쪽에 놓는다. 이렇게 하면 카드가 다음과 같은 순서로 위치하게 된다.

    왼손에는 덱의 아랫부분.
    임의의 숫자의 스페이드 카드.
    임의의 숫자 5 카드
    오른손에는 덱의 윗부분.

오른손 집게손가락은 절반으로 나뉜 덱의 윗부분과 아랫부분 사이에 있다.
이제 **그림 23**처럼 카드를 두 부분으로 나누고 서로 약 2cm 간격으로 잡는다.

    "이 카드가 완전한 팩이라고 생각해보세요. 아니, 꼭 그럴 필요는 없겠군요."

오른손에 있는 부분을 왼손에 있는 부분 아래에 놓은 후 카드의 귀퉁이를 맞춰서 정리한다.
이제 스페이드 카드와 숫자 5의 카드가 팩의 "톱"에 온다. 팩을 뒤집어 리플 셔플 (riffle shuffle, 가장 보편적인 섞기 방법으로 나눠진 양손의 카드를 빗나게 튀기면서 서로 엇갈리게 섞음—옮긴이)하면서 폴스 셔플한다. 따라서 두 장의 "톱" 카드는 계속 "톱"에 남는다.

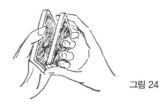

그림 24

이제 **그림 24**처럼 팩을 잡는다.

슬립 체인지

카드의 하단 가장자리를 붙인 채 덱의 한쪽 상단 가장자리를 열어 가운데로 오게 한다(**그림 25**). 왼손 손가락으로 오른손에 든 덱의 "톱" 카드에 대고 힘껏 누른다.

오른손에 든 덱의 카드를 "톱" 카드를 제외하고 전부 들어올린다(**그림 26**). "톱" 카드는 오른손 손가락으로 잘 든다.

그림 25

그림 26

그림 27

오른쪽에 있는 덱을 오른손으로 가져오면 "톱" 카드가 자동적으로 왼쪽 카드 위로 떨어져서 왼손에 있는 덱의 "톱" 카드가 된다(**그림 27**).

이렇게 절반으로 나뉜 덱의 한 부분에 있는 카드를 다른 부분 위에 슬쩍 놓는 기술을 '슬립 체인지(Slip Change)'라고 한다. 이 기술이 손에 완전히 익을 때까지 열심히 연습해야 한다. 왼손 손가락으로 카드를 옮길 때 계속 카드를 잘 잡고 있어야 한다. 또 이 동작은 신속하고 자연스럽게 이루어져야 한다. 거울 앞에서 시야의 각도를 잘 확인하면서 연습한다. 절반으로 나뉜 덱의 두 부분을 카드 앞면이 아래로 가게 하여 테이블에 올려놓는다.

"이 패킷의 "톱" 카드를 확인해보겠습니다."

오른쪽 패킷을 들어 두 개의 "톱" 카드를 하나처럼 보이도록 더블 카드 리프트한다. 어떤 카드인지 말한 후 제 자리에 놓는다. "톱" 카드는 스페이드지만 관객은 아직 그 사실을 알지 못한다.

"하트 퀸이군요."(혹은 '두 번째' 카드라고 말해도 된다.)

테이블에 패킷을 다시 내려놓는다. 다른 패킷도 더블 카드 리프트한다.

"다른 쪽 패킷의 "톱" 카드는 다이아몬드 10입니다."(역시 '두 번째' 카드라고 말해도 된다.)

한 장처럼 보이도록 더블 리프트(카드 두 장을 한 장처럼 뒤집는 기술-감수자)한 카드를 다시 다른 카드와 함께 놓는다.

"혹시 카드 점을 믿으십니까? 안 믿는 분들도 계시겠죠. 지금부터 아주 특별한 카드 점을 보여드리겠습니다. 누가 저기 세 분께서 들고 계신 봉투 세 장을 가져다주시겠습니까? 그리고 봉투 세 장을 섞어주세요."

누군가가 세 장의 봉투를 가져와서 섞는다.

"다 섞으셨으면 쫙 펼쳐서 들어주세요. 제가 그중 하나를 가져가겠습니다."

연필로 점을 찍어 놓은 봉투를 가져온다.

"이 봉투 안에 어떤 카드가 들었는지 궁금하시죠? 저도 무척 궁금합니다. 카드점을 이용해서 궁금증을 풀어볼까요? 보시다시피 테이블에는 두 부분으로 나뉜 카드가 놓여 있습니다. 한 쪽에는 하트 퀸이 맨 위에 있고 다른 쪽에는 다이아몬드 10이 맨 위에 있습니다. 자, 그렇다면 봉투 안에는 어떤 카드가 들었을까요? 용한 카드 도사님한테 물어보겠습니다. 도사님, 도사님, 어떤 카드입니까? 하트인가요, 스페이드인가요, 클럽인가요, 디아몬드인가요? 여러분, 잘 들어보세요. 카드 도사님이 답해주십니다."

왼쪽 부분의 맨 위에 있는 카드를 든다. 스페이드이다. 관객에게 보여준다.

"'스페이드이니라!' 라고 하시네요. 도사님, 그럼 숫자는 무엇인가요? 2인가요, 6인가요, 아니면 킹인가요?"

오른쪽 부분의 맨 위에 있는 카드를 든다. 숫자 5 카드이다.

"네, 5라고 하시네요! 자, 그렇다면 봉투 안에 든 카드는 스페이드 5라는 말씀이군요. 아까 세 분 중에서 스페이드 5를 뽑으신 분? 네, 알겠습니다."

큰 봉투를 재빨리 찢는다. 왼손으로 절개 부분을 잘 가린 채 작은 봉투를 꺼낸다. 작은 봉투의 뚜껑을 찢은 후 오른손 집게손가락을 안에 넣어 측면과 바닥을 찢어서 카드가 나오게 한다. 칼이 있다면 칼을 이용해서 봉투의 측면과 바닥을 찢는다. 이렇게 하면 한쪽 귀퉁이를 미리 절개해둔 증거가 사라진다.

카드를 들어 모두에게 보여준다.

"네, 정말 스페이드 5입니다. 나머지 봉투도 찢어주세요. 제가 팩에 도로 넣겠습니다."

관객들이 봉투를 찢고 마술사에게 카드를 준다. 모두에게 카드를 보여주면서 무슨 카드인지 말한다. 세 장의 봉투에 모두 똑같은 카드가 들어 있지 않았음을 보여주기 위해서이다.

테이블에서 두 부분으로 나뉜 덱을 들어 카드를 끼워 넣고 반듯하게 정리한다.

★ 참고

카드의 이름을 말할 때 활기찬 목소리로 해야 한다. 관객에게 신뢰감을 줄 수 있도록 진심이 담긴 태도로 말해야 한다. 최대한 긍정적인 모습을 보여야 한다. 주저하거나 말을 더듬으면 이펙트가 현저하게 떨어지므로 주의한다. 반면 자신 있고 활기차게 행동하면 관객의 신뢰가 커지므로 더욱 효과적인 이펙트를 낼 수 있다.

절개된 봉투

절개 봉투를 이용해서 카드 마인드 리딩 마술도 선보일 수 있다. 봉투의 절개 부분으로 슬쩍 들여다보면 봉투에 든 어떤 카드든지 알아맞힐 수 있다.

　카드 마인드 리딩의 다음과 같은 특성을 활용한다. 관객이 뽑은 카드를 봉투에 집어넣는다. 앞에서 소개한 '봉투 카드 마술'에서처럼 봉투를 봉하면서 절개 부분으로 카드를 살짝 엿본다. 그런 다음 집게손가락으로 봉투를 들고 카드의 이름을 말한다. 그리고 앞에서처럼 봉투의 측면과 바닥을 찢어 증거를 없앤 후 카드를 꺼내 보여준다.

　이 마술의 이펙트를 높이려면 쇼맨십을 발휘할 필요가 있다. "봉투 안에 든 카드는 다이아몬드 2입니다"와 같이 간단하게 카드의 이름만 말하면 이펙트가 떨어진다.

　그 대신에 "음, 빨간색 카드인 것 같아요. 심장처럼 뛰고 있는 것 같고… 아니, 다이아몬드네요. 다이아몬드 2입니다!"

　이렇게 간단하게만 대사를 알려주는 이유는 지금까지의 가르침을 바탕으로 당신이 스스로 대사를 만들어내야 하기 때문이다. 스스로 대사를 만드는 것은 무척 신나는 일이다. 지금 당장 나만의 대사를 만들어보도록!

선택된 카드 맞히기
A Psychologica Impossibility

★ 이펙트

　마술사가 덱을 서플하고 숫자가 써진 카드 한 장을 꺼낸 후 팬한다. 그리고 관객에게 속으로 아무 카드나 생각하라고 한다. 관객은 마술사의 지시에 따라 그것이 끝에서 몇 번째 카드인지 기억한다. 마술사가 카드를 닫은 후 테이블에 올려놓는다. 그런 다음 팩의 남은 카드를 다른 관객에게 내밀어 카드 한 장을 꺼낸 후 무슨 카드인지 보지 말라고 한다. 그리고 그 카드를 자신의 주머니에 넣는다. 첫 번째 관객이 자신이 뽑은 카드가 끝에서 몇 번째인지 말한다. 마술사가 첫 번째 파일(pile, 쌓인 카드더미—옮긴이)을 훑어보더니 거기에 없다고 한다. 자신의 주머니에서 두 번째 파일에서 선택한 카드를 꺼낸다. 첫 번째 관객은 그 카드가 자신이 첫 번째 파일에서 고른 카드라고 말한다.

★ 준비물
덱

★ 해법과 대사
시연
덱을 서플한다.

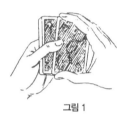

그림 1

그림 1처럼 덱의 1/3가량을 뗀 후 나머지 덱을 모두에게 잘 보이도록 테이블에 올려놓는다.

덱의 1/3을 왼손에 놓는다.

오른손 엄지손가락으로 두 개의 "톱" 카드의 하단 왼쪽 귀퉁이를 약 2.5cm 정도 올린다. 두 장의 카드를 마치 한 장처럼 보이도록 오른쪽으로 옮긴다. 그런 다음 왼손으로 나머지 팩을 팬한다. 이렇게 하면 관객에게 모든 카드를 보여주는 것처럼 보인다. 하지만 실제로는 맨 마지막에 있는 카드는 더블 카드(두 장을 한 장처럼 보이게 만든 것)이다. 몸의 왼쪽이 관객을 향하게 한다(**그림 2**).

그림 2

"보시다시피 카드를 부채모양으로 펼쳤습니다. 자, 이제 한 분께서 카드 한 장을 선택하시고 그 위치를 기억해주셔야 합니다. 예를 들어 끝(마술사의 오른쪽)에서 하나, 둘, 셋, 넷, 다섯, 여섯 번째 카드는 하트 잭입니다. 끝에서 일곱 번째 카드는 클럽 10이고요. 이렇게 아무 카드나 고르시고 끝에서 몇 번째인지만 기억해두면 됩니다. 네, 좋아요. 이제 카드를 정리하고 테이블에 올려놓겠습니다."

관객에게 속으로 카드를 떠올리라고 한다. 마술사가 카드 더미를 정리한 후 모두에게 잘 보이도록 테이블에 올려놓는다. 그리고 손가락을 쫙 펴서 양손에 아무것도 없음을 보여준다.

관객이 카드를 보았을 때 첫 번째 카드 뒤에 한 장의 카드가 더 있었으므로 그가 고른 카드는 그의 생각보다 한 장 더 뒤쪽에 있다. 따라서 관객이 속으로 뒤에서 여섯 번째 카드를 골랐다면 사실 그 카드는 뒤에서 일곱 번째 카드인 것이다.

"자, 저를 잘 보세요. 이제 제가 다른 파일을 집어서 선생님께 준 다음 거기에서 아무 카드나 한 장 빼라고 할 겁니다. 하지만 카드를 보거나 다른 사람에게 보여주면 안 됩니다."

관객이 카드 한 장을 뺀다.

"그 카드를 저에게 주세요."

관객에게 카드를 받는다.

"이 카드를 제 주머니에 넣겠습니다."

오른손으로 카드의 뒷면이 관객을 향하게 든 후 오른쪽 바지주머니에 집어넣는다.

"자, 패를 정리하고 테이블에 놓으세요. 지금부터 기적을 보여드리겠습니다. 심리학에서는 기적을 '불가능성' 이라고 합니다. 한마디로 심리학자들의 꿈이라고 할 수 있죠."

관객이 선택한 카드의 오른쪽에 있는 팩을 가리킨다.

"만약 이분이 이쪽에서 뽑은 카드가 아까 다른 쪽에서 뽑아 제 주머니에 넣어둔 카드라고 한다면 속임수라고 생각하겠죠? 분명 이 덱에는 똑같은 카드가 두 장 있지 않습니다. 제 말이 진짜라는 것을 보여드리죠."

오른쪽에 있는 패를 들어 뒷면의 위로 오게 하여 왼손에 놓는다.

"아까 뽑은 카드가 뒤에서 몇 번째였죠?"

관객이 다섯 번째라고 했다고 해보자.

"다섯 번째라고요, 어디 한번 볼까요?"

뒤에서 카드를 센다. 한번에 하나씩 세면서 관객의 손에 올려놓는다. 다섯까지 세면 여섯 번째 카드, 즉 관객이 고른 카드가 맨 위에 놓인다.

다시 오른손을 팩으로 가져간다. 양손 엄지손가락으로 맨 위에 있는 카드, 즉 관객이 고른 카드를 오른쪽으로 약 0.9cm 정도 슬쩍 옮긴다. 그 카드의 하단 오른쪽 가장자리를 올려 왼손 새끼손가락 첫마디를 그 카드와 나머지 카드 사이에 놓는다. 새끼손가락을 맨 위 카드 아래에 놓은 채 모든 카드를 가지런히 정리한다(**그림 3**).

이 동작은 카드를 쳐다보지 말고 해야 한다. 관객을 쳐다보면서 미스디렉션을 이용한다.

"아까 속으로 다섯 번째 카드를 고르셨다면 지금 그 카드가 손에 놓여 있을 것입니다. 한번 확인해보세요."

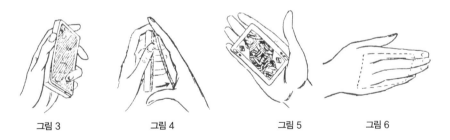

그림 3   그림 4   그림 5   그림 6

오른손으로 관객의 손을 가리킨다. 관객이 카드를 확인할 때 왼손에 든 덱에 오른손을 올린다. 왼손 새끼손가락으로 맨 윗부분의 카드를 들어서 손바닥으로 나아가게 한다(**그림** 4).

파밍 오브 어 카드Palming of a Card

오른손 손가락을 카드 쪽으로 약간 구부린다. 이렇게 하면 **그림** 5처럼 오른손 손바닥으로 카드를 잡게 된다.

마술을 성공시키려면 카드를 능숙하게 숨길 수 있어야 한다. 오직 연습만이 정답이다. **그림** 6처럼 계속 관객에게 손등이 보이게 하여 카드를 가린다. 반드시 시야의 각도를 고려하면서 손을 자연스럽게 움직여야 한다.

"고르신 카드가 맞습니까?"

관객의 손에 있는 다섯 번째 카드를 가리키면서 묻는다.

"아니라고요? 그럼 어떤 카드죠?"

예를 들어 관객이 다이아몬드 퀸이라고 하면 "다이아몬드 퀸이군요"라고 말한다.

카드를 숨긴 오른손을 재빨리 오른쪽 바지에 가져간다. 거기에는 아까 두 번째 관객이 선택한 카드가 들어 있다.

주머니에서 다이아몬드 퀸을 꺼낸다. 물론 이것은 방금 오른손에 숨긴 카드지만 주머니에서 꺼내는 척하는 것이다. 다른 카드는 계속 주머니에 남겨둔다.

주머니에서 카드를 꺼낼 때는 쇼맨십을 발휘해야 한다. 상단 가장자리를 꺼낸 후 천천히 돌려서 관객에게 보여준다. 약간 조마조마하게 카드를 꺼내야 한다.

"그렇다면 아까 제가 말한 대로군요. 한 쪽 팩에서 고른 카드가 다른 팩에서 뽑아 제 주머니에 들어간 카드라고 제가 그랬죠?

주머니에 들어 있는 카드는 덱 전체를 주머니에 넣은 후 함께 밖으로 꺼내거나 손에 숨겨서 꺼낸 후 나머지 덱과 섞는 방법으로 처리한다. 혹은 나중에 안전하게 처리할 수 있을 때까지 주머니에 그대로 놔두어도 된다. 성급하게 주머니에서 꺼내지 말아야 한다.

힌두 컬러 체인징 덱
The Hindu Color Changing Deck

이 마술에서는 힌두 셔플(Hindu Shuffle)을 배우게 된다. 힌두 셔플은 카드 마술에서 유용하게 사용할 수 있는 기술이다.

★ 이펙트

덱을 힌두 셔플한 후 관객에게 모두 파란색으로 된 카드 뒷면을 보여준다. 그런 다음 앞면이 위로 오도록 패닝한 후 관객 한 명에게 아무 카드나 고르라고 한다. 그리고 카드 뒷면이 무슨 색인지 묻는다. 관객은 당연히 '파란색'이라고 대답한다. 하지만 카드를 뒤집으면 뒷면이 빨간색이다. 덱을 뒤집은 후 패닝하자 뒷면이 전부 빨간색이다.

★ 준비물

1. 뒷면이 빨간색인 덱. 파란색 케이스에 넣는다.
2. 파란색 덱의 카드 한 장

준비

파란색 카드를 빨간색 덱 "톱"에 놓는다. 덱을 반듯하게 정리하면 "톱"에 있는 파란색 카드가 뒷면이 파란색으로만 이루어진 덱이 나타난다. 이 덱을 파란색 케이스에 넣으면 카드 뒷면이 전부 파란색이라는 인상을 줄 것이다.

★ 해법과 대사

케이스에서 덱을 꺼내 뒷면이 위에 오도록 정리하여 왼손으로 잡는다(**그림 1**). 파란색 뒷면이 관객에게 보이도록 잡는다.

그림 1

"카드 뒷면의 종류는 얼마나 많을까요? 저는 항상 궁금했습니다. 단순하게 되어 있는 것도 있고 복잡한 것도 있죠. 파란색 뒷면을 좋아하는 사람도 있고 빨간색이나 녹색 뒷면을 좋아하는 사람도 있습니다. 저도 녹색 뒷면이 몇 장 있으면 좋습니다. 파란색 뒷면은 다른 색보다 더 많은 노력이 들어간 것 같죠. 셔플도 사람들마다 취향이 다양합니다. 리플 셔플을 좋아하는 사람도 있고 오버핸드 셔플(overhand shuffle, 오른손으로 카드를 잡고 왼손 엄지손가락으로 가져가면서 섞는 것 —옮긴이)을 좋아하는 사람도 있죠."

몸 왼쪽을 관객 쪽으로 약간 틀어 카드 앞면이 보이게 한다. 오버핸드 셔플을 한다. 뒤쪽의 카드 몇 장은 그대로 남겨둔 채 셔플해야 한다. 셔플이 끝나면 전과 같이 파란색 카드가 덱의 "톱"에 온다. 셔플할 때는 카드 뒷면이 보이지 않게 해야 한다.

다시 왼손을 왼쪽으로 움직여서 카드 뒷면이 관객에게 보이게 한다(**그림 1**).

"힌두 셔플을 좋아하는 사람도 있습니다."

오른손을 이용해 왼손으로 카드의 방향을 바꿔 카드 앞면이 관객에게 보이도록 한다. 덱의 한쪽에는 엄지손가락을 놓고 다른 쪽에는 나머지 손가락을 놓는다(**그림 2**).

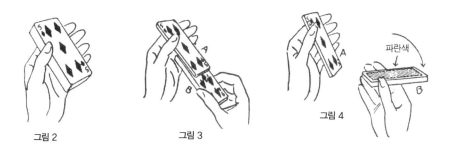

파란색

그림 2   그림 3   그림 4

이제 힌두 셔플을 해야 한다. 왼손 엄지손가락과 집게손가락, 가운뎃손가락으로 카드 상단의 1/4을 잡는다. 오른손 엄지손가락과 집게손가락, 가운뎃손가락으로는 나머지 3/4을 잡는다. 아래쪽 3/4을 떼어놓는다(**그림 3**). 그런 다음 그 부분을 오른쪽으로 빙 돌려서 파란색 뒷면이 보이게 한다(**그림 4**). 셔플하는 동안 이렇게 방향을 바꿔 카드 뒷면을 보여주는 이유는 모든 카드의 뒷면이 파란색이라는 점을 강조하기 위해서이다.

3/4 부분인 'B'를 'A' 앞면에 놓는다(**그림 5**). 상단 가장자리가 만나게 된다. 'B'의 아래쪽 끝은 오른손으로 든다. 'B'의 위쪽은 왼손 엄지손가락과 집게손가락 사이로 잡고 'A'는 엄지손가락과 넷째 손가락, 새끼손가락 사이로 잡는다. 오른손으로 'B'의 아래쪽에서 3/4 정도를 뺀다. **그림 4**처럼 그것을(C) 빙 돌려 뒷면을 보여준다(**그림 6**). 이렇게 하면 'B'가 'A' 위에 착 달라붙는다. 'C'를 'B'가 있던 자리에 올려놓는다. 또다시 아랫부분을 빼내서 빙 돌려 뒷면을 보여준다. 마지막 파란색 카드(하트 3이라고 가정해보자)의 앞면이 덱의 뒤로 올 때까지 계속 이 셔플 동작을 반복한다(**그림 7**).

그림 5   그림 6   그림 7

오른손 손목을 추켜 올리는 것은 다르지만 일명 화투 섞기라고 불리는 힌두 셔플은 매번 얼마나 많은 카드를 위로 올리느냐에 따라 많이 셔플할 수도 있고 조금만 셔플할 수도 있다. 그래서 때로는 서너 번만 카드를 움직이는 경우도 있다.

오른손에 든 패를 빙 돌려 파란색 카드를 보여줄 때 관객은 마술사가 카드의 아래쪽을 빼내는 것처럼 본능적으로 매번 새로운 카드를 본다고 생각하게 된다. 당신이 자연스럽게 계속 카드의 뒷면을 보여주는 것처럼 보이기 때문이다.

앞면이 위로 오도록 카드를 가지런히 정리한 후 관객에게 한 장을 고르라고 한다(**그림 8**).

그림 9

그림 8

빨간색

"파란색 카드보다 빨간색 카드를 더 좋아하시나 보군요."

관객에게서 카드를 받아서 보여준다. 뒷면이 빨간색이다.

"뒷면이 파란색에서 빨간색으로 바뀐 걸 보니 틀림없네요. 그러실 줄 알고 제가 뒷면을 전부 다 빨간색으로 바꿔놓았습니다."

그림 9처럼 팬하여 모두 빨간색으로 변한 뒷면을 보여준다. "보텀"에 있는 파란색 카드가 보이지 않도록 조심한다. 이 손에서 저 손으로 카드를 스프레드 하여 뒷면이 전부 빨간색임을 확실히 보여준다.

만약 계속해서 카드 마술을 선보인다면 손에 파란색 카드를 숨긴 채 주머니에 무언가를 넣는 척하면서 그 안에 떨어뜨리면 된다. 또는 케이스에 덱을 넣은 후 "또 다른 카드 마술을 보여드릴까요?"라고 말하며 파란색 카드만 빼고 다시 꺼낸다.

빨간색 뒷면을 다시 파란색 뒷면으로 바꾸려면 덱의 맨 아래에 있는 파란색 카드를 "톱"으로 오게 하여 힌두 셔플 하면 된다. 하지만 이 방법은 날카로운 관객에게 들킬 우려가 있으므로 추천하지는 않는다.

Tarbell
Course in MAGIC

언제 어디서든지 단순한 물건을 이용해 사람들을 즐겁게 해주는 것은 정말 특별
한 능력이다. 지금까지 마술사들은 카드 하나만을 이용해서 수많은 마술을 만들
어냈다. 한 가지 기본 원리를 응용해 새로운 마술을 무궁무진하게 만들 수 있다.
훌륭한 마술사가 되려면 평범한 것을 특별하게 만드는 능력이 필요하다.

Tarbell course in MAGIC

조 버그의 '카운트다운' 카드 마술
Joe Berg's "Count Down" Card Mystery

★ 이펙트

관객이 덱을 셔플한다. 그리고 마술사의 지시에 따라 팬한 다음 **톱**에서 카운트하여 아무 카드나 고른 후 위에서 몇 번째 카드인지 기억하고 카드를 가지런히 정리한 후 커트한다. 이렇게 하면 관객은 물론 마술사도 선택된 카드가 어디에 있는지 알 수 없게 된다.

이제 마술사가 관객에게 아까 고른 카드가 톱에서 몇 번째였는지에 따라 그 숫자대로 카드를 카운트해서 나누라고 한다. 예를 들어 톱에서 여섯 번째였다면 카드를 여섯 뭉치로 나누면 된다. 관객이 카드 뭉치를 아무렇게나 합치고 마술사가 뒷면이 관객에게 보이도록 하여 팬한다. 마술사의 지시에 따라 관객이 아무 카드나 만지자 처음에 고른 카드가 나온다.

★ 해법과 대사

관객에게 덱을 주고 골고루 셔플하라고 한다. 관객의 셔플이 끝나면 "보텀" 카드를 눈여겨 보아둔다. 여기에서는 "보텀" 카드가 다이아몬드 4라고 해보자.

"자, "톱"에서부터 팬하시고 "톱"에서부터 아무 숫자나 카운트하세요. 1에서 10까지 아무 숫자나 상관없습니다. 3, 4, 5, 6, 7 아무 숫자나 고르시면 됩니다. 무슨 카드이고 "톱"에서 몇 번째에 있는 카드인지 잘 기억해두세요. 저한테는 말하지 마시고요."

관객이 고른
선택된 카드

그림 1

관객이 다섯 번째 카드인 하트 6을 골랐다고 해보자(**그림 1**).

"네, 좋습니다. 카드를 차곡차곡 정리하세요."

관객이 카드를 정리한다.

"자, 이제 커트하세요."

관객이 한번 커트한다.

"선생님이 고른 카드가 어디로 갔는지는 아무도 모릅니다. 여기 어딘가에 있다는 사실 밖에는 모릅니다. 자, 이제 테이블에서 카드를 카운트하세요. 아까 고르신 카드가 "톱"에서 몇 번째였는지 기억하시죠? 그 숫자만큼 카드를 펼쳐놓으면서 카운트하면 됩니다. 그러니까 만약 세 번째 카드라면 한번에 하나씩 카드를 내려놓으면서 세 개의 뭉치를 만드시면 되고 여섯 번째 카드였다면 여섯 개의 뭉치를 만드시면 됩니다."

관객이 자신이 고른 숫자만큼 카드를 펼쳐서 놓는다. 앞에서 말한 것처럼 여기에서는 다섯 번째 카드이므로 다섯 뭉치로 나눠 쌓게 된다(**그림 2**).

그림 2

"자, 이제 아무렇게나 카드 뭉치를 들어서 다시 모아주세요. 차곡차곡 정리하시고요."

이때 관객이 어떤 뭉치부터 들어 올리는지는 상관없다. 관객이 카드를 모아서 정리한다.

"이제 저한테 주세요."

카드를 받아 관객에게 앞면이 보이지 않도록 팬한다. 키 카드(key card, 열쇠 카드, 위치를 확인하는 카드로 사용함—옮긴이), 즉 처음에 덱의 맨 아래에 있었던 다이아몬드 4를 찾는다(**그림 3**).

그림 3

다이아몬드 4 왼쪽에 있는 카드가 관객이 고른 카드이다. 여기에서는 하트 6이다 (**그림 3**).

관객이 자신이 고른 카드가 톱에서 몇 번째였는지에 따라 테이블에 카운트할 때 "보텀" 카드(키 카드)가 그 옆에 오게 된 것이다.

선택된 카드의 주변 간격이 충분히 떨어지도록 팬한 후 카드 뒷면이 관객에게 보이도록 든다.

"아무 카드에나 윗부분에 집게손가락을 대보세요."

관객이 손을 뻗을 때 관객의 손이 선택된 카드에 닿도록 자연스럽게 카드를 움직인다(**그림 4**). 이것은 매우 간단한 포스(미리 정해둔 카드를 마치 상대가 선택한 카드인 것처럼 밀어주는 기법—옮긴이) 방법이다.

관객의 손

그림 4

또 다른 방법도 있다. 카드를 팬한 후 관객에게 손을 뒤로 해서 카드에 대라고 해도 된다.

관객이 뒤를 볼 수 없으므로 당신은 한결 쉽게 선택된 카드가 관객의 손에 닿도록 할 수 있다.

이처럼 선택된 카드가 밝혀진 후 여러 가지 다양한 방식으로 마술을 마무리할 수 있다.

텐카이의 리버스 카드 마술
Tenkai's Reverse Cards Mystery

이것은 매우 신기하고도 재미있는 즉석 마술이다.

★ 이펙트

덱을 둘로 커트한 후 앞면이 마주보도록 하여 합친다. 따라서 덱의 두 부분이 서로 다른 방향을 향하게 된다. 맨 위에 있는 카드와 맨 아래에 있는 카드를 빼서 덱 중간에 똑같은 방향으로 끼워놓는다. 덱을 팬하자 모든 카드가 똑같은 방향을 향하고 있다.

★ 해법

오른손으로 가린 채 몰래 왼손으로 덱의 "보텀" 카드를 뒤집는다.

덱의 뒷면이 위로 오도록 하여 왼손에 놓는다. 뒤집어놓은 카드는 손바닥 바로 위에 온다(**그림 1**).

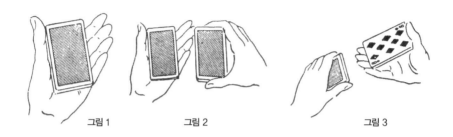

그림 1   그림 2   그림 3

오른손으로 카드의 절반을 가져온다(**그림 2**). 카드를 든 상태로 오른손을 오른쪽으로 올려서 관객에게 "보텀" 카드의 앞면을 보여준다(**그림 3**).

이렇게 오른손으로 카드를 보여주는 동시에 왼손을 당신의 몸쪽으로 돌린다(**그림 3**). 이 동작은 타이밍만 잘 맞춘다면 관객의 눈에 띨 염려가 없다. 뒤집어놓은 맨 아래의 카드가 이제 맨 위에 오게 되므로 관객은 그것이 정말로 그 패킷의 맨 위에 있는 카드라고 생각한다. 실제로는 모든 카드가 똑같은 방향으로 놓여 있다는 사실을 눈치 채지 못한다.

왼손에 있는 카드를 오른손에 있는 카드 위에 놓는다(**그림 4**). 왼쪽 패킷으로 오른쪽 패킷을 절반 정도만 가린다.

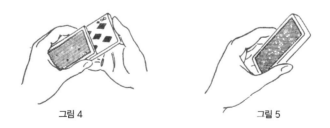

그림 4   그림 5

오른손 엄지손가락으로 오른쪽 패킷을 민다(**그림 4**와 **그림 5**). 그러면 두 패킷이 반듯하게 하나로 합쳐진다. 관객에게 카드 앞면이 보이도록 관객을 향해 카드를 약간 기울인 채 위에서 절반 부분을 리플한다. 이 동작을 통해 덱의 절반이 한 방향으로 놓여 있고 나머지 절반은 반대 방향으로 놓여 있음을 암시할 수 있다.

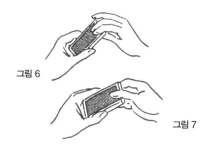

그림 6

그림 7

오른손으로 카드를 잡는다. 집게손가락과 가운뎃손가락으로 뒤집어놓은 카드를 잡고 엄지손가락은 반대쪽을 잡는다(**그림 6**).

덱을 뒤집어서 아까 뒤집어놓은 카드가 오른쪽에 오도록 한다(**그림 7**). 오른손을 오른쪽으로 돌리기만 하면 된다.

덱을 두 번 더 뒤집는다. 따라서 모두 세 번에 걸쳐 덱을 뒤집게 된다.

처음에 뒤집어놓은 카드(맨 아래에 있는 카드)와 맨 위에 있는 카드를 오른손으로 잡아 뺀다(**그림 8**). 두 카드를 팬해서 서로 다른 방향을 향하고 있음을 보여준다. 이때 덱의 뒷면이 관객을 향한다.

두 장의 카드를 한번에 하나씩 덱의 중간에 끼워놓는다. 둘 다 뒷면이 관객을 향하도록 놓아야 한다(**그림 9**). 이제 모든 카드가 한 방향으로 놓이게 된다.

그림 8

그림 9

그림 10

카드를 팬하여 모든 카드가 똑같은 방향으로 놓여 있음을 보여준다(**그림 10**). 뒷면도 보여준다.

로열 카드 디스커버리
Royal Card Discovery

★ 이펙트

관객이 덱을 셔플한다. 마술사가 "톱" 카드를 뒤집어 모두에게 보여준다(숫자가 3인 카드라고 가정해보자). 마술사가 그 카드를 뒷면이 위로 오도록 테이블에 올려놓고 3부터 카운트하여 그 위에 나머지 카드를 올려놓는다. 3부터 시작해서 4, 5, 6, 7, 8, 9, 10까지 카운트한다. 10까지 센 후 그 다음 카드를 뒤집어서 보여준다. 그것이 숫자가 5인 카드라고 가정해보자. 마술사는 그 카드를 내려놓고 나머지 카드를 5부터 10까지 카운트해서 그 위에 올려놓는다. 또 다음 카드를 뒤집어서 보여준 후 그 카드에 적힌 숫자만큼 카운트해서 또 파일을 쌓는다(그림 카드는 숫자 10으로 간주한다). 따라서 그림 카드나 숫자가 10인 카드가 나오면 카드 한 장만으로 이루어진 파일이 생긴다. 마술사가 이렇게 덱을 여러 파일로 나눈 후 네 장 미만의 카드로 이루어진 파일만 집어 든다. 그리고 관객석을 등진 채 관객에게 남은 카드 파일 중 세 개를 골라서 살짝 옆으로 밀어놓으라고 말한다. 그리고 나머지 파일을 모아서 셔플한다. 이제 마술사는 다시 관객 쪽으로 돌아서서 관객에게 세 개의 파일 중 하나를 고르라고 말한다. 나머지 파일은 뒤집는다. 마술사가 관객이 고른 파일의 맨 아래에 있는 카드를 정확히 말하고 관객에게 보여준다.

★ 해법과 대사

52장의 카드로 이루어진 덱에서 조커를 빼고 관객에게 셔플하라고 한다. "톱" 카드를 들어 모두에게 보여준다. 그것이 숫자가 3인 카드라고 가정해보자. 그 카드를 뒷면이 위로 오도록 테이블에 놓는다. 그 숫자부터 카운트하기 시작한다. 여기에서는 숫자가 3인 카드이므로 3부터 카운트한다. 덱에서 카드를 가져와 첫 번째 카드에 놓으면서 "4"라고 카운트한다. 이런 식으로 10까지 카운트 한다. 3부터 시작했으므로 모두 여덟 장의 카드로 이루어진 파일이 만들어진다.

이제 다음 카드를 뒤집어보고 그 숫자부터 카운트 한다. 앞면이 아래로 가도록 놓은 후 10까지 카운트하여 두 번째 파일을 만든다. 만약 숫자가 5인 카드가 나왔다면 5부터 시작해서 6, 7, 8, 9, 10까지 카운트한다. 따라서 이번에는 모두 여섯 장으로 이루어진 파일이 생긴다.

카드가 전부 없어질 때까지 또는 10개의 파일이 만들어질 때까지 이 과정을 반복한다.

그림 카드는 숫자 10으로 본다. 따라서 카드를 뒤집었을 때 그림 카드나 숫자 10인 카드가 나오면 그 카드 한 장만으로 이루어진 파일이 만들어진다.

이런 식으로 카드를 분배한 후 네 장까지의 파일은 제거하고 그 이상의 카드로 이루어진 파일만 남겨놓는다.

"보시다시피 카드를 셔플한 다음 이렇게 여러 뭉치로 나누었습니다. 첫 번째 카드의 숫자부터 10까지 카운트해서 쌓고 그 다음 카드를 뒤집어서 나온 숫자부터 10까지 세어 쌓았습니다. 그렇게 하니까 이렇게 다양한 개수로 이루어진 카드 뭉치가 탄생했네요. 이제 제가 뒤돌아서겠습니다. 선생님, 카드 뭉치 세 개를 골라서 옆으로 살짝 치워주시겠습니까? 세 뭉치를 따로따로 떨어뜨려 놓으세요. 앞면이 보이면 안 됩니다. 그리고 남은 뭉치를 하나로 합쳐주세요."

다시 등을 돌려 관객에게서 마지막 파일을 가져온다. 그리고 그것을 아까 따로 치워둔 네 장 이하로 된 파일 중에서 첫 번째 파일과 함께 놓는다. 이제 테이블에는 관객이 선택한 세 개의 파일만이 남는다. 세 개의 파일을 제외한 나머지 파일, 즉 지금까지 하나로 쌓아둔 파일을 골고루 셔플한다.

왼쪽에서 오른쪽으로 윗면이 위로 오도록 팬하면서 몰래 19까지 센다. 19장의 카드에 왼손 새끼손가락을 걸거나 살짝 밀어서 표시해두거나 테이블에 따로 올려놓는다.

"처음에는 카드가 한 장도 빠짐없이 전부 있었습니다. 완벽한 카드 세트였죠. 제가 뒤돌아 서 있을 때 선생님께서 카드 뭉치 세 개를 고르셨습니다. 그중에서 하나를 골라 살짝 옆으로 밀어놓으세요. 그러면 두 뭉치가 남죠? 남은 두 뭉치를 뒤집으세요."

관객이 두 파일을 뒤집으면 각각의 "보텀" 카드를 잘 봐둔다. 각각 숫자가 4인 카드와 2인 카드라고 가정해보자(**그림 1**).

그림 1

왼손 패킷에서 19장의 카드를 따로 테이블에 떼놓은 경우라면 남은 카드를 오른쪽으로 팬한다. 만약 새끼손가락을 끼워 표시해둔 경우라면 19장의 카드를 제외한 나머지 카드만 팬한다. 관객이 뒤집은 두 뭉치에서 나온 숫자를 더한다. 여기에서는 4+2=6이 된다. 왼손에 팬한 카드를 보고 속으로 여섯 장의 카드를 카운트한다.

남은 카드의 개수는 선택된 패킷의 "보텀" 카드의 숫자를 말해준다. 예를 들어 만약 카드 다섯 장이 남는다면 숨은 카드는 숫자가 5인 카드가 된다.

"이제 카드 뭉치 하나가 남았네요. 맨 아래에 무슨 카드가 있는지는 아무도 모릅니다. 하지만 마술사가 괜히 마술사겠습니까? 저는 압니다. 마술사니까요! 맨 아래에 있는 카드는 숫자가 5인 카드입니다!"

카드 뭉치를 뒤집어서 숫자가 5인 카드를 보여준다.

이 마술은 수학적인 원리를 바탕으로 한다. 각각의 동작을 정확하게 실시하면 절대 실패하지 않는다.

떨어질 수 없는 사이
Birds of A Feather

★ 이펙트

덱을 꼼꼼하게 셔플한다. 관객이 덱을 둘로 커트한 후 하나는 마술사에게 주고 하나는 자신이 갖는다. 그런 다음 마술사의 지시에 따라 자신이 든 패킷에서 카드 한 장을 꺼내 테이블에 올려놓는다. 마술사도 카드 한 장을 꺼내 모두에게 보여주고 테이블에 올려놓는다. 그것이 다이아몬드 10이라고 해보자. 마술사는 관객의 패킷을 자신의 패킷에 올려놓고 셔플한다. 관객이 다시 그것을 커트한 후 아까 자신이 선택한 카드를 한쪽 패킷에 놓는다. 그리고 남은 패킷의 절반 정도를 자신의 카드에 올려놓는다. 그러자 마술사가 그 위에 자신의 카드를 놓고 또 그 위에 나머지 카드를 올려놓는다. 이렇게 하면 두 사람의 카드는 서로 멀리 떨어지게 되지만 어느 순간 나란히 있게 된다.

★ 해법과 대사

관객이 셔플하면 이렇게 말한다.

"좋아요. 이제 커트하시고 위에 있는 패킷은 가지고 계세요."

마술사는 나머지 패킷을 가져와 뒷면이 위로 향하도록 하여 왼손에 놓는다. 약간 오른쪽으로 팬하고 왼손 새끼손가락을 "톱"에 있는 두 장의 카드 아래에 놓는다. 카드를 가지런히 정리한다.

"손에 들고 계신 카드 뭉치 중에서 아무 카드나 한 장 고르세요. 무슨 카드인지 확인하시고 테이블에 놓으세요. 저도 아무거나 한 장 고르겠습니다."

위에 있는 두 장의 카드로 '더블 카드 리프트' 해서 바깥쪽에 있는 카드 또는 두 번째 카드를 보여준다. 그것이 다이아몬드 10이고 그 뒤에 하트 킹이 숨겨져 있다고 해 보자.

두 장의 카드를 다시 패킷에 놓고 엄지손가락을 이용해 맨 위에 있는 카드를 약간 오른쪽으로 움직인다.

"제가 고른 카드는 다이아몬드 10입니다. 저도 테이블에 놓겠습니다."

하지만 다이아몬드 10이 아니라 하트 킹을 놓는다. 물론 뒷면이 위로 와야 한다. 관객은 당신이 다이아몬드 10을 올려놓았다고 생각하지만 그것은 당신이 가진 패킷의 "톱"에 있다.

"들고 계신 패킷을 제 패킷 위에 놓으세요."

관객이 당신의 패킷 중 맨 위에 있는 카드에 자신의 패킷을 올려놓는다. 새끼손가락으로 두 패킷을 분리해서 패스 준비를 한다.

한번 리플 셔플한다. 다이아몬드 10이 계속 "톱" 카드로 남도록 주의하면서 한다. 몸의 왼쪽을 관객 쪽으로 돌리고 패킷 뒷면을 들어 다른 패킷의 앞에서 셔플한다. 앞에서 배운 심플 패스와 똑같은 방법이다. 이렇게 하면 다이아몬드 10이 덱의 "톱"에 온다.

테이블에 덱을 올려놓는다. 관객에게 다시 커트한 후 들어 올린 패킷을 테이블에 놓으라고 한다.

"다시 한번 커트하세요. 들어 올린 패킷은 테이블에 놓아주세요. 아까 선택한 카드를 방금 커트한 패킷의 "톱"에다 놓으세요. 아까 어떤 카드를 고르셨죠? 아, 스페이드 잭이군요."

관객이 아까 자신이 선택한 카드를 패킷에 올려놓는다. 그 카드는 당신이 선택한 카드인 다이아몬드 10 위에 오게 된다. 물론 그 사실은 아무도 모른다.

"스페이드 잭 위에 다른 카드를 올려놓겠습니다. 제기 든 패킷에서 몇 장을 가져와서 선생님의 카드 위에 놓겠습니다. 이제 그 위에 제 다이아몬드 10을 놓아야겠군요."

테이블에서 당신의 카드를 가져와서 패킷에 올려놓는다. 그리고 나머지 카드는 당신의 카드 위에 놓는다. 덱을 가지런히 정리한다.

"나머지 카드를 전부 제 다이아몬드 10 위에 올려놓았습니다. 이제 도로 완전한 덱이 됐죠. 아시다시피 선생님께서 고른 카드와 제가 고른 카드는 멀리 떨어져 있습니다. 선생님께서 고른 카드는 스페이드 잭이고 제가 고른 카드는 다이아몬드 10입니다. 그런데 꼭 새 같은 카드들이 있어요. 날아다니는 새 말입니다. 날개 달린 새처럼 끼리끼리 모이거든요. 절대 떨어질 수 없는 사이죠. 선생님의 카드와 제 카드가 바로 그런 것 같습니다. 자, 다시 한번 커트해주시겠습니까?"

관객이 카드를 커트하고 아래에 있는 뭉치를 맨 위에 놓는다.

"한번 더 커트해주세요."

관객이 또 커트한다.

"자, 이제 카드를 자세히 보세요. 스페이드 잭과 다이아몬드 10이 나란히 사이좋게 있을 겁니다."

관객이 나란히 놓인 스페이드 잭과 다이아몬드 10을 발견한다.

관객이 마지막으로 커트할 때 선택된 두 장의 카드 사이를 커트할 가능성도 있다. 그럴 경우 한 장은 "톱"에 다른 한 장은 "보텀"에 가게 된다. 그러한 상황을 피하려면 관객에게 패킷을 가져올 때 재빨리 살짝 "보텀" 카드를 확인한다. "보텀" 카드가 선택된 카드 중 하나라면 관객에게 다시 한번 커트하라고 한다.

선택된 번호에서 카드 나오게 하기
Card Appearance at Selected Number

★ 이펙트

관객 1이 카드를 고르고 기억한다. 카드를 덱에 돌려놓고 꼼꼼하게 셔플한다. 그런 다음 바닥이나 테이블에 덱을 놓는다. 관객 2가 5~10까지 숫자 중 하나를 고른다. 예를 들어 7을 골랐다고 해보자. 관객이 덱의 위에서부터 7까지 카운트한다. 일곱 번째 카드를 뒤집자 선택된 카드가 나온다.

★ 해법과 대사

관객에게 카드를 포스한다. 여기에서는 하트 9를 포스한다고 가정하자. 포스 방법은 레슨 13에서 자세히 설명할 예정이다.

> "무슨 카드인지 잘 기억하세요. 원한다면 옆 사람들에게 보여줘도 됩니다. 자, 이제 선택한 카드를 다시 넣고 셔플하세요."

이렇게 말하면서 관객에게 덱을 준다. 관객이 선택한 카드를 덱에 돌려놓고 셔플하면 다시 가져온다.

> "카드가 제대로 섞였는지 한번 확인해볼까요? 선생님 앞에서 카드를 대충 훑어보겠습니다."

카드를 팬하면서 재빨리 훑어보고 하트 9를 찾는다. 하트 9의 뒤에 있는 카드부터 시작하여 여섯 장의 카드를 카운트한다. 오른손 집게손가락과 가운뎃손가락을 여섯 번째 카드 뒤에 놓고 그 카드의 위치를 계속 확인한다. 이 동작을 자연스럽게 하면 관객들이 눈치 채지 못한다. 이렇게 하면서 덱 전체를 훑어본다.

이제 여섯 번째 카드가 있는 지점에서 손가락으로 덱을 분리한 상태로 오른쪽에 있는 패킷을 왼손 패킷 뒤에 놓는다. 이렇게 하면 여섯 번째 카드가 덱의 "톱"에 온다.

이 상태에서 덱의 맨 위에 있는 일곱 장의 카드 순서가 바뀌지 않도록 주의하면서 리플 셔플해도 좋다.

바닥이나 테이블에 덱을 놓고 관객 2에게 묻는다.

"5~10 사이에서 숫자 하나만 골라주시겠습니까?"

이때 '사이'라는 말을 강조한다. 그러면 관객은 대부분 7을 고른다.

"어떤 숫자를 고르시겠습니까? 7요? 네, 알겠습니다. 아까 선택하신 카드가 일곱 번째에 나오도록 만들겠습니다. 위에서부터 하나씩 들어서 일곱까지 세세요."

관객이 6까지 카운트하면 '스톱' 한다.

"스톱! 잠깐 기다리세요!"

아까 카드를 고른 관객 1에게 무슨 카드였는지 다시 확인한다. '하트 9'를 강조하면서 물어본다.

그런 다음 관객 2에게 일곱 번째 카드를 뒤집어 모두에게 보여달라고 말한다.

"네, 일곱 번째 카드는 하트 9입니다. 정확합니다!"

★ 참고

만약 관객 2가 7이 아닌 다른 숫자를 골라도 당황할 필요는 없다. 그런 상황에 미리 대비하면 된다.

관객이 5나 10을 고르면 5와 10 '사이'의 숫자여야 한다고 말한다. 관객이 6을 고르면 여섯 번째 카드까지 카운트한 후 여섯 번째 카드 다음에 선택된 카드가 나타나도록 하겠다고 말한다. 또 8을 고르면 "보텀"에서 카드 한 장을 "톱"으로 옮기거나 다음과 같은 방법을 사용한다. "보텀" 카드를 보여주고 이렇게 말한다. "이 카드가 아니죠? 좋습니다. 선생님이 고른 카드가 위에서 여덟 번째에 나오도록 하겠습니다." 그 카드를 덱에 놓고 관객에게 여덟 장의 카드를 카운트하라고 한다. 만약 숫자

9를 고르면 이렇게 한다. 덱을 앞면이 위로 가도록 살짝 팬하고 왼손 새끼손가락을 두 장의 "보텀" 카드 아래에 놓는다. 그리고 덱을 반듯이 정리한다. 오른손으로 두 장의 카드를 잡고 마치 하나인 것처럼 보이게 한다. 그런 다음 관객이 숫자 8을 고른 경우와 똑같이 한다. 원한다면 관객에게 10을 고르라고 한 후 "보텀"에서 세 장의 카드를 마치 하나인 것처럼 보이게 한 후 다시 덱의 위에 놓고 10장의 카드를 카운트하라고 한다.

★ 제안
이 이펙트는 카드를 포스하지 않고도 선보일 수 있다. 팩을 커트하고 심플 패스를 준비한다. 선택된 카드를 아래쪽 패킷에 놓는다. 위쪽 패킷의 바닥을 약간 펼쳐서 아래쪽에서 여섯 장을 재빨리 카운트 한다. 여섯 장의 카드를 선택된 카드 위에 떨어뜨리고 카드를 정리하면서 왼손 새끼손가락을 그 위에 올린다. 이렇게 하면 선택된 카드가 위에서 일곱 번째에 위치하게 된다.

체인지 어바웃 카드
The Change-About Card

★ 이펙트
관객이 카드 한 장을 고른 후 다시 덱에 넣고 서플한다. 마술사가 관객이 고른 '선택된 카드'가 덱의 "톱"으로 점프하도록 만들겠다고 말한다. 그런 다음 덱의 "톱" 카드를 보여준다. 그것은 선택된 카드가 아니므로 테이블에 올려놓는다. 마술사가 다시 한번 "톱" 카드를 보여주지만 역시 이번에도 "톱" 카드가 덱의 톱으로 점프하게 만드는 데 실패한다. 따라서 그 카드는 테이블에 놓는다. 관객에게 세 장의 카드 중 한 장을 고르라고 한다. 갑자기 그 카드가 선택된 카드로 바뀐다.

★ 해법과 대사

관객에게 덱에서 카드 한 장을 뽑아서 잘 기억하라고 한다. 그 카드를 다시 덱에 넣고 당신이 커트한다. 왼손 새끼손가락을 선택된 카드에 올리고 심플 패스를 해서 카드가 맨 위에 오게 만든다.

왼손으로 뒷면이 위로 오도록 덱을 잡는다. 약간 오른쪽으로 팬하여 왼손 새끼손가락을 세 장의 "톱" 카드 아래에 끼워 넣는다. 그런 다음 덱을 가지런히 정리한다. 카드를 선택한 관객에게 이렇게 말한다.

"계속하기 전에 한 가지 여쭤보겠습니다. 맨 위에 있는 카드가 아까 고르신 카드인가요?"

오른손으로 세 장의 "톱" 카드를 한 장처럼 보이게 든다.

"아닌데요."

세 장의 카드를 덱에 원위치 시키고 가지런히 정리한다. 다시 팬하여 왼손 새끼손가락을 두 장의 "톱" 카드 아래에 놓는다. 카드를 가지런히 정리한다.

"그렇다면 선생님께서 선택하신 카드가 맨 위에 있다는 것을 보여드리겠습니다."

두 장의 카드를 한 장처럼 보이게 잡고 두 번째 카드를 보여준다.

"이 카드가 맞습니까?"

물론 그것도 아니다. 관객이 아니라고 하면 카드를 다시 덱에 놓고 정리하면서 재빨리 위에 있는 카드를 덱에서 오른손으로 절반쯤 미끄러뜨린다.

"이상하군요. 제가 이런 실수는 좀처럼 하지 않는데… 카드를 테이블에 내려놓고 다시 한 번 해보겠습니다."

덱을 커트하고 한번 리플한다.
"톱" 카드를 테이블에 놓는다.

"이번에는 꼭 성공할 겁니다."

Tarbell course in Magic

다시 "톱" 카드를 들어서 보여준다.

"이 카드인가요? 또 아니라고요? 정말 이상하네요!"

그 카드를 다시 테이블에 내려놓는다. 첫 번째로 테이블에 올려놓은 카드의 왼쪽에서 약간 떨어진 곳에 놓는다.

"이번이 벌써 세 번째군요. 이번에는 무슨 일이 있어도 성공하겠습니다."

다시 한번 리플한 후 "톱" 카드를 집어 든다.

"이 카드도 아닌가요? 그럼 또 이쪽에 놓겠습니다."

세 번째 카드를 첫 번째 카드의 오른쪽에서 약간 떨어진 곳에 놓는다.
이렇게 하면 **그림** 1처럼 카드가 배치된다. 선택된 카드는 가운데에 있다.

선택된
카드   그림 1

"선택된 카드를 찾는 데 세 번이나 실패했습니다. 테이블에 있는 세 장의 카드 중에서 아무 카드에나 손을 대보세요."

가운데 카드를 관객에게 가장 가까이 놓으면 관객은 자연히 그것을 선택한다. 관객이 가운데 카드에 손을 갖다 대면 이렇게 말한다.

"네, 꼭 누르고 계세요."

나머지 두 장의 카드를 뒤집는다.

"세 장의 카드를 보여드렸는데 전부 아까 고른 카드가 아니라고 하셨죠? 그렇다면 선생님이 고른 카드는 덱 어딘가에 있겠군요. 아까 고르신 카드가 뭐였죠? 아, 다이아몬드 퀸이군요."

왼손 엄지손가락으로 덱을 리플한다.

"무슨 소리 못 들으셨나요? 제가 엄지손가락으로 카드를 튀겼더니 선생님이 들고 계신 카드가 덱 안으로 폴짝 점프해서 선택된 카드와 자리를 바꾸었군요. 선택된 카드는 선생님의 손으로 들어갔습니다. 한번 확인해보세요. 아까 고르신 카드가 맞나요?"

★ 참고
관객이 가운데 카드가 아니라 왼쪽이나 오른쪽에 있는 카드를 고르면 그 카드를 옆으로 밀어 뒤집고 탈락시키겠다고 말한다. 그리고 남은 두 장의 카드 중에서 고르라고 한다. 만약 관객이 선택된 카드를 고르면 위와 똑같은 방법으로 마무리 하면 된다. 또는 나머지 카드를 버리고 계속 진행한다.

범인 찾기 마술
Find the Burglar

이것은 잭 멀린(Jack Merlin)의 유명한 효과를 응용한 마술이다.

★ 이펙트
덱에서 킹 두 장을 꺼낸다. 덱에서 카드 한 장을 선택한 후 돌려 넣고 서플한다. 첫 번째 킹을 덱에 넣고 나머지 킹도 그 옆에 놓는다. 두 장 모두 절반 정도만 편다. 마술사가 킹 카드는 셜록 홈즈 뺨치는 탐정이어서 범인을 잘 잡는다고 말한다. 선택된 카드가 범인이라고 가정하고 킹 카드가 범인을 찾아낼 것이라고 한다. 마술사가 두 장의 킹 카드를 위아래로 움직인다. 그리고 갑자기 덱에서 빼내자 그 사이에서 선택된 카드가 나타난다.

덱에서 킹 카드 두 장을 빼서 테이블에 놓는다. 나머지 카드를 팬하고 그중에서 한 장을 고른다.

그림 1   그림 2   그림 3   귀퉁이를 접음
                                                                    그림 4

덱을 가지런히 정리한 후 다시 팬하여 반으로 나눈다. 양손에 나눠서 든다(**그림 1**). 선택된 카드를 왼손의 패킷 "톱"에 놓는다. 왼손 엄지손가락을 이용해 오른쪽으로 약 2.5cm 정도 민다(**그림 2**).

오른손 패킷을 왼손의 패킷 위에 놓는다. 그와 동시에 오른손 넷째 손가락을 이용해 선택된 카드의 오른쪽 아래 귀퉁이를 접는다(**그림 3**).

그림 4는 카드의 밑바닥을 나타낸다. 선택된 카드가 충분히 돌출되어 있어야 귀퉁이를 쉽게 구부릴 수 있다.

카드를 반듯하게 정리한다. 관객에게 카드를 건네주고 모두에게 잘 보이도록 손을 위로 올려 셔플하라고 한다.

이제 카드를 뒤집어 위쪽 가장자리의 접힌 귀퉁이가 보이도록 카드를 뒤집는다. 물론 관객에게는 보이면 안 된다(**그림 5**).

테이블에서 킹 카드 한 장을 가져와 덱에 선택된 카드 앞에 끼워 넣는다. 관객에게는 당신이 덱에 아무렇게나 끼워 넣는 것처럼 보인다. 킹을 절반 정도만 끼워 넣는다(**그림 6**).

나머지 킹을 가져와 선택된 카드의 뒤에 비슷하게 끼워 넣는다. 결과적으로 선택된 카드가 두 장의 킹 사이에 놓이게 된다(**그림 7**).

카드 뒷면

접힌 귀퉁이

그림 5

그림 6

그림 7

"혹시 알고 계신가요? 킹 카드는 셜록 홈즈 뺨치는 탐정입니다. 킹 카드한테 걸리면 아무리 대단한 괴도 루팡이라도 꼼짝없이 잡히고 말죠. 킹 카드는 덱에 몰래 들어가려는 카드를 잡아냅니다. 아까 선생님께서 고른 카드가 범인이라고 해보죠. 선생님께서 카드를 고른후 다른 카드와 함께 섞으셨습니다. 그 카드가 어디 있는지는 아무도 모릅니다. 저나 여러분은 절대 못 찾겠죠. 킹 카드한테 한번 맡겨보겠습니다."

왼손으로 덱의 양쪽을 잡는다. 두 장의 킹 카드를 가볍게 톡톡 쳐서 아래로 2.5cm 정도 내려가게 한 후 다시 잡아당긴다. 선택된 카드가 킹 카드와 나란히 될 때까지 이 과정을 반복한다. 킹 카드를 올리고 내릴 때마다 가운데에 있는 카드가 자동적으로 위쪽으로 올라간다(**그림 8**).

덱에서 두 장의 킹 카드를 빼서 팬 한다. 선택된 카드가 킹 카드 사이에 있음을 보여준다(**그림 9**).

그림 8

그림 9

"이 카드가 맞습니까? 다이아몬드 10이 맞습니까? 킹 카드 사이에 있군요. 역시 킹 카드가 멋지게 잡아냈습니다."

관객의 주머니에서
선택된 카드가 나오게 하기
Selected Cards from Spectator's Pocket

★ 이펙트

세 장의 카드를 고른 후 덱에 다시 넣고 셔플한다. 관객의 겉옷 주머니에 덱을 넣는다. 마술사가 셋까지 센 후 관객이 주머니에 손을 넣자 그 안에서 선택된 카드 중 한 장이 나온다. 똑같은 방법으로 선택된 카드 세 장이 모두 나온다.

★ 해법과 대사

덱을 셔플한 후 세 명의 관객에게 각각 한 장씩 카드를 고르라고 한다. 앞에서 소개한 "범인 찾기 마술"과 똑같은 방법으로 세 장의 카드를 다시 덱에 넣는다. 다시 말해서 아래쪽 패킷 맨 위에 놓고 그 위에 새끼손가락을 끼워 넣어 심플 패스를 준비한다. 심플 패스를 해서 세 장의 카드가 덱의 맨 윗부분에 오게 한다.

선택된 세 장의 카드가 계속 덱의 "톱"에 있도록 리플 셔플한다. 도와줄 관객 한 명을 무대로 부른다.

"혹시 마술 해보신 적 있나요? 아, 없으시군요. 하지만 상관없습니다. 제가 지금 마술을 할 수 있는 기회를 드리죠. 선생님을 보는 순간 왠지 마술을 잘하실 것 같은 생각이 들었습니다. 윗옷 안주머니 좀 잠깐 빌려도 될까요?"

관객이 주머니에서 종잇조각 같은 여러 가지 소지품을 꺼낼 때 재미있는 멘트를 끼워 넣어도 된다.

"네, 그럼 잠시 주머니를 빌리겠습니다. 실력 발휘 부탁드립니다."

카드 뒷면이 바깥쪽으로 향하게 하여 주머니에 넣는다.

"아시다시피 세 분께서 각각 다른 카드를 선택하셨습니다. 세 분 모두 다른 분들이죠. 각자 카드 한 장을 고른 다음에 덱에 다시 넣었습니다. 셔플했기 때문에 카드가 어디에 있는지 아무도 모릅니다. 며느리도 모릅니다! 하지만 선생님께서는 왠지 알고 계실 것 같군요."

세 번째로 카드를 고른 관객 3에게 말한다.

"아까 어떤 카드를 고르셨죠? 아, 클럽 7이군요."

이제 겉옷 주머니를 빌려준 관객에게 말한다.

"자, 옷을 젖혀서 안주머니를 보여주세요. 제가 셋까지 세면 왼손으로 주머니에서 카드 한 장을 꺼내세요. 재빨리 움직이셔야 합니다. 절대 주춤하지 마시고 재빨리 꺼내세요. 자, 준비되셨습니까? 하나, 둘, 셋!"

관객이 재빨리 왼손으로 주머니에서 카드 한 장을 꺼낸다. 당신이 빨리 움직이라고 강조했으므로 가장 쉽게 잡히는 카드를 꺼낼 것이다. 그것은 백발백중 덱의 맨 위에 있는 카드이다. 관객이 겉옷을 젖히는 순간 카드 앞면이 바깥을 향하게 된다. 따라서 가장 멀리 있는 카드가 가장 쉽게 손에 잡힌다(**그림 10**과 **그림 11**).

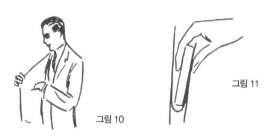

그림 11

그림 10

"네, 됐습니다. 클럽 7이네요. 한번에 찾아내셨군요! 정말 대단하십니다!"

두 번째와 첫 번째 관객이 고른 카드도 똑같은 방법으로 찾아낸다. 세 장의 카드를 전부 꺼낸 후 관객의 주머니에서 덱을 꺼낸다.

"정말 마술 실력이 대단하시네요. 마술사 하셔도 되겠어요!"

★ 참고

만약 관객이 주머니에서 꺼낸 카드가 선택된 카드가 아니라면 다시 꺼내라고 한다. 예기치 못한 상황이 벌어지면 당신이 직접 관객의 주머니에서 선택된 카드를 꺼낸다.

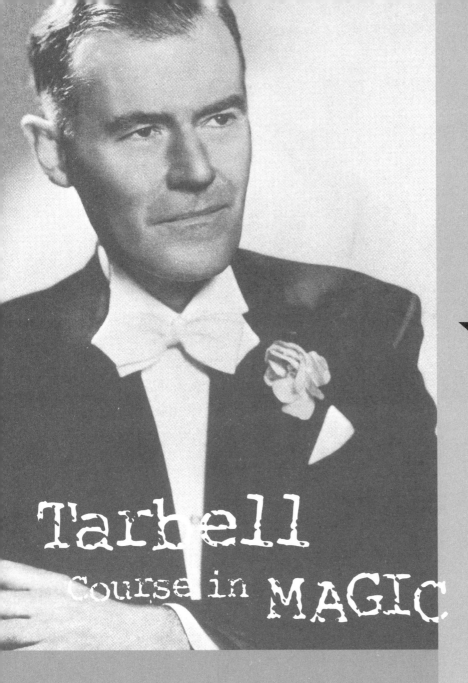

Tarbell
Course in MAGIC

심리 마술은 언제 어디서나 인기가 많다. 다른 마술과 달리 평범한 요소가 아니라
사람의 복잡한 심리를 이용해서 한결 더 흥미로운 이펙트를 제공하기 때문이다.
이번 레슨에서는 간단한 심리 마술을 소개한다. 관객을 납득시키기만 하면 놀라
운 이펙트를 낼 수 있다.

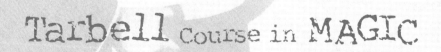
Tarbell course in MAGIC

알 베이커의 '트윈 소울' 카드 프레딕션
Al Baker's "Twin Soul" Card Prediction

알 베이커는 실용적인 원리를 이용해서 놀라운 마술을 소개했다. 그는 놀라운 심리 이펙트를 연출하는 것으로 유명하다. 여기에서는 두 명의 관객이 선택할 카드를 미리 예측하는 그의 마술을 배워보기로 한다.

★ 이펙트

여성 관객에게 덱을 셔플하라고 한다. 마술사가 예측한 카드를 적은 종이를 접어서 모자에 넣는다. 여성 관객이 마술사의 지시에 따라 속으로 테이블에 놓인 카드를 자신이 원하는 숫자만큼 한번에 하나씩 카운트한다. 그런 다음 테이블에 카운트해 놓은 카드 뭉치의 맨 위에 있는 카드를 들어서 확인한다. 나머지 카드는 테이블에 놓고 덱을 반듯하게 정리한다.

마술사가 또 카드를 예측하겠다고 말한다. 남성 관객을 잠깐 유심히 쳐다보더니 종이에 뭔가를 적고 접은 다음 모자에 넣는다.

여성 관객이 남성 관객에게 귓속말로 카운트한 숫자를 알려준다. 마술사가 남성 관객에게 덱을 주고 그 숫자와 똑같은 숫자만큼 카운트한 후 맨 위에 있는 카드를 확인하고 도로 패킷에 넣으라고 한다. 나머지 덱을 그 위에 놓는다. 남성 관객이 마음대로 카드를 셔플한다.

마술사가 모자에서 종이를 꺼내더니 여성 관객이 선택한 카드와 남성 관객이 선택한 카드를 맞춘다.

★ 준비물

1. 덱

2. 가늘고 긴 종이 두 개 혹은 문구점에서 흔히 살 수 있는 연습장 종이
3. 연필
4. 모자

★ 해법과 대사

"앞일을 예언하는 것은 정말 신기한 능력입니다. 예언자들은 아주 오래전부터 미래를 예언했죠. 지루하게 기다리는 것보다는 낫죠. 거창한 미래까지는 아니지만 저도 이 자리에서 간단한 예언을 보여드리겠습니다. 자, 여기 52장의 카드 한 벌이 있습니다. 골고루 섞어주세요."

여성 관객에게 서플하라고 한다.

"여성 한 분과 남성 한 분이 저를 도와주셔야겠습니다. 종이와 모자도 필요하고요."

여성 관객에게 카드를 받아 앞면이 당신을 향하게 하여 팬한다.
잠깐 카드를 유심히 본 후 여성 관객을 보고 다시 카드를 본다. 관객의 심리를 읽는 것처럼 보이지만 사실은 팬하면서 "톱" 카드를 찾는 것이다. "톱" 카드가 스페이드 9라고 해보자.
"보텀" 카드도 확인한다. "보텀" 카드는 하트 7이라고 해보자. "톱" 카드는 스페이드 9이고 "보텀" 카드는 하트 7이다. 두 장의 카드를 잘 기억해둔다.
여성 관객에게 덱을 준다. 그리고 종이와 연필을 가져온다.
여성 관객에게 "자, 그럼 제가 예언을 하나 하겠습니다"라고 말한다.
잠시 여성 관객을 유심히 바라본 후 종이에 다음과 같이 적는다.

"남성 관객은 스페이드 9를 선택할 것이다."

이렇게 적은 후 종이를 접어서 모자에 떨어뜨린다. 물론 관객은 당신이 종이에 뭐라고 썼는지 알지 못한다. 아마 그들은 당신이 여성 관객에 관한 예언을 했다고 생각할 것이다.

"여성분께서 골고루 카드를 잘 섞으셨습니다. 자, 여성분… 속으로 숫자를 세시면서 카드를 카운트하세요. 카드 앞면이 아래로 가도록 테이블에 펼쳐서 놓으시면 됩니다. 몇 번째 카드든지 상관없습니다. 마음에 드는 숫자만큼 카운트하세요."

여성 관객이 모두 12장의 카드를 카운트했다고 가정해보자.

"패킷의 "톱" 카드를 잘 보세요. 잘 기억해두시고 다시 원래의 패킷에 놓으세요."

여성 관객이 카드가 클럽 킹인 것을 확인하고 패킷에 놓았다고 가정해보자.

"나머지 카드를 패킷에 놓으시고 커트하세요."

여성 관객이 그대로 한다.

"여성분이 무슨 카드를 골랐는지는 본인 밖에 모릅니다. 지금 그 카드가 어디로 갔는지는 아무도 모릅니다. 자, 이제 덱을 저한테 주세요."

여성 관객이 당신에게 덱을 준다.

"이제 여기 계신 남성분에 대한 예언을 하겠습니다."

덱을 팬한 후 맨 아래에 있는 키 카드 하트 7을 찾는다. 하트 7 앞에 있는 카드가 여성이 고른 클럽 킹이다. 잠시 의미심장한 눈빛으로 남성 관객을 바라본 후 다시 카드를 본다. 하트 7과 클럽 킹 사이로 카드를 분리해서 클럽 킹이 "톱"에, 하트 7이 "보텀"에 오도록 자연스럽게 커트한다.

남성 관객에게 덱을 준다.

"제가 글씨를 쓰는 동안 들고 계세요."

연습장 종이에 다음과 같이 쓴다.

"여성 관객은
클럽 킹을 선택할 것이다."

연습장에서 종이를 찢어 아까처럼 접어서 모자에 넣는다. 두 장의 종이가 섞이지 않도록 주의한다.

"선생님, 제가 종이에 쓴 내용이 정확할 겁니다."

아마 관객들은 당신이 남성 관객에 관한 예언을 했다고 생각할 것이다.

"여성분, 아까 몇 번째 카드를 고르셨는지 남성분에게 살짝 귓속말로 숫자를 말해주세요."

여성이 남성에게 테이블에 카운트한 카드의 숫자를 말해준다.

"이것은 소울 메이트를 알아보는 시험입니다. 그래서 두 분께서는 똑같이 행동하셔야 합니다. 남성분, 여성분이 말씀해주신 숫자대로 카드를 카운트하세요. 아까 여성분께서 여덟까지 카운트하셨다면 똑같이 카드 여덟 장을 카운트하시면 됩니다. 스무 번째 카드까지 카운트하셨다면 그대로 하시면 되겠죠. 그러니까 두 분의 마음이 하나가 되어 행동하는 거죠."

여기에서는 남성이 여성과 똑같이 12장을 카운트한다.

"여성분이 하신 그대로 "톱" 카드를 확인하신 후 도로 패킷에 넣으세요. 그리고 덱을 커트 하시면 됩니다."

"다시 한번 정리해볼까요? 아까 여성분께서 카드를 카운트하셨고 제가 종이에 예언을 적어서 모자에 넣었습니다."

마지막으로 넣은 종이, 즉 여성 관객에 관해 예측한 종이를 모자에서 꺼낸다. 하지만 관객은 그것이 처음에 집어넣은 종이라고 생각할 것이다. 모두에게 잘 보이도록 종이를 높이 든다.

"아까 제가 여성분에게 카드를 셔플하신 후 마음대로 테이블에 카드를 펼쳐 놓으라고 했습니다. 마음에 드는 숫자만큼 카운트해서 카드를 고르신 거죠. 자, 그럼 제가 종이에 뭐라고 썼는지 확인해볼까요? "여성 관객은 클럽 킹을 선택할 것이다"라고 적혀 있네요. 여성분, 아까 고르신 카드가 클럽 킹이 맞나요? 네, 맞군요. 감사합니다."

Tarbell course in Magic

여성에게 종이를 준다.

"제가 악필이긴 합니다만, 그래도 제 글씨 알아보실 수 있겠죠?"

"제가 남성분이 선택한 카드도 예언했습니다. 남성분께서는 여성분이 카운트한 숫자대로 카드를 카운트하셨죠. 그 숫자는 여성분 밖에 모릅니다."

모자에서 남은 종이를 꺼내 높이 든다.

"저는 미리 그 카드를 예언했습니다. 뭐라고 쓰여 있는지 읽어보죠. "남성 관객은 스페이드 9를 선택할 것이다." 남성분, 스페이드 9가 맞습니까? 네, 이번에도 제 예언이 맞았네요. 저도 여러분과 한 마음이네요."

남성에게 종이를 주고 내용을 확인하라고 한다.

날 따라 해봐요, 요렇게!
You Do As I Do

이것은 오랫동안 마술사들이 많이 선보인 마술이다. 복잡한 방식도 있고 단순한 방식도 있지만 여기에서는 가장 단순하면서도 원하는 이펙트를 연출할 수 있는 방식을 배워본다.

★ 이펙트

두 개의 덱을 보여준다. 하나는 마술사가 가지고 하나는 관객에게 셔플하라고 준다. 마술사도 자신이 가진 덱을 셔플한다. 그리고 나서 두 사람은 서로 덱을 바꾼다. 마술사가 관객에게 "제가 하는 대로 그대로 따라하세요"라고 말한다. 두 사람은 모두 앞면이 자신들을 향하도록 덱을 펼친 후 아무 카드나 한 장 뽑아서 덱의 맨 위에 놓은 후 가지런히 정리하고 커트한다. 그런 다음 또다시 덱을 바꾼다. 관객이 마술사의 지시에 따라 덱에서 아까 선택한 카드를 꺼낸다. 마술사도 자신이 선택한 카드를 꺼낸다. 두 사람이 뽑은 카드가 똑같다.

★ 준비물
1. 덱 두 개. 빨간색 덱과 파란색 덱 또는 뒷면이 서로 다른 덱을 준비하는 것이 좋다.

★ 해법과 대사

"이 마술은 두 사람이 똑같이 생각하는 마술입니다. 굳이 이름을 붙이자면 "날 따라 해봐요, 요렇게!"라고 할까요? 저를 따라 하시면 놀라운 결과가 나타날 겁니다."

"서로 다른 두 개의 덱을 사용하겠습니다."

서로 다른 덱을 보여주고 관객에게 하나를 준다.

"자, 셔플하겠습니다. 절 따라서 셔플하세요."

두 사람 모두 셔플한다. 셔플하면서 자연스럽게 "보텀" 카드를 확인한다. 여기에서는 하트 2라고 해보자.

"이제 덱을 바꾸겠습니다."

관객과 덱을 바꾼다.

"아무 카드나 한 장 뽑겠습니다. 무슨 카드인지 확인하고 덱의 맨 위에 놓겠습니다. 선생님도 똑같이 따라하세요. 아무 카드나 뽑아서 확인하시고 맨 위에 놓으세요. 서로 보여주면 안 됩니다."

당신의 앞쪽에서 팬하고 가운데에서 아무 카드나 한 장 뽑는다. 그리고 덱의 맨 위에 놓는다. 관객도 당신을 따라 아무 카드나 뽑고 맨 위에 놓는다.

"자, 이제 카드를 정리하고 커트하겠습니다."

두 사람 모두 각자의 덱을 정리하고 커트한다.

"한번 더 커트합니다. 그리고 한번 더요."

모두 두 번 커트한다.

"선생님과 제가 고른 카드가 어디로 갔는지 아무도 모릅니다. 이제 또 덱을 바꾸겠습니다."

덱을 바꾼다.

"덱을 잘 보시고 아까 선택한 카드를 꺼내세요. 다른 분들이나 저한테는 보여주지 마시고요. 저도 아까 고른 카드를 꺼내겠습니다."

관객이 덱에서 카드를 찾는 동안 당신도 덱을 팬하여 키 카드인 하트 2를 찾는다. 하트 2 오른쪽에 있는 카드가 관객이 고른 카드이다. 여기에서는 하트 잭이라고 가정해보자. 그 카드의 뒷면이 도우미 관객과 나머지 관객을 향하도록 든다. 그것이 무슨 카드인지 아직 당신 밖에는 알지 못한다.

"자, 한번 정리해볼까요? 선생님과 저는 각자 덱을 셔플한 다음 마음대로 카드를 골랐습니다. 상대방이 무슨 카드를 골랐는지 모릅니다. 자, 그럼 동시에 카드를 뒤집어보겠습니다."

카드 앞면이 관객에게 보이도록 뒤집는다. 관객도 동시에 자신의 카드를 뒤집는다.

"제 카드는 하트 잭입니다. 선생님의 카드도 하트 잭이네요. 저를 완벽하게 따라하셨군요. 잘 하셨습니다."

놀라운 발견
A Baffling Discovery

★ 이펙트

마술사가 테이블에 차례로 카드 다섯 장을 펼쳐놓는다. 등을 돌리고 관객에게 카드 한 장을 들어서 무슨 카드인지 확인한 후 제자리에 놓으라고 한다. 마술사는 다섯 장의 카드를 한데 모은 후 자신의 텅 빈 바지주머니를 보여주고 그 안에 집어넣는다. 그리고 관객이 선택한 카드만 빼고 나머지 카드를 주머니에서 꺼내겠다고 말한다. 정말로 마술사가 마지막으로 꺼낸 카드가 관객이 선택한 카드이다.

★ 해법과 대사

카드 뒷면이 위로 오도록 덱을 잡는다. 오른손 손바닥에 네 장의 카드를 몰래 숨긴다. 손수건을 꺼내면서 오른쪽 바지주머니에 뒷면이 바깥으로 오게 넣는다.

관객에게 덱을 셔플하라고 한다.

한번에 한 장씩 모두 다섯 장을 카운트하여 테이블에 한 줄로 펼쳐놓는다(그림 1).

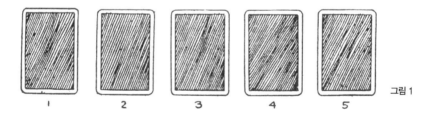

| 1 | 2 | 3 | 4 | 5 | 그림 1 |

나머지 카드는 옆으로 치운다.

"이 마술은 생각이 얼마나 잘 통하는지 시험해보는 심리 마술입니다. 보시다시피 테이블에

Tarbell course in Magic

카드 다섯 장을 올려놓았습니다. 왼쪽부터 다섯까지 세겠습니다. 하나, 둘, 셋, 넷, 다섯."

손으로 카드를 가리키면서 카운트한 후 관객에게 말한다.

"제가 등을 돌리면 카드 한 장을 들어서 확인하세요. 무슨 카드인지 제가 알지 못하도록 원위치에 놓으셔야 합니다. 원하신다면 다른 카드를 살짝 움직이셔도 됩니다. 몇 번째 카드인지 잘 기억해두세요."

관객에게 카드를 고른 후 제자리에 놓으라고 한다.

"준비되셨습니까? 네, 좋습니다."

다시 관객을 보고 선다. 1번부터 카드를 잡는다. 1번을 2번 위에 놓고 2번을 3번 위에 놓는 식으로 카드를 쌓는다. 왼손에 카드를 놓고 오른손으로 바지주머니를 뒤집어 아무것도 없음을 보여준다. 앞에서 배운 대로 주머니 위쪽 귀퉁이에 네 장의 카드를 숨기면 들킬 염려가 없다. 뒤집었던 주머니를 도로 집어넣는다. 왼손에 있는 카드를 주머니에 넣는다. 아까 숨긴 카드 뒤(앞면에)에 놓아야 한다. 모든 카드의 뒷면이 바깥쪽을 향해야 한다.

카드를 고른 관객에게 말한다.

"고르신 카드를 잠깐 동안 떠올려보세요. 네, 됐습니다. 생각이 통한 것 같습니다."

오른쪽 바지주머니에 오른손을 넣는다.

"선생님께서 선택하신 카드만 빼고 다 꺼내겠습니다. 선생님께서 선택하신 카드만 주머니에 남게 되는 거죠."

미리 숨겨 놓은 네 장의 카드(가장 바깥쪽에 있음)를 왼손에 한 장씩 꺼내 뒷면이 관객에게 보이도록 놓는다. 그 네 장의 카드는 처음부터 주머니 속에 들어 있던 것들이다.

"선생님이 고르신 카드는 이 중에 없을 겁니다. 그럼 테이블에 올려놓겠습니다. 아 참, 몇 번 카드를 고르셨죠? 2번 카드군요."

주머니에서 꺼낸 네 장의 카드를 테이블에 다시 나란히 놓는다. 2번 자리(관객이 선택한 번호의 카드가 들어갈 자리를 남겨두면 됨)는 남겨둔다(**그림 2**).

그림 2

바지주머니에 오른손을 넣는다. 바깥쪽에 있는 카드, 즉 처음에 1번에 놓았던 카드를 재빨리 앞으로 밀어낸다. 만약 관객이 선택한 카드가 2번 카드가 아니라 다른 카드라면 그 카드를 꺼내기 쉽도록 다른 카드를 떨어뜨리면 된다.

주머니에서 두 번째 카드, 즉 선택된 카드를 꺼내 뒷면이 관객을 향하도록 든다.

"남겨둔 자리에 놓으면 되겠네요."

관객에게 카드 앞면을 보여주고 빈자리에 놓는다.

"남성분께서 선택하신 카드는 클럽 7입니다!"

★ 참고

관객이 몇 번 카드를 고르든지 어렵지 않게 선택된 카드를 꺼낼 수 있다. 관객이 자신이 고른 번호를 말할 때 필요 없는 카드를 앞으로 밀어내고 선택된 카드를 잡으면 된다. 처음에 테이블에 놓았던 다섯 장의 카드는 주머니에 남기고 미리 숨겨둔 네 장의 카드를 꺼내는 것이지만 관객은 그것이 원래 테이블에 있었던 다섯 장 중 네 장이라고 생각한다.

더듬거리거나 주춤하지 않고 주머니에서 다섯 장 중 아무 카드나 자연스럽게 꺼낼 수 있도록 연습해야 한다. 마치 주머니에 카드 한 장만 있는 것처럼 보여야 한다. 선택된 카드를 자연스럽게 꺼내는 가장 좋은 방법은 엄지손가락으로 각 카드의 위쪽을 앞으로 밀고 집게손가락과 가운뎃손가락으로 잡고 있다가 선택된 카드를 찾는 것이다. 첫 번째와 네 번째 카드는 매우 쉽게 꺼낼 수 있다. 만약 4번일 경우 뒤쪽부터 재빨리 찾는다.

마술이 끝나면 주머니에 네 장의 카드가 남으므로 똑같은 이펙트를 한두 번 더 시연할 수 있다. 마술이 다 끝나기 전까지 성급하게 카드를 꺼내면 안 된다. 적당한 시점에 주머니에 덱을 넣었다가 네 장의 카드와 함께 꺼내면 된다. 또는 "업 앤 슬리브(Cards Up And Sleeve)" 마술을 선보여도 된다. 이미 주머니에 네 장의 카드가 있으므로 8을 12처럼 폴스 카운트하면 된다.

상대방의 생각 알아맞히기
Thought Location

★ 이펙트
관객이 덱을 서플한 후 원하는 숫자까지 카드를 카운트하고 무슨 카드인지 확인한다. 이때 마술사는 등을 돌리고 있다. 마술사가 관객에게 팩을 받아들고 관객이 선택한 카드가 자신의 주머니에서 나오게 하겠다고 말한다. 그리고 덱에서 카드를 뽑아 오른쪽 바지주머니에 넣는다. 관객이 선택한 숫자대로 덱에서 카드를 카운트한다. 하지만 선택된 카드는 거기에 없고 마술사의 바지주머니에서 나온다.

★ 해법과 대사
관객에게 덱을 서플하라고 한다. 카드 뒷면이 위로 오도록 잡으라고 한다.

"자, 마음에 드는 숫자만큼 카드를 카운트하시고 무슨 카드인지 잘 기억해두세요. 예를 들어 '8'을 고르신다면 여덟까지 카운트하시고 무슨 카드인지 확인하세요. 그 카드가 스페이드 9라면 속으로 잘 기억해두시면 됩니다. 셔플하셨으니까 카드 순서를 흐트러뜨리지 마세요. 카드와 숫자를 잘 기억해두세요. 제가 나중에 그 카드를 찾아내겠습니다."

이렇게 말하고 뒤돌아선다. 그동안 관객이 원하는 숫자대로 카드를 카운트하고 무슨 카드인지 확인한다.

"카드를 확인하시고 반듯하게 정리하세요."

관객이 카드를 다 정리하면 다시 돌아서서 덱을 가져온다.

"네, 잘 하셨습니다. 선생님께서는 속으로 숫자를 고른 후 그 숫자만큼 카운트하시고 카드를 확인하셨습니다. 저는 당연히 그게 무슨 카드인지 알 수 없죠. 하지만 한번 맞춰보겠습니다. 선생님께서 고른 카드를 덱에서 꺼내겠습니다."

재빨리 덱의 중간쯤에서 카드 한 장을 꺼낸다. 어느 지점에서 뽑았는지 관객이 모를 정도로 재빨리 움직여야 한다.

"그리고 주머니에 넣겠습니다."

계속 뒷면이 관객에게 보이도록 하고 카드를 오른쪽 바지주머니에 넣는다. 관객들은 그것이 선택된 카드라고 생각한다.

주머니 안에서 카드를 오른손 손바닥에 숨긴 채 밖으로 뺀다. 그리고 자연스럽게 오른손을 덱의 맨 위로 가져가 거기에 카드를 놓는다. 그 위치는 관객이 선택한 숫자보다 하나 더 큰 숫자이다.

"제가 주머니에 넣은 카드가 정말 선생님이 고른 카드인지 의심스러우시죠? 아까 몇 번째 카드를 고르셨죠?"

관객이 위에서 12번째 카드를 골랐다고 대답한다고 하자.

"위에서 12번째요? 좋습니다. 그럼 카드를 12장 세어보죠."

한 장씩 카드를 세면서 관객의 손에 놓는다.

"12번째 카드가 맞는지 확인해보세요."

이때 모든 관객의 관심이 12번째 카드에 쏠리도록 미스디렉션하고 오른손에 13번째 카드를 숨긴 채 오른쪽 바지주머니에 넣는다. 그것이 바로 선택된 카드이다.

"아까 고르신 카드가 아니라고요? 흠, 그렇다면 제 주머니에 든 카드가 맞나요?"

주머니에서 카드를 꺼내 뒷면이 관객에게 보이도록 든다.

"어떤 카드를 고르셨죠?"

관객이 카드의 이름을 말한다.

"스페이드 9요? 그럴 줄 알았습니다."

카드를 뒤집어서 보여준다.

주머니 속의 카드
Card In The Pocket

★ 이펙트

마술사가 관객에게 1~10까지 아무 숫자나 골라서 덱의 "톱"에서부터 카운트하라고 하고 그 숫자에 해당하는 카드를 잘 기억하라고 한다. 그런 다음 마술사는 덱을 다시 가져와 잠시 등 뒤로 든다. 그리고 덱에서 카드를 꺼내 주머니에 넣는다. 관객이 선택한 숫자까지 카운트하자 그 숫자에 해당하는 카드가 없어지고 마술사의 주머니에서 나온다.

★ **해법과 대사**

관객에게 덱을 셔플하라고 한다.

"네, 잘 셔플하셨죠? 이렇게 고루 섞었으니 선생님이나 저나 무슨 카드가 어디에 있는지 모릅니다. 카드 뒷면이 위로 가게 덱을 드세요. 이제부터 제가 카드를 읽는 마술을 보여드리겠습니다. 우선 1~10까지 아무 숫자나 고르세요. 다 고르셨나요? 제가 뒤돌아서 있을 테니 맨 위 카드부터 그 숫자만큼 카운트하시고 무슨 카드인지 확인하세요. 위에서부터 몇 번째 카드인지 기억해둬야 하니까 카드가 뒤섞이게 하시면 안 됩니다. 카운트하신 다음에 덱을 잘 정리해서 저한테 주세요."

관객이 다 끝마치면 다시 뒤로 돌아 덱을 가져온다.

"인간의 머리와 손은 깊은 연관이 있습니다. 그렇기 때문에 저는 뒤돌아 있어도 선생님의 카드가 어디에 있는지 알 수 있습니다."

등 뒤에 카드를 놓고 재빨리 오른손으로 10장을 센다. 그리고 10장의 카드를 잘 정리해서 한 장인 것처럼 든다. 뒷면이 보이도록 잠시 관객에게 보여준 후 오른쪽 바지 주머니에 넣는다.

"이게 선생님의 카드일 겁니다. 우선 확인을 해보죠. 자, 덱을 손에 드세요. 아까 몇 번째 카드를 선택하셨죠? 일곱 번째 카드? 네, 좋습니다. 그럼 7까지 세시고 선생님의 카드가 맞는지 확인해보세요."

관객이 카드 일곱 장을 카운트하는 동안 모두의 관심은 거기에 쏠린다. 그때 오른손 바지주머니에 오른손을 넣어 일곱 번째 카드를 찾아낸다. 주머니에 모두 10장의 카드가 있으므로 관객이 몇 번째 카드를 골랐든지 그 카드를 꺼내면 된다.

"일곱 번째 카드라고 하셨죠? 무슨 카드였나요?"

관객이 하트 잭이라고 대답한다고 가정하자.

"정말 우연의 일치네요."

카드를 뒤집어 모두에게 보여준다. 바로 관객이 선택한 카드이다.

신기한 카드 시계
The Mystic Card Clock Dial

이것은 앞에서 설명한 '주머니 속의 카드' 마술과 똑같은 원리로 이루어지지만 약간 이 펙트가 다르다.

★ 이펙트

테이블에 뒷면이 위로 오게 12장의 카드를 마치 시계 눈금처럼 배열한다. 마술사 가 뒤돌아선 동안 관객이 1~12까지 아무 숫자나 고르고 그 숫자에 해당하는 카드를 확인한다. 마술사가 카드를 한데 모아 덱에 놓는다. 등 뒤에 덱을 놓고 카드 한 장을 꺼내 주머니에 넣는다. 그리고 관객에게 '몇 시' 카드를 골랐는지 물어본 후 한 자리 만 남기고 다시 카드를 시계 모양으로 배열한다. 관객이 선택한 카드가 마술사의 주 머니에서 나온다.

★ 해법과 대사

관객에게 덱을 셔플하라고 한다. 12장의 카드를 테이블에 시계 눈금 모양으로 배 열한다. "한 시, 두 시…"라고 말하면서 한 장씩 배열한다(**그림 1**).

그림 1

"이것은 마술 시계입니다. 각자 다른 시대에 살았던 마술사들은 이 마술 시계를 이용해서 서로 시간을 알려줄 수 있었죠. 서로 다른 시대에 살고 있는 친구 마술사와 만나고 싶으면 우선 '시'를 선택한 다음 거기에 있는 카드를 확인하고 다시 놓으면 되었습니다. 예를 들어 네 시에 만나고 싶으면 4번 카드를 뒤집어서 확인하는 거죠."

네 번째 카드를 뒤집어서 보여주고 원래대로 돌려놓는다.

"그리고 다시 카드를 뒤집었습니다. 그러면 친구의 집에 있는 시계에서도 똑같은 카드가 뒤집어졌습니다. 좀 이상한 방법이지만 사실입니다. 하지만 백문이 불여일견이니 직접 확인해보도록 하죠. 제가 뒤돌아 서 있는 동안 아무 카드나 골라서 뒤집어보세요. 무슨 카드인지 확인하신 다음에 원래대로 뒷면이 위로 오게 놓으면 됩니다."

뒤돌아선다. 관객이 당신의 지시대로 하면 다시 관객을 보고 선다.

"무슨 카드인지 잘 확인하셨죠?"

한 시에 있는 카드부터 모든 카드를 집어 든다. 한 시 카드를 두 시 카드 위에, 두 시 카드를 세 시 카드에 놓는 식으로 차곡차곡 쌓는다. 이렇게 12장의 카드를 가지런히 정리한 후 덱에 넣는다. 이때 왼쪽 새끼손가락을 12장의 카드 밑에 끼워 넣는다. 이제 덱을 등 뒤로 가져간다.

"등 뒤에서 선생님이 고른 카드를 꺼내겠습니다. 선택한 카드는 저절로 뒤집어지기 때문에 쉽게 알 수 있죠. 자, 여기 있군요."

12장의 카드를 한 장의 카드처럼 잡고 재빨리 보여준 후 오른쪽 바지주머니에 넣는다.

"잠깐 바지주머니에 넣어두겠습니다."

나머지 덱을 다시 앞쪽으로 든다.

"나머지 카드를 다시 시계 모양으로 배열해서 확인해보겠습니다. 몇 시를 선택하셨죠? 여
섯 시군요."

한 시부터 시작해 열두 시까지 큰 소리로 세면서 카드를 배열한다. 여섯 시 카드가
들어갈 자리는 남겨둔다. 나머지 덱은 옆으로 치운다(**그림 2**).

그림 2

왼손으로 카드를 내려놓는다. 그와 동시에 오른쪽 바지주머니에 오른손을 넣어 여
섯 번째 카드를 찾는다. 필요할 때 쉽게 꺼낼 수 있도록 가장 앞쪽으로 옮긴다.

"보시다시피 여섯 시 카드만 없습니다."

주머니에서 여섯 번째 카드를 꺼내 윗면이 앞으로 오도록 여섯 시 자리에 놓는다.

"이 카드가 맞습니까? 네, 맞군요. 친구와의 약속 시간에 늦을 일은 없겠죠?"

★ 참고

다음과 같이 이 마술을 한번 더 시연할 수도 있다. 관객에게 다시 카드를 선택하라
고 한다. 12장의 카드를 한데 모아 주머니에 미리 넣어둔 11장의 카드 뒤에 놓는다.
11장의 카드를 꺼내 테이블에 놓고 선택된 카드는 아직 주머니 속에 있다고 말한다.

관객이 선택한 숫자를 말하면 재빨리 주머니에서 그 숫자에 해당하는 카드를 찾아서 꺼낸다.

사람의 마음을 읽는 조커
The Thoughtful Joker

★ 이펙트
마술사가 덱에서 조커를 꺼내 테이블에 올려놓는다. 그리고 나머지 카드를 똑같이 둘로 나눈다. 관객 1이 한쪽 패킷에서 아무 카드나 뽑아서 확인한 후 다른 쪽 패킷에 올려놓는다. 관객 2는 두 번째 패킷에서 카드를 한 장 골라 첫 번째 패킷에 놓는다. 그리고 관객 3이 두 패킷을 합쳐서 여러 번 커트한다. 마술사가 조커를 손에 들고 조커는 사람의 마음을 읽을 수 있다고 말한다. 그런 다음 마술사는 덱을 팬하면서 관객 1, 2에게 아까 선택한 카드가 나오는지 잘 보라고 한다. 마술사가 한번에 몇 장씩 전체 덱을 팬 한다. 그리고 다시 조커를 집어 들고 조커가 관객 1, 2의 마음을 읽는 것처럼 그들이 선택한 카드를 정확히 맞힌다.

★ 해법과 대사
덱을 서플한다. 재빨리 훑어서 조커를 찾는다. 그와 동시에 두 장의 "톱" 카드를 확인해둔다. 여기에서는 스페이드 8과 클럽 10이라고 해보자. 그 두 장의 카드가 키 카드 역할을 하므로 잘 기억해둔다.

조커를 꺼내 윗면이 보이도록 테이블에 놓는다.

"대부분 조커를 빼고 사용하는 경우가 많죠. 방해만 되니까요. 하지만 사실 조커는 가장 현명한 카드입니다. 특히 상대방의 마음을 기막히게 읽을 수 있죠. 원래 잭이나 퀸, 킹처럼 그림이 있는 카드가 똑똑한 카드죠. 조커도 마찬가지입니다. 우습게 보다가는 큰 일 납니다."

두 장의 키 카드가 맨 위에 오도록 리플 셔플한다.

"우선 카드를 똑같이 반으로 나누겠습니다."

테이블에 "톱" 카드를 놓고 약 30cm 떨어진 곳에 두 번째 키 카드를 펼쳐놓는다. 두 장의 키 카드 위에 카드를 한 장씩 올려놓으면서 두 개의 패킷을 만든다. 처음에는 당신이 하다가 관객에게 카드를 주고서 마저 하라고 한다.

"한번에 몇 장씩 놓으면 시간을 좀 아낄 수 있겠죠? 마지막까지 다 펼쳐놓으면 두 개의 카드 뭉치가 만들어집니다. 네, 좋습니다. 왼쪽 뭉치에서 카드 한 장을 꺼내세요. 저한테 보여주지 마시고 혼자서만 보세요. 무슨 카드인지 확인하시고 오른쪽 뭉치에 놓으세요."

관객 1이 카드를 오른쪽 패킷에 올려놓으면 관객 2에게 이렇게 말한다.

"오른쪽 뭉치에서 카드 한 장을 꺼내세요. 무슨 카드인지 확인하시고 왼쪽 뭉치에 올려놓으세요."

관객 2에게 카드를 확인하고 왼쪽 패킷에 놓은 후 두 개의 패킷을 합치라고 한다.

"자, 두 뭉치를 합치세요. 한 뭉치를 다른 뭉치 위에 올려놓으시면 됩니다. 그리고 여러 번 커트하세요."

관객이 카드를 차곡차곡 정리한 후 두 번 커트한다.
조커를 집어 든다.

"제가 말씀드린 대로 조커는 사람의 마음을 읽을 수 있습니다. 조커의 힘을 빌려서 여러분이 고르신 카드를 찾아내도록 하겠습니다."

다시 테이블에 조커를 놓는다.

"이제 덱에서 카드 몇 장을 꺼내 팬하겠습니다."

덱에서 7~8장의 카드를 꺼내 앞면이 관객들에게 보이도록 팬한다(**그림 1**).

그림 1

"제가 카드를 보여드리면 여러분이 고르신 카드가 있는지 잘 보세요. 카드가 보이면 속으로 카드의 이름을 말하세요. 소리 내서 말하시면 안 됩니다. 속으로 생각만 하세요."

한번에 몇 장씩 팬하면서 키 카드인 스페이드 8과 클럽 10을 찾는다. 만약 "보텀" 첫 번째 카드가 키 카드 중 하나라면 반대쪽 끝에 있는 "톱" 카드가 선택된 카드 중 하나이다. 나머지 선택된 카드는 두 번째 키 카드의 앞쪽에 있을 것이다. 만약 첫 번째 카드가 키 카드가 아니라면 계속 덱에서 카드를 몇 장씩 꺼내 팬하면서 키 카드를 찾는다. 각각의 키 카드 앞에 있는 카드가 선택된 카드이다.

★ 참고

선택된 카드가 키 카드 앞에 있는 이유는 다음과 같다. 한 장의 키 카드는 "보텀"에 있고 선택된 카드 한 장은 각 패킷의 "톱"에 있다. 따라서 두 패킷을 합치면 한쪽 패킷의 "보텀"에 있는 키 카드가 다른 패킷의 "톱"에 있는 선택된 카드 위에 놓이게 된다. 그 상태에서 커트하면 두 번째 패킷의 "보텀"에 있는 키 카드가 전체 덱의 "톱"에 있는 선택된 카드 위로 간다.

이렇게 몇 장씩 팬하면서 테이블에 펼쳐놓고 속으로 선택된 카드의 위치를 확인한 다음 조커를 들고 이렇게 말한다.

"여러분 모두 아까 고르신 카드를 확인하셨죠? 조커가 선생님의 카드에는 빨간색 하트가 그려져 있다고 하네요. 하트 9요. (다른 관객에게) 그리고 선생님은 아까 속으로 스페이드라고 생각하셨죠? 스페이드 에이스네요. 조커의 말이 맞나요? 네, 맞군요! 조커가 정확하게 맞추었습니다!"

손으로 만져서 카드 찾기
A "Sense Of Touch" Discovery

★ 이펙트

몇 장의 카드를 고른 후 다시 덱에 넣는다. 원한다면 덱에 넣기 전에 카드에 표시를 해도 된다. 셔플한 후 모자에 떨어뜨린다. 모자 안에 든 카드를 셔플한다. 그런 다음 마술사가 관객에게 모자를 들고 있으라고 한다. 그리고 마술사가 오른손으로 모자에서 선택된 카드를 한 장씩 꺼낸다.

★ 해법과 대사

덱을 셔플한다. 몇 명의 관객이 한 장씩 카드를 고른다. 모두 자신이 고른 카드에 표시를 한다.

카드를 한 장씩 펼쳐놓아서 절반으로 배분한다. 관객 1에게 아래쪽 패킷에 선택된 카드를 놓으라고 한다. 그 위에 위쪽 패킷을 놓는다. 이때 왼손 새끼손가락을 선택된 카드에 올려놓는다. 앞쪽 가장자리를 리플하여 덱을 한데 모으는 모습을 보여준다.

관객 2에게 간다. 새끼손가락이 놓인 지점에서 다시 덱을 배분하여 두 번째 선택된 카드가 첫 번째 선택된 카드 위에 놓이게 한다. 관객에게는 마술사가 선택된 카드를 받기 위해서 아무렇게나 커트하는 것처럼 보인다. 여전히 새끼손가락을 올려놓은 상태에서 다시 팩을 닫는다.

이렇게 해서 선택된 카드를 전부 모은다. 선택된 카드는 전부 당신이 새끼손가락으로 잡고 있는 부분 위, 즉 아래쪽 패킷에 있다.

이제 심플 패스를 이용해 선택된 카드를 전부 덱의 "톱"에 놓는다. 그리고 선택된 카드의 위치가 바뀌지 않도록 리플 셔플한다.

"여러분들이 선택하신 카드를 덱에 넣고 셔플했습니다. 이제 모자에 넣어서 더 뒤죽박죽으로 만들겠습니다."

바닥이 평평한 모자에 덱을 떨어뜨린다. 뒷면이 위로 오도록 넣는다. 모자를 옆으로 흔들어 카드를 마구 섞는 척한다. 하지만 실제로는 카드 배열이 뒤바뀌지 않도록 하면서 모자를 흔들어야 한다. 카드가 앞뒤로 움직이되 서로 섞이지 않도록 해야 한다. 연습하다 보면 요령이 생긴다(**그림 1**).

그림 1

또 모자를 위 아래로 흔들어 카드가 섞이지 않게 할 수도 있다. 이것은 조금만 주의를 기울인다면 가능하다.

"잠깐만 모자를 높이 들고 계세요. 보시다시피 카드가 모자 안에서 섞였습니다."

관객에게 모자 안을 들여다보고 덱을 정리하라고 한다. 그런 다음 모자를 높이 들고 있으라고 한다.

손가락을 펴서 양손에 아무것도 없음을 보여준다.

"이렇게 뒤죽박죽 섞인 상태에서 특정한 카드를 찾아내는 것은 현실적으로 불가능하겠죠. 하지만 저는 촉각이 아주 뛰어납니다. 제 뛰어난 촉각을 이용해서 찾아보죠."

가장 나중에 카드를 넣은 관객에게 말한다. 덱의 맨 위에 있는 카드가 그의 카드이다.

"아까 고르신 카드가 무슨 카드였죠? 네, 하트 5군요."

오른손에 아무것도 없음을 보여준 후 모자에 손을 넣는다. 맨 위에 있는 카드를 꺼내서 보여준다.

"하트 5입니다. 다음 분!"

이렇게 맨 마지막에 고른 관객의 카드부터 역순으로 모자에서 선택된 카드가 나오게 한다.

헨리 하딘의 모자에서 카드 찾기 마술
Henry Hardin's Cards In Hat Discovery

이것은 앞에서 설명한 이펙트를 조금 변형한 방식이다. 모자 안에서 카드를 셔플하는 방식을 가장 먼저 고안한 것은 헨리 하딘(Henry Hardin)이었다. 그의 카드 마술은 심리 마술로 관객에게 큰 인기를 누렸다.

★ 이펙트
빌린 덱을 관객에게 주고 셔플하게 한다. 빌린 모자의 뒷면이 위로 오게 떨어뜨린 후 모자 입구에 손수건을 씌운다. 마술사가 먼저 카드의 이름을 말하고 모자에서 자신이 말한 것과 똑같은 카드를 한 장씩 꺼낸다.

★ 해법
빌린 덱에서 몰래 몇 장의 카드를 팜 한다. 그리고 자신이 돌아서 있는 동안 관객에게 셔플하라고 한다. 뒤돌아선 상태에서 아까 팜 해둔 5~6장의 카드를 외운다. 덱을 차곡차곡 정리하는 척하면서 팜 해둔 카드를 다시 집어넣는다. 그리고 뒷면이 위로 오도록 모자에 넣는다. 모자를 옆으로 흔들어서 셔플한다. 하지만 카드의 배열은 바뀌지 않는다. 카드의 이름을 말하고 모자에서 그와 똑같은 카드를 꺼낸다. 이런 식으로 미리 외워둔 카드를 모자에서 꺼낸다.

★ 참고

관객에게 덱을 빌리지 않고 미리 준비한 덱을 사용하는 경우에는 얼핏 보는 것만으로 여러 장의 카드를 외우기가 어렵다. 따라서 조끼주머니에 미리 카드 5~6장을 넣어놓고 겉옷으로 가린다. 등을 돌린 상태에서 오른손으로 주머니에서 카드를 꺼내 팜한 후 위와 똑같이 관객이 셔플한 후 넣으면 된다.

Tarbell

Course in MAGIC

카드 마술에서는 손기술이 매우 중요하다. 카드의 순서가 바뀌지 않도록 셔플하고 커트할 줄 알아야 한다. 이것은 특정한 카드 배열을 위해 필수적이다. 이번 레슨에서는 가장 단순하면서 효과적인 카드 손기술을 배워보도록 하겠다.

Tarbell Course in MAGIC

카드 손기술
Card Sleights

카드 마술에서는 손기술이 매우 중요하다. 그러므로 이번 레슨에 나오는 모든 기술을 완벽하게 익혀야 한다. 카드 마술은 카드 한 장이나 여러 장, 혹은 전체를 컨트롤 하는 기본적인 손기술에 따라 종류가 매우 다양하다.

관객이 카드를 선택한 후 덱에 다시 넣을 때를 생각해보자. 선택된 카드는 최종적으로 나타나게 하거나 다 사용할 때까지 잘 컨트롤 해야만 한다. 셔플이나 커트가 카드를 컨트롤 하는 데 방해가 되어서는 안 된다.

마술사는 카드의 순서가 바뀌지 않도록 셔플하고 커트할 줄 알아야 한다. 이것은 특정한 카드 배열을 위해서 필수적이다.

관객이 특정한 카드를 선택하도록 만들어야 하는 경우도 있다.

마술에는 위에서 말한 상황을 가능하게 만드는 손기술이 다양하게 존재한다. 이번 레슨에서는 가장 단순하면서도 효과적인 카드 손기술에 대해 배워본다.

패스
The Pass

패스의 주요 목적은 관객이 덱의 중앙에 돌려놓은 선택된 카드를 몰래 덱의 "톱"이나 "보텀"으로 보내서 컨트롤하기 위함이다.

앞에서 간단한 셔플을 이용해 카드를 "톱"으로 보내는 심플 패스에 대해 배웠다 (**레슨 10**).

이제 카드 마술에서 가장 중요하다고 할 수 있는 레귤러 패스에 관해 배워보자.

레귤러 패스
The Regular Pass

레귤러 패스의 방식은 예전과 그대로지만 레귤러 패스의 대가 랠프 리드(Ralph Read)는 좀더 쉽게 매끄러운 동작을 배울 수 있는 방법을 고안했다.

딜링 자세로 왼손에 팩을 '평평하게' 놓는다. 왼손 손가락들은 팩의 아래쪽 가장자리에 놓고 엄지손가락은 "톱" 위까지 뻗어야 하지만 꼭 "톱" 카드에 닿을 필요는 없다. 팩의 위쪽 가장자리는 왼손 엄지손가락과 집게손가락의 갈래 부분에 그냥 둔다(**그림 1**). 다음 동작을 실시할 때 팩을 수평으로 들지 않고 수직에 가깝게 든다. 왼손 엄지손가락에 닿은 팩의 위쪽 가장자리가 위로 올라가므로 "톱" 카드의 일부가 일제히 관객을 향한다.

오른손을 팩 위로 가져간다. 네 손가락을 함께 오므려서 손가락 끝이 팩의 바깥쪽 좁은 가장자리에 닿고 엄지손가락 끝은 안쪽 좁은 가장자리에 닿게 한다(**그림 2**).

| 그림 1 | 그림 2 | 그림 3 |

오른손 엄지손가락으로 안쪽 가장자리에서 팩을 절반쯤 들어올려(A) 왼손 새끼손가락이 들어가게 한다(**그림 3**). 이제 오른손 엄지손가락과 나머지 손가락들로 아래쪽 패킷(B)의 양쪽 끝을 잡는다. 물론 오른손 엄지손가락과 나머지 손가락들이 위쪽

패킷에 살짝 닿게 되지만 동그랗게 활모양으로 구부러져 있으므로 오른손 손바닥과 "톱" 카드 사이에 탁 트인 넓은 공간이 만들어진다(**그림 4**).

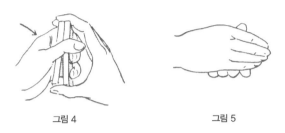

그림 4   그림 5

거울 앞에 서서 연습하면 관객에게 손의 모양이 위 그림처럼 보인다는 사실을 알 수 있다(**그림 5**). 오른손 손가락들의 셋째 마디를 아래로 구부려 주먹을 쥐므로 손등과 함께 각을 이루게 된다. 이제 패킷 A와 B를 분리해야 한다. 초보자들은 이 동작을 굉장히 어려워하는 경향이 있지만 아래의 설명대로 하면 쉽게 배울 수 있다.

패킷 A는 들어 올리면 절대로 안 된다. 왜냐하면 오른손 손가락과 접촉해서 가려야 하기 때문이다. 이제 카드를 잡아야 하는데 왼손 새끼손가락과 나머지 손가락 사이로 A를 살짝 잡는다. 이 상태에서 거울 앞에서 말한 각을 바라보면서 주먹 쥔 마디만 구부려서 각을 똑바로 편다. 왼손의 다른 관절은 구부리지 않는다. 왼손 손끝이 전부 맨 위에 놓이게 되고 A의 "톱" 카드에 닿게 된다. 맨 아랫부분, 즉 A의 기다란 가장자리 부분은 왼손 손가락 셋째 마디의 살 부분에 있다. 일부는 집게손가락 셋째 마디 살에 대서 패킷 A가 틀어지지 않도록 한다. 오른손에 의해 만들어진 활 모양은 지금까지 움직이지 않고 가만히 있었지만 각을 없애는 동작을 할 때 패킷 A가 옆(위가 아니라)으로 미끄러지면서 간단히 사라지게 된다. 오른손은 여전히 패킷 B 끝을 잡은 상태에서 엄지손가락 갈래로 지그시 누른다(**그림 6**). 패킷 B의 가장자리는 항상 왼손 엄지손가락 갈래 위에 있으며 갈래가 다음 동작의 지레 받침 역할을 한다.

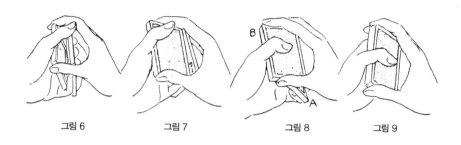

| 그림 6 | 그림 7 | 그림 8 | 그림 9 |

한쪽 끝에 있는 오른손 집게손가락과 집게손가락의 첫 번째 마디(손끝 근처)로 패킷 B의 위쪽 귀퉁이, 즉 지레 받침 귀퉁이 사이의 긴 가장자리를 바짝 잡는다. 이제 오른손 손가락과 엄지손가락 첫째 마디만 구부린다. 이렇게 하면 패킷 B가 위쪽으로 빙글 돌아가고 지레받침 역할을 하는 가장자리는 왼손 엄지손가락 갈래의 똑같은 지점에 남게 된다(**그림 7**). B의 다른 쪽 가장자리가 패킷 A 앞면에 살짝 닿은 채 미끄러지다가 결국 A가 없어지며 왼쪽 주먹은 살짝 구부리게 된다(각이 다시 만들어짐). 따라서 A가 왼손 손바닥의 B 아래에 놓이게 된다(**그림 8**). 오른손 손가락을 펴서 B가 A 위로 내려오면 레귤러 패스가 완성된다. 일반적인 방법으로 커트하는 것처럼 보이지만 A와 B의 위치가 뒤바뀌게 된다(**그림 9**).

레귤러 패스는 다음과 같은 포인트만 기억하면 매우 쉽게 할 수 있다. 오른손 셋째 마디만 움직여 각을 만드는 동작을 할 때 패킷 A를 살짝 쥔다. 너무 세게 쥐면 패킷 A를 패스할 때 B가 A를 따라 미끄러지면서 긁히는 소리가 크게 나기 때문이다. 또 동작이 이루어지는 내내 오른손 손등은 전혀 움직이지 않고 칸막이 역할을 해야 한다. 오른손은 손끝을 움직여 B의 지레 받침 역할을 할 때를 제외하고는 전혀 움직이지 않는다.

동작이 아무 잡음 없이 매끄럽게 이어질 수 있도록 처음에는 아주 천천히 연습해야 한다. 동작을 세 부분으로 나눠서 연습하면 더 쉽다. 바로 "떨어뜨리기(A를 미끄러뜨리고 잠시 멈춤)", "올리기(지레 받침 위로 B를 올리고 멈춤), "주먹 쥐기(마무리)"의 세 부분이다. 세 부분이 매끄럽게 하나의 동작으로 이어질 때까지 천천히 연습한다. 관객에게 보이지 않도록 오른손 손가락을 오므려야 한다는 점을 명심한다. 어떤 사람들은 각을 없애는 동작을 할 때 A에서 왼손 집게손가락을 떼고서 펴려고 한다. 하지만 그렇게 하면 마술사의 손 안에서 '무슨 일'인가가 벌어지고 있다는 의심을 살 수 있으므로 피한다.

모던 패스
The Modern Pass

이것은 다른 기술을 이용하는 레귤러 패스이다. 제대로만 하면 관객에게 완벽한 환상을 보여줄 수 있다. 모던 패스는 내가 자주 활용하는 기술이기도 하다.

그림 1처럼 덱을 잡는다. 새끼손가락을 집어넣어서 패킷 A와 B를 분리한다. 집게 손가락으로 팩의 반대쪽 바깥에 있는 좁은 가장자리를 누른다. 덱의 위쪽 넓은 가장 자리는 왼손 엄지손가락 갈래로 잡는다. 가운뎃손가락과 넷째 손가락은 아래쪽 넓은 가장자리 근처에 놓고 구부린다. 카드 뒷면이 관객을 향하도록 잡는다. 카드는 수직 으로 든다.

그림 1   그림 2   그림 3

관객에게 카드가 보이지 않도록 오른손을 덱으로 가져간다. 오른손 아랫부분이 카 드의 아래쪽 넓은 가장자리 위를 지날 때 패킷 A를 아래로 떨어뜨리고 왼손 가운뎃 손가락과 넷째 손가락, 새끼손가락으로 잡는다. 따라서 위쪽 넓은 가장자리가 오른 손 넷째 손가락과 셋째 손가락 사이로 떨어지게 된다(**그림 2**). 이 모습은 오른손에 가 려 관객에게 보이지 않는다.

오른손을 패킷 B로 가져가서 잡는다. **그림 3**처럼 엄지손가락은 안쪽 좁은 가장자 리의 아래쪽 절반에 놓고 집게손가락과 가운뎃손가락은 아래쪽 절반의 바깥쪽 좁은 가장자리에 놓는다. 관객에게는 패킷 B의 맨 위에 있는 카드가 보이지만 그것이 패 킷 A의 맨 위에 있는 카드라고 생각할 것이다. **그림 4**는 관객에게 보이는 모습이다.

| 그림 4 | 그림 5 | 그림 6 |

그림 5처럼 오른손으로 패킷 B 아랫부분을 적당히 높이 들어 패킷 A가 다시 B의 아래로 들어가게 한다. 덱의 두 패킷이 합쳐진다. 그와 동시에 오른손으로 잠시 동안 카드를 펼친다(그림 6). 카드를 정리한 후 오른손으로 가져간다.

즉 오른손을 왼손에 든 카드로 가져가 살짝 펼친 후 카드를 가져오는 것처럼 보이는 것이 모던 패스의 이펙트이다.

포고잉 패스
How To Use Foregoing Passes

덱을 팬한 후 관객에게 카드를 고르라고 한다. 덱을 닫은 후 둘로 나눈다. 윗부분 A는 오른손으로 잡고 아랫부분 B는 왼손으로 잡는다. 카드 앞면이 아래로 향한다 (그림 1).

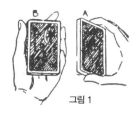

그림 1

선택된 카드를 다시 덱에 넣고 패킷 B에 놓는다. A를 B 위에 놓으면서 왼손 새끼손가락을 그 사이에 끼워 넣는다.

관객에게는 두 패킷을 합쳐 선택된 카드가 가운데 어딘가로 사라진 것처럼 보인다. 새끼손가락으로 두 패킷을 분리해놓은 것을 관객이 눈치 채지 못하도록 카드의 앞쪽 가장자리를 잘 맞춘다.

이제 포고잉 패스 준비가 되었다.

포고잉 패스는 제대로만 시행하면 덱에 변화가 일어났다는 사실을 아무도 눈치 채지 못하게 할 수 있다. 관객은 눈치 채지 못하는 사이 덱의 가운데에 놓인 선택된 카드가 "톱"으로 옮겨간다.

그림 2~7을 주의 깊게 살펴보기 바란다. 그 그림은 포고잉 패스가 이루어지는 과정이다. 패킷 A와 B는 따로 표시되어 있다. B 위에 있는 가느다란 선은 선택된 카드를 나타낸다.

포고잉 패스는 순식간에 이루어지는 동작이다. 따라서 머릿속으로 생각하지 않고도 동작이 자동적으로 이루어질 수 있을 때까지 열심히 연습해야 한다.

패스를 하는 동안 절대 팩을 쳐다보면 안 된다.

또한 곁눈질로 살짝 엿보거나 얼굴을 찡그려서도 안 된다.

패스는 매우 중요한 동작이다. 그런데 이렇게 중요한 동작을 할 때 눈을 감는 등 특이한 행동을 하는 사람도 있다. 이렇게 중요한 순간에 얼굴을 찡그리는 등의 눈에 띄는 동작을 하면 관객에게 들킬 수도 있으니 조심해야 한다.

포고잉 패스를 할 때 가장 좋은 각도는 몸 오른쪽을 관객 쪽으로 약간 돌리는 것이다. 오른손 손등과 카드 뒷면이 관객을 향한다. 거울 앞에서 시야의 각도에 유의하면서 연습한다.

관객이 카드를 선택하고 덱에 되돌려놓으면 잠시 후에 패스를 실시한다. 절대 곧바로 실시하면 안 된다.

　패스에서 가장 중요한 것은 '자연스러움'이다. 서두르거나 미심쩍은 행동을 하는 것처럼 보여서는 안 된다. 지금까지 몇 번이나 강조한 것처럼 마술의 생명은 '자연스러움'이다.

덱 가운데에서 "보텀"으로 카드를 옮기는 방법

　이것은 왼손 새끼손가락의 위치만 다를 뿐 카드를 덱의 "톱"으로 옮기는 방법과 똑같다. 이때는 패킷에 카드를 다시 놓을 때 새끼손가락을 카드 위가 아니라 아래에 놓는다. 패킷 B에 A를 놓을 때 선택된 카드는 A의 "보텀" 카드가 되며 그 아래에 새끼손가락이 놓이게 된다.

　패스할 때 패킷 B는 위쪽 패킷이 되고 A는 선택된 카드가 "보텀"에 온 채 아래쪽 패킷이 된다. 따라서 선택된 카드가 덱의 "보텀"에 온다.

　이렇게 심플 패스로 선택된 카드를 "보텀"에 오게 할 때는 다음과 같이 한다.

　카드 앞면이 아니라 뒷면이 관객을 향해야 한다. 심플 패스할 때의 오버핸드 셔플로 선택된 카드를 덱의 "보텀"에 오게 할 때는 다른 동작이 필요하다.

　위쪽 패킷 A를 들어 B의 다른 쪽에 놓는다. A를 다시 들고 덱의 앞쪽을 향해 셔플할 때 왼손 엄지손가락으로 선택된 카드를 미끄러뜨린다. 맨 아래에 있는 카드를 건드리지 않도록 조심해야 한다. 이때는 관객에게 보이지 않는 쪽에서 셔플한다. 선택된 카드가 "톱"에 오면 카드 앞면이 관객을 향하게 하여 셔플한다. 몸의 오른쪽을 약간 관객 쪽으로 돌린다. 다른 동작을 할 때는 몸의 왼쪽을 관객 쪽으로 돌린다.

　리플 셔플을 할 때 오른손에 든 패킷 A의 "보텀"에 놓인 선택된 카드를 제일 먼저 떨어뜨려 계속 "보텀" 자리에 있게 한다.

"사이드 스틸" 패스
The "Side—Steal" Pass

이 경우에는 관객이 덱에서 카드를 뽑지 않는다. 관객은 단지 덱의 한쪽 끝 귀퉁이를 들고 카드 한 장을 본 후 손을 뗀다. 그런 다음 마술사가 관객 몰래 선택된 카드를 덱의 가운데에서 "톱"으로 옮긴다.

시연
그림 1처럼 왼손으로 덱을 잡는다. 엄지손가락 기부로 덱의 왼쪽을 꽉 눌러야 한다. 엄지손가락은 덱의 위에 놓고 나머지 손가락은 오른쪽에 놓는다.

관객에게 덱의 위쪽 끝을 들어서 카드를 확인하라고 한다(**그림 2**).

그림 1

그림 2

왼손 집게손가락 끝을 오른쪽 인덱스 귀퉁이에 놓고 관객에게 카드가 잘 보이도록 도와주는 척한다. 엄지손가락이 덱의 "톱"에 있다. 관객이 카드를 들여다 본 후 손을 뗀다.

오른손 집게손가락으로 위쪽 패킷을 약 1cm 정도 오른쪽 위로 움직인다. 그런 다음 위쪽 패킷과 아래쪽 패킷을 합친다. 왼손 집게손가락과 가운뎃손가락 끝이 선택된 카드의 앞면에 온다. 오른손은 위쪽 패킷을 따라 움직인다(**그림 3**).

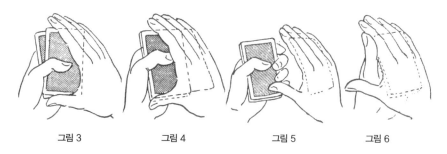

그림 3   그림 4   그림 5   그림 6

선택된 카드에 놓인 왼손 집게손가락과 가운뎃손가락 끝으로 선택된 카드를 누르면서 위쪽 패킷을 원래의 덱에 잘 정돈된 상태로 밀어 넣는다(**그림 4**). 왼손 손가락들의 끝은 선택된 카드를 잡고 오른손 손바닥으로 민다. 그와 동시에 위쪽 패킷을 일반적인 위치로 다시 돌려놓는다.

오른손에 카드를 팜하고 천천히 살짝 오른쪽으로 옮겨서 덱에서 완전히 뗀다(**그림 5**). 그런 다음 오른손을 덱의 "톱" 위로 가져간다(**그림 6**). 그리고 덱을 잡으면 된다.

관객들에게는 도우미 관객이 카드 한 장을 확인하고 나서 마술사가 선택된 카드를 덱에 넣은 후 왼손에서 오른손으로 옮기는 것처럼 보인다.

폴스 셔플
The False Shuffle

폴스 셔플은 앞에서 설명했듯이 카드의 순서가 뒤바뀌지 않게 섞는 기술이다. 이 기술은 관객 앞에서 자연스럽게 시연할 수 있을 때까지 연습해야 한다.

G. W. 헌터 셔플
The G. W. Hunter Shuffle

이것은 폴스 셔플의 일종으로 마술 발전에 크게 기여한 잉글랜드의 마술사 G. W. 헌터가 고안해낸 방법이다.

시연

그림 1처럼 덱을 잡고 셔플 준비를 한다. 오른손으로는 아래쪽 패킷 B를 잡고서 위쪽 패킷 A 위로 올린 후 왼쪽으로 내린다.

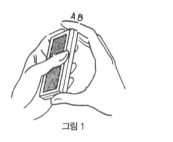
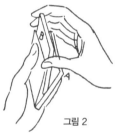

그림 1   그림 2

A를 다시 들어 올린다. 이때 오른손 엄지손가락으로 맨 위에 있는 카드를 미끄러 뜨려 패킷 A 위로 떨어지게 한다(**그림 2**). 이런 식으로 다섯 장의 카드를 더 떨어뜨린다. 따라서 모두 여섯 장의 카드가 패킷 A에 역순으로 위치하게 된다.

B를 A 위로 떨어뜨린다. 하지만 오른손 엄지손가락을 집어넣어서 두 패킷이 약간 떨어져 있도록 한다.

A를 잡고 B 위로 올려 A에서 여섯 장의 카드를 B로 하나씩 셔플한다. 폴스 셔플할 때와 같은 방법이다(**그림 2**).

A를 B 위에 떨어뜨린다. 카드의 위치는 바뀌지 않는다.

다시 말해서 B에서 A로 여섯 장의 카드를 한 장씩 역순으로 셔플한다. 그런 다음 또다시 A에서 B로 원래 순서로 돌아오도록 셔플하면 된다.

위글 워글 셔플
The Wiggle-Woggle Shuffle

이것은 가장 간단한 폴스 셔플의 일종으로 모든 카드의 순서가 바뀌지 않도록 하는 방법이다.

시연

왼손으로 덱을 잡고 셔플 준비를 한다. 오른손으로 아래쪽 패킷 B를 든다(**그림 1**).

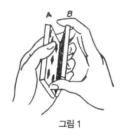 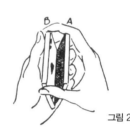

그림 1   그림 2

B를 들어 올린다. A는 왼손 손가락을 대고 오른쪽으로 빙글 돌아가도록 한다. B를 왼쪽으로 내린다. B의 아래쪽 가장자리가 왼손 손바닥에 놓인다(**그림 2**).

다시 B를 들어 올린다. 패킷 A가 엄지손가락 기부를 대고 다시 왼쪽으로 빙글 돌아가도록 한다. B를 A의 오른쪽으로 내린다(**그림 1**).

평소대로 셔플하는 척하면서 위의 동작을 실시한다.

오른손은 절대 B를 놓치면 안 된다. 패킷 A가 아래쪽 가장자리를 딛고 한쪽에서 반대쪽으로 빙글 돌아가게 하면 된다.

마무리 동작에서는 원래대로 B가 A 아래에 놓인다.

위글 워글 셔플은 몸의 왼쪽을 약간 관객 쪽으로 돌려 카드 뒷면을 보여주면서 실시한다.

리플 폴스 셔플
The Riffle False Shuffle

이것은 리플 유형의 셔플로써 카드놀이에서 흔히 볼 수 있다.

시연
왼손으로 위쪽 패킷 A를 떼놓고 패킷 B는 오른손으로 잡는다.

그림 1

일반적인 리플 셔플을 하여 두 패킷의 안쪽 두 귀퉁이가 포개지도록 한다(**그림 1**).

이 셔플은 테이블에서도 할 수 있고 신체에 카드를 받치고 할 수도 있으며 셔플에 능숙한 사람이라면 양손을 몸 앞에 놓고서 할 수도 있다.

두 패킷을 포갠 후 다시 한 묶음으로 추스른다. 실제로는 양손 손가락을 한데 모아서 칸막이를 만든 상태에서 두 패킷을 살짝 떼어 **그림 2**처럼 안쪽 귀퉁이 C와 D를 붙여서 패킷 B 전체가 A의 아래에 놓이도록 한다.

그림 2

그림 3

그런 다음 카드를 정리한다(**그림 3**).

이것은 쉬우면서도 자연스러운 셔플이지만 열심히 연습해야 완벽하게 익힐 수 있다.

"톱" 카드를 컨트롤하기 위한 셔플
Shuffle to Control "Top" Card

이 셔플의 목적은 덱 전체의 순서를 흐트러뜨리지 않기 위함이 아니라 단순히 셔플 도중에 "톱" 카드가 다른 곳으로 섞이지 않도록 하는 것이다.

시연

왼손에 덱을 놓고 셔플 준비를 한다. 카드 뒷면이 관객을 향하게 한다. 오른손으로 덱을 들어 올리고 왼손 엄지손가락으로 "톱" 카드를 미끄러뜨린다(**그림 1**).

왼손에 있는 카드 위로 덱을 내린다.

다시 덱을 들어올린다. 하지만 이때는 왼손 엄지손가락으로 카드 몇 장을 미끄러뜨리고 왼손에 있는 카드 위로 떨어지게 해야 한다. 그 카드 위로 다시 덱을 내린다. 그리고 덱을 들어 왼손 엄지손가락으로 "톱"에서 또 몇 장의 카드를 미끄러뜨린다.

그림 1

이렇게 몇 차례 한 후 오른손에 남은 몇 장의 카드를 왼손의 카드에 떨어뜨린다. 이렇게 하면 원래 "톱" 카드가 "보텀" 카드가 된다.

Tarbell course in Magic

덱의 아래쪽 패킷을 들어 몇 장의 카드를 왼손 패킷 위로 셔플한다. 이렇게 하여 마지막 카드 한 장만 빼고 모든 카드를 오른손에서 왼손으로 떨어뜨린다. 마지막 카드는 덱의 "톱"에 떨어뜨린다.

이 셔플에서 "톱" 카드는 가장 먼저 덱의 "보텀"으로 셔플되었다가 다시 "톱"으로 셔플된다.

"보텀" 카드를 컨트롤하기 위한 셔플
Shuffle to Control the "Bottom" Card

선택된 카드를 덱의 "보텀"으로 가져가서 셔플하면서도 계속 거기에 두어야만 할 때가 있다. 이것은 그런 상황을 위한 셔플 방법이다.

시연
왼손으로 덱을 잡고 셔플 준비를 한다. 오른손으로 덱을 들어 올려 왼손 엄지손가락과 나머지 손가락으로 "톱" 카드와 "보텀" 카드를 미끄러뜨린다(**그림 1**).

그림 1

덱을 그 두 장의 카드 위로 내린다. 오른손에 들고 있는 덱에서 몇 장씩 나누어 반복하며 왼손의 카드 두 장 위로 올려놓는다. 이렇게 오버핸드 셔플을 계속해서 마지막까지 왼손에 있는 몇 장의 카드로 떨어뜨린다.

"보텀" 카드 혹은 선택된 카드는 여전히 덱의 "보텀" 에 있다.

"톱" 카드와 "보텀" 카드를 컨트롤하기 위한 셔플
Shuffle to Control "Top" and "Bottom" Card

이것은 앞에서 방금 설명한 것처럼 "톱" 카드와 "보텀" 카드가 덱의 "보텀" 에 있을 때 계속해서 셔플하는 방법이다.

오른손으로 "보텀"에 있는 두 장의 카드를 들어 "톱" 으로 가져간다. 그리고 왼손 엄지손가락으로 "톱" 카드를 미끄러뜨리고 "보텀" 카드를 들어 그 두 장을 다시 덱의 "보텀" 에 놓는다.

리플 셔플로 "톱" 카드와 "보텀" 카드 컨트롤하기
To Control "Top" and "Bottom" Cards By Riffle Shuffle

덱을 두 부분으로 떼고 리플 셔플 준비를 한다. 오른손으로 위쪽 패킷을 왼손으로 아래쪽 패킷을 잡는다.

왼손 엄지손가락으로 몇 장의 카드를 떼어 "보텀" 카드가 테이블에 떨어지게 하고 나머지 카드들이 그 위로 떨어지게 한다.

왼손 엄지손가락으로 몇 장의 카드를 뗀 후 오른손 엄지손가락으로 다른 패킷에서 몇 장의 카드를 뗀다. 지그재그로 섞이도록 일반적인 리플 셔플을 하지만 오른손 패킷에 마지막 남은 몇 장의 카드가 맨 위에 놓인다.

"톱" 카드나 "보텀" 카드의 위치는 바뀌지 않는다.

폴스 커트
The False Cut

오늘날까지도 덱을 스트레이트 커트하면 카드의 상대적인 위치가 바뀌지 않는다는 사실을 잘 모르는 사람들이 많다. 덱이 끝없는 사슬이라고 생각해보라. 스트레이트 커트로 생기는 유일한 변화는 카드의 시작점이 바뀐다는 것뿐이다.

"팩 인 핸즈" 폴스 커트
"Pack in Hands" False Cut

이것은 손을 허공에 놓거나 테이블에 올려놓고 시연할 수 있는 커트이다. 또한 덱을 세 뭉치로 나누어 섞는 방법(three way cut)으로 카드의 순서가 전혀 뒤바뀌지 않는다.

시연
덱이 각각의 패킷 A, B, C로 이루어져 있다고 생각해보자(**그림 1**).

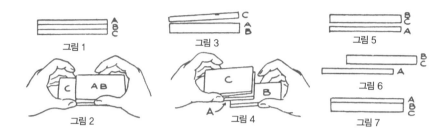

그림 1 그림 2 그림 3 그림 4 그림 5 그림 6 그림 7

왼손 엄지손가락과 가운뎃손가락, 넷째 손가락 사이로 C를 잡는다. 오른손으로는 A와 B를 잡는다(**그림 2**).

A와 B에서 C를 분리한다. 그리고 C를 A와 B 위에 올리되 왼손 엄지손가락과 나머지 손가락들을 이용해 서로 약간 떼어놓는다(**그림 3**).

이제 왼손 엄지손가락과 나머지 손가락들로 C와 A를 잡고 오른손으로 잡고 있는 B를 빼낸다(**그림 4**).

B를 일직선으로 C 위로 떨어뜨린다(**그림 5**).

B와 C를 오른손으로 잡고 A는 왼손을 이용해 왼쪽으로 뺀다(**그림 6**).

A를 B와 C 위로 떨어뜨린다(**그림 7**).

이제 덱은 원래의 순서로 돌아간다.

이것은 매우 단순한 '스리웨이 커트' 이다. 눈으로만 보면 매우 복잡해보이지만 열심히 연습하면 자연스럽게 선보일 수 있다.

스리웨이 테이블 커트
The Three Way Table Cut

스리웨이 커트는 싱글 커트보다 카드의 순서를 더 효과적으로 유지할 수 있는 방법이다. 원래의 "톱" 카드와 "보텀" 카드가 가운데에서 합쳐지지만 모든 카드의 순서는 그대로이다.

시연

오른손으로 덱의 뒷면이 위로 가도록 잡는다. 엄지손가락 끝을 아래로 향하게 하여 안쪽 좁은 가장자리에 놓고 나머지 손가락들은 바깥쪽 좁은 가장자리에 놓아 뒷면이 위로 올라오도록 잡는다.

덱의 아래쪽에서 1/3을 **그림 1**의 1과 같은 위치로 테이블에 펼쳐놓는다. 또 다른 1/3은 2의 위치에 놓고 마지막 1/3은 3의 위치에 놓는다.

그림 1

패킷 1을 들어 패킷 3 위에 놓는다. 패킷 2는 패킷 1 위에 놓는다. 이렇게 하면 커트가 끝난다.

또 다른 스리웨이 커트
Another Three Way Varation

덱의 "보텀"에서 1/3을 떼서 **그림 2**의 1과 같은 위치에 펼쳐놓는다. 팩의 나머지 카드는 2와 같은 위치로 테이블에 놓는다. 2에 있는 패킷의 윗부분에서 절반을 떼어 3번에 놓는다.

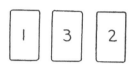

그림 2

아래처럼 다시 카드를 모은다.

패킷 2는 1에, 3은 2에 놓는다.

이렇게 스리웨이 커트하면 카드의 위치가 전혀 바뀌지 않는다.

이것은 팩의 위치가 절대 바뀌면 안 될 때와 "톱" 카드와 "보텀" 카드의 위치가 바뀌면 안 될 때 활용하면 좋은 커트이다.

포웨이 커트
The Four Way Cut

역시 테이블 위에서 시연하는 커트이다.

시연

오른손으로 덱을 잡는다. 아래에서 카드의 1/4을 떼어 테이블의 1에 놓는다. 그 다음 1/4은 2에, 또 1/4은 3에 나머지 1/4은 4에 놓는다.

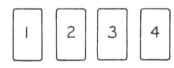

그림 1

카드를 다시 모으려면,

1을 들어서 4 위에 놓고 2는 1 위에 놓고 3은 2 위에 놓는다. 그런 다음 덱을 가지런히 정리한다. 이렇게 하면 딱 한번 컷한 것처럼 카드의 순서가 변하지 않는다.

또 다른 포웨이 커트
Another Four Way Cut

이것은 카드의 배치가 바뀌어서는 안 될 때 사용하는 커트이다. "톱" 카드와 "보텀" 카드가 원래의 위치에 그대로 남는다.

시연
오른손으로 덱의 뒷면이 위로 오도록 잡는다. **그림 2**처럼 덱의 아래쪽 1/4을 1번에 놓는다. 그 다음 1/4은 2번에, 또 다음 1/4은 3번에, 나머지는 4번에 놓는다.

그림 2

카드를 다시 합칠 때는 2를 1에, 3을 2에, 4를 2에 놓는다. 그런 다음 카드를 가지런히 정리한다. 이렇게 하면 카드가 본래의 위치대로 모인다.

포웨이 커트를 할 때는 테이블에서 여러 번 카드를 들었다 내려놓았다 하기 때문에 관객이 혼동을 느끼므로 이상한 점을 눈치 챌 염려가 없다.

"톱" 카드 컨트롤 팬 커트
"Top" Card Control Fan Cut

이것은 한번 커트해서 "톱" 카드의 위치를 바뀌지 않게 하는 싱글 커트이다.

"톱" 카드의 색깔이 나머지 카드의 색깔과 다르게 변하고 힌두 셔플로 카드 뒷면을 보여주는 마술인 "컬러 체인징 카드(Color Changing Cards)"를 시연할 때 매우 유용하다.

시연
양손으로 카드 앞면이 관객을 향하도록 팬한다(**그림 1**).

그림 1   그림 2

오른손 가운뎃손가락과 넷째 손가락 끝은 "톱" 카드에 놓고 "톱" 카드를 오른쪽으로 빙글 돌려 팬 뭉치의 가운데 정도까지 이동시킨다. 관객에게 보이지 않도록 부채꼴로 펼쳐진 카드 뒤에서 실시해야 한다.

카드를 두 패킷으로 분리한다. 방금 가운데로 이동시킨 톱 카드가 오른쪽 패킷의 "톱" 카드가 되도록 해야 한다(**그림 2**). 왼쪽 패킷을 오른쪽 패킷 앞면에 놓는다.

"보텀" 카드 컨트롤 팬 커트
"Bottom" Card Control Fan Cut

이것은 앞에서 설명한 "톱" 카드 컨트롤 팬 커트와 일부분만 빼고 똑같다. 바로 카드 뒷면이 관객을 향하도록 팬한다는 점이 다르다.

또한 이 커트는 카드를 포스하는 매우 훌륭한 방법이다. 오른손에 있는 패킷을 들어 원래의 "보텀" 카드가 오른손 패킷 "보텀"에 있도록 하여 포스한다. 관객에게 카드를 보여주고 왼손 패킷에 다시 놓는다. 포스에 관해서는 나중에 '포스(Forces)' 편에서 자세히 설명하기로 한다.

"톱" 카드 컨트롤 슬립 커트
"Top" Card Control Slip Cut

이것은 "톱" 카드를 계속 "톱"에 남기는 간단한 커트이다.

시연
왼손으로 덱을 들고 셔플 준비를 한다. 카드 앞면이 왼쪽의 관객을 향하도록 든다.

오른손으로 카드 뒤쪽(오른쪽)에서 절반을 뗀다. 하지만 "톱" 카드는 왼손 가운뎃손가락과 넷째 손가락으로 눌러서 그대로 둔다. 이렇게 하면 "톱" 카드가 곧바로 왼손 패킷의 "톱"에 오게 된다. 오른손으로 왼손 패킷의 앞쪽(앞면)에 패킷을 떨어뜨린다.

"보텀" 카드 컨트롤 슬립 커트
"Bottom" Card Control Slip Cut

이것은 "보텀" 카드를 덱의 "보텀"에 두는 또 다른 간단한 커트이다.

시연

앞에서 설명한 "톱" 카드 컨트롤 슬립 커트와 똑같다. 왼손으로 카드 뒷면이 왼쪽의 관객을 향하도록 든다는 점만 다르다.

포스
The Force

포스는 카드 마술에서 필수적인 기술이다. 관객으로 하여금 스스로 선택한 카드를 뽑게 하는 것처럼 하면서 실제로는 마술사가 원하는 카드를 뽑게 만드는 기술이 바로 포스이다.

하트 퀸을 포스하려고 한다고 가정해보자. 가장 먼저 카드 뒷면이 위로 향하도록 양손으로 팩을 잡고 퀸을 팩의 "톱"에 놓는다. 왼손 새끼손가락을 덱의 중간쯤에 집어넣고 레귤러 패스를 한다. 이렇게 하면 퀸이 덱의 가운데로 가게 된다.

★ 조그 The Jog

퀸이 "톱" 카드인 아래쪽 패킷이 위쪽 패킷의 왼쪽으로 약 6~3mm 정도 왼쪽으로 튀어나오게 한다. 이것이 바로 조그이다. 이처럼 조그는 포스하려는 카드, 즉 선택된 카드의 위치를 표시해놓는 기술이다. 왼손 엄지손가락은 덱의 "톱"에 두고 나머지 손가락들은 그 아래에 둔다(**그림 1**).

그림 1

그림 2

관객에게 카드 한 장을 고르라고 한다. "톱" 카드부터 시작해서 오른쪽으로 부채 모양으로 펼친다(**그림 2**).

방금 조그한 퀸 카드의 위치를 잘 살피면서 관객이 카드 고를 준비가 될 때까지 펼친다(**그림 3**).

그림 3

그림 4

관객이 손을 내밀면 퀸이 다른 카드보다 더 관객 쪽으로 가까이 튀어나오도록 하여 카드를 보여준다. 물론 너무 표시 날 정도로 해서는 안 된다. 관객은 대부분 가장 쉽게 뽑을 수 있는 그 카드를 선택할 것이다. 당신이 그 카드를 선택하라고 특별한 행동을 취하지 않고도 말이다(**그림 4**).

포스에서는 침묵 암시를 이용한다. 말이 아니라 움직임을 이용해서 암시하는 것이다. 손가락으로 카드를 컨트롤하고 덱을 스프레드하여 관객이 준비되었을 때 곧바로 당신이 원하는 카드가 관객의 손가락 앞에 오도록 한다. 이렇게 하면 당신이 특정한 카드를 강요하는 것이 아니라 관객이 스스로 선택한 카드를 단지 좀더 뽑기 쉽도록 도와주는 것처럼 보인다.

포스는 경험이 부족한 사람에게는 어려워 보이지만 사실은 매우 간단한 기술이다. 조그를 이용해서 포스하려는 카드의 위치를 표시해두기만 하면 나머지는 쉽다. 열심히 연습하자.

하지만 "톱"이 아니라 "보텀"에 있는 카드를 포스하고 싶을 때도 있다. 그럴 때는 레귤러 패스를 한다. 그러면 카드가 위쪽 부분의 맨 아래로 가게 된다. 그러고 나서 앞에서 설명한 것처럼 조그한다. 덱의 아래쪽 맨 위에 있는 카드가 키 카드 역할을 한다. 그 카드 바로 위에 있는 카드가 포스해야 할 카드이다.

★ 응급 상황

관객석에서 도우미 관객을 고를 때는 되도록 스마트해보이거나 세련되어 보이는 사람을 고른다. 그런 사람들이 암시에 더 잘 반응하기 때문이다. 그런 관객을 선택한다면 예기치 못한 상황이 발생할 일이 거의 없다.

하지만 관객이 예상을 빗나가는 행동을 할 경우도 있을 수 있으므로 응급 상황에 미리 대처해야 한다. 물론 응급 상황이란 관객이 당신이 포스하려는 카드를 선택하지 않는 경우를 말한다.

관객이 당신의 의도와 빗나가는 카드를 고른다면 다음 사람에게 카드를 포스한다. 두 번째 관객 역시 당신이 포스하려는 카드를 고르지 않는다고 해도 걱정할 필요는 없다. 당신이 포스하려는 카드를 고르는 관객이 나올 때까지 계속하면 된다.

첫 번째 관객이 카드를 뽑으면 "무슨 카드를 고르셨나요?"라고 묻는다. 예를 들어 "하트 킹"이라고 대답하면 카드를 쳐다보면서 "하트 킹이요? 그렇군요"라고 말하면서 관객에게 카드를 받아든다.

두 명이 연속으로 다른 카드를 고르면 각각에게 무슨 카드를 골랐는지 물어본다. 카드를 쳐다본 후 "그렇군요"라고 말하고 그들에게서 카드를 받아든다.

이것은 응급 상황에서 벗어나기 위한 행동이다. 그러나 관객은 그것이 재미를 더하기 위한 행동이라고만 생각하고 별다른 의심은 하지 않을 것이다. 이렇게 임기응변을 하고 드디어 제대로 된 카드를 고르는 관객이 나오면 다음 순서로 넘어가면 된다.

혹시라도 일어날 수 있는 응급 상황에 미리 대처해야만 한다. 관객이 다른 카드를 골랐을 때 위기를 모면하기 위한 다른 방법도 있다. 위에서 제시한 것보다 더 간단하고도 재빠른 방법이다.

바로 팩에 나이프를 끼워놓고 슬립 체인지(**레슨 10**)를 하는 것이다. 이렇게 하면 선택된 카드가 덱의 아랫부분에 위에 온다. 이제 그 카드를 미끄러뜨림으로써 돋보이게 만들어 관객이 고르게 만든다. 그리고 다음 순서로 넘어가면 된다.

이처럼 기본적인 원리는 다양한 마술에서 사용되므로 완벽하게 익히는 것이 중요하다.

포싱 덱
The Forcing Deck

이것은 아래쪽에 몇 장의 카드만 빼고 전부 똑같은 카드만으로 이루어진 덱이다. 아래쪽에 있는 몇 장의 카드를 서로 약간의 간격을 두고 펼쳐서 보통의 덱처럼 보이게 한다. 맨 위에 있는 카드도 다를 수 있다.

어떤 사람들은 스페이드 5나 다이아몬드 10처럼 두 종류의 카드만 있는 덱을 좋아한다. 스페이드 5를 포스하려면 아래쪽 절반을 스프레드하고 다이아몬드 10을 포스하려면 위쪽 절반을 스프레드하면 된다.

포스하려는 카드는 삼단으로 된 덱이 가장 인기가 많다.

마술용품점에서 다양한 포싱 덱을 구입할 수 있다.

나이프를 이용한 더블 포스
Double Force With Knife

덱은 "보텀"에 몇 장의 카드만 빼고 두 종류의 포싱 카드로만 이루어져 있다. 두 종류의 포싱 카드가 서로 번갈아가며 놓여 있다. 예를 들어 포싱 카드가 스페이드 5 와 다이아몬드 10이라면 스페이드 5, 다이아몬드 10, 스페이드 5, 다이아몬드 10 … 순으로 이루어진다.

관객에게 덱의 아무 곳에나 나이프를 넣으라고 한다. 나이프의 한 면에 포싱 카드 가 닿고 다른 면에도 포싱 카드가 닿는다.

숫자 포스
The Mathematical Force

★ 이펙트

마술사가 관객이 선택한 숫자대로 덱의 "톱"에서 카드가 나타나도록 한다. 시간을 절약하기 위해서 관객에게 1~20까지의 숫자 중에서 고르게 한다.

시연

관객이 카드를 마음대로 선택한다. 덱의 중간을 떼어 아래쪽 패킷 위에 놓게 하고 위쪽 패킷에서 두 장의 카드를 선택된 카드 위로 떨어뜨린다. 왼손 새끼손가락을 두 장의 카드 위에 놓고 심플 패스 하여 그 두 장과 선택된 카드를 "톱"에 놓는다. 이제 선택된 카드는 "톱"에서 세 번째 아래에 있게 된다.

관객에게 숫자 1~20 중에서 하나를 고르라고 한다. 관객이 10을 고른다고 가정해 보자.

왼손으로 카드 뒷면이 위로 오도록 든다. 재빨리 위에서 12장의 카드를 카운트하면서 테이블에 올려놓는다. 한 장씩 큰 소리로 세면서 테이블에 쌓은 후 이렇게 말한다.

"아까 어떤 숫자라고 하셨죠?"

관객이 다시 10이라고 말한다. 재빨리 12장의 카드를 다시 덱에 놓는다.

"이런… 제가 착각했군요. 저는 12라고 하신 줄 알았습니다."

다시 카드를 카운트한다. 카드 순서가 아까와 반대가 되었다. 원래는 두 장의 카드가 "톱"에 있고 선택된 카드는 "톱"에서 세 번째에 있었다. 하지만 관객이 선택한 숫자보다 두 장의 카드를 더 카운트했으므로 선택된 카드가 "톱"에서 아래로 내려가게 된다. 관객은 당신이 카드를 역순으로 모아 선택된 카드를 특정한 위치에 놓았다는 사실을 눈치 채지 못한다.

관객이 어떤 숫자를 선택하든지 간에 처음에 그것보다 두 개를 더 카운트한다. 그런 다음 착각했다고 말하고 카드를 도로 덱에 놓는다.

이제 10번째 카드까지 카운트하면 된다. 9까지 센 후 관객에게 10번째 카드를 집으라고 한다. 그것이 바로 관객이 선택한 카드이다.

★ 참고

만약 관객이 1을 고르면 팬하면서 왼손 새끼손가락을 위에서 세 장의 카드 아래에 집어넣는다. 오른손으로 세 장의 카드를 한 장처럼 잡은 후 관객에게 앞면을 보여준다.

만약 2를 고르면 두 장의 "톱" 카드를 하나처럼 들어올린다. 이렇게 하면 두 번째 카드가 선택된 카드가 된다.

만약 이 방법으로 카드를 포스하고 싶다면 마술을 시작하기 전에 미리 포스하고자 하는 카드를 골라 덱의 위에서 세 번째에 놓아둔다. 나중에 마술을 선보일 때 관객에게 숫자를 고르라고 하고 위에서 설명한 방법으로 카드를 포스하면 된다. 관객은 자신의 마음대로 숫자를 골랐다고 생각하지만 사실은 마술사가 원하는 카드를 고르게 한 것이다. 그렇게 포스한 카드를 가지고 원하는 마술을 계속 시연하면 된다.

"보텀" 카드 포스하기
Forcing Bottom Card

★ 이펙트
팬한 후 관객에게 아무 카드나 만져서 선택하라고 한다. 선택된 카드가 있는 지점에서 팩을 뗀 후 관객이 만진 카드를 보여준다. 하지만 실제로 관객은 마술사가 원하는 카드를 선택하게 된다.

시연
포스하고자 하는 카드를 덱의 "보텀"에 놓는다. 여기에서는 다이아몬드 에이스라고 가정해보자. 뒷면이 위로 오도록 팬한다(**그림 5**).

오른손 끝으로 맨 아래에 있는 카드를 팬 뭉치 중앙으로 옮겨 카드 아래에 놓는다. 이렇게 카드를 옮기는 동작은 관객에게 보이지 않도록 팬 뭉치 뒤에서 이루어진다(**그림 6**).

아래에서 본 모습   다이아몬드 에이스

그림 5   그림 5   그림 7

관객에게 부채꼴로 펼쳐진 카드 중에서 한 장에 손을 대라고 한다. 대부분은 가운데에 있는 카드를 선택하는 경우가 많다. 하지만 관객이 어떤 카드를 만지든지 그 카드가 있는 지점에서 팩을 둘로 가른다. 이때 관객이 고른 카드가 반드시 오른손으로 잡고 있는 패킷의 맨 아랫장이어야 한다. 재빨리 중간 위치에 준비해둔 카드(관객이 만진 다이아몬드 에이스)를 오른손 패킷 맨 아래에 놓고 양손의 간격을 떨어뜨린다. 이렇게 하면 다이아몬드 에이스가 오른손 패킷의 맨 아래에 있게 된다.

그것은 관객이 만진 카드처럼 생각하게 되지만 실제로는 당신이 포스한 카드이다. 오른손 패킷을 관객을 향해 들어 선택된 카드를 보여준다(그림 7).

이제 포스한 카드로 당신이 원하는 마술을 선보일 수 있다.

서너 장의 카드를 포스하려면 덱 아래에 놓고 위와 똑같은 방법으로 각각 포스하면 된다. 왼손 패킷의 맨 아래가 관객에게 보이지 않도록 주의한다.

이 포스 방법은 성공 확률 100%이다. 간단하고 쉬울 뿐 아니라 제대로만 하면 관객의 눈에 띌 염려도 없다. 한 장 이상의 선택된 카드를 찾는 데 사용해도 좋은 방법이다.

뒤돌아서 포스하기
Force Behind Performer's Back

★ 이펙트

마술사가 등 뒤에 덱을 놓고 관객에게 카드를 고르라고 한다. 그리고 그 카드를 포스한다.

시연

포스하려는 카드를 덱의 맨 아래에 놓는다. 카드가 보이지 않도록 주의한다. 양손으로 팩을 꽉 잡고 등 뒤로 가저간나. 카드 뒷면이 위로 오도록 든다(그림 8).

포스하려는 카드를
살짝 끌어 올려
덱의 위쪽에 놓는다.

그림 8 　　　　　　　　그림 9

관객에게 카드 몇 장을 들라고 말한다. 관객이 카드를 들면 몸을 왼쪽으로 돌려서 잠깐 동안 마주본다. 카드는 관객에게 보이지 않도록 등 뒤에서 잡고 있다.

　　"카드를 잡으셨나요?"

카드가 보이지 않게 되는 순간에 맨 아래에 있는 카드를 위로 미끄러뜨린다. 오른손으로 재빨리 해야 한다(**그림 9**).

다시 아까처럼 등을 관객 쪽으로 향하게 돌린다. 몸을 돌려서 카드의 위치를 조정하는 동작은 관객의 의심을 사지 않도록 신속하게 실시해야 한다. 몸을 돌리는 행동은 관객에게 카드를 들었는지 물어보기 위해서이므로 무척 자연스러워 보인다.

　　"선생님께서 카드를 몇 장 빼셨는지 저는 모릅니다. 다음 카드를 들어서 보세요. 잘 기억하세요."

이렇게 카드를 포스한다.

서커스 트릭
The Circus Trick

이것은 위의 방법으로 카드를 포스한 후 시연하면 좋은 이펙트이다.

시연

관객이 포스한 카드(몇 장의 카드를 빼고 난 다음에 뽑은 카드)를 들어서 보고 나면 손에 든 (아까 몇 장 빼낸) 다른 카드와 함께 놓고 잘 섞으라고 한다. 그리고 당신이 든 나머지 덱을 전부 주고 다 합쳐서 셔플하라고 한다. 셔플이 끝나면 덱을 도로 가져온다.

> "지금부터 서커스 마술을 보여드리겠습니다. 예전에 서커스를 따라다니던 사기꾼들이 하던 마술이죠. 스리카드 몬테나 셀 게임처럼 아주 오래된 마술인데요, 상대방이 선택한 카드를 찾아내는 심리 마술입니다. 자, 이제 카드를 한 장씩 테이블에 놓겠습니다. 앞면이 위로 오게요. 선생님이 고른 카드가 나오면 속으로 "그만!" 이라고 외치세요. 그 순간에 제가 그것이 선생님의 카드라고 말할 것입니다. 제가 한번에 맞히지 못할 수도 있어요. 하지만 제가 틀려도 그냥 가만히 계세요. 아무 말도 하시면 안 됩니다. 소리를 내도 안 되고 움직여도 안 됩니다. 그냥 속으로 "그만!" 이라고 외치시면 됩니다."

왼손으로 카드 뒷면이 위로 향하도록 덱을 잡는다. "톱" 카드를 뒤집어 앞면이 위로 오도록 테이블에 펼쳐놓는다. 선택된 카드가 나올 때까지 손에 든 카드를 한 장씩 다른 카드 위에 올려놓는다. 선택된 카드가 나온 후에도 서너 장의 카드를 더 올려놓는다. 선택된 카드가 약간 삐져나오도록 쌓아야 한다. "톱" 카드를 덱에서 절반 정도 빼놓는다. 하지만 앞면이 보이면 안 된다. 그런 다음 관객에게 말한다.

> "제가 이번에 테이블에 놓을 카드가 아까 고르신 카드라는 데 내기를 거시겠습니까? 전 왠지 그럴 것 같은데요. 참고로 말씀드리자면 이 덱에 똑같은 카드는 없습니다. 각각 다른 모양의 카드로 된 보통의 카드입니다."

관객은 방금 당신이 덱에서 절반 정도 튀어나오게 한 카드에 관심이 쏠릴 것이다. 그래서 당신이 그 카드를 두고 하는 말이라고 생각한다. 하지만 관객은 자신이 선택한 카드가 이미 테이블에 놓였다는 사실을 알기 때문에 이번에 놓을 카드가 자신의 카드가 아니라고 말할 것이다.

> "제가 아까 말씀드렸다시피 이것은 서커스 사기꾼들이 하는 마술입니다. 내기를 권하고 싶진 않군요. 선생님이 질 것이 뻔하니까요. 사람들이 이번에 올려놓을 카드가 자신이 선택

한 카드가 아니라는 데 내기를 걸면 사기꾼들은 이미 테이블에 놓인 선택된 카드를 뒤집어서 보여주죠. 자, 이렇게요."

이렇게 말하면서 테이블에 있는 선택된 카드를 뒤집어서 보여준다.

리플 포스
The Riffle Force

★ 이펙트
카드를 리플하면서 관객에게 속으로 아무 카드나 떠올리라고 한다. 마술사가 관객이 생각한 카드를 맞춘다.

시연

한쪽 끝을 자름

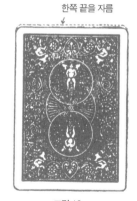

그림 10

이 포스에는 '쇼트 카드(short card)'가 필요하다. 다음과 같은 방법으로 쇼트 카드를 준비한다. 잘 드는 가위로 카드의 한쪽 끝 가장자리를 0.2~0.6cm 정도 잘라낸다. 평범한 카드처럼 보이도록 귀퉁이를 동그랗게 깎아서 다듬는다(**그림 10**).

이렇게 만들어진 쇼트 카드는 보통의 카드와 똑같아 보인다. 아무리 눈이 날카로운 사람일지라도 보통 카드와 다른 점을 발견하지 못한다. 쇼트 카드는 덱에 섞여 있어도 손가락을 이용해 카드 위쪽을 리플하면 쉽게 찾을 수 있다. 쇼트 카드가 엄지손가락에 의해 미끄러지듯 움직이는 순간 '찰싹' 하는 소리가 나면서 리플하는 속도가 약간 느려지기 때문이다.

하트 에이스를 포스한다고 가정해보자. 에이스 앞에 쇼트 카드를 놓고 이 둘을 "보텀"에서 절반 혹은 1/3 정도 떨어진 곳에 놓는다(**그림 11**).

왼손으로 덱을 잡고 오른손 엄지손가락으로 위쪽 가장자리를 리플한다. 관객의 시선이 특정한 카드에 오래 머무르지 않도록 빠르게 리플해야 한다. 엄지손가락이 쇼트 카드에 닿으면 딱 하고 앞으로 움직이므로 하트 에이스 카드가 다른 카드보다 좀 더 길어 보인다. 따라서 관객은 돋보이는 그 카드를 선택하게 된다. 나머지 카드를 마저 재빠르게 리플한다(**그림 12**).

그림 11   그림 12

관객은 자신의 선택에 따라 카드를 골랐다고 생각하지만 다른 카드는 제대로 보지 못하므로 결국 마술사가 포스하려는 카드를 선택하게 된다. 계속 연습하다 보면 얼마나 빨리 리플해야 하고 리플하다 쇼트 카드가 나오면 얼마나 주저해야 하는지 감이 올 것이다. 하지만 쇼트 카드가 나왔을 때 너무 오래 주춤하면 안 된다. 단지 쇼트 카드가 다른 카드보다 돋보일 정도로만 해야 한다.

"지금부터 리플하겠습니다. 제가 리플하는 동안 속으로 아무 카드나 한 장 마음속으로 고르세요. 가장 눈에 띄는 카드를 잘 봐두었다가 고르시면 됩니다. 제일 밑에 있는 카드만 빼고 아무 카드나 고르세요. 제일 밑에 있는 카드는 제가 아니까요. 미리 생각하지 마시고 제가 리플하는 모습을 보시고 고르시면 됩니다."

리플하면서 쇼트 카드를 포스한다. 이렇게 카드를 포스한 후 그것을 이용해서 마술을 계속한다.

그림 13

카드 뒷면은 계속 당신을 향해야 한다. 카드 앞면은 보지 않아도 된다. 편의에 따라 엄지손가락이 아니라 집게손가락으로 리플해도 된다(**그림 13**).

즉석에서 리플 포스하기
Riffle Force with Unprepared Cards

시연

이것은 미리 쇼트 카드를 준비해놓지 않고 즉석에서 선보이는 리플 포스이다. 이때는 카드 앞면이 보이도록 놓아야 한다. 리플하는 동안 관객에게 아무 카드나 고르라고 한다. 처음에는 빠르게 리플하다가 덱이 1/3 정도 남았을 때 잠시 주춤하여 그 위치에 있는 카드가 좀더 길어보이도록 한다. 그리고 계속해서 빠르게 리플한다. 주춤하려는 지점에 놓인 카드를 잘 기억해둔다.

카드를 훑어본 후 선택된 카드를 덱의 "톱"에 놓는다. 두 장의 "톱" 카드를 한 장처럼 들어서 두 번째 카드의 앞면을 보여준다.

"속으로 생각하신 카드가 맞죠? 아닌가요?"

두 장의 카드를 다시 덱에 놓는다. 그리고 "톱" 카드를 뒷면이 위로 오도록 하여 꺼 낸다.

"속으로 생각하신 카드가 뭐죠?"

관객이 카드를 말한다. "톱" 카드를 뒤집어서 보여준다.

"저랑 똑같네요!"

★ 참고

한번에 카드를 찾지 못할 경우 관객에게 손에 있는 카드를 보여주면서 이렇게 말 한다.

"뭔가 이상한 점 눈치 채지 못하셨나요? 이게 아까 제가 보여드린 카드가 맞습니까? 아닙 니다. 바뀌었습니다. 자세히 한번 보세요."

관객에게 당신이 처음 고른 카드를 보여준다. 재빨리 덱을 훑어서 두 번째 선택된 카드를 찾아 덱의 "톱"에 놓는다.

"정말 이상하네요. 말씀하신 그 카드는 덱에 없습니다."

관객에게서 다시 카드를 가져온다.

"정말 속으로 다이아몬드 7(예를 들자면)을 생각하신 게 맞나요?"

이렇게 말하면서 그 카드를 몰래 덱의 "보텀"에 넣고 "톱" 카드(선택된 카드)를 꺼내 바꿔치기 하다.

"정말 귀신이 곡할 노릇입니다."

그런 다음 카드를 뒤집어서 보여준다. 관객이 선택한 카드로 바뀌어 있다.

"말씀하신 카드로 바뀌었네요."

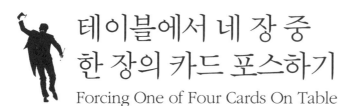

테이블에서 네 장 중 한 장의 카드 포스하기
Forcing One of Four Cards On Table

★ 이펙트

테이블에 네 장의 카드를 나란히 놓는다. 다양한 방법으로 그중 한 장의 카드를 포스할 수 있다.

시연

그림처럼 네 장의 카드를 뒷면이 위로 오도록 테이블에 나란히 펼쳐놓는다(**그림 14**).

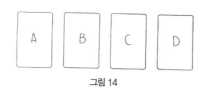

그림 14

1. 자유선택 포스(Free Choice Force)

포스하려는 카드를 C에 놓는다. 좀더 관객에게 가깝게 놓으면 관객은 심리상 C를 선택한다.

만약 그렇지 않을 경우에도 해결책은 있다. 만약 관객이 C가 아닌 D를 만지면 "제가 실수를 했네요. 한 장이 아니라 두 장을 고르세요"라고 말한다.

관객이 이번에는 C를 만지면 C와 D를 제외한 나머지 두 장은 버리겠다고 말한다.

이제 두 장의 카드만 남겨둔 채 관객에게 한 장을 고르라고 한다. 관객이 C를 고르면 나머지 한 장은 버린다. 만약 관객이 다른 카드를 고르면 다른 카드와 함께 버리고 C만 남긴다.

다시 말해서 관객은 어떤 카드를 고르든지 선택권이 없는 셈이다. 당신이 원하는 카드를 포스하면 된다.

2. 숫자를 말해서 포스하기

이것은 나란히 펼쳐놓은 네 장의 카드를 포스하는 간편한 방법이다. 포스하려는 카드가 C라고 해보자. 관객에게 1~4 중에서 아무 숫자나 고르라고 한다. 이렇게 하면 관객은 2나 3 중에서 하나를 고르게 된다. 하지만 관객은 자신의 선택권이 제한되어 있다는 사실을 눈치 채지 못한다.

만약 관객이 2를 선택하면 오른쪽 끝에서 왼쪽을 향해 카운트한다. 따라서 C가 두 번째 카드가 된다. 관객이 3을 고르면 왼쪽 끝부터 카운트한다. C가 세 번째 카드가 된다.

3. 주사위로 포스하기

그림 15

육각형인 주사위는 1~6개의 점으로 숫자가 표시되어 있다(**그림 15**).

예를 들어 C를 포스하려 한다고 가정해보자. 관객에게 주사위를 던져서 나오는 숫자에 따라 카드를 선택하라고 한다. 1이나 4가 나오면 이 주사위는 특수한 장치를 하지 않은 보통의 주사위라고 말하며 다시 한번 던지게 유도한다. 당신은 2나 3, 5, 6이 나오도록 해야 한다.

만약 1이나 4가 연속으로 나오면 관객은 주사위를 일부러 무겁게 만들었는지 확인하기 위해서 다시 던져보려고 할 것이다. 만약 4 다음에 1이 나오거나 반대로 1 다음에 4가 나오면 4 더하기 1은 5이므로 다섯 번째 카드를 가져가겠다고 말한다.

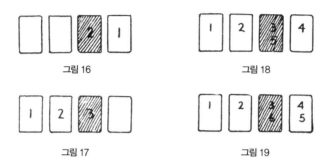

그림 16   그림 18

그림 17   그림 19

다음과 같은 방법으로 카드를 선택한다.

2가 나오면 오른쪽부터 카운트한다(**그림 16**).

3이 나오면 왼쪽부터 카운트한다(**그림 17**).

1이나 4가 나오면 다시 던지라고 한다.

5(또는 4 다음에 1)가 나오면 왼쪽부터 카운트하고 다시 오른쪽으로 돌아가 카운트한다(**그림 18**).

6이 나오면 왼쪽에서 카운트하기 시작해 마지막 카드는 두 번 카운트하고 다시 왼쪽으로 돌아가 카운트한다(**그림 19**).

덱을 이용하여 네 장 중
한 장 포스하기
Forcing One of Four Cards By Using Deck

★ 이펙트

테이블에 네 장의 카드를 펼쳐놓는다. 신기하게도 마술사가 나머지 팩에서 테이블에 놓인 카드의 숫자와 똑같은 에이스, 2, 3, 또는 숫자 4가 표시된 카드를 꺼낸다. 이것은 테이블에서 포스하려는 카드와 똑같은 카드를 덱에서 포스하는 더블 포스이다.

시연

지금까지 배운 포스 중 한 가지 방법을 이용해서 카드를 포스한다.

긴 종이 포스하기
Slip of Paper Force

시연

길고 가느다란 종잇조각 네 장을 준비한다. 각각의 종이에 1~4까지의 숫자를 쓰겠다고 말한다. 하지만 실제로는 포스하고자 하는 카드의 숫자를 전부 써넣는다. 예를 들어 네 번째 카드를 포스하고자 한다면 네 장의 종이에 모두 4만 쓴다.

아무에게도 숫자를 보여주면 안 된다. 숫자를 쓴 후 종이를 재빨리 접어 테이블에 놓는다. 관객이 선택한 종이에 적혀 있는 숫자를 큰 소리로 말한다. 나머지 종잇조각은 구겨서 주머니에 넣는다.

　오른쪽 혹은 왼쪽에서 카운트하는 방법을 사용하고 싶다면 두 장에는 1을 쓰고 나머지 두 장에는 4를 쓴 다음 관객이 선택한 숫자대로 카운트한다. 2나 3을 포스하고 싶다면 똑같은 방법으로 하면 된다. 어떤 방법을 사용하든 나머지 종잇조각은 주머니에 넣는다.

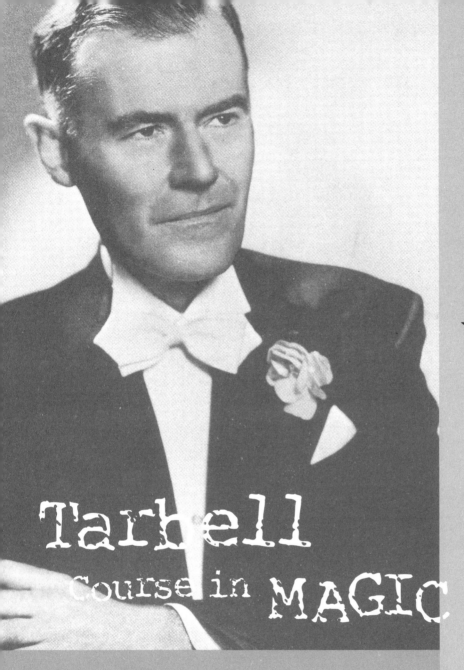

Tarbell
Course in MAGIC

홀륭한 마술사가 되기 위한 비결 중 하나는 바로 평범함을 벗어난 '신기함' 이다.
이번 레슨에서는 관객을 사로잡을 수 있는 신기한 카드 마술에 대해 배워보겠다.

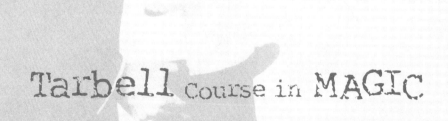

Tarbell course in MAGIC

스냅 잇
Snap It

이것은 언제 어디에서든지 선보일 수 있는 즉석 마술이다. 멋진 마무리로 관객을 깜짝 놀라게 만들 수 있다.

★ 이펙트

관객에게 마음대로 카드를 선택하라고 한 후 다시 덱에 넣는다. 마술사가 덱을 셔플해서 빌린 모자에 집어넣는다. 그리고 관객에게 모자를 들고 있으라고 한다. 마술사가 모자에 대고 '딱' 하고 손가락을 튕기자 선택된 카드가 공중으로 튀어나온다.

★ 준비물

1. 덱
2. 관객에게 빌린 중절모자

★ 해법과 대사

관객에게 마음대로 카드를 선택하게 한 후 다시 덱에 넣으라고 한다. 덱을 둘로 떼어 양손에 하나씩 든다. 관객에게 선택한 카드를 왼손에 든 아래쪽 패킷에 놓으라고 한다. 그 카드 위에 왼쪽 새끼손가락을 집어넣고 양쪽 패킷을 다시 합친다.

덱을 셔플하는 척하면서 심플 패스로 선택된 카드를 덱의 "톱"에 놓는다.

"잠시 모자 좀 빌리겠습니다."

정수리 부분에 주름이 있는 모자를 빌린다.

정수리 부분의 주름 때문에 생긴 오른쪽 홈에 덱을 집어넣는다(**그림 1**).

그림 1   그림 2

"톱" 카드, 즉 선택된 카드를 왼쪽 홈으로 매끄럽게 움직인다(**그림 2**).

선택된 카드를 반대쪽 홈으로 옮길 때 절대 주저하거나 주섬주섬 카드를 찾아서는 안 된다. 매우 빠르고 매끄럽게 움직여야 한다. 관객들은 모자 안을 보지 못하므로 당신이 그저 덱을 집어넣는 것처럼 보일 것이다.

"자, 52장의 카드가 모자 안에 가득 찼습니다. 둥지안의 아기 새들처럼 모자 안에 포근하게 자리를 잡았군요. 잠깐만 모자를 들고 계세요."

관객에게 모자의 가장자리를 잡으라고 한다. 안이 보이지 않도록 높이 들라고 한다(**그림 3**).

"네, 좋아요. 그렇게 높이 들고 계세요. 정말 나무에 만들어진 새둥지 같네요."

모자의 위치를 바로 잡아주는 척하면서 선택된 카드가 있는 쪽이 당신의 가까이에 오도록 한다.

"아까 고르신 카드가 뭐였죠? 다이아몬드 6요?"

오른손 집게손가락 또는 가운뎃손가락과 엄지손가락을 선택된 카드가 있는 모자의 왼쪽 아래로 가져가 "딱!" 하고 튕길 준비를 한다(**그림 4**).

그림 3

그림 4

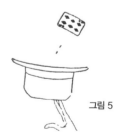

그림 5

"아기 새 한 마리가 나는 법을 배우려고 하네요."

"드디어 나는 법을 배웠습니다"라고 말하면서 모자에 대고 손가락을 튕긴다. 아래에 있던 카드가 공중으로 튀어나온다(**그림 5**).

"아까 고르신 다이아몬드 6입니다."

카드와 오렌지
The Card and Orange

이것은 매유 효과적이고 신기한 이펙트를 선보일 수 있는 마술이다. 불가능해 보이는 일을 보여줌으로써 아무리 날카로운 관찰력을 지닌 사람까지도 깜짝 놀라게 만들 수 있다.

★ 이펙트
준비한 오렌지를 관객에게 들고 있으라고 한다. 관객 1이 마술사의 지시에 따라 카드를 선택하고 나중에는 여러 조각으로 찢는다. 마술사가 찢어진 조각 중 귀퉁이 부분을 관객에게 주고 나머지는 손수건으로 싼다. 관객 2에게 손수건을 주고 그 안에 확실히 찢어진 조각이 들어 있음을 확인시켜준다. 마술사가 손수건을 홱 잡아당기자 찢어진 조각들이 사라지고 없다. 그 대신 잘린 오렌지가 나오고 그 안에 카드가 들어 있다. 관객 1에게 준 귀퉁이 부분만 빼고 나머지는 온전한 카드이다. 찢어진 귀퉁이와 카드를 맞춰보면 딱 맞는다.

★ 준비물
1. 똑같은 덱 두 개
2. 오렌지

3. 나이프
4. 주머니를 달아놓은 손수건
5. 풀
6. 뾰족한 연필

★ 해법과 대사
준비
이펙트에 사용하고자 하는 카드를 정한다. 하트 퀸이라고 가정해보자. 두 개의 덱에서 하트 퀸을 꺼낸다. 하나의 덱과 두 개의 하트 퀸을 사용할 것이므로 하트 퀸만 빼고 하나의 덱은 치운다.

카드
두 장의 퀸 카드 중 한 장의 귀퉁이를 찢는다(**그림 6**). 찢어낸 귀퉁이는 오른쪽 조끼주머니나 접근하기 쉬운 주머니에 넣어둔다. 구겨지거나 더러워질 염려가 있으므로 주머니에 너무 오래 넣어두고 다니지 않는다.

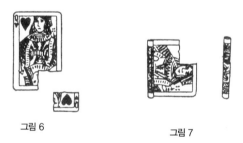

그림 6   그림 7

나머지 부분은 최대한 가늘게 카드를 돌돌 만다(**그림 7**).

오렌지
맨 위에 있는 꼭지 부분을 조심스럽게 떼어낸다(**그림 8**).
꼭지가 있던 자리에 날카로운 연필을 집어넣어 카드가 들어갈 만한 공간을 만든다. 너무 깊이 누르면 오렌지가 터질 수 있으므로 카드가 들어갈 데까지만 구멍을 낸다(**그림 9**).

연필을 빼고 돌돌 만 카드를 집어넣는다. 카드가 오렌지 속으로 숨겨지고 꼭지 부분에 별 모양의 조그만 구멍만 남는다(**그림 10**).

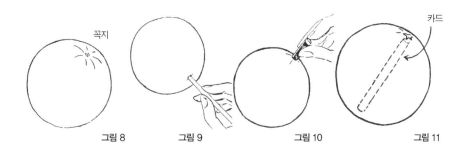

그림 8   그림 9   그림 10   그림 11

풀로 떼어낸 별 모양의 꼭지를 붙인다. 그런 다음 완전히 물기를 말린다. 이렇게 하면 감쪽같이 평범한 오렌지로 돌아간다. 아무리 관찰력이 뛰어난 사람이라도 눈치채지 못할 것이다(**그림 11**).

오렌지의 과육을 터뜨리지 않고도 카드는 놀라울 정도로 잘 들어간다. 카드를 집어넣다가 과육이 조금 찢어지더라도 꼭지를 붙이면 보이지 않는다.

카드 조각을 넣은 손수건

한쪽으로 치워둔 덱에서 아무 카드나 꺼내 여덟 조각으로 찢는다. 비치지 않는 흰색 손수건의 한쪽 귀퉁이에 카드 조각을 놓고 흰색 헝겊으로 덮어 꿰맨다. 카드 조각이 떨어져 나오지 않도록 헝겊의 네 가장자리를 모두 꿰매서 조그만 주머니를 만든다(**그림 12**).

그림 12

이렇게 준비한 손수건을 주머니에 넣어 두거나 가까이에 놓아둔다.

첫 번째 하트 퀸을 빼낸 덱의 "톱"에 또 다른 하트 퀸을 놓으면 준비가 끝난다.

시연

찢어진 카드의 귀퉁이는 오른쪽 조끼주머니에, 손수건은 윗옷이나 바지주머니에 그리고 덱과 나이프, 오렌지는 가까이에 있는 테이블에 놓는다.

오렌지를 집는다.

> "오렌지 좀 들고 계세요. 뭔가 이상한 점이 없는지 한번 살펴보세요. 의심 많은 친구가 있다면 한번 살펴보라고 주셔도 됩니다. 하지만 드시지는 마세요. 뭐, 마술이 다 끝나고 난 후에는 드셔도 좋습니다. 다 확인하셨으면 관객석에 잘 보이도록 들고 있어 주세요."

케이스에서 카드를 꺼낸다. 리플 셔플을 해도 되지만 퀸이 계속 "톱"에 남아야 해야 한다(폴스 셔플). 테이블에 카드를 내려놓지 않고 양손에 들고 리플 셔플하는 연습을 한다. 또는 오른쪽 허벅지에 카드를 기대어 놓고 리플해도 된다. 퀸의 위치가 바뀌지 않도록 일반적인 셔플을 해도 된다.

팩의 가운데 아래에 새끼손가락을 집어넣고 레귤러 패스한다. 퀸이 덱의 가운데에 온다. 퀸의 위치를 쉽게 알아볼 수 있도록 양쪽 패킷을 계속 조그한다.

> "저기 계신 여성분, 카드 하나를 골라보세요."

하트 퀸을 포스한다.

"옆 사람에게도 보여주시고 잘 기억해두세요. 자, 이제 두 조각으로 찢으세요."

약간 오른쪽으로 몸을 돌려 왼손으로 테이블에 덱을 놓는다. 그와 동시에 조끼주머니에 오른손을 넣어 미리 넣어둔 귀퉁이를 핑거 팜 해서 꺼낸다.

"두 조각을 또 반으로 찢으세요. 다 같이 또 한번 찢으세요."

이제 카드가 여덟 조각으로 찢어진다.

"찢어진 조각을 가져가겠습니다."

왼손으로 잡아 손바닥에 놓는다. 오른손으로 조각을 펼치면서 그곳에 핑거 팜 해둔 조각을 한데 섞는다. 그런 다음 오른손을 약간 들어 올려서 손바닥에 아무것도 없음을 보여준다.

"아까 고른 카드를 잘 기억해두세요. 절대 잊어버리시면 안 됩니다. 하지만 혹시 모르니 찢어진 조각 하나를 갖고 계시는 게 좋겠군요."

두세 조각을 만지작거리다가 방금 몰래 손바닥에 놓은 귀퉁이 부분을 관객에게 준다. 아무 조각이나 골라도 상관없으므로 모두에게 잘 보이도록 준다(**그림 13**).

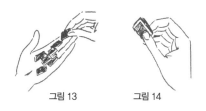

그림 13   그림 14

"이게 좋겠군요. 이걸 잘 가지고 계세요. 하트 퀸 카드의 인덱스 부분이군요."

카드를 선택한 관객에게 찢긴 귀퉁이를 준다. 물론 관객은 그것이 틀림없이 자신이 찢은 카드의 귀퉁이라고 생각한다. 또 다른 퀸 카드의 귀퉁이라고는 생각하지 못한다.

오른손 손가락 끝을 구부려서 나머지 조각들을 한데 모아 가져온다(**그림 14**).

왼손으로 손수건을 집는다.

"찢어진 조각을 손수건에 싸서 이분께 들고 계시라고 하겠습니다."

왼손 손바닥에 손수건을 펼친다. 관객에게 주머니가 보이지 않도록 주머니 달린 귀퉁이를 당신의 앞쪽에 놓는다. 가운데에 카드 조각을 올려놓고 왼손으로 손수건 아래에서 잡는다(**그림 15**).

주머니 달린
귀퉁이

그림 15

그림 16

그림 17

지금부터 해야 할 동작은 매우 중요하므로 세심하게 살펴본다.

오른손 넷째 손가락과 새끼손가락 사이로 주머니 달린 귀퉁이를 잡아 카드 조각의 뒤쪽 약간 아래로 올린다. 오른손 엄지손가락과 집게손가락, 가운뎃손가락 사이로 카드 조각을 잡는다(**그림 16**).

왼손으로 손수건을 완전히 오른손으로 던진다. 이 모습은 관객에게는 오른손 손끝으로 카드 조각을 잡아서 그 위로 손수건을 올리는 것처럼 보인다.

왼손으로 카드 조각이 들어 있는 귀퉁이를 손수건 바깥에서 잡는다(**그림 17**).

★ 섬 팜

손수건 안에 있는 오른손을 이용해서 카드 조각을 섬 팜한다. 오른손 손가락을 아래로 구부려 엄지손가락 기부에 카드 조각을 놓는다. 엄지손가락을 집게손가락 기부에 대고 눌러서 카드 조각을 꽉 잡는다. 그런 다음 집게손가락과 가운뎃손가락을 펴면 섬 팜이 이루어진다(**그림 18**).

그림 18

그림 19

이 동작이 쉽고 매끄럽게 될 때까지 연습한다. 처음에는 손수건 없이 연습하다가 어느 정도 익숙해지면 손수건을 가지고 연습한다.

카드 조각을 손바닥에 보이도록 잡아야 한다. 하지만 가장자리만 잡아야 손등이 관객을 향할 때 엄지손가락과 집게손가락 사이로 카드 조각이 보이지 않으므로 주의한다(**그림 19**).

먼저 동전을 이용해서 섬 팜(**레슨 3**)을 연습한다. 섬 팜은 동전은 물론 나중에 배울 골무를 이용한 마술에서 매우 중요한 기술이므로 이번 기회에 완전히 마스터하기 바란다.

주머니 달린 손수건을 들고 있을 관객에게 이렇게 말한다.

"카드 조각을 잠시만 맡아주세요."

손수건에서 오른손을 뗀다. 이때 섬 팜한 카드 조각이 보이지 않도록 조심한다. 왼손으로 손수건을 관객에게 주면서 그 안에 있는 카드 조각을 잘 잡으라고 한다. 주머니 달린 귀퉁이가 손수건 가운데에 있다. 물론 관객은 손수건에 든 조각이 선택된 카드 조각이라고 생각한다.

"잘 잡으세요. 손수건 안에 카드 조각이 들어 있죠? 녀석들이 달아나지 않도록 꽉 잡고 계세요. 자, 이제 나이프가 필요합니다."

오른쪽 윗옷 주머니에서 나이프를 꺼내면서 섬 팜한 카드 조각을 주머니 안에 떨어뜨린다. 주머니에 나이프를 세팅하지 않고 테이블 위에 준비해 놓았을 경우에는 이렇게 말한다.

"아, 이걸 쓰면 되겠군요."

주머니에서 나이프를 찾는 척하다가 테이블에 놓여 있는 것을 발견하는 척하면 된다. 관객에게도 그 모습이 자연스러워 보일 것이다.

이처럼 마술에서는 주머니에 손을 넣고 뭔가를 찾는 척하면서 관객의 눈에 띄지 말아야 할 물건을 슬쩍 처리하는 경우가 많다.

오른손으로 나이프를 잡고 앞으로 하려는 행동을 설명해준다.

"중국 마술사들은 서양 마술사들과 다른 방법으로 이 마술을 선보입니다. 서양인과 동양인의 심리가 다르기 때문일까요? 하지만 저는 동양식으로 한번 해보겠습니다. 더 재미있을 겁니다. 서양식에서는 이렇게 자세히 설명하지도 않거든요. 하지만 동양식에서는 고맙게도 이렇게 세세하게 설명을 해줍니다. 앞으로 무슨 일이 벌어질지 미리 설명해준 다음에 진짜 그대로 보여주는 거죠. 저도 앞으로 무슨 일이 벌어질지 미리 말씀드리겠습니다. 여기 이분께서 들고 계신 카드 조각이 저분께서 들고 계신 오렌지 속으로 들어갑니다."

왼손으로 나이프를 잡는다. 관객이 든 손수건의 한 귀퉁이를 잡는다. 오렌지를 든 관객에게 말한다(**그림 20**).

"오렌지 잘 들고 계시죠? (손수건을 든 관객에게) 카드 조각 꽉 잡고 계시죠? 네, 좋습니다, 좋아요. (모든 관객에게) 지금부터 오렌지와 카드 조각 그리고 저를 잘 보세요. 눈 두 개만으로는 부족할 것 같네요."

그림 20

그림 21

그림 22

관객이 든 손수건을 홱 잡아당긴다. 손수건을 펼치고 손가락으로 한쪽 가장자리를 쭉 따라가면서 안에 아무것도 없음을 보여준다. 재빨리 뒤집어 다른 쪽도 보여준다. 그런 다음 한 귀퉁이를 잡고 떨어뜨린다. 한손으로 주머니 달린 귀퉁이를 잡고 손수건을 펼치면 더 좋다. 하지만 그렇게 하지 못하더라도 빠르게 움직이기만 하면 관객이 비밀주머니를 눈치 채지 못할 것이다(**그림 21**). 또는 관객이 든 손수건을 확 잡아당긴 다음 얼른 옆으로 치운다.

"카드 조각이 없어졌습니다."

왼쪽으로 몸을 돌려 왼손으로 관객을 향해 제스처를 취한다.
주머니에 손수건을 넣거나 테이블에 올려놓는다.

"자, 오렌지를 저에게 주세요."

모두에게 잘 보이도록 왼손으로 오렌지를 받아든다. 한 바퀴 빙 돌려서 평범한 오렌지임을 보여준다(**그림 22**).

지금부터는 계속 관객에게 양손을 자유롭게 보여주어야 한다. 손에 아무것도 숨기지 않았음을 보여주기 위해서이다. 관객은 당신이 손에 카드를 숨기고 어떻게 해서든지 오렌지 안에 집어넣으려 한다고 생각하므로 당신의 손을 유심히 살필 것이다. 따라서 말이 아니라 행동을 통해 양손에 아무것도 없음을 확인시켜줄 필요가 있다.

지금부터가 이 마술의 클라이맥스이므로 효과를 최대화시켜야 한다. 선택된 카드 조각이 정말 오렌지 속으로 들어갔다고 관객들이 믿게 만들어야 한다.

음악이 곁들어지는 무대에서 이 마술을 시연한다면 바로 이 순간에 음악이 나와야 한다. 음악이 마술의 클라이맥스를 극대화시키는 역할에 관해서는 나중에 자세히 설명할 예정이다.

꼭지가 위로 오도록 왼손에 오렌지를 들고 오른손으로 나이프를 이용해 반으로 자른다(**그림 23**).

그림 23

그림 24

다 자른 후 계속 오렌지를 쳐다보면서 나이프를 내려놓는다. 조심스럽게 윗부분을 들어 올리자 카드가 아랫부분에 꽂혀 있다(**그림 24**).

잘린 오렌지와 카드에 온 정신을 집중해야 한다. 관객의 기대와 긴장감이 최고조에 머무르도록 해야 한다. 오렌지에서 카드를 뽑는 순간이 바로 클라이맥스다.

시선은 계속 카드를 향한 채 오렌지 위쪽 부분을 테이블에 놓는다. 오른손으로 아래쪽에 꽂혀 있는 카드를 꺼낸다. 그리고 위쪽과 함께 테이블에 올려놓는다. 그때까지 계속 카드가 관객에게 잘 보이도록 하고 오렌지에서 시선을 떼지 말아야 한다. 오렌지를 내려놓고 나서 관객을 응시한다.

그림 25

돌돌 만 카드를 반듯하게 잘 편다(**그림 25**).

"하트 퀸입니다. 이 녀석이 오렌지 과즙을 먹어서인지 원래대로 탱탱하게 붙었네요. 저분이 들고 계신 귀퉁이만 빼고요."

귀퉁이를 든 관객에게 다가간다.

"같은 카드인지 맞춰보세요."

관객이 조각을 맞춰본다. 물론 똑같은 카드이다.

카드와 귀퉁이를 받아든다. 조각을 맞춰서 모두에게 보여준다(**그림 26**).

그림 26

관객을 쳐다보며 말한다.

　"완벽하게 맞습니다."

살짝 고개를 숙여 인사하면 객석에서 박수와 환호가 터져 나올 것이다.

　"정말 신기하고도 이상한 마술이죠."

★ 참고

　잘린 위쪽 부분의 꼭지를 아무도 보지 못하도록 마술이 끝나면 확실히 처리해야
한다. 마술을 마무리 하면서 여러 조각으로 잘라 증거를 없애도 된다.

악마에게 온 편지
The Devil's Letter

이것은 코미디 버전의 마술이다. 프로그램 중간에 넣거나 앞에서 설명한 마술 다음에 실시하면 효과 만점이다. 앞에서 설명한 마술의 원리를 관객에게 설명해주지만 관객은 더더욱 어리둥절해진다. 마술사가 마지막 마술을 준비하러 대기실에 들어간 사이에 코미디언 어시스트가 이 마술을 선보여도 좋다. '악마에게 온 편지'는 대부분의 마술사들에게 부족한 '코미디'를 가미해서 보여줄 수 있는 훌륭한 방법이다.

★ 이펙트

마술사가 관객에게 바나나를 준다. 덱에서 고른 카드가 바나나 속에서 나타나게 할 수 있다고 말한다. 하지만 관객이 바나나 껍질을 벗겨도 그 안에는 카드가 없다. 마술사는 자신의 실수에 어쩔 줄 몰라 한다. 그리고 주머니에서 빈 봉투를 꺼내 노란색 카드를 넣는다. 노란색 카드가 '악마에게 보내는 편지'라고 말한다. 잠시 후 마술사가 봉투를 다시 연다. 노란색 카드는 사라지고 대신 악마가 보낸 빨간색 종이가 들어 있다. 그 편지에는 마술사가 처음에 실패한 이유가 적혀 있으며 카드 한 장이 들어 있다. 마술사는 관객에게 그 카드가 맞는지 물어본다. 하지만 그 카드는 관객이 선택한 카드가 아니다. 관객은 마술사의 요청에 따라 자신이 고른 카드의 이름을 말한다. 마술사가 잘못된 카드에 대고 손가락을 튕기자 그것이 선택된 카드로 바뀐다.

★ 준비물

1. 바나나 한 개
2. 덱
3. 여분의 하트 4
4. 그림 카드 다섯 장

5. 이중 봉투

6. 글씨가 적힌 노란 카드(약 6.4cm × 10cm)

7. 빨간색 종이(약 22.9cm × 30.5cm)

★ 해법과 대사

준비

이중 봉투를 준비한다(**레슨 9**). 봉투 뚜껑을 잘 봉한다. 그런 다음 편지를 뜯을 때처럼 봉투를 찢는다. 이것은 예전에 배운 것과는 다르게 이중 봉투를 사용하는 방법이다. 물론 이렇게 해도 평범한 봉투처럼 보인다. 봉투 가운데 칸막이가 있으므로 어느 쪽에서 잡든지 안이 텅 비어 있음을 보여줄 수 있다. 관객은 그것이 특수한 봉투라는 사실을 눈치 채지 못한다(**그림 27**).

그림 27

그림 28

빨간 종이는 정말 악마가 보낸 편지인 것처럼 그럴 듯하게 꾸며야 한다. 물감이나 검정색 잉크를 이용해서 큰 글씨로 제목을 쓴다. 제목 아래에는 그날의 행사나 상황에 적합한 내용을 적는다. 또는 언제 어디에서나 활용할 수 있는 내용을 써도 된다(**그림 28**).

아래와 같은 형식으로 메시지를 꾸민다.

친애하는 타벨에게

선택된 카드가 바나나에서 나오도록 도와주지 못해서 정말 미안하군. 요즘 파인애플 값이 폭등해서 여기저기에서 파인애플이 딸리고 있거든. 그것 때문에 내가 좀 바빠서 말이야. 하지만 선택된 카드는 돌려주지. 나머지 사람들에게도 안부를…"

진정한 친구가

메시지가 적힌 종이를 잘 접는다. 접은 부분이 약 7.5cm × 10cm 정도 되어야 한다. 이 편지를 이중 봉투의 닫힌 끝에 넣어서 숨긴다.

덱에서 그림 카드 다섯 장을 꺼내 "톱"에 놓는다. 그리고 하트 4를 꺼내 그림 카드의 "톱"에 놓고 포스 준비를 한다.

앞의 마술에서 사용한 여분의 덱에서 하트 4를 꺼낸다. 하트 2나 다른 하트 카드도 꺼낸다.

폴스 핍 False Pip

잘 드는 가위로 하트 점을 잘라낸다. 그 뒷면에 마술용 왁스를 조금 바른다. 잘라낸 점을 하트 4의 가운데에 붙여 하트 5처럼 보이도록 한다. 다른 방법으로 점을 붙일 수도 있다. 젖은 비누를 발라서 붙인 후 말리면 된다. 두 가지 방법 모두 효과적이다.

이렇게 준비한 카드를 빨간 종이와 함께 봉투에 넣는다. 가운데 칸막이의 같은 쪽에 넣어야 한다. 봉투의 열린 끝이 위로 오게 해서 오른쪽 윗옷 주머니에 넣는다.

우편으로 받은 편지처럼 꾸미면 효과를 더 높일 수 있다. 봉투에 당신의 주소와 이름을 쓰고 스탬프를 찍는다. 나는 종이와 카드가 든 반대쪽에 진짜 편지를 준비해놓는다. 주머니에서 봉투를 꺼낼 때 편지를 꺼내서 처리한다. 관객에게는 주머니에서 아무렇게나 봉투를 꺼내는 것처럼 보인다. 이렇게 조금만 새로운 동작을 가미해도 효과가 플러스 된다.

시연

준비한 봉투는 주머니에, 바나나와 카드는 테이블에 놓는다.

앞에서 설명한 마술 다음에 이 마술을 선보인다면 다음과 같은 대사로 시작한다.

"아까 보여드린 마술 잘 보셨죠? 관객이 들고 있던 카드가 어떻게 해서 오렌지 속으로 들어갔는지 설명해드리겠습니다. 그러려면 바나나가 필요합니다."

바나나를 집어 든다.

하지만 오렌지에서 카드가 나타나게 하는 마술을 선보이지 않았다면 이렇게 말한다.

"중국 상하이에서 멀리 떨어진 버뮤다에 중국인 마술사가 살았습니다. 나이 많은 노인이었죠. 그 마술사는 "신기한 세 개의 오렌지"라는 마술을 했습니다. 하지만 오렌지 마술을 하려면 먼저 바나나가 필요했죠."

바나나를 집어 든다.

"오렌지 마술이라는 이름도 사실 바나나 때문에 생긴 거죠. 여기 계신 분께서 저를 도와주실 겁니다. 자, 선생님. 아무 이상이 없는지 바나나를 확인해보시고 잘 보이도록 들어주세요."

관객에게 바나나를 준다.

덱을 집어 든다. 하트 4가 맨 위에 있다. 팬하여 아무 이상이 없음을 보여준다.

덱의 가운데에 새끼손가락을 집어넣고 레귤러 패스한다. 하트 4가 덱의 가운데로 온다. 이 카드를 알아보기 쉽도록 조그한다.

다른 관객에게 말한다.

"카드 한 장을 고르세요."

하트 4를 포스한다.

"네, 고맙습니다. 지금 고르신 카드를 확인하시고 잘 기억하세요. 원하신다면 옆 사람에게 보여주셔도 됩니다."

덱의 위쪽에서 그림 카드 다섯 장을 센다(큰 소리로 세지 않는다). 그리고 테이블에 덱을 올려놓는다.

오른손으로 카드를 팬한다. 몸 오른쪽을 관객 쪽으로 돌려 오른손이 왼손 위에 놓이도록 한다.

"이 다섯 장의 그림 카드는 버뮤다의 현자입니다. 방금 뽑으신 카드를 버뮤다의 현자 카드 사이에 끼워 넣으세요."

다섯 장의 그림 카드를 앞면이 위를 향하도록 부채꼴 모양으로 잡고 관객에게 그 사이에 카드를 끼워 넣으라고 한다. 역시 앞면이 위로 가도록 해야 한다.

카드를 이등분한다. 선택된 카드는 오른손의 "톱"(뒷면)에 와야 한다. 그런 다음 왼손의 카드를 오른손 카드의 "보텀"(앞면)에 놓는다. 이렇게 하면 선택된 카드가 작은 패킷의 "톱"에 있게 된다.

카드를 잘 정리하고 앞면이 관객을 향하도록 하여 왼손으로 잡는다.

"아까 카드는 하트 4일 것 같습니다. 다섯 명의 현자 중에서 4요."

왼손으로 카드를 잡는다(**그림 29A**).

오른손 손가락을 카드 뒷면에, 엄지손가락은 앞면에 놓는다(**그림 29B**).

그림 29   그림 30   그림 31

오른손 엄지손가락과 집게손가락, 가운뎃손가락 사이로 잡고 "보텀"(앞쪽) 카드를 끌어내린다. 그리고 다시 올린다. 이 첫 번째 카드를 왼손의 나머지 카드들 뒤로 보낸 후 다음 카드를 끌어내린다. 똑같은 방법으로 두 장을 더 끌어내린다(**그림 30**). 각각의 카드를 끌어내리면서 이렇게 말한다.

"현자 하나, 현자 둘, 현자 셋, 현자 넷…"

다섯 번째 카드를 셀 때 마지막 남은 두 장의 카드—그림 카드와 하트 4—를 한 장처럼 든다. 앞면이 위로 향하게 놓아둔 네 장의 카드 위에 그것을 올려놓고 오른손 엄지손가락으로 잡는다. 왼손 넷째 손가락으로 위쪽 가장자리를 약간 앞으로 향하도록 구부린다. 제대로 자리가 잡히면 손가락을 치우고 카드를 튕긴다. 카드가 한 장임을 보여주기 위해서이다(**그림 31**).

"현자가 다섯 장이고 하트 4는 없습니다. 도대체 하트 4는 어디에서 방황하고 있을까요? 아마 바나나 찾아 삼만리 하고 있는 모양입니다. 이제 방황이 다 끝난 것 같습니다. 바나나 들고 계신 분, 바나나를 한번 까보세요. 그 속에 하트 4가 들어 있을 겁니다."

테이블에 카드를 내려놓고 관객에게 이렇게 말한다.

"바나나에서 카드를 꺼내서 저한테 주세요."

물론 바나나 속에는 아무것도 들어 있지 않다.

"바나나 속에 카드가 없습니까? 정말입니까? 혹시 저 몰래 감추신 거 아닌가요? 농담입니다. 아무래도 제 마술이 실패한 것 같군요."

윗옷 주머니에 미리 넣어둔 이중 봉투를 꺼낸다. 봉투 안에서 편지를 꺼내 펼친다. 관객에게는 평범한 편지 봉투에서 편지를 꺼내는 것처럼 보인다. 카드와 편지의 위치가 뒤바뀌지 않도록 주의한다.

"이 마술을 실패하기는 난생 처음입니다. 악마한테 카드를 주고 뭐가 문제인지 알아봐야겠습니다."

주머니에서 노란색 카드를 꺼낸다. 봉투를 열 때 악마의 편지는 오른손 손가락 끝으로 봉투 가운데 부분을 편지 위로 밀어서 가린다. 봉투를 불룩하게 해서 안이 텅 비었음을 보였다. 그 안에 노란색 카드를 넣는다(**그림 32**).

그림 32

봉투 안이 텅 비었고 그 안에 노란색 카드 외에 다른 것을 집어넣지 않는다는 사실을 말이 아니라 행동으로 확실히 보여준다.

봉투의 뜯어진 부분이 위로 가도록 오른손에 든다.

"벌써 답장이 도착한 것 같네요."

이번에는 칸막이를 노란색 카드 위로 밀어서 카드를 가리고 빨간색 종이가 나타나게 한다.

봉투 안에서 악마의 편지와 미리 준비한 카드를 꺼낸다. 텅 빈 봉투를 보여주고 노란색 카드가 사라졌음을 확인시켜준다. 개봉된 부분이 뒤로 가도록 봉투를 테이블에 올려놓는다.

"악마가 보내는 편지"

"친애하는 타벨에게
도와주지 못해서 정말 미안하군. 등등…"

최대한 재미있게 편지 내용을 꾸며서 관객에게 웃음을 준다. 그날의 상황에 맞게 유머 감각을 발휘한다.

"제 마술은 실패했지만 카드는 돌아왔습니다."

악마의 편지를 테이블에 올려놓는다.

모두에게 잘 보이도록 카드를 세워서 잡는다(**그림 33**).

그림 33

그림 34

"아까 고르신 카드 맞죠? 하트 5."

물론 그것은 관객이 고른 카드가 아니다.

"아까 고르신 카드가 하트 4라고요? 이런, 점 하나가 더 붙어 있군요."

오른손 가운뎃손가락으로 왁스 또는 비누로 붙여놓은 중앙의 점을 튕겨낸다(**그림 34**).

점이 튕겨나가는 모습이 모두에게 잘 보이도록 한다.

이 부분이 바로 마술의 클라이맥스다.

이 부분에서 얼마나 멋진 쇼맨십을 발휘하느냐에 따라 마술의 성공이 달려 있다. 마술사들은 예기치 않은 난관에 부딪혔을 때 쇼맨십을 발휘하여 마술을 끝까지 성공시킬 줄 알아야 한다.

보드빌의 광대나 곡예사들은 관객에게 정말로 어려운 묘기임을 실감나게 해주려고 일부러 실패하기도 한다. 하지만 결국 멋지게 마술을 끝마쳐서 관객의 환호와 박수를 받는다.

이처럼 쇼맨십은 마술의 효과를 극대화하기 위해 필수적이므로 열심히 연구해야 하며 경험을 통해 배워나가야 한다.

요술 바나나
The Bewitched Banana

이것은 카드와 과일을 이용해 관객에게 웃음을 선사하는 또 다른 마술이다. 치밀한 사전 준비를 통해 관객 가까이에서 시연해도 들킬 염려가 없다는 것이 이 마술의 묘미다. 팔러 (parlor)나 클럽, 혹은 스테이지 마술로 적합하다.

★ 이펙트

관객에게 바나나에 이상이 없는지 살핀 후 들고 있으라고 한다. 또 다른 관객에게 1~10의 숫자가 적힌 조그만 카드가 든 헝겊 주머니에서 하나의 숫자를 고르게 한다. 마술사가 바나나를 벗기자 바나나가 관객이 선택한 카드와 똑같은 숫자의 조각대로 잘려 나온다.

★ 준비물

1. 바나나 한 개
2. 바늘이나 철사 조각
3. 미리 준비한 헝겊 가방
4. 1~10까지 숫자가 적힌 약 3cm 규격의 정사각형 카드
5. 전부 4가 적힌 카드 10장
6. 나이프
7. 바나나를 담을 접시

★ 해법과 대사

준비

바나나

나는 대개 바나나를 네 조각으로 자른다. 하지만 아무 숫자나 선택해서 그 숫자만큼 바나나를 자르면 된다.

겉으로 표시나지 않게 바나나 속을 자르는 것은 매우 간단하다. 매우 감쪽같아서 관객이 아무런 이상을 발견하지 못한다.

마술을 선보이기 직전에 바늘을 준비한다(바늘이 없으면 철사나 이쑤시개처럼 가늘고 날카로운 물체를 이용한다). 그리고 전체 길이의 1/4 지점에서 바늘을 찌른다(**그림 35**).

바늘을 찌른 상태에서 조심조심 바늘의 일부를 옆으로 움직여서 껍데기는 제외하고 과일 부분만 쪼개지도록 한다. 다시 말해서 바늘을 한번 찌른 후 계속 옆으로 밀면서 자르는 것이다(**그림 36**).

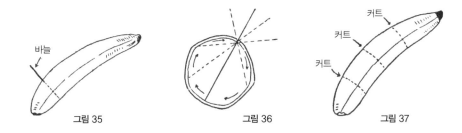

그림 35   그림 36   그림 37

다시 바늘로 찔러서 두 번째 부분을 자른다. 그런 다음 똑같은 방법으로 다른 쪽 끝에서 1/4을 자른다. 이렇게 하면 바나나가 네 부분으로 나눠진다. 껍데기에는 바늘로 찔러서 생긴 세 개의 작은 구멍 밖에 없으므로 가까이에서도 눈에 띄지 않는다(**그림 37**).

이렇게 완벽하게 준비가 끝났다. 이제 자신 있게 마술을 선보이는 일만 남았다.

체인징 백

체인징 백은 미리 준비해두면 다양한 용도로 활용할 수 있는 도구이다. 체인징 백을 이용해서 조그만 물체가 사라지거나 나타나게 하고 다른 물체로 바뀌게 할 수도 있다.

약 22cm × 10cm 규격의 어두운 색 헝겊을 준비한다. 너무 가벼운 것보다는 약간의 무게감이 느껴지는 헝겊이 좋다. 두 개의 좁은 가장자리를 접어서 각각의 가장자리에 0.6cm 정도의 단이 생기도록 한다(**그림 38**).

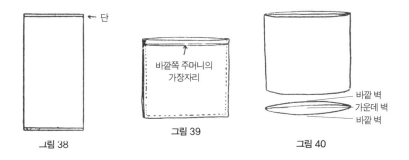

그림 38   그림 39   그림 40

약 2cm × 10cm 규격의 똑같은 헝겊을 준비한다. 작은 헝겊의 기다란 세로 부분을 큰 헝겊의 위쪽 단 바로 밑에 놓는다. 이것은 접은 단이 풀어지지 않도록 하는 가장자리 역할을 한다. 이제 큰 헝겊을 나머지 헝겊의 뒤쪽으로 접어서 아래쪽 단과 위쪽 단이 겹쳐지게 한다. 미싱이나 실, 바늘로 측면과 바닥을 꿰매서 가방을 만든다. 큰 헝겊의 양쪽이 서로 나란히 있고 작은 헝겊은 바깥쪽에 있게 된다(그림 39).

가방을 뒤집어서 접은 단과 안주머니가 속으로 들어가게 한다. 체인징 백은 이중 봉투와 똑같은 원리로 만들어진다(그림 40).

가운데 칸막이는 어느 쪽으로나 밀 수 있으며 가방에 손가락을 넣고 펼쳐서 열면 자리가 잘 잡힌다. 안주머니에 물체를 넣고 가방을 뒤집으면 안주머니가 보이지 않으므로 가방이 텅 빈 것처럼 보인다.

카드

약 3cm 길이의 정사각형 카드를 만든다. 모든 카드에 멀리서도 잘 보이도록 큰 글씨로 4라고 쓴다. 카드는 흰색이나 노란색으로 하고 글씨는 검정색으로 쓴다(그림 41).

똑같은 카드를 10장 더 준비해서 차례로 1~10까지 숫자를 쓴다.

그림 41

접시에 바나나를 놓는다. 4가 적혀 있는 10장의 카드를 헝겊 가방 안주머니에 넣고 가방을 접시 옆에 놓는다. 1~10까지 적힌 카드와 나이프도 접시에 올려놓는다.

시연

이 마술에는 꼬마 도우미 두 명이 필요하다. 관객석에서 꼬마 두 명을 무대로 부른다. 왼쪽에는 프랭크, 오른쪽에 폴이라는 아이가 있다고 가정해보자. 당신의 뒤에서 왼쪽에 있는 테이블에는 준비물이 놓여 있다.

"옛날에 "바나"와 "나나"라는 사이좋은 친구가 살았습니다. 둘이 어찌나 친했던지 사람들은 둘을 합쳐서 "바나나"라고 불렀죠."

접시에서 바나나를 집어 든다.

"자, 프랭크. 이 바나나를 너한테 들고 있으라고 할 거야. 바나나가 한 개뿐이라서 폴한테는 줄 수가 없구나. 그러니 네가 책임지고 바나나를 잘 지켜야 한다. 한 눈 팔지 말고 잘 봐야 해."

프랭크에게 바나나를 주고 살펴보라고 한다.

"여기 계신 여러분들을 대신해서 바나나에 이상이 없는지 네가 잘 확인해보렴. 자, 날 따라해. '저는 이 바나나가 평범한 바나나라고 맹세합니다.'"

아이에게 이 말을 따라하라고 한다. 이렇게 하면 관객에게 더 큰 즐거움을 선사할 수 있다.

접시에서 1~10까지 적힌 카드와 가방도 집어 든다.

"폴, 이 카드에는 1에서 10까지 숫자가 적혀 있단다. 모두 다른 숫자가 적혀 있지. 손을 내밀어봐."

카드에 적힌 숫자를 읽으면서 아이의 손에 한 장씩 내려놓는다. 이렇게 10장 모두 다른 숫자가 적혀 있음을 관객에게 확인시켜준다.

"자, 그리고 이건 작은 가방입니다"

그림 42

가방도 뒤집어서 보여준다. 이때 안주머니에 든 카드가 쏟아지지 않도록 조심한다. 가방의 양쪽을 모두 보여준다. 별 어려움 없이 가방 안이 텅 비었음을 보여줄 수 있다(**그림 42**).

원래대로 가방을 다시 뒤집는다.

　　"폴, 가방에 카드 10장을 넣으렴."

양손으로 가방을 벌린다. 안에 든 카드가 보이지 않도록 한손으로 가운데 칸막이를 세게 잡아당긴다(**그림 43**).

그림 43

아이가 가방에 카드를 넣는다.

가방에서 왼손을 뗀다. 입구가 관객에게 잘 보이지 않도록 오른손으로 가방을 세워서 든다.

　　"그래, 잘했다. 프랭크는 바나나 잘 들고 있지?"

프랭크에게 이렇게 말하면서 가방을 당신 앞쪽으로 오도록 든다. 다시 가방에 손을 넣는다. 이번에는 손가락을 안주머니에 넣고 칸막이를 뒤쪽으로 밀어 폴이 넣은 카드를 숨기고 4만 적힌 카드가 나타나도록 한다. 관객들은 그것이 아이가 넣은 카드라고 생각할 것이다.

　　"폴, 가방에서 카드 한 장만 꺼내봐. 아무 카드나 상관없어."

아이가 가방에서 카드를 꺼낸다.

"무슨 카드를 뽑았니? 음… 3~5 중에 하나구나."

테이블에 가방을 올려놓는다. 입구가 관객에게 보이지 않도록 놓는다. 원한다면 윗옷 주머니에 넣어도 된다. 접시에서 나이프를 가져온다.

"프랭크, 너 혹시 스페인에 가봤니? 못 가봤다고? 그럼 스페인에서는 바나나를 어떻게 자르는지 모르겠구나. 폴, 우리가 프랭크한테 보여줘야겠다. 옛날에 스페인 사람들은 바나나를 잘라서 먹는 것이 예의에 어긋난다고 생각했어. 그래서 통째로 들고 한 입씩 베어 먹었지. 어느 날 스페인 여왕이 성대한 파티를 열었어. 당연히 여왕은 바나나를 껍질 채 손님상에 올렸지. 하지만 코누코피아 왕은 바나나를 잘라 달라고 했어. 여왕은 안 된다고 했지. "바나나를 잘라서 먹는 것은 예의가 아닙니다. 원래 바나나가 잘려 있지 않는 한 통째로 먹어야 합니다" 라고 말했지. 코누코피아 왕은 그 말을 듣고 좋은 생각이 떠올랐어. 그래서 마술사를 불렀지. 마술사는 왕에게 칼을 주면서 칼을 움직일 때마다 바나나가 저절로 잘라질 것이라고 말했단다."

"프랭크, 바나나를 높이 들어라. 폴, 아까 어떤 숫자를 골랐지? 4였구나. 지금부터 내가 칼을 네 번 흔들 거야. 칼을 흔들 때마다 바나나가 저절로 잘라질 거야. 하나, 둘, 셋, 넷."

숫자를 세면서 나이프를 흔든다. 그리고 테이블에 올려놓는다.

"이제 바나나를 나에게 주렴."

프랭크에게 바나나를 가져와 접시에 놓는다.

첫 번째 절단면까지 껍질을 벗기고 살짝 흔든다. 첫 번째 조각이 떨어져 나온다. 두 번째, 세 번째, 네 번째 절단면까지 껍질을 모두 벗기고 바나나 조각이 하나씩 떨어져 나오게 한다. 바나나 조각이 하나씩 떨어질 때마다 숫자를 센다(**그림 44**).

그림 44

"하나, 둘, 셋, 넷."

"그 후로 크누코피아 왕은 항상 바나나를 잘라서 먹었단다. 이렇게 저절로 잘려서 나오니까 말이야."

Tarbell
Course in MAGIC

이번 레슨에서는 찢어진 종이를 원상태로 되돌리는 새로운 분야의 리스토어(복구) 마
술에 관해서 배운다. 이것은 종이를 찢은 후 원래대로 멀쩡하게 되돌리는 마술이다.
모든 동작은 거울 앞에서 세심하게 연습해서 완전히 익혀야 한다.

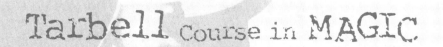
Tarbell course in MAGIC

중국식 종이 마술
Chinese Paper Mystery

중국 출신의 유명한 마술사 칭링푸는 미국으로 진출해서 활동했다. 그의 신기한 동양식 마술은 같은 마술사들까지 깜빡 속아 넘어 갈 정도로 대단했다. 그가 선보인 마술 중에서도 특히 찢어진 종이를 원상태로 되돌리는 마술이 가장 놀라웠다. 나도 어렸을 때부터 그의 놀라운 실력을 들어서 잘 알고 있었다. 특히 찢은 종이를 원래 상태로 되돌린다는 사실이 대단히 인상적이었다. 그래서 나는 그와 똑같은 이펙트를 만들어내려고 열심히 연구했다. 이번 레슨에서는 내가 고안해낸 이펙트를 먼저 배워보기로 한다.

이것은 수많은 관객뿐 아니라 동료 마술사들까지도 깜짝 놀라게 만든 이펙트이다.

★ 이펙트

약 8.9cm × 38cm 크기의 색종이를 준비해서 관객에게 양면을 보여준다. 소매를 팔꿈치까지 접어 올려서 양손에 아무것도 없음을 보여준다. 종이를 여러 조각으로 찢은 후 뭉쳐서 공 모양으로 만든다. 공이 모두에게 잘 보이는 위치에 있다는 사실을 강조한다. 하지만 신기하게도 공을 펼치자 완전히 온전한 종이로 변해 있다. 종이를 앞뒤로 보여주고 손가락을 쫙 펴서 손에 아무것도 없음을 보여준다.

★ 준비물

8.9cm × 38cm 크기의 진한 색 종이 두 장. 크기가 완전히 똑같아야 한다.

불투명한 종이일수록 좋다. 자주색이나 진한 초록색 종이가 가장 안전하다. 몇 년 전까지만 해도 질 좋은 종이를 쉽게 구할 수 있었지만 세계대전 이후 품질이 많이 떨어졌다. 그래서 종이에 한자를 써서 품질을 가리는 방법이 사용되고 있다. 실제로 연습을 하다 보면 종이의 품질을 보완해야 할지 말아야 할지 알 수 있을 것이다.

★ 주의

처음 사용해보는 종이라면 공을 만들었을 때 어떤 상태가 되는지 자세히 살펴봐야 한다. 종이가 너무 투명해서 공이 반대쪽에서 비치지 않는지, 그림자가 생기지는 않는지 확인한다. 지나치게 얇다면 종이에 한자를 써넣어야 한다(아래 그림).

공을 만들었을 때 바깥쪽이 되는 부분에 세 개의 한자를 쓴다. 검정색으로 글자를 써넣으면 뒤에 공을 감출 수 있다. 공의 반대쪽에 글자를 써야 한다. 두 장의 종이가 똑같이 보이도록 글자를 써넣는다. 관객은 종이가 한 장이라고 생각한다.

조명을 유의한다. 조명이 종이 앞쪽을 비추어야 한다. 하지만 어쩔 수 없이 조명이 뒤에 있는 상황이라면 공이 비치지 않도록 글자를 더 크고 진하게 쓴다.

★ 해법과 대사
준비

테이블에 종이 한 장을 펼쳐놓는다. 왼쪽 끝에서 약 3.5cm 떨어진 곳에 풀을 바른다. 그 위에 두 번째 종이를 올리고 풀 바른 부분을 꾹 눌러서 두 장을 붙인다. 풀이 마르도록 둔다.

종이 두 장을 풀로 붙인다.

공이 첫 번째
접은 부분에 붙음

위쪽 종이를 접는다. 오른쪽부터 시작해서 풀 바른 지점까지 약 2.5cm씩 접는다. 그리고 접은 부분을 둘로 접는다. 위를 접은 후 아래를 가운데로 접고 왼쪽 끝을 접어서 공 모양으로 만든다. 공이 풀어지지 않도록 꾹 접는다.

이렇게 하면 온전한 종이 한 장에 공을 붙여놓은 모양이 된다. 종이를 접어서 주머니에 넣어둔다. 이렇게 하면 준비가 끝난다.

"중국에서 온 유명한 마술사가 있었죠. 바로 칭링푸입니다. 그의 마술 실력은 정말로 뛰어났습니다. 동료 마술사들까지도 깜빡 속을 정도였으니까요. 저는 1849년(혹은 관객을 웃기기 위해 당신이 태어나기 훨씬 전인 해로)에 칭링푸의 마술을 처음 보았습니다. 그는 소매를 걷어 올리더니(소매를 걷어 올린다) 주머니에서 이만한 종이를 꺼내서(주머니에 미리 준비해둔 종이를 꺼낸다) 보여주더군요."

공이 붙은 부분이 당신의 몸쪽으로 오도록 펴서 보여준다. 관객에게는 종이에 붙은 공이 보이지 않는다.

손가락이 잘 보이도록 종이를 잡고 공이 붙어 있지 않은 부분을 주로 보여준다.

손을 살짝 옮겨서 종이가 전부 보이도록 한다.

"그것이 중국 종이라고 하더군요. 중국 종이라서 한자가 적혀 있다고 말입니다(한자를 가리킨다). 그리고 "제 오른손을 잘 보십시오" 라고 했습니다."

 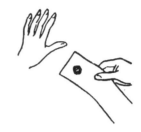

왼손으로 종이를 잡고 천천히 손가락을 쫙 편다.

"그리고 "왼손도 잘 보십시오" 라고 했습니다."

오른손으로 종이를 옮기고 왼손을 쫙 펴서 보여준다.

"그 종이가 특별한 종이라고 하더군요. 이쪽에도 면이 있고 다른 쪽에도 면이 있다고 말입니다."

왼손으로 종이를 들고 엄지손가락으로 공을 가린다. 왼손이 놓인 면으로 관객의 관심을 집중시키면서 오른손 앞쪽이 관객을 향한 상태에서 재빨리 종이를 아래로 친다.

그런 다음 왼손 엄지손가락으로 공을 가린 채 종이를 뒤집는다. 공이 있는 종이 위쪽을 왼손 엄지손가락으로 가리고 있으므로 이 동작이 들키지 않고 이루어질 수 있다. 다시 종이를 원래대로 돌린다. 아까처럼 공이 있는 면이 뒤로 간다. 다시 양손으로 종이를 들어올린다. 관객에게 양손과 종이의 대부분이 보이도록 한다. 종이가 한 장 밖에 없으며 양손에 아무것도 숨기지 않았음을 확인시켜주기 위한 행동이다.

"그러더니 종이를 여러 번 찢었습니다."

왼손에 든 종이를 오른손으로 찢는다. 공이 붙어 있는 조각의 앞에 나머지 조각을 놓는다.

조각을 한데 모아서 한번 더 찢는다. 공이 있는 부분은 찢지 않도록 조심한다. 한데 모아서 한번만 찢으면 충분하다.

"그리고 돌돌 말아 조그만 공을 만들었습니다. 돌돌 말수록 더 작은 공이 되었죠."

종이를 앞으로 밀어서 공으로 만든다. 공이 달린 부분이 다른 조각의 포장지 역할을 한다. 풀로 인해 두 개의 공이 서로 붙어 있게 된다.

하지만 관객에게는 공 하나를 든 것처럼 보인다. 두 개의 공을 나란히 하나처럼 든다. 엄지손가락과 집게손가락으로 잡고 모두에게 잘 보이도록 든다. 절대로 가리면 안 된다.

"칭링푸는 종이공이 모두에게 잘 보이는 곳에 있다는 사실을 강조했죠. 그리고 중국말로 주문을 외우더니 공을 두 번 불었습니다('후후' 하고 두 번 분다). 그랬더니 아주 신기한 일이 벌어졌습니다. 공을 원래대로 펼쳤습니다."

이렇게 말하면서 손 안에서 두 개의 공 위치를 돌려서 찢어진 종이로 만든 공이 뒤쪽으로 가게 한다. 그리고 온전한 종이로 만든 공을 펼친다. 이렇게 하면 찢어진 종이로 만든 공이 가려진다. 엄지손가락을 공에 올리고 종이를 잡고서 오른손으로 펼친다. 종이가 첫 번째 그림처럼 되도록 펼치면 별로 어렵지 않을 것이다. 종이를 완전히 펼친다. 빈손과 종이가 잘 보이도록 엄지손가락과 나머지 손가락으로 종이의 양쪽 끝을 잡는다.

"신기하게도 찢어진 종이가 원상태로 돌아왔더군요."

이렇게 말하면서 처음처럼 종이와 양손을 보여준다. 왼손 엄지손가락으로는 항상 공을 가려야 한다. 마무리할 때는 종이를 돌돌 말아 주머니에 넣거나 다음 마술에 사용하려면 계속 손에 든다.

"과연 소문 그대로 정말 멋진 마술이었습니다. 하지만 한 가지가 안타까웠습니다. 그의 비법을 알아내지 못했다는 거죠."

중국의 겨울
Winter-Time In China

이것은 따로 선보일 수도 있지만 앞의 마술에 이어 선보이면 좋은 마술이다.

★ 이펙트

종이 리스토어 마술이 끝난 후 마술사가 또다시 종이를 찢어서 빈 유리컵에 넣고 그 안에 물을 붓는다. 그리고 젖은 종잇조각을 꺼내 오른손으로 꽉 짜서 물기를 뺀다. 그런 다음 젖은 종이에 부채질을 한다. 그러자 뽀송뽀송하게 마른 종잇조각이 손가락에서 눈송이처럼 떨어진다.

Tarbell course in Magic

★ 준비물

1. 약 8.9cm × 38cm 크기의 종잇조각. 앞에서 설명한 이펙트에서 사용한 것을 써도 된다.
2. 위와 똑같은 크기의 종잇조각을 더 작은 조각으로 자른 것
3. 종잇조각과 똑같은 색깔의 봉투(3.5cm × 4.4cm 크기)
4. 작은 부채
5. 모자
6. 유리컵 두 개. 하나는 빈 잔, 나머지 하나는 3/4 정도 물을 채운다.

준비

다음과 같이 종이로 봉투를 만든다. 약 8.9cm × 38cm 크기의 종이를 다음 그림과 같은 형태로 찢거나 자른다. 그리고 접어서 풀로 붙여 봉투로 만든다. 아래쪽은 붙이고 위쪽은 열어둔다.

약 8.9cm × 38cm 크기의 종이를 준비해서 축제에 뿌리는 작은 색종이 조각처럼 자른다. 그 조각을 봉투에 집어넣고 뚜껑을 접어서 풀로 붙인다.

부채를 펼친다. 부채 뒤에 길이 6.4cm, 너비 0.3~0.6cm의 종잇조각의 끝을 붙인다. 반대쪽 끝에는 찢은 조각을 넣은 가방 또는 봉투를 붙인다.

이제 모자 위에 부채를 놓는다. 봉투가 모자 속으로 들어가 매달리도록 한다.

부채를 약간 펼쳐서 봉투가 보이지 않도록 가린다.

물론 관객은 부채에 봉투를 붙여놓았다고 생각하지 못할 것이다.

왼쪽에 있는 테이블에 이렇게 모자와 부채를 올려놓는다. 그 옆에는 유리컵 두 개를 둔다. 하나는 비워두고 하나는 물을 채운다. 이제 준비가 다 끝났다.

방금 종이 리스토어 마술을 끝마치고 손에 종이를 든 상태라고 가정해보자. 다음과 같은 말로 시작한다.

"자, 지금부터는 '중국의 겨울' 이라는 연극을 보여드리겠습니다. 짧지만 아주 슬픈 내용입니다. 손수건이 있으신 분은 준비하세요. 눈물이 나올지도 모릅니다. 옛날에 중국에 '치우' 라는 소녀가 있었습니다. 아주 예쁜 소녀였죠. 이 종이가 예쁜 보라색 드레스(보라색 종이를 사용할 경우)를 입은 치우라고 해보죠. 치우가 사랑에 빠졌습니다. 하지만 아버지의 반대가 너무 심했어요. 치우의 가슴은 산산조각이 났습니다."

종이를 여러 조각으로 찢는다.

"결국 치우는 집을 나갔습니다. 험한 세상에 홀로 맞서게 되었죠."

찢어진 종잇조각을 빈 유리컵에 넣는다.

"비가 세차게 내렸습니다. 장대 같은 비였죠."

이렇게 말하면서 종잇조각이 든 유리컵을 왼손으로 잡고 오른손으로는 물이 든 유리컵을 잡는다. 물을 부으면 종잇조각이 흠뻑 물에 젖는다.

"비 하니까 영국 황태자에 관한 재미있는 일화가 생각나네요. 황태자가 길모퉁이에서 친구와 이야기를 하고 있었습니다. 둘 다 우산을 쓰고 있었죠. 황태자가 "비가 내리는군" 이라고 말하자 친구가 대답했습니다. "요즘 영국에는 매일 비가 내립니다." 왕의 정치를 미묘하게 풍자한 대답이었죠."

이제 오른손 둘째 손가락과 가운뎃 손가락으로 컵에 든 종이를 휘휘 젓는다.

"치우는 비에 흠뻑 젖었습니다. 비맞은 생쥐 꼴이 되었죠. 치우는 "햇빛이 필요해"라고 생각했습니다.

오른손으로 컵에서 젖은 종잇조각을 꺼내 물기를 꼭 짠다. 그동안에 물이 든 유리컵은 왼편의 테이블에 놓는다.

"마치 물속에 빠진 것처럼 흠뻑 젖은 치우는 햇빛이 비추었으면 좋겠다고 생각했습니다."

젖은 종잇조각을 왼손에 놓는다. 관객에게는 정말로 왼손에 종잇조각을 놓는 것처럼 보이지만 사실은 그렇지 않다. 지금부터 배울 손기술은 나중에 다른 작은 물체를 사용할 때 유용하므로 자세히 익혀둔다.

종이의 물기를 꼭 짠 후 자연스럽게 오른손 엄지손가락과 나머지 손가락 사이로 종이 공을 든다. 모두에게 종이 공을 보여준 후 몸을 약간 왼쪽으로 돌린다. 왼손 손바닥이 도우미 관객을 향하고 오른손 손등이 모든 관객을 향하도록 하면 공이 보이지 않는다.

오른손 손가락을 오므려서 왼손에 공을 놓는 척한다.

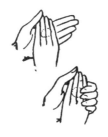 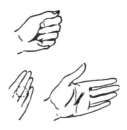

오른손 엄지손가락과 나머지 손가락으로 계속 종이 공을 잡은 채 오른손을 뺀다. 그와 동시에 재빨리 왼손을 오므린다. 이렇게 하면 왼손에 종이 공을 놓은 것처럼 보인다.

거울 앞에서 이 동작을 연습한다. 처음에는 정말로 왼손에 공을 놓으면서 연습하다가 어느 정도 익숙해지면 오른손에 볼을 핑거 팜해서 연습한다.

오른손으로 모자에 놓인 부채를 가져온다. 종이 공이 모자보다 약간 위에 있도록 한다. 모자 안에 살짝 공을 떨어뜨린다. 그런 다음 부채를 든다. 당신에게 가장 가까운 가장자리가 제일 먼저 펼쳐지도록 한다. 그래야 봉투가 모자에서 나오면서 부채에 가려지기 때문이다.

부채를 들어 올리면서 펼친다.

왼손 앞으로 부채를 든다. 부채가 왼손을 가리자마자 왼손으로 찢어진 종잇조각이 든 봉투를 잡고 부채에서 떼어낸다. 그리고 부채질을 시작한다.

"그런데 따뜻한 바람이 불어와 치우를 달래주었습니다."

부채질을 하면서 봉투를 꽉 잡아서 찢는다. 봉투에 든 종잇조각이 손에서 눈처럼 떨어진다. 부채질 덕분에 종잇조각이 잘 퍼진다.

봉투를 찢어야만 종잇조각이 떨어져 나온다. 엄지손가락과 나머지 손가락을 앞뒤로 움직이면서 종잇조각을 흩뿌리는 과정에서 자연히 봉투도 찢어진다. 찢어진 봉투 조각이 종잇조각과 함께 떨어지도록 한다.

"치우는 바람과 함께 하늘로 날아가 아름다운 눈의 여신이 되었습니다."

종잇조각이 다 떨어지면 왼손은 텅 비게 된다.

"그렇게 해서 중국에 눈이 내리게 되었죠."

위의 이펙트는 아무런 대사 없이 몸짓만으로 보여줘도 상관없다. 그럴 경우 음악을 사용하면 효과를 극대화할 수 있다. 중국 음악이나 왈츠가 가장 적합하다.

모자 대신 움푹한 중국 그릇을 사용해도 되고 조수가 있다면 쟁반에 준비물을 담아서 가져오라고 한다. 그럴 경우에는 테이블이 필요 없다. 조수가 중국 의상을 입고 등장한다면 더 좋다.

★ 태넌의 방식

이것은 루이스 태넌의 방식이다. 나는 그에게서 아이디어를 얻었다. 찢어진 종잇조각이 든 봉투를 손으로 가져오는 방식이 매우 재치 있다.

이 방법은 모자도 필요 없고 부채에 봉투를 붙일 필요도 없다. 물을 담은 유리컵 하나만 필요하다. 두 번째 유리컵은 필요 없으며 샐러드 컵처럼 둥글고 움푹 들어간 받침이 달린 유리그릇을 준비한다. 위쪽은 투명한 유리로 된 둥근 그릇이고 아래쪽에는 받침이 달려 있어야 한다. 받침 부분이 불투명하면 더 좋다. 찢어진 종잇조각이 든 봉투는 움푹 들어간 받침 부분에 종이 띠로 고정한다. 따라서 앞의 그림처럼 봉투가 그릇 밑바닥에 매달리게 된다.

따라서 샐러드 컵을 테이블에 놓으면 봉투가 바닥에 가려 보이지 않는다. 부채는 주머니에 넣고 칵테일용 막대는 테이블에 놓는다.

아까처럼 종이를 찢은 후 오른손으로 샐러드 컵을 집는다. 손가락으로 봉투를 가린 채 그릇을 들어올린다(그림을 참고한다). 나머지는 아까와 비슷하다. 찢어진 종잇조각을 유리컵에 넣고 칵테일용 막대로 휘젓는다. 그렇게 하는 동안 오른손 손가락으로 봉투를 떼서 핑거 팜할 시간이 충분하다.

컵과 막대를 테이블에 놓는다. 샐러드 컵에서 젖은 종잇조각을 꺼낸 후 양손으로 물기를 짜낸다. 그와 동시에 젖은 종잇조각을 마른 봉투와 바꿔치기 한다. 젖은 종잇조각은 핑거 팜하여 주머니에서 부채를 꺼낼 때 그 안에 떨어뜨린다.

물이 담긴 유리컵은 처음부터 테이블에 놓아두지 말고 고무 뚜껑을 씌워 주머니에 넣어둔다. 그리고 물이 필요한 순간에 테이블 주변을 살피면서 물을 찾는 척한다. 그리고 코트 안주머니에 손을 넣어 몰래 뚜껑을 벗긴 후 물이 가득 담긴 유리잔을 꺼낸다. 고무뚜껑은 마술용품점에서 구입할 수 있다. 뚜껑에 아무것도 달려 있지 않은 것이 가장 일반적인 유형이다. 하지만 고무뚜껑 위에 홀더가 있고 홀더에 고리가 있어서 안전핀이 달려 있는 것도 있다. 따라서 코트 안에 쉽게 매달아 놓을 수 있다. 엄지손가락으로 뚜껑을 벗기면 간편하게 유리컵이 빠진다. 뚜껑이 어느 정도 벗겨졌을 때 유리컵을 잡아당기면 된다.

마술에 사용할 수 있는 방법과 아이디어는 무궁무진하다. 따라서 조금이라도 효과를 높일 수 있는 방법을 항상 연구해야 한다. 어떤 마술사들은 실을 이용해서 찢어진 종잇조각이 든 봉투를 지팡이나 칵테일용 막대에 매달기도 한다. 지팡이를 사용할 경우 봉투가 테이블 뒤에 놓이게 하거나 책이나 박스로 가리고 들 때는 손으로 가린다.

일본식 냅킨 리스토어 마술
Japanese Torn And Restored Napkins

이것은 냅킨을 이용한 일반적인 리스토어 마술이다. 마무리 과정에서 마술의 비밀이 드러나기 때문에 관객에게 매우 인기가 높다.

★ 이펙트

종이 냅킨을 보여주고 여러 조각으로 찢는다. 마술사가 그것을 돌돌 말아 공으로 만든 후 펼치자 냅킨이 원래 상태로 돌아온다. 마술사는 관객에게 어떻게 한 것인지 설명한다. 왼손에 냅킨을 몰래 감춘다고 말한다. 냅킨을 공으로 접은 후 왼손 손바닥에 감춘다. 또 다른 냅킨을 찢어서 공으로 만들고 왼손에 숨긴 공과 바꿔치기 한다. 따라서 찢어진 냅킨이 멀쩡한 상태로 돌아온다. 그렇다면 이제 왼손에 있는 찢어진 냅킨은 어떻게 하는가? 마술사는 들킬 염려가 있으므로 펴야 한다고 말한다. 그러자 놀랍게도 그 냅킨 역시 원래 상태로 돌아간다. 관객은 마술사의 새로운 '수법'에 처음처럼 깜짝 놀란다.

★ 준비물

1. 종이 냅킨 네 장. 약 36cm 정사각형으로 된 얇은 냅킨
2. 모자
3. 연필(새 연필)

★ 해법과 대사

냅킨 두 장을 테이블 오른쪽에 놓는다. 다음의 그림처럼 각각의 귀퉁이 사이에 냅킨 공을 놓는다. 냅킨의 접은 면 사이로 공을 가린다.

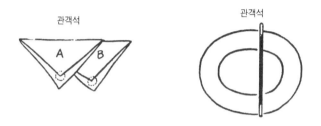

왼편에 테이블을 하나 더 준비하거나 같은 테이블의 왼쪽에 모자를 챙이 위로 가도록 놓는다. 연필 끝이 관객을 향하도록 모자 위에 올려놓는다.

오른손으로 냅킨 A를 잡는다. 이때 넷째 손가락과 새끼손가락으로 공을 핑거 팜한다. 공을 감추거나 냅킨이 한 장 더 있다는 사실을 관객에게 들키지 않도록 조심한다.

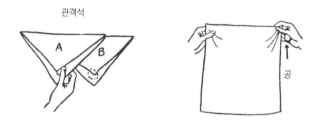

양손으로 냅킨을 잡고 앞뒤 모두 보여준다. 이때 공은 오른손에 핑거 팜 되어 있다.

"지금부터 보여드릴 마술은 일본 마술입니다. 수백 년 전에 일본인 마술사가 만든 마술이

죠. 이 마술에는 일본 종이나 냅킨이 필요합니다. 우선 냅킨을 조각조각 찢어야 합니다."

냅킨을 여러 번 찢는다(종이 결대로 찢는 것이 좋다). 찢겨진 조각은 왼손으로 잡는다. 종이를 찢으면서 다음과 같이 대사를 계속한다.

"두 조각, 세 조각, 네 조각, 다섯 조각, 여섯 조각."

그런 다음 다 같이 옆으로 찢는다.

"자, 이제 조그만 변화가 생길 겁니다. 찢은 종이를 뭉쳐서 공으로 만들겠습니다."

찢어진 종잇조각을 단단히 뭉쳐서 공으로 만든다. 그 다음에는 매우 중요한 동작이 기다리고 있다. 실제로는 냅킨이 두 장이지만 관객에게는 한 장처럼 보이도록 하기 위한 매우 중요한 동작이므로 주의 깊게 연습해야 한다.

왼손 집게손가락, 가운뎃손가락 그리고 엄지손가락 사이로 찢어진 냅킨으로 만든 공을 잡고 멀쩡한 냅킨으로 만든 공은 오른손에 핑거 팜 한다.

찢어진 냅킨으로 만든 공

멀쩡한 냅킨으로 만든 공

왼손의 공을 오른손으로 가져와서 멀쩡한 공 앞에 놓는다. 그런 다음 왼손 엄지손가락과 집게손가락으로 두 개의 공을 잡는다. 찢어진 공이 멀쩡한 공 앞에 오도록 한다.

관객에게 두 개의 공을 하나인 것처럼 보여준다. 꽉 눌러서 보여주면 영락없이 하나처럼 보이므로 관객이 눈치 채지 못한다. 양손은 손비닥이 관객을 향하도록 하여 손에 아무것도 없음을 보여준다.

 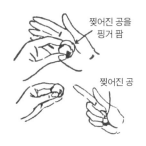 

찢어진 공

두 개의 공을
하나처럼

찢어진 공을
핑거 팜

찢어진 공

"자, 이제 동글동글한 공이 만들어졌습니다."

이렇게 말하면서 아무렇지도 않게 오른손을 (하나처럼 보이게 한) 두 개의 공에 놓고 위에 있는 찢어진 공을 핑거 팜해서 가져온다. 이 동작은 매우 쉽다. 오른손을 오므리면 저절로 공이 핑거 팜 된다. 이렇게 하고 오른손을 약간 멀리 떼면 이제 관객에게는 멀쩡한 공이 보이게 된다. 관객은 처음부터 냅킨이 한 장뿐이라고 생각하므로 공이 바뀌었다는 사실을 알지 못한다. 찢어진 공을 핑거 팜 한 직후에 왼손에 든 공을 꽉 눌러서 더 동그랗게 만들면 바꿔치기 동작이 더 자연스럽게 보인다.

이제 오른손으로 왼편의 테이블에서 모자 위에 있는 연필을 가져온다. 이때 왼손을 연필 쪽으로 뻗어 약간 모자 안으로 들어가게 한다. 그리고 핑거 팜한 공을 떨어뜨린다. 관객에게는 단지 연필을 잡으려는 행동처럼 보인다.

연필을 잡는다. 오른손으로 한쪽 끝을 잡고 반대쪽 끝은 왼손에 든 공에 댄다.

"이것은 마법의 연필입니다. 마법의 연필이 닿으면 어떻게 될까요?"

다시 연필을 모자에 올려놓는다.

위의 동작이 이루어지는 동안 왼손에 든 공은 관객에게 잘 보이도록 앞쪽으로 조금 내밀어야 한다.

"아까 종이 냅킨을 조각조각 찢었습니다. 다들 잘 보셨죠? 그런데 정말 신기한 일이 벌어졌습니다. 종이를 펴보니 원래 상태로 되돌아왔네요."

냅킨을 펼쳐서 관객에게 앞뒤 모두 보여준다. 양손으로 냅킨을 바꿔 들어서 양손 모두 텅 비었음을 보여준다.

# 냅킨 리스토어 마술의 비밀
설명하기
An Explanation to Audience of
How the Napkin Trick is Done

앞에서 설명한 마술의 비밀을 관객에게 설명한다. 하지만 마술사의 설명을 다 들은 후 관객은 오히려 처음보다 더 어리둥절해 한다.

오른편 테이블에는 아까처럼 한쪽 귀퉁이에 공을 숨겨둔 냅킨이 놓여 있다. 그리고 당신의 왼손에는 방금 마술에 사용한 냅킨이 들려 있다.

> "사실 제가 지금 보여드린 마술은 아주 쉽습니다. 자세히 보면 아무것도 아닙니다. 어떻게 하는지 궁금하세요? 그럼 제가 알려드리죠. 친구나 가족, 혹은 얄미운 직장상사한테 멋지게 보여주세요. 사돈의 팔촌한테 보여줘도 됩니다. 우선 냅킨은 아주 평범한 냅킨입니다."

왼손에 든 냅킨을 보여준다.

> "야외로 소풍갈 때 흔히 사용하는 평범한 종이 냅킨이죠. 이 냅킨을 진짜로 찢어서 공처럼 만듭니다. 하지만 여기에 속임수가 있어요. 여러분 몰래 냅킨으로 공을 만들어서 제 손에 숨겨두었거든요."

냅킨을 뭉쳐서 왼손 손바닥에 놓고 보여준다.

> "자, 잘 보세요. 손바닥에 뭘 숨길 때는 이렇게 합니다."

손바닥 근육을 가운데 놓인 공을 향해 팽팽하게 힘을 준다.

이렇게 하면 간단하게 손바닥으로 공을 잡을 수 있다. 원한다면 엄지손가락으로 공을 살짝 가려도 된다.

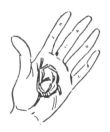 

"이렇게 손바닥에 숨기는 거죠. 그리고 여러분에게는 손등을 보여주면 손에 아무것도 없는 것처럼 보입니다."

왼손을 손등이 관객을 향하도록 놓는다. 공이 완벽하게 숨겨진다.

그런 다음 오른편에 있는 테이블에서 냅킨을 가져온다. 물론 냅킨의 귀퉁이 속에 공이 숨겨져 있다.

앞에서 한 것과 똑같이 양손으로 냅킨을 들고 오른손 손바닥에 공을 핑거 팜 한다. 하지만 오른손에 공을 숨긴다는 사실은 관객이 몰라야 한다.

지금부터는 왼손 손바닥에 여분의 공을 숨기는 것만 빼고 앞에서 설명한 마술의 방식과 똑같다.

"테이블에 있는 이 냅킨을 사용하겠습니다. 잘 기억하세요. 여기 냅킨이 하나 있고 왼손에 하나 숨겼습니다. 이 냅킨을 여러 번 찢고 다 같이 옆으로도 찢겠습니다."

찢은 냅킨을 공으로 만든다.

"그리고 돌돌 뭉쳐서 공으로 만들겠습니다."

그리고 앞에서 설명한 것처럼 두 개의 공을 하나처럼 보이도록 든다.

이번에는 앞에서처럼 오른손에서 가져온 공과 찢어진 공을 왼손에 하나처럼 든다. 하지만 왼손에 숨긴 공은 계속 관객이 눈치 채지 못하도록 조심해야 한다. 그런 다음 찢어진 공을 오른손으로 옮기고 연필을 집으면서 아까처럼 모자에 떨어뜨린다.

공을
떨어뜨린다.

왼손에 든 공에 연필을 댄다. 관객은 엄지손가락과 집게손가락과 가운뎃손가락 사이에 있는 공이 찢어진 냅킨으로 만든 공이라고 생각한다. 하지만 찢어진 공은 방금 모자에 집어넣었다. 앞으로 남은 과정은 매우 쉬우므로 들킬 염려가 없다. 하지만 관객은 가장 중요한 부분이 남았다고 생각한다.

"사실 연필을 사용하는 것은 좀 우습죠. 하지만 뭔가 프로다워 보이지 않습니까? 손수건을 흔들 수도 있지만 사실 저는 연필을 가져오면서 몰래 무언가를 했습니다. 제 손바닥에 숨긴 멀쩡한 공을 제 손가락 끝에 있는 찢어진 공과 바꾸기 위해서였죠."

이렇게 말하면서 엄지손가락과 나머지 손가락으로 공을 뒤로 굴려 다른 공 앞에 놓는다. 지팡이를 팔 아래 놓고 양손을 이용해서 바꿔치기가 이루어지는 모습을 보여줘도 된다.

"이렇게 연필을 집으면서 한 손으로 바꿔치기가 이루어지는 거죠. 그러면 공이 멀쩡한 냅킨으로 만든 공으로 변해 있습니다. 찢어진 공은 손에 숨겼고요. 이제 연필로 공을 두드린 다음에 펼치기만 하면 되죠."

연필을 오른팔 아래에 끼우고 공을 펼친다.

"그리고 원래대로 멀쩡해진 종이를 보여줍니다. 그런 다음 멋지게 마술을 마무리하는 거죠."

테이블에 냅킨을 놓는다.

"왼손에 있는 찢어진 공은 알아서 처리합니다. 관객이 너무 가까이에 있어도 걱정하지 마세요. 찢어진 종잇조각을 두 번 불면서 "차우 메인 찹 수이"라고 말하세요. 그러면 놀라운 일이 벌어집니다. 천천히 공을 펼쳐보면…"

공을 펼친다.

"종잇조각이 다 붙어 있습니다. 처음처럼 멀쩡한 냅킨으로 돌아가 있죠. 이렇게 하면 관객은 찢어진 조각이 어떻게 됐는지 절대 모르죠. 이건 절대 말하지 마세요."

비법을 공개하지 않는 것은 마술의 절대적인 법칙이다. 관객이 마술의 원리를 모를수록 당신에게는 더 유리하다. 하지만 이처럼 비밀을 공개하면 관객은 손바닥에 공을 숨기거나 두 장의 냅킨을 사용하는 것이 올바르지 않은 행동이라고 생각하게 된다.

★ 제안

다른 방법을 원한다면 윗옷 주머니에 공 두 개와 냅킨 두 장을 함께 넣어두어도 된다. 주머니에서 냅킨을 꺼낼 때 오른손에 간단히 공을 핑거 팜 할 수 있다. 이 방법은 미리 준비할 시간이 없거나 관객 몰래 냅킨에 공을 숨겨서 테이블에 놓을 수 없을 때 안성맞춤이다.

또한 모자와 연필을 사용하지 않고 오른쪽 바지주머니에 나이프를 넣어두었다가 사용해도 된다. 주머니에서 나이프를 꺼낼 때 찢어진 공을 떨어뜨린다. 이것도 마찬가지로 즉석으로 냅킨 리스토어 마술을 선보일 때 적합한 방법이다.

또한 냅킨 리스토어 마술은 냅킨이 제공되는 연회장에서 선보이면 좋다. 연회가 진행되는 동안 두 장의 냅킨을 더 준비한다. 공으로 돌돌 뭉쳐서 오른쪽 윗옷 주머니에 넣고 오른쪽 바지주머니에는 나이프를 넣어둔다. 나이프 대신 50센트 동전을 사용할 수도 있다. 이때는 관객에게 "돈의 위력"에 대해서 설명하면 된다. 돈을 공에 살짝 갖다 댄다. 그리고 마치 점쟁이처럼 "복채를 내세요"라고 말한다.

테이블에서 냅킨을 가져다 마술을 시작하면 된다.

힌두 페이퍼 티어링
Hindu Paper Tearing

이것은 종이 리스토어 마술의 또 다른 버전이다. 앞에서와 다른 방법으로 찢어진 공을 처리하며 섬 팁을 이용한다.

★ 이펙트

길이 약 76cm, 너비 약 2.5cm의 색종이를 보여준다. 여러 번 찢은 후 받침접시에 놓고 태운다. 마술사는 텅 빈 양손을 보여주고 오른손 엄지손가락과 집게손가락으로 재를 한 줌 잡는다. 주문을 외우자 재가 멀쩡한 종이로 변한다.

★ 준비물

1. 길이 약 76cm, 너비 약 2.5cm의 색종이 두 장. 밝은 색이 좋다.
2. 섬 팁
3. 받침접시나 놋쇠접시
4. 작은 성냥갑

★ 해법과 대사

색종이를 주름 잡듯이 지그재그로 조그맣게 접어서 섬 팁에 넣는다. 종이가 든 섬 팁을 성냥갑 뚜껑에 넣는다(두툼한 성냥갑이어야 함). 이렇게 하면 성냥갑이 중간 이전까지밖에 닫히지 않는다. 관객이 성냥갑을 똑바로 내려다보아도 섬 팁이 보이지 않도록 잘 숨긴다.

 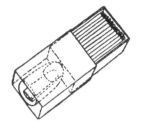 

이렇게 준비한 성냥갑을 테이블에 올려놓는다. 섬 팁이 있는 쪽이 관객에게 보이지 않도록 놓는다. 성냥갑 근처에 색종이와 받침접시 혹은 놋쇠접시를 둔다.

테이블에서 종이를 가져온다. 왼손과 오른손으로 각각 종이의 양끝을 잡아 관객에게 손바닥이 보이도록 한다. 종이를 앞뒤로 보여준다.

"인도의 현자들은 오래전부터 훌륭한 철학과 지혜로 유명했죠. 제가 아는 인도 출신의 스승은 신기한 재료를 이용해서 철학을 가르치더군요. 한 가지 예를 들어 보겠습니다. 지금 제가 들고 있는 종이를 여러 번 찢어서…"

색종이를 여러 번 찢는다.

"접시에 올려놓습니다."

텅 빈 접시를 보여준다.

"거기 계신 분, 이 접시를 확인하신 다음에 들고 계세요."

관객에게 접시를 준다.

"이제 찢어진 종잇조각을 접시에 올려놓겠습니다. 종이가 정말 찢어졌는지 자세히 살펴보세요. 맞습니까?"

오른손으로 성냥갑을 집은 후 다음의 그림처럼 왼손으로 옮긴다.

오른손으로 성냥을 꺼내 상자 측면에 대고 그은 후 종잇조각에 불을 붙인다.

"이것 좀 보세요. 예쁜 색종이가 순식간에 재로 변해버렸네요. 인생무상이라는 말이 생각 납니다."

왼손 엄지손가락을 섬 팁에 끼우고 오른손으로 성냥갑을 닫는다. 이렇게 하면 성 냥갑에 있던 섬 팁이 자동적으로 밖으로 나온다. 이제 섬 팁을 끼운 손가락 끝이 관 객을 향하도록 한다. 성냥갑은 오른손으로 테이블에 놓는다.

"여기서 인도 출신의 스승은 인생의 철학을 가르쳐주었습니다. 아무것도 없는 왼손을 보여 주었죠."

섬 팁이 정면을 향하도록 하여 잠깐 동안 왼손을 보여준다. 그런 다음 손을 약간 내 려 섬 팁을 손가락 뒤로 숨긴다.

"그리고 빈 오른손으로 한 줌의 재를 집었습니다."

오른손에 아무것도 없음을 보여준다. 그리고 엄지손가락과 집게손가락으로 접시 에서 재를 집는다.

"잘 보세요. 한 줌의 재만 있으면 됩니다."

양손 엄지손가락이 정면을 향하도록 하여 잠깐 동안 양손을 올려서 재를 보여준 다. 이때 재를 쳐다보면서 왼손을 오므려 섬 팁을 가린다. 그리고 섬 팁을 빼서 핑거 팜 한다.

"양손으로 재를 비빕니다."

양손을 모으고 오른손 집게손가락으로 섬 팁에서 종이를 뺀다.

"사람의 온기로 재가 종이로 변하게 할 수 있습니다."

이렇게 말하면서 접힌 종이를 펼친다. 양쪽 끝을 잡고 앞뒤로 보여준다.

"인도 철학자들에 따르면 세상에 그 어떤 것도 파괴할 수 없다고 합니다. 인간의 행동 하나 하나가 만물의 체계에 새겨집니다. 인생은 끊임없이 변화합니다. 형태는 계속 변하지만 성분은 파괴되지 않습니다. 재로 변한 종이가 다시 종이로 돌아왔습니다. 세상에 그 어떤 것도 파괴되지 않는다는 인도 스승의 말이 맞죠?"

테이블에 종이를 놓는다. 그와 동시에 다시 섬 팁을 엄지손가락에 끼운다. 잠시 동안 양손을 보여주고 아래로 내린다.

성냥갑이나 종이를 주머니에 넣거나 주머니에서 다음 마술에서 사용할 재료를 꺼내면서 섬 팁을 떨어뜨린다.

★ 참고

성냥갑은 다양한 마술에서 섬 팁을 처리하거나 물체가 나타나게 하는 데 유용하게 사용할 수 있다.

왼손 엄지손가락에 섬 팁을 끼웠을 때 오른손으로 성냥갑을 들고 왼손으로 옮긴다. 이때 왼손 엄지손가락으로 성냥갑 뚜껑을 민다. 섬 팁이 성냥갑 안으로 들어가고 성냥갑은 열린 채로 있게 된다. 성냥갑 뚜껑에 섬 팁을 빼두고 손가락을 밖으로 뺀다. 성냥갑에서 성냥을 꺼내 초나 담배에 불을 붙이는 등 필요한 용도로 사용한다. 성냥갑 뚜껑에 섬 팁이 잘 감춰지므로 섬 팁이 관객에게 보이지 않도록 테이블에 올려놓으면 된다.

★ 힌두 페이퍼 티어링의 새로운 버전

관객에게는 위와 똑같이 보이지만 섬 팁을 다루는 방법이 약간 다르다.

성냥갑과 종이, 받침접시를 테이블에 놓는다. 미리 종이를 넣어둔 섬 팁은 왼손 엄지손가락에 끼운다.

양손이 텅 비었음을 보여주고 오른손으로 종이를 든다. 왼손으로 섬 팁을 핑거 팜 한다. 종이를 보여준 후 여러 번 찢는다. 찢어진 종잇조각을 왼손 엄지손가락과 집게손가락으로 잡는다. 오른손으로 접시를 가져와 관객에게 준다. 종잇조각을 오른손으로 옮긴 후 접시에 놓는다.

성냥갑을 가져온다. 직접 종이에 불을 붙이거나 관객에게 하도록 한다. 오른손으로 재를 집는다. 왼손 엄지손가락에 다시 섬 팁을 끼운 후 손에 아무것도 없음을 보여준다.

다시 섬 팁을 핑거 팜 하고 양손을 모아 재를 비비는 척한다. 오른손 집게손가락으로 섬 팁에서 종이를 꺼내 재가 종이로 돌아갔음을 보여준다. 종이를 돌돌 말아 주머니에 넣고 섬 팁도 같이 넣는다.

이처럼 마술 도구는 다양한 마술에 활용하므로 처음부터 제대로 기본 원리를 익혀야만 한다.

섬 팁을 다루는 방법과 그것을 이용하는 마술은 **레슨** 6에서 배웠다. 앞으로도 계속 섬 팁을 이용한 새로운 마술에 관해 배울 예정이다.

섬 팁은 잘 관리해야 한다. 섬 팁이 닳아 너무 반짝거리면 임시방편으로 지우개로 문질러준다. 하지만 **레슨** 6에서 배운 대로 이따금씩 물감으로 칠해주어야 한다(철재로 만들어진 섬 팁인 경우에만. 요즘은 보통 고무나 실리콘으로 만들어진 섬 팁을 사용한다─감수자). 최대한 살색과 비슷하게 색칠해야 한다는 사실을 명심한다. 여러 번 시도해야만 자신의 살색과 가장 잘 맞는 색조를 찾을 수 있다. 하지만 섬 팁이 살색에 가까울수록 관객에게 들킬 위험이 줄어들기 때문에 그만한 가치가 충분하다.

밀레이디의 파리지엥 모자
Milady' s Parisienne Hat

이것은 모자 만드는 실력을 뽐낼 수 있는 마술이다. 종이 리스토어 마술의 또 다른 버전으로 특히 여성 관객이 많을 때 효과적이다.

모름지기 마술사라면 마술에 필요한 도구를 스스로 만들 줄 알아야 한다. 그 이유에는 여러 가지가 있다. 첫째, 필요한 마술 도구가 즉석에서 마련되지 못할 때도 있다. 하지만 직접 만들 줄 알면 그런 상황이 닥쳐도 걱정할 필요가 없다. 둘째, 마술의 특징인 '비밀스러움' 을 지키기 위해서는 마술사 스스로 마술에 필요한 도구를 만들 줄 알아야 한다. 셋째, 마술 도구를 직접 만들 줄 알면 더 독창적이고 신선한 마술을 선보일 수 있다. 당신도 앞으로 자기만의 새로운 스타일을 보여주는 마술사가 되기를 바란다.

지금부터 직접 만든 도구로 선보이는 환상적인 마술을 소개한다.

★ 이펙트
종이 두 장을 앞뒤로 보여주고 함께 여러 번 찢는다. 그리고 종잇조각을 한데 뭉친다. 공을 펼치자 멋진 프렌치 스타일의 모자로 변신한다. 마술사가 모자를 직접 쓰거나 여성 관객에게 씌운다.

★ 해법과 대사
준비
우선 모자를 만들어야 한다.

다음과 같은 재료가 필요하다.

풀과 가위, 약 38cm 크기의 검정색 색종이, 길이 약 36cm, 너비 약 5.7cm 크기의 초록색 색종이 두 장.

검정색 색종이를 준비한다.

반으로 접는다.

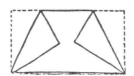

양쪽을 접어서 풀로 붙인다.

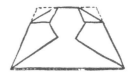

위쪽 귀퉁이를 접어서 풀로 붙인다.

초록색 색종이를 준비한다.

위의 그림처럼 검정색 색종이 위에 붙인다. 나머지 한 장은 반대쪽에 붙인다.

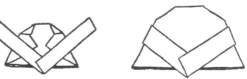

모자를 뒤집는다.
양쪽의 초록색 종이를 접은 후 풀로 붙인다.

풀이 다 마르면 이제 모자를 접어야 한다.

반으로 접는다.

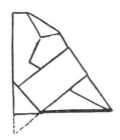

삐져나온 초록색 종이를 밑으로 접는다.

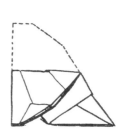

위에서 아래로 집는다.

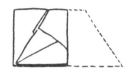

오른쪽에서 왼쪽으로 접는다.

뒤집는다.

이렇게 접으면 모자가 약 9.2cm 크기의 정사각형으로 변한다. 이제 나머지 도구도 준비한다.

약 38cm 크기의 정사각형 검정색 색종이와 약 16.5cm 크기의 정사각형 검정색 색종이를 가져온다.

작은 정사각형 색종이의 가장자리 AD와 CD에 풀을 조금 바른다. 그런 다음 작은 색종이를 큰 색종이에 올려놓고 풀 바른 쪽을 누른다. 이렇게 하면 큰 색종이에 작은 주머니가 생긴다. 두 변 AD와 BC는 열려 있다.

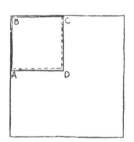
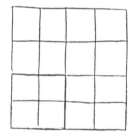

풀이 마르면 색종이를 작은 정사각형으로 접는다. 주머니의 가장자리를 가리기 위해서이다.

작은 정사각형으로 접은 모자를 가져와 그림에 표시된 지점에 약 2.5cm 정도 풀을 바른다.

다음의 그림처럼 큰 색종이에 달린 주머니 속에 모자를 넣는다.

색종이를 잡을 때는 주머니 바깥쪽 귀퉁이로 잡는다. 주머니 바깥쪽 귀퉁이와 큰 색종이를 함께 잘 잡아야 한다. 재빨리 색종이를 앞뒤로 보여준다. 평범한 검정색 색종이처럼 보인다.

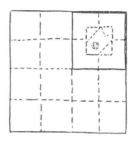

　모자를 만드는 데 사용했던 것과 똑같은 초록색 종이를 가져온다. 약 38cm 크기의 정사각형(검정색 종이와 똑같은 크기)으로 자른다.

　초록색 종이와 검정색 종이를 함께 놓고 초록색을 아까 검정색 종이처럼 정사각형으로 접는다.

　초록색이 위로 오도록 해서 두 장의 종이를 테이블에 올려놓는다. 이제 준비가 다 끝났다.

　두 장의 종이를 집는다. 초록색이 검정색 앞에 오도록 잡는다. 모자가 숨어 있는 귀퉁이로 잡는다.

　　"프렌치 스타일 모자 접기 마술을 보신 적이 있습니까? 파리에서는 아주 유명한가 보더군요. 파리에 갔을 때 친구가 새 모자를 쓰고 있었습니다. 초록색, 검정색, 파란색, 보라색 모자였죠. "모자 값만 해도 엄청나겠는걸." 제가 이렇게 말하자 친구는 왜 그렇게 생각하는지 물었습니다. 제가 "새 모자를 그렇게 많이 샀으니 말이야"라고 대답하자 친구는 웃음을 터트리더군요. 파리에서는 종이 모자 접기가 유행이라면서요. 파리 여자들은 예술적인 감각을 발휘해서 직접 모자를 만든대요. 제가 이 자리에서 보여드리겠습니다. 이렇게 검정색과 초록색 종이를 준비해서 …"

　초록색 종이를 먼저 보여주고 뒤에 있는 검정색 종이도 보여준다.

　이제 양손으로 하나씩 잡는다. 초록색 종이는 왼손으로 잡고 검정색 종이는 오른손으로 주머니의 귀퉁이를 잡는다. 재빨리 종이를 앞뒤로 보여주고 다시 합친다. 역시 초록색 종이를 앞에 놓는다.

관객은 두 장의 종이 모두 평범한 종이라고 생각한다. 주머니의 가장자리를 함께 잡으려고 해야 한다. 하지만 종이를 재빨리 뒤집으면 관객에게 들킬 염려가 없다.

"자, 잘 보세요. 종이를 갈기갈기 찢을 겁니다. 가위로 반듯반듯하게 자르는 것이 아니라 그냥 손으로 찢습니다." 왼손으로 주머니 가장자리를 잡는다. 주머니에서 약 1.3cm 정도 떨어진 곳에서 초록색 종이와 검정색 종이를 찢는다. 그런 다음 두 장의 종이를 한번 더 찢는다.

이제 종이를 옆으로 놓는다. 주머니에서 약 1.3cm 정도 떨어진 곳을 찢은 후 한번 더 찢는다. 찢을 때마다 종잇조각은 차곡차곡 쌓아둔다. 이제 모자가 든 주머니 앞에 종잇조각이 잔뜩 쌓였다.

종잇조각을 앞뒤로 보여준다. 모자가 드러나면 안 되므로 검정색 주머니 뒷부분이 보이지 않도록 조심한다.

그런 다음 검정색 조각의 뒷부분을 앞에 놓는다. 이제 모자는 '중국 종이 마술'에서 배운 것처럼 종잇조각 뒤에 놓이게 된다.

종이 모자   종잇조각

종잇조각을 공이나 꽃처럼 보이도록 구긴다.

"그런 다음 접어서 여기와 저기에 장식을 넣은 다음 펼칠 겁니다."

모자를 펼친다.

"자, 멋진 프렌치 스타일의 모자가 탄생했습니다."

모자를 완전히 펼쳐서 쓰거나 여성 조수나 여성 관객에게 씌운다.
종잇조각으로 만든 공이 모자 앞쪽에 달려 있어 꽃이나 방울 장식처럼 보인다.

"어때요? 알뜰하게 멋진 모자 만드는 법. 남편들이 아주 좋아하겠죠?"

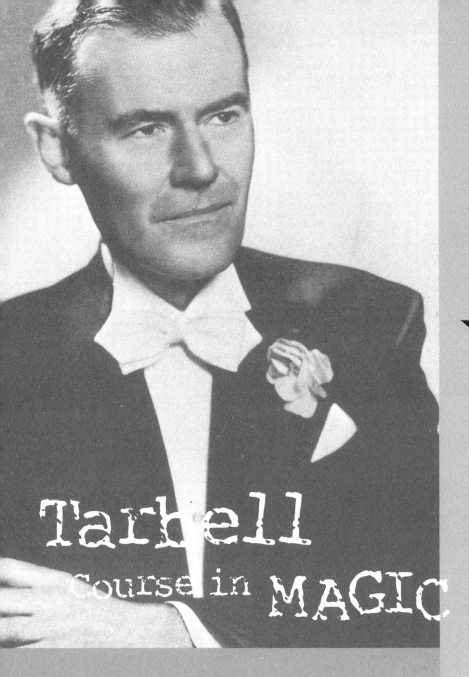

로프 마술과 리본테이프 마술

로프 마술은 350년 전부터 시작된 가장 오래된 마술로 고대 인도 마술사들에게
서 시작되어 전해내려 온 것이다. 이번 레슨에서는 로프 마술의 기본 원리를 바탕
으로 하는 다섯 가지의 이펙트를 배워보도록 하겠다.

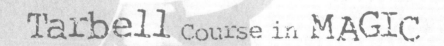

Tarbell course in MAGIC

로프 마술과 리본테이프 마술
The Rope and Tape Principle

이번 레슨에서 배울 로프 마술은 가장 오래된 마술 중 하나이다. 이 마술은 350년 전부터 시작되었으며 그동안 셀 수 없을 만큼 수많은 마술사들이 선보였다. 이 마술은 고대의 인도 마술사들에게서 시작되어 전해내려 온 것으로 생각된다. 왜냐하면 오늘날 힌두교 수행자들이 작은 밧줄 두 개와 나무 공 한 개나 두 개, 혹은 세 개를 이용해서 비슷한 이펙트를 실시하기 때문이다. 로프 마술의 최초 현대식 버전은 '할머니의 목걸이(Grandmother' s Necklace)'이다. 두 개의 줄에 나무 구슬 세 개를 걸어서 줄을 묶으면 줄이 끊어지지도 않았는데 구슬이 빠져나온다.

그러다 나중에 어떤 천재 마술사가 좀더 스케일이 큰 버전을 고안해냈다. 영국 마술사 데이비드 드방(David Devant)은 현대식 밧줄 마술의 원리에 대해 이렇게 말한다. "규모가 큰 로프 마술과 리본테이프 마술을 누가 처음 만들어냈는지는 아무도 모른다. 하지만 누구든 간에 천재 마술사임에는 분명하다."

이번 레슨에서는 아래와 같이 하나의 기본 원리를 바탕으로 하는 다섯 가지 이펙트를 소개할 예정이다.

- 꼬마 두 명과 함께 하는 옷과 리본테이프, 반지 마술
- 위의 마술을 간단하게 변형한 옷과 로프, 링 마술
- 전국 어디에서나 흔히 볼 수 있는 거리의 마술이나 곁들이 쇼, 의약품 선전 판매(19세기 미국에서 유행─옮긴이) 등의 단골 프로그램이 되어버린 '죄수의 탈출(The Prisoner' s Escape)' 또는 '로프에 매달리기(Hanging Oneself with Ropes)' 같은 마술
- 힌두 공과 로프 마술을 변형한 매직 오렌지
- 리본테이프의 원리를 이용한 또 다른 이펙트인 리본테이프 통과하기

옷과 리본테이프, 반지 마술
Coats, Tapes, and Rings

★ 이펙트

관객석에서 어린 아이 두 명을 무대로 올라오라고 한다. 각각의 아이에게 약 4.9m 의 리본테이프를 주고 잘 살펴보라고 한다. 한 아이에게 겉옷을 벗으라고 한다. 마술 사가 두 개의 끈을 소매에 집어넣은 후 한번 묶는다. 반지 두 개를 리본테이프에 끼 우고 그 위로 또 매듭을 묶는다. 다른 아이에게도 겉옷을 벗으라고 한 후 마찬가지로 두 개의 리본테이프를 소매에 넣고 매듭을 한번 묶는다. 두 개의 리본테이프 끝을 아 이들에게 잡으라고 한다. 잠시 후 마술사가 첫 번째 옷과 반지 그리고 두 번째 옷을 빼내자 매듭이 사라지고 리본테이프가 쭉 펴진 상태로 돌아온다.

★ 준비물

1. 검정색 끈 두 개. 길이 4.9~5.5m, 너비 약 2cm
2. 검정색 핀
3. 반지 두 개. 나무로 된 커튼 고리나 냅킨 고리, 니켈 반지를 준비하거나 관객의 반지를 빌려서 사용해도 된다.
   나는 언젠가 반지 대신 끈에 찻잔 손잡이를 걸어서 사용한 적도 있다.
4. 겉옷을 올려놓을 테이블
5. 아이들에게 빌린 겉옷 두 벌

★ 해법과 대사
준비

조끼 왼쪽의 아래쪽 가장자리에 핀을 꽂는다. 나중에 쉽게 뺄 수 있도록 윗부분이 아래로 가도록 꽂는다(**그림 1**).

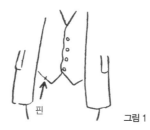

핀

그림 1

두 개의 끈을 돌돌 말아 무대 중앙의 테이블에 올려놓는다. 반지는 테이블이나 주머니 등 쉽게 꺼낼 수 있는 곳에 둔다.

시연

"이번에 보여드릴 마술에는 꼬마 도우미 두 명이 필요합니다."

이렇게 말하면서 테이블에서 밧줄을 가져온다.

"관객석에서 두 명만 나와 주세요. 아, 여기 한 명 있네요. 또 한 사람?"

꼬마 두 명이 무대로 올라온다. 각각 당신의 왼쪽과 오른쪽에 세운다. 왼쪽에 선 아이와 악수를 한다.

"이름이 뭐지?"

아이가 이름을 말한다. 첫 번째 아이의 이름이 "존" 이라고 해보자.

"만나서 반갑구나, 존."

이번에는 오른쪽 아이에게 말한다.

"네 이름은 뭐지?"

두 번째 아이의 이름은 "로버트" 라고 해보자.

"너희 둘이 아는 사이니?"

아니라고 대답하면 서로 소개해준다.

"존, 얘는 로버트다. 로버트, 얘는 존이라고 한다."

아이들이 서로 아는 사이라면 이 과정은 생략한다. 무대에서 공연할 때나 모르는 사람들 앞에서 공연할 때는 이렇게 첫인사가 들어가야 한다. 하지만 가족이나 친척 등 아는 사람들 앞에서 시연하는 것이라면 그 과정이 필요하지 않다.

"너희들 부모님 말씀 잘 듣니? 안 들을 때도 있다고? 나도 어릴 때 그랬단다. 하지만 여기 에서는 말을 잘 들어야 한다. 자, 너희들이 제일 먼저 할 일은 이 리본테이프 두 개를 잘 살 펴보는 거야. 혹시 끊어지지는 않는지 당겨보고 잘 확인해봐. 리본테이프 하나의 길이는 3.7m 정도 된단다. 존은 이것을 확인하고, 로버트는 이것을 확인해라."

아이들에게 리본테이프를 하나씩 나눠준다.

"여기 계신 분들한테도 리본테이프에 아무 이상이 없다는 사실을 알려드려야지. 자, 한쪽 끝을 각각 잡고 관객석 쪽으로 가렴. 내가 양쪽 끝을 잡으마. 그러니까 우리 셋이 함께 끈을 잡는 거야. 그럼 모두에게 잘 보이겠지?"

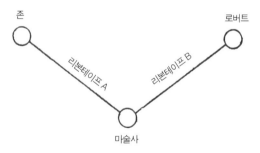

이렇게 하면 아이들과 함께 삼각형 모양으로 리본테이프를 잡게 된다(**그림 2**). 모 두에게 잘 보이도록 높이 든다.

"자, 테이프를 보고 길이를 짐작하실 수 있겠죠? 두 테이프의 길이가 똑같기 때문에 저와 아이들 사이의 거리가 똑같죠? 존, 테이프에 아무 이상이 없지? 너희 둘 다 잘했다. 너희들 이 들고 있는 끝부분을 이리 주렴."

양끝을 잡아서 이미 당신의 양손에 있는 두 끝과 나란히 놓는다. 네 개의 끝을 왼손으로 잡고 오른손으로는 반지를 집어 든다.

  "얘들아, 이제 반지를 살펴주겠니? 반지에 구멍이 뚫려 있거나 불꽃이 튀어나온다면 즉시 보고해야 한다."

아이들에게 반지를 준 후 오른손으로 테이프를 잡고 내려가 중간에서 멈춘다. 왼손으로 그 지점을 잡고 아이들에게 말하는 동안 오른손으로 조끼에서 핀을 뺀다 (**그림 3**).

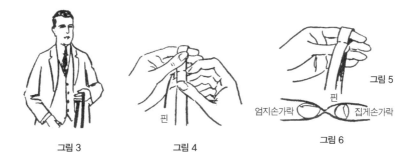

그림 3   그림 4   그림 5

핀   핀
엄지손가락   집게손가락

그림 6

  "자, 반지는 로버트가 들고 존은 겉옷을 벗어서 잠깐만 빌려줄래?"

이렇게 말하고 존이 겉옷을 벗는 동안 핀으로 두 개의 리본테이프를 고정시킨다 (**그림 4**).

그리고 **그림 5**와 **그림 6**처럼 리본테이프 사이에 집어넣은 핀의 한쪽에 왼손 집게손가락을 놓고 반대쪽에는 왼손 엄지손가락을 올려놓는다. 필요하다면 오른손을 이용해 왼손이 잘 들어가게 해도 된다. 이렇게 하는 동안 존이 겉옷을 벗고 있으므로 관객의 시선은 아이에게 향한다.

  "고맙다, 존. 큰 도움이 되겠구나."

다가가서 아이가 벗은 겉옷을 가져온다. 이때 왼손은 옆으로 떨어뜨리고 몸을 살짝 왼쪽으로 돌린 상태에서 왼쪽 다리로 가린 채 리본테이프 A를 앞으로 던진다. 그러기 위해서는 왼손 엄지손가락을 집게손가락 위로 가져가면 된다. 그런 다음 리본테이프에서 다른 손가락들을 뗀다.

이제 두 끈의 뒷면이 접혀진 상태가 된다. 핀으로 연결한 부분은 **그림 7**처럼 왼손 엄지손가락과 집게손가락으로 가린다.

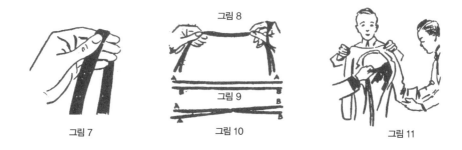

그림 7   그림 10   그림 11

이 동작은 이 마술의 성공을 위해 매우 중요하다. 마술의 성공이 이 동작에 달려 있다고 해도 과언이 아니다. 따라서 매끄럽고 신속하게 할 수 있을 때까지 열심히 연습해야 한다. 그러면 관객에게 들킬 염려가 없다. 이 동작을 할 때나 핀을 끼울 때 절대로 리본테이프를 쳐다보면 안 된다.

"내 쪽을 보고 옷을 들어보렴. 자, 소매에 테이프를 집어넣을 거야."

이렇게 말하면서 **그림 8**처럼 오른손을 왼손 앞으로 올리고 테이프를 펼친다. 관객에게는 당신이 두 끈의 가운데를 잡고 있는 것처럼 보인다. 이것은 매우 자연스러워 보이는 행동이다. 하지만 실제 상황은 이렇다. 처음에는 **그림 9**처럼 두 개의 리본테이프 AA와 BB를 가지고 시작했다. 그리고 **그림 10**처럼 핀으로 가운데를 연결하고 특별한 동작을 통해 AA와 BB를 나란히 놓았다. 따라서 AA의 끝과 BB의 끝이 나란히 있는 것이 아니라 AA의 양끝과 BB의 양끝이 나란히 있게 되었다.

"양끝을 오른쪽 소매 안에 넣을 거야. 로버트, 소매에 테이프를 넣고 끌어내려주겠니?

양끝을 오른쪽 소매에 넣고 밑으로 쭉 내린다. **그림 11**은 소매 안에 테이프를 넣는 모습이다. 오른손으로 왼손을 가리고 오른손으로 이음매 부분을 잡는다. 오른손으로 가리고 있으므로 관객은 두 개의 리본테이프가 이어져 있음을 눈치 채지 못한다.

"그리고 이 두 끝은 왼쪽 소매에 넣자. 로버트, 이것도 넣어줄래?"

그림 12

반대쪽 양끝을 왼쪽 소매에 집어넣는다. **그림 12**는 소매 안에 테이프를 넣는 모습이다.

지금까지의 과정은 그림을 보고 잘 이해할 수 있다.

아이가 들고 있는 겉옷의 칼라 부분을 잡아서 왼손으로 가져온다. 관객에게 뒤쪽을 보여준 후 손에서 테이프를 놓는다. 관객에게는 옷이 두 개의 리본테이프에 안전하게 걸린 것처럼 보인다.

"로버트, 존의 옷이 확실히 걸려 있지? 이제 테이블에 올려놓고 꽉 묶어야겠다."

옷의 앞부분이 밑으로 가도록 테이블에 올려놓는다. **그림 13**처럼 네 끝을 잡아서 싱글 매듭으로 묶는다. 양쪽 소매 단이 하나로 연결된다.

그림 13

그림 14

"이런… 옷이 좀 구겨졌네요. 리본테이프를 묶다 보니 어쩔 수 없었습니다. 존, 미안해서 어쩌지? 빌린 옷을 이렇게 구겨서 미안하다. 그래, 이해해줘서 고맙구나. 로버트, 존한테 반지를 주고 너도 하나 갖고 있어라. 너희 둘 다 리본테이프에 반지를 끼워서 누구 반지가 더 빨리 내려가는지 시합해보자. 그냥 리본테이프에 끼우고 미끄러뜨리면 돼. 반지가 매듭에 먼저 도착하는 사람이 이기는 거다."

아이들이 리본테이프에 반지를 끼우고 아래로 떨어뜨린다(**그림 14**).

"자, 이제 매듭을 한번 더 묶을 거야. 로버트, 이번엔 네 옷을 빌려야겠다. 주머니에 깨질 만한 물건이 들어 있나 확인해볼래?"

아이에게 옷을 받아 들고 말한다.

"어젯밤에도 이 마술을 시연하고 있었습니다. 그런데 글쎄, 옷에 끈적끈적한 물약이 들어 있지 뭡니까. 약이 다 쏟아져서 한바탕 난리가 났었죠. 아마 아이가 약 먹기 싫어서 주머니에 숨겨놨었나 봅니다."

앞에서처럼 두 번째 옷도 리본테이프에 매단다. 두 끝을 왼쪽 소매에 집어넣고 또다른 두 끝을 오른쪽 소매에 집어넣는다.

"자, 두 번째 옷도 리본테이프에 걸렸습니다. 존, 네가 여기 두 끝을 잡아라."

존을 오른편에 세우고 소매에서 빠져나온 리본테이프를 준다.

"로버트는 이쪽 끝을 잡으렴."

로버트를 왼편에 서게 한 후 다른 쪽 소매에서 빠져나온 리본테이프를 잡으라고 한다. 마술사와 옷이 관객들에게 잘 보이도록 아이들이 약간 떨어져서 서야 한다. 존을 보면서 말한다.

"존, 한쪽 끝을 이리 주렴. 아무 쪽이나 괜찮아."

존에게서 한쪽 끝을 받아든다.

"로버트, 너도 둘 중 한쪽 끝을 주렴."

로버트에게도 한쪽 끝을 받아든다. **그림 15**처럼 아이들에게 각각 하나씩 받아든 두 끝으로 싱글 매듭을 만든다. 자, 지금까지의 과정을 한번 정리해보자. 두 리본테이프에 첫 번째 옷을 걸고 싱글 매듭을 묶은 후 반지 두 개를 매달고 또다시 매듭을 묶었다. 그리고 두 번째 옷을 걸고 세 번째 매듭을 묶었다.

그림 15

"매듭을 한번 더 묶겠습니다. 여러분 모두에게 매듭이 잘 보이도록 둘 겁니다. 로버트, 네 옷도 좀 구겨질 거야. 그래도 괜찮겠니? 그래, 고맙다. 로버트, 다시 한쪽 끝을 잡아라."

로버트에게 한쪽 끝을 준다.

"존, 이쪽 끝도 같이 잡으렴."

다른 쪽 끝은 존에게 준다.

마지막 싱글 매듭을 묶는 이유는 끝을 바꿔치기하기 위함이다. 즉 로버트에게는 존이 들고 있던 끝을 주고 존에게는 로버트가 들고 있던 끝을 주기 위해서이다.

이제 아이들은 전처럼 AA와 BB가 아니라 A와 B를 잡고 있다.

"자, 이제 여러분의 관찰력을 한번 시험해보겠습니다. 옷하고 반지 중에 무엇을 먼저 줄에 끼웠죠?"

이렇게 말하면서 아래에 있는 존의 옷에 손을 넣어 두 리본테이프를 연결하고 있는 핀을 빼낸다. 그리고 당신의 코트 왼쪽 소매에 꽂고 존의 옷으로 가린다.

"반지요? 반지라고 하셨습니까? 주로 여성분들이 반지라고 하시는 것 같군요. 당연히 여성분들이 반지에 디 관심이 많으시겠죠. 웃을 일이 아니야, 로버트. 너도 크면 다 알게 될 거야. 여자들은 액세서리를 좋아하거든. 제일 처음에 존의 옷을 건 다음 반지를 걸고 마지막으로 로버트의 옷을 걸었죠? 존의 옷을 제일 먼저 걸었으니까 제일 먼저 빼내겠습니다.

너희들 리본테이프 잘 잡고 있지? 걱정하지 마라. 너희들 옷은 무사히 빠져나올 거야. 하나, 둘, 셋! 옷이 나왔습니다."

리본테이프에서 옷을 뺀다. 물론 이것은 매우 쉽게 할 수 있다. 테이블에 놓인 옷을 들어 왼손으로는 여러 개의 끈을 잡고 오른손으로 존의 옷을 잡는다. 아래쪽 옷을 빼낸 후 존에게 주고 팔에 걸고 있으라고 한다.

"혹시 찢어진 곳은 없는지, 바느질 한 곳은 없는지 한번 잘 살펴봐. 아무 이상도 없지? 자, 이제 반지를 뺄 차례입니다. 로버트, 네가 아까 들고 있던 반지를 알아볼 수 있겠니? 아마 모를 거야. 하지만 아까 반지를 잘 살펴보라고 했으니까 다시 보면 기억날지도 몰라. 자, 반지 여기 있다. 아마 네 반지가 맞을 거야. 가운데에 구멍이 있잖아. 존, 그럼 이건 네 반지겠구나."

원한다면 반지를 빼면서 옷을 테이블에 떨어뜨려도 된다. 옷 아래에 있는 리본테이프의 끝이 관객에게 보이지 않도록 조심한다. 반지를 꺼내 아이들에게 하나씩 주고 잘 살펴보라고 한다.

이 부분에서 각별히 주의를 기울여야 한다. 아이들이 갑자기 줄을 잡아당기면 마술이 너무 갑작스럽게 끝나버릴 수 있다. 이러한 사태를 막으려면 반지를 빼고 모든 매듭을 푼 다음 왼손 집게손가락이나 가운뎃손가락을 하나의 고리에 넣고 왼손 엄지손가락은 다른 고리에 넣어서 함께 꽉 잡아야 한다(**그림 16**). 아이들이 줄을 너무 느슨하게 잡았다면 약간 더 팽팽하게 잡으라고 한다.

그림 16

"로버트의 옷이 아직 걸려 있습니다. 자, 내가 셋을 세면 너희 둘 다 리본테이프를 세게 잡아당겨야 한다. 셋을 세기 전에는 절대로 당기면 안 돼. 잘 알겠지? 그 전에 당기면 등판 전체가 망가질지도 몰라. 그러면 옷 주인인 로버트가 싫어하겠지? 자, 준비됐니? 가운데 있는 매듭이 잘 보이지? 자, 하나, 둘…"

둘까지 세고 잠깐 멈춘다. 하지만 아이들은 당신이 마저 셋을 세리라고 생각하고 당겨버릴지도 모른다.

"아직 셋을 세지 않았습니다. 하지만 아이들이 벌써 살짝 당긴 모양입니다. 혹시 옷이 망가지지는 않았는지 모르겠습니다. 아, 그냥 바느질 자국이군요. 매듭은 그대로 있고 아이들도 리본테이프를 잘 잡고 있습니다. 그럼 다시 세겠습니다. 하나, 둘, 셋!"

그림 17은 이 부분의 이펙트를 나타낸다. 당신은 오른손으로 옷을 잡고 있다(왼손으로는 코트 뒤에서 두 리본테이프의 고리를 잡고 있다). 소매 사이에 걸린 리본테이프에 매듭이 있고 아이들은 양쪽에서 각각 AB와 AB를 잡고 있다.

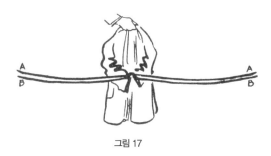

그림 17

"셋!" 하는 소리에 아이들이 잡아당기고 당신도 리본테이프를 놓는다. 이렇게 하면 옷이 떨어져 당신의 오른손에 매달리게 된다. 그리고 두 개의 리본테이프가 아이들 사이에서 팽팽하게 펼쳐져 있다(**그림 18**).

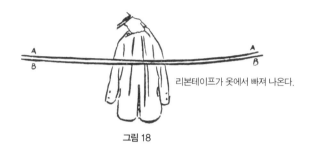

리본테이프가 옷에서 빠져 나온다.

그림 18

"매듭이 사라지고 옷이 리본테이프에서 빠져나왔습니다. 보시다시피 아이들은 이렇게 서 있고요. 로버트, 네 옷이다. 이런, 바느질 부분이 좀 터졌구나. 수리수리 마수리~ 자, 이제 괜찮을 거다."

아이들에게서 리본테이프를 가져온다. 무대에서 시연하는 것이라면 아이들과 악수한 후 관객석으로 돌려보낸다. 팔러 마술이라면 그 과정이 필요 없다.

"수고했다 얘들아. 너희들 나중에 결혼하면 집안일 많이 도와줘야 한다. 특히 빨래는 많이 도와줄 수 있을 거야. 빨래집게 없이도 빨래를 널 수 있을 테니까 말이야. 빨랫줄에 옷을 걸고 수리수리 마수리 주문을 외우면 저절로 떨어지니까!"

무대를 떠나기 전에 조끼 가장자리에 핀을 다시 꽂는다.

★ 참고
아이들이 아니라 성인 관객이 도우미로 나서는 경우에는 상황에 맞게 대사를 바꾼다.

옷과 로프, 링 마술
Coat, Ropes and Rings

이것은 앞에서 설명한 이펙트를 약간 변형한 방식이다. 똑같은 원리를 바탕으로 하지만 여러 개의 링과 로프 두 개, 옷 하나가 사용된다는 점이 다르다. 이렇게 두 가지 방식을 가르쳐주는 이유는 두 가지 모두 익혀서 상황에 맞게 골라 활용하라는 뜻이다.

★ 이펙트
남성 관객 두 명을 무대로 부른다. 그들에게 링 여섯 개를 주고 약 5.5m 길이의 로프 두 줄에 걸라고 한다. 그리고 마술사는 로프 가운데에 매듭을 한번 묶어 링을 고정시킨다. 한 관객이 벗은 겉옷의 소매에 로프를 집어넣어 옷을 매단다. 그런 다음 옷과 링을 의자 뒤에 걸어놓는다. 옷 밖으로 빠져나온 로프를 한번 더 묶는다. 관객 두 명에게 로프 양끝을 잘 잡으라고 한다. 관객들이 로프를 당기자 신기하게도 링 여섯 개와 옷이 로프에서 떨어지고 로프는 팽팽하게 펼쳐진다.

★ 준비물
1. 약 5.5m의 흰색 빨랫줄 두 개
2. 흰색 실 약간
3. 나무로 된 커튼 링 여섯 개
4. 등받이가 똑바른 의자. 식탁의자면 된다.
5. 빌린 모자

★ 해법과 대사
준비
로프는 양끝을 한데 모아서 준비해 놓는다. 흰색 실로 로프 가운데를 두 번 묶는다.

풀어지지 않도록 잘 묶어야 한다(**그림 19A**).

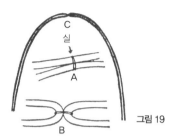

그림 19

앞에서 리본테이프로 한 방식과 똑같이 밧줄 뒷면이 포개지도록 접는다. 즉 **그림 19B**와 **그림 19C**처럼 로프 두 줄을 나란히 놓고 가운데를 실로 묶은 후 같은 로프의 양끝이 서로 만나도록 접는 것이다. 나중에 이음매와 한 세트의 끝에 쉽게 손이 닿을 수 있도록 밧줄을 잘 감아놓는다. 이렇게 밧줄과 반지를 준비해서 테이블에 놓으면 준비가 끝난다.

시연
여섯 개의 링을 집어 보여준다.

"지금부터 인도의 아주 신기한 마술을 보여드리겠습니다. 저를 도와주실 두 분이 필요합니다."

관객 두 명이 무대로 올라온다. 서로 모르는 사람일 경우 악수를 나누게 하여 긴장된 분위기를 누그러뜨린다. 한 명은 오른쪽에 다른 한 명은 왼쪽에 세운다. 모두 약간 앞쪽으로 서야 한다. 편의상 왼쪽에 선 관객은 L, 오른쪽에 선 관객은 R이라고 칭하겠다.

"링 여섯 개가 있습니다. 단단하게 만들어진 평범한 링이죠. 정말 그런지 한번 살펴보시겠습니까?"

R에게 링을 준다.
그런 다음 테이블에서 로프를 가져온다. 왼손으로 로프의 이음매를 잡아서 실이 보이지 않도록 가린다. 이렇게 로프 가운데를 잡고 오른손으로 네 개의 끝부분을 펼쳐서 평범한 밧줄임을 보여준다.

"보시다시피 평범한 로프입니다. 링 여섯 개를 이쪽 끝에 걸어주시겠습니까?"

오른손으로 오른쪽 두 끝을 들어 R에게 준다.

"두 분 다 두 끝을 잘 잡으세요. 놓치지 않도록 조심하세요."

그림 20처럼 왼손에 링을 대고 위로 움직인다. 양손으로 가린 채 이음매가 링의 가운데에 올 때까지 움직인다. 이음매가 링에 완전히 가려져 보이지 않아야 한다.

그림 20   그림 21

"자, 이제 로프를 들어 올리세요. 링 위에 매듭을 묶겠습니다."

링 위에 매듭을 묶고 로프 끝을 바닥으로 떨어뜨린다. **그림 21**은 매듭을 묶은 모습이다.

"자, 매듭으로 링을 묶었습니다. (왼쪽에 선 관객에게) 죄송하지만 겉옷을 벗어주시겠습니까? 제 옷을 벗고 싶지만 옷에 뭔가 장치를 해놓았다고 의심하실까 봐 안 되겠군요."

L이 겉옷을 벗는다. 벗기 전에 주머니에서 소지품을 꺼내 바지에 넣는다면 이렇게 말한다.

"센스가 넘치시네요. 깨지거나 내용물이 쏟아질 염려가 없는 물건은 그냥 주머니에 두셔도 됩니다. 옷 앞쪽이 저를 향하도록 드세요. 제가 소매에 로프를 넣겠습니다. (R에게) 로프를 당겨주세요."

옷 안에 로프 양끝을 넣는다. R이 오른쪽 소매 밖으로 로프를 잡아당긴다.

"끝을 꽉 잡고 계세요. 이 로프는 왼쪽 소매에 넣도록 하겠습니다. (L에게) 로프를 소매 밖으로 잡아당겨주세요."

로프를 왼쪽 소매에 넣자 L이 밖으로 잡아당긴다.

"선생님께서도 끝을 꽉 잡고 계세요. 자, 이제 옷과 링을 의자에 걸어두겠습니다. 로프에 링을 묶어놓은 모습이 잘 보이실 겁니다. 보시다시피 로프를 소매 안에 넣은 상태입니다."

옷을 의자에 걸어놓는다. 옷에 걸린 밧줄에 묶인 링의 모습을 관객에게 보여준다. **그림 22**는 의자에 걸린 옷의 모습이다.

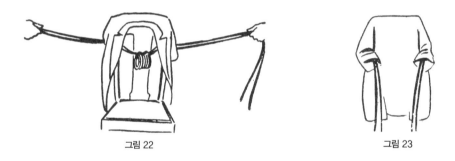

그림 22   그림 23

반드시 의자 등받이가 관객을 향해야 한다. **그림 23**처럼 관객에게는 옷의 등판이 보인다.

"두 분 모두 들고 계신 두 끝 중 하나를 저에게 주세요. 어느 쪽이든 괜찮습니다. 아무 쪽이나 주세요."

R과 L이 각각 한쪽 끝을 준다.

"이제 옷 바깥에 매듭을 하나 더 묶겠습니다. 그러면 옷이 더 확실하게 고정되겠죠."

로프의 두 끝을 묶는다. 이렇게 하면 L이 준 끝이 오른쪽으로 가고 R이 준 끝은 왼쪽으로 가게 된다(**그림 24**).

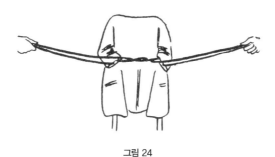

그림 24

"자, 다시 끝을 잡아주세요."

관객에게는 단지 옷을 좀더 단단히 고정하기 위해서 한번 더 매듭을 묶은 것처럼 보인다. 하지만 사실 그것은 L이 들고 있던 끝이 R이 들고 있던 끝의 위로 가게 하고 R이 들고 있던 끝이 L이 들고 있던 끝의 위로 가게 만들기 위한 동작이다.

"자, 이제 로프를 놓치시면 안 됩니다. 지금은 잠깐만 느슨하게 잡고 계세요. 제가 말하기 전까지는 세게 당기지 마세요. 두 분 모두 옷과 링이 로프에 꽉 묶여 있다고 확신하십니까? 네, 좋습니다."

양손으로 가린 채 옷 안에 손을 넣는다. 로프 고리를 갈라놓으면 실이 끊어진다. 링이 떨어지지 않도록 조심한다. 매듭을 풀고 로프 고리에 왼손 엄지손가락과 집게손가락을 넣어 로프가 옷에서 너무 일찍 떨어지지 않도록 잡는다. **그림 25**는 손가락의 위치를 나타낸다.

그림 25

"그나저나 두 분 결혼하셨나요? 혹시 밤에 부인들이 문을 잠가서 밖에 나가지 못하신 적 있나요? 그렇다면 제가 비법을 하나 알려드리겠습니다. 열쇠 없이 문밖으로 나갈 수 있는 방법을 알려드리죠. 이렇게 하면 지붕도 건널 수 있죠. 자, 잘 보세요. 아까 링 여섯 개를 잘 묶어놓았죠? 하지만 이제 어떻게 되는지 잘 보십시오. 하나, 둘, 셋, 넷, 다섯, 여섯! 자, 모두 감쪽같이 밖으로 나왔습니다!'

이렇게 말하면서 왼손으로 링을 하나씩 들어 오른손으로 옮긴다. 왼손 가운뎃손가락과 넷째 손가락, 새끼손가락으로 링을 잡고 오른손으로 쉽게 옮길 수 있다.

"링을 확인해주시겠습니까? 모두 멀쩡한가요? 혹시 흠이라도 생기지 않았나요?"

오른손으로 R에게 반지를 준다. 이때 왼손으로는 계속 로프 고리를 꼭 잡고 있어야 한다.

"자, 이제 로프에 옷만 남았습니다. 매듭을 잘 보세요. 제가 셋까지 세면 로프를 세게 잡아 당기세요. 하나, 둘, 셋!"

셋을 외치는 동시에 당신은 로프를 놓는다. 관객들은 당긴다. 그러자 옷이 감쪽같이 로프에서 빠져나오고 로프는 팽팽하게 펼쳐진다. **그림 26**처럼 의자에는 옷만 남는다.

로프가 빠져나온다.

그림 26

"보셨죠? 우리들의 도움으로 링이 탈출했습니다. 옷에는 아무 이상이 없습니까?"

L에게 옷을 주고 로프를 가져온다.

"자, 이제 어떻게 하는지 아셨죠? 밤에 문이 닫혀 있거나 밧줄에 몸이 꽁꽁 묶여 있어도 마음대로 빠져나갈 수 있겠죠?"

죄수 탈출 또는 로프에 매달리기
The Prisoner's Escape or Hanging oneself with Ropes

★ 이펙트
마술사가 각각 약 1.8m 길이의 로프 두 개를 보여준다. 그리고 목에 로프를 걸고 묶는다. 로프를 홱 잡아당기자 로프가 감쪽같이 목에서 빠져나온다. 하지만 로프의 매듭 고리는 그대로 있다.

★ 준비물
약 1.8m 길이의 로프 두 개. 부드러운 흰색 빨랫줄이 좋다.

★ 해법과 대사
시연

로프 두 개를 꺼낸다.

"옛날에 어떤 마술사가 낯선 나라에 갔습니다. 주변엔 온통 낯선 사람들뿐이었죠. 세계 각지를 떠돌아다니다 그곳에 이르게 된 것이었습니다. 알고 보니 그곳 사람들은 사람을 잡아먹는 식인종이었습니다. 그들은 마술사를 잡아서 가둬버렸죠. 마술사는 졸지에 죄수 신세가 되어버렸습니다. 사람들이 마술사를 왕에게 끌고 갔습니다. 그 옆에는 보기만 해도 무시무시한 사형집행관이 있었습니다. 사형집행관은 이런 로프 두 개를 들고 있었죠."

양쪽으로 로프를 당겨 튼튼하고 평범한 로프라는 사실을 보여준다.

오른손 손바닥에 로프 가운데를 걸쳐놓는다. 로프 끝부분은 아래로 떨어진다. 로프 하나(A)를 왼손으로 넘긴다.

이제 특별한 방식을 이용해서 왼손의 로프를 잡아야 한다. 아래 그림을 주의 깊게 살펴보자. 왼손 손등이 관객을 향하도록 든 상태에서 로프 가운데를 왼손 집게손가락 위에 걸쳐놓는다. **그림 27**처럼 가운뎃손가락은 밧줄 앞에 놓고 넷째 손가락과 새끼손가락은 뒤에 놓는다.

| 그림 27 | 그림 28 | 그림 29 |

이제 두 번째 로프 B를 왼손 집게손가락 위에 걸쳐놓는다. 이때 네 손가락이 밧줄 사이에 놓이도록 놓으면 된다. 따라서 밧줄의 위치는 **그림 28**처럼 된다.

이렇게 자연스럽게 왼손에 로프 두 개를 놓을 수 있을 때까지 연습해야 한다.

"황소 가죽 아니면 나무껍질 아니면 질긴 풀로 만든 로프였죠."

왼손에 놓인 로프의 위치를 주의 깊게 살핀다. **그림 29**를 보고 손가락의 정확한 위치를 익힌다.

오른손 넷째 손가락과 새끼손가락을 A2와 B2 사이에 넣고 A1과 A2를 약간 올린다. 이 모습이 관객에게 보이지 않도록 오른손 집게손가락과 가운뎃손가락을 계속 왼손 앞에 두어야 한다(**그림 30**).

오른손 넷째 손가락과 새끼손가락은 곧바로 손바닥에 갖다 대고 로프 A를 안전하게 잡는다. 왼손 엄지손가락과 새끼손가락은 로프 B를 꽉 잡는다(**그림 31**).

그림 30   그림 31   그림 32   그림 33

왼손 가운뎃손가락을 로프 A 고리에서 꺼내 로프 B 앞쪽을 잡는다. 오른손 엄지손가락으로 로프 A의 고리를 누르고 고리 A를 잡아당겨 로프 B의 고리 위로 오게 한다. 그리고 **그림 32**처럼 오른손 엄지손가락과 집게손가락 사이로 꽉 잡는다. 이 동작이 관객에게 보이지 않도록 오른손 나머지 손가락은 왼손 앞쪽으로 오므린다.

왼손을 로프 B를 따라 이음매에서 약 30cm 정도 떨어진 지점까지 움직인다.

이러한 일련의 움직임이 하나의 동작으로 매끄럽게 이어질 수 있도록 연습해야 한다. 이 동작은 가짜 이음매를 만드는 동작으로써 순식간에 이루어져야 한다. **그림 33**은 연결된 로프의 모습이다. 손가락으로 가린 채 재빨리 움직이면 관객은 당신이 로프를 교묘히 조작하고 있다고 생각하지 못할 것이다. 팔을 살짝 흔들어 동작을 가릴 수도 있다.

이렇게 이음매를 만든 후 오른손 엄지손가락과 집게손가락 사이로 잡는다. 오른손 손등이 관객을 향하도록 로프를 들면 관객은 단지 당신이 로프 두 개의 가운데를 잡았다고 생각한다. 이것은 **그림 34**를 보면 잘 알 수 있다.

그림 34

물론 가짜 이음매를 만드는 동작은 이 마술에 꼭 필요한 기본적인 기술이다. 관객의 눈에 띄지 않고 재빨리 이음매를 만드는 것이 이 마술의 성공을 좌우한다. 따라서 완벽하게 마스터할 때까지 거울 앞에서 연습해야 한다.

"사형집행관은 마술사의 목에 로프를 감았습니다."

오른손을 뒤로 가져가 **그림 35**의 첫 번째 그림처럼 목과 칼라 사이에 로프 이음매를 밀어 넣는다. 이때 고리 A가 B 위에 겹치지 않도록 살짝 벌린다(**그림 35의 두 번째 그림**). 이렇게 하면 나중에 목에서 로프를 손쉽게 떼어낼 수 있다. 나는 고리 하나를 다른 고리 쪽으로 구부리고 목과 칼라 사이로 꽉 잡고 로프 끝을 잡아당겨 로프가 안전하게 걸려 있음을 보여준다. 그런 다음 다시 목 뒤로 손을 가져가 고리를 느슨하게 푼다. 목과 칼라 사이가 충분히 압착되어 있으므로 로프가 제자리에 잘 있다.

| 그림 35 | 그림 36 | 그림 37 |

이제 로프가 목에 걸려 있다. **그림 36**처럼 로프 하나의 양끝이 오른쪽 어깨에 있고 나머지 양끝은 왼쪽 어깨에 있으며 이음매는 목 뒤에 있다. 물론 관객은 로프 두 개가 모두 당신의 목에 걸려 있다고 생각한다.

"그리고 로프를 여러 번 묶었습니다."

로프의 네 쪽 끝을 함께 두세 번 묶는다. 목에 너무 바짝 묶지 않는다(**그림 37**).

"그래서 마술사는 어떻게 됐을까요? 마술사는 사형집행관이 자신의 목에 로프를 감는 것을 보고 이제 꼼짝없이 죽겠구나 하고 생각했습니다. 그래서 밧줄을 빼려고 했지만 너무 꽉 묶여서 빠지지 않았습니다."

로프가 목에 단단히 묶여 있음을 보여준다. 그리고 오른손 엄지손가락을 밧줄 A와 A 사이와 B와 B 사이에 놓는다. 집게손가락과 가운뎃손가락을 구부려 위쪽에 있는 A와 B를 잘 잡는다.

그림 38

왼손 집게손가락과 가운뎃손가락은 똑같은 로프 사이에 집어넣고 오른손 아래에 놓는다. 그리고 **그림 38**처럼 그 두 손가락으로 아래쪽에 있는 로프 A와 B를 꽉 잡는다.

로프 고리가 목에서 어느 정도 떨어져 있어야 이 동작이 자연스럽게 이루어질 수 있다.

"아무래도 살기 위해서는 마술의 힘을 사용해야만 했죠. 마술사는 왕을 향해 큰 소리로 외쳤습니다. 아무도 알아들을 수 없는 이상한 주문을 외웠죠. 그리고 나서 로프를 확 잡아당겼습니다."

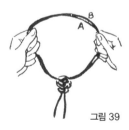

그림 39

로프를 잡아당기는 동시에 두 로프를 고리 안으로 펼친다(**그림 39**). 로프가 고리 모양 그대로 목에서 빠져나오는 것처럼 보인다. 관객은 매듭이 풀어지지 않은 채 로프가 목에서 빠져나온 모습을 보고 깜짝 놀란다.

"그러자 로프가 목에서 풀어졌습니다. 매듭은 그대로였죠. 매듭이 풀리자마자 왕은 갑자기 쓰러져 죽었고 마술사가 왕이 되어 왕국을 잘 다스렸습니다."

★ 주의
다른 로프 마술과 함께 선보일 때는 원한다면 대사를 아예 빼도 된다.

매직 오렌지
The Magic Orange

이것은 규모는 작지만 매우 신기한 이펙트이다. 존 멀홀랜드(John Mulholland)와 밀턴 스미스(Milton Smith)가 선보인 마술과 비슷하다. 물론 앞에서 소개한 세 가지 이펙트와 똑같은 원리로 이루어진다. 매끄러운 동작과 재미있는 스토리가 함께 어우러져 팔러와 클럽, 스테이지에서 모두 멋지게 선보일 수 있다.

★ 이펙트
오렌지 중앙에 구멍을 뚫어 약 1.2m 길이의 리본테이프 두 개에 매단다. 그리고 테이프를 묶은 후 관객 두 명에게 양끝을 들라고 한다. 마술사가 지시를 내리자 오렌지가 끈에서 빠져나와 손으로 떨어진다. 관객들은 팽팽한 리본테이프를 붙잡고 있고 오렌지는 상처 하나 없이 원래의 멀쩡한 상태로 돌아온다.

★ 준비물
1. 길이 1.2m, 너비 0.6~1cm의 리본테이프 두 개
2. 끈에 오렌지를 끼우는 데 필요한 대바늘

3. 오렌지나 사과

★ 해법과 대사

준비

그림 40의 첫 번째 그림처럼 리본테이프 하나를 펼치고 그 위에 나머지 테이프를 올려놓는다. 그리고 가운데를 실로 묶는다. 위쪽에 있는 리본테이프를 뒤로 접고 아래쪽에 있는 리본테이프도 뒤로 접는다. (앞에서 한 방식과 똑같음) 이렇게 하면 끝부분에 AB와 AB가 나란히 있는 것이 아니라 AA와 BB가 각각 나란히 있게 된다(**그림 40의 두 번째 그림**).

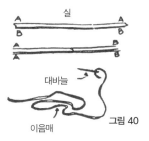

그림 40

최소한 10cm 길이의 바늘에 BB를 끼운다. 리본테이프를 테이블에 한 무더기처럼 보이도록 올려놓는다. 이음매 부분을 관객 쪽에서 멀리 떨어진 곳에 놓아야 한다(**그림 40의 세 번째 그림**).

오렌지 중앙에 지름 약 0.6cm 정도의 구멍을 뚫는다. 뾰족한 연필이나 대못을 사용하면 된다.

시연

오렌지를 가져온다.

"혹시 이런 이야기 들어보셨나요? 마법의 오렌지에 대한 전설입니다. 아주 먼 옛날에 어떤 왕이 살았습니다. 왕은 해마다 성대한 축제를 열었죠. 전국 각지의 농부들이 축제에 쓰일 각종 과일을 가지고 왔습니다. 왕이 그중에서 가장 훌륭한 과일을 뽑았죠. 한 해에는 전국에서 가장 훌륭한 오렌지를 뽑기로 했습니다."

관객에게 오렌지를 살펴보라고 준다.

"이 오렌지를 사용해야겠군요. 뾰족한 연필로 가운데에 구멍을 뚫어놓았습니다. 잘 보이시죠? 이렇게 구멍을 뚫은 이유는 최고의 과일 선발 대회에 출품하려면 과일에 리본을 달아야 하기 때문입니다. 리본을 달아서 걸어놓으면 굳이 만지지 않고도 심사할 수 있으니까요."

다시 관객에게서 오렌지를 가져온다. **그림 41**처럼 오렌지 구멍에 대바늘을 넣어 리본테이프에 오렌지를 매단다. 대바늘이 없으면 뾰족한 연필이나 대못을 이용해서 리본테이프를 구멍에 집어넣는다.

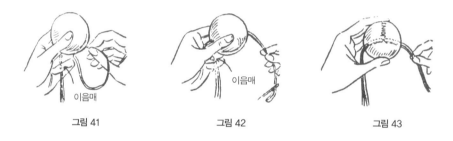

그림 41   그림 42   그림 43

테이블에서 리본테이프를 가져올 때 왼손으로 이음매를 가려야 한다. **그림 42**는 손의 올바른 위치를 나타낸다.

그림 43처럼 이음매가 오렌지 중앙으로 오도록 오른손으로 리본테이프를 당긴다.

나는 오렌지를 매달 때 두 가지 방식을 사용한다. 첫째는 왼손으로 이음매를 가린 채 리본테이프를 오렌지에 넣으면서 관객 쪽으로 떨어뜨린다. 또 다른 방법은 왼손에 든 오렌지를 테이블로 가져가서 이음매를 테이블에 남겨둔 채 오른손으로 대바늘을 집어넣는 것이다. 그런 다음 왼손으로 이음매를 잡고 오른손으로 리본테이프를 잡아당겨 이음매가 오렌지 중앙에 오도록 한다. 리본테이프 앞쪽에서 오렌지를 잡으면 왼손으로 가리지 않아도 이음매가 보이지 않는다.

거울 앞에서 시야의 각도를 주의 깊게 연구한다.

리본테이프에서 대바늘을 뺀다.

"이렇게 오렌지를 끼우고 들겠습니다. 모두들 잘 보이시죠? 만에 하나를 위해 오렌지 옆에 매듭을 한번 묶겠습니다."

A의 한쪽 끝과 B의 한쪽 끝을 잡고 매듭을 묶어서 둘의 방향을 바꾼다. 따라서 **그림 44**처럼 이제 왼손에는 AA대신 AB가 놓이고 오른손에는 BB대신 AB가 놓이게 된다. 이렇게 하는 이유는 옷과 리본테이프, 링 마술에서 설명했다.

이제 오렌지를 높이 든다.

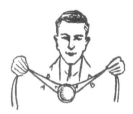

그림 44

"제 오렌지가 최고로 훌륭한 오렌지에 뽑혔습니다. 그런데 어떤 사람이 마구 항의를 했습니다. "이 사람은 과수원 주인이 아닙니다. 이 오렌지는 훔친 게 분명합니다. 우리 과수원에서 훔쳐서 출품한 게 분명합니다." 그러자 다른 농부들도 그 사람 편을 들었습니다. 그런데 사실 왕은 대마법사였습니다. 왕은 마법으로 오렌지 주인을 찾기로 하고 오렌지에 부적을 붙였죠."

조수 혹은 관객에게 다음과 같이 부탁한다.

"지금부터 저를 도와주실 두 분이 필요합니다. 진짜 오렌지 주인을 찾아야 하니까요. 네, 고맙습니다. 무대로 올라오세요. (관객 1에게) 두 끝을 잘 잡고 계세요. (관객 2에게) 역시 두 끝을 잘 잡으세요. 꽉 잡으세요. 떨어뜨리면 안 됩니다."

두 관객에게 각각 리본테이프를 잡으라고 한다. 오렌지는 두 관객이 든 리본테이프 사이에 걸려 있다. 당신은 오렌지 뒤에 선다.

"왕은 오렌지에서 리본을 떼어낼 수 있는 사람이 진짜 주인이라고 말했습니다. 진짜 주인이 만지면 리본이 손으로 저절로 떨어진다는 것이었죠. 농부들이 한 명씩 차례로 오렌지를 만졌지만 리본은 그대로 있었습니다. 이제 한 젊은이 차례가 되었습니다. 그 젊은이가 바로 오렌지를 도둑맞은 농장의 주인이었죠. 젊은이가 오렌지를 만졌습니다."

오렌지 아래에서 30cm 떨어진 곳에 오른손을 놓는다(**그림 45**).

그림 45   그림 46

"자, 세게 잡아당기세요."

관객들이 양쪽에서 세게 당기면 두 리본테이프를 묶은 실이 끊어진다. 그리고 오렌지가 미리 아래에서 대기하고 있는 당신의 오른손으로 떨어진다. 또한 **그림 46**처럼 리본테이프는 두 관객 사이에 팽팽하게 펴진다.

"왕이 한 말이 맞았습니다. 신기하게도 오렌지가 주인의 손으로 떨어졌습니다."

관객에게서 리본테이프를 건네받고 인사한다. 관객들이 자리로 돌아간다.

"자, 잘 보셨죠? 사소한 오렌지 하나지만 절대 거짓말을 하면 안 된다는 사실을 다시 한번 배웠습니다."

끈 통과하기
Walking Through Tapes

이것은 이중 로프 마술의 원리와 쇼맨십을 조화시켜서 관객을 깜짝 놀라게 만드는 마술이다.

★ 이펙트

두 개의 긴 리본테이프를 보여주고 관객의 겉옷 안에 넣는다. 관객 1의 앞에 리본테이프 하나를 묶어서 더 단단하게 고정시킨다. 관객 2, 3에게 리본테이프를 붙잡으라고 한다. 한 명은 왼쪽에 서고 다른 한 명은 리본테이프에 묶인 사람의 오른쪽에 서라고 한다. 리본테이프에 묶인 관객 1이 뒤로 걸어가자 뒤쪽에 있던 리본테이프가 앞쪽에 펼쳐져 있다. 관객이 리본테이프를 통과해서 걸어간 것이다.

★ 준비물

약 3m 길이의 리본테이프 두 개

준비

"매직 오렌지"에서처럼 실로 리본테이프 가운데를 묶는다. 각각의 리본테이프를 나란히 접어서 가짜 이음매를 만든다. 이음매가 관객에게 보이지 않도록 하여 테이블이나 서류가방에 넣어둔다.

★ 해법과 대사
시연

왼손으로 이음매를 가리고 리본테이프를 잡는다. 끝이 바닥으로 떨어지도록 든다. 관객에게는 아무 이상 없는 리본테이프 두 개를 들고 있는 것처럼 보인다.

관객 세 명을 무대로 부른다. 그중 인상이 가장 좋은 사람에게 이렇게 말한다.

"혹시 걷기 좋아하세요? 아니면 차로 움직이는 것이 더 좋으세요? 아마 걷기를 싫어하시는 분들 많으실 겁니다. 제가 이 질문을 하는 이유는 지금부터 보여드릴 마술이 걷기 마술이거든요. 걷기 마술이라니 좀 이상하게 느껴지시죠? 루스벨트 대통령한테서 아이디어를 얻었죠. 앞을 향해 서시면 제가 리본테이프 두 개를 뒤쪽으로 통과시킬 겁니다."

나머지 관객 두 명은 각각 왼쪽과 오른쪽에 서야 한다. 당신이 관객을 향해 섰을 때 무대 왼편이 당신의 왼쪽으로 와야 한다.

'걷기' 도우미가 될 관객 1의 오른편에 서서 겉옷 뒤쪽 안으로 손을 집어넣고 오른손을 내밀어 리본테이프를 잡는다.

걷기 도우미의 왼편에 있는 관객에게 말한다.

"두 끝을 꼭 잡아주시겠습니까?"

오른손에 있는 두 끝을 준다.

오른편에 있는 관객에게도 말한다.

"선생님께서는 이것을 잡으세요."

왼손에 있는 가짜 이음매를 놓고 리본테이프를 따라 손을 내린다. 이렇게 하면 도우미 관객에게 두 끝을 쉽게 건네줄 수 있다.

그림 47을 참고해서 리본테이프의 위치를 자세히 살펴본다.

그림 47

관객 2, 3은 리본테이프를 느슨하게 잡고 있지만 곧 세게 당겨야 하므로 적당히 떨어져 서야 한다. 줄 가운데에 서 있는 도우미 관객의 모습이 모두에게 잘 보여야 한다.

"자, 두 분이 리본테이프를 잡고 있습니다. 두 분 모두 잡고 계신 두 끝 중에서 하나만 저에게 주세요. 아무 것이나 괜찮습니다. 그것으로 이분을 묶겠습니다."

관객 2, 3에게 한쪽씩 가져와 '걷기' 도우미 관객의 앞에 묶고 그들이 원래 들고 있던 것과 반대쪽 줄을 준다. 이 동작의 원리는 앞에서 자세히 설명했다.

"두 분, 끝을 꽉 잡으세요. 아시다시피 가운데 계신 분의 겉옷 안에 리본테이프를 넣고 묶은 상태입니다. 리본테이프는 여전히 옷 안쪽에 있습니다."

가운데에 서 있는 관객 1에게 말한다.

"제가 하나 둘, 셋 하고 "걸으세요!" 하면 뒤로 두세 발짝 걸으시면 됩니다."

리본테이프를 든 관객 2, 3에게는 이렇게 말한다.

"두 분은 제가 "걸으세요!" 하는 순간 리본테이프를 세게 당기세요. 몸 앞쪽으로 세게 잡아당기시면 됩니다. 자, 모두들 준비되셨죠?"

당신은 관객 1의 약간 오른쪽에, 리본테이프의 뒤쪽에 선다. 무대 오른편에 있는 도우미 관객 옆으로 걸어가면 된다. 물론 이렇게 하는 이유는 모든 관객에게 잘 보이게 하기 위해서이다.

"루스벨트 대통령은 산책을 할 때 무조건 직선으로 똑바로 걷는 습관이 있었다고 합니다. 그 어떤 장애물이 있어도 뚫고 지나갔다고 하죠. 하지만 그것은 아무것도 아닙니다. 지금부터 이분께서 더 멋진 모습을 보여주실 테니까요! 자, 하나, 둘, 셋, 걸으세요!"

관객 1이 뒤로 걷고 관객 2, 3이 리본테이프를 당긴다. 실이 끊어지면서 리본테이프가 관객 1의 앞에 팽팽하게 펼쳐진다.

"보세요. 이분이 리본테이프를 통과했습니다."

끈을 통과한 관객 1에게 말한다.

"정말 대단하십니다. 단단한 돌이라도 뚫고 걸을 수 있겠어요."

관객 2, 3에게서 리본테이프를 건네받는다.

다른 방법으로 손에서 줄 놓기
Another Tapes Release

리본테이프를 이용한 마술의 원리는 무궁무진하다. 따라서 조금만 연구하면 새로운 방식을 생각해낼 수 있다. 두 개의 리본테이프를 실로 묶고 각각 접어서 가짜 이음매를 만드는 방법은 매우 효과적이다. 그런 다음 관객의 옷 안에 리본테이프를 넣고(이음매가 관객의 등에 오게 하고) 앞까지 빙 둘러 매듭을 묶는다. 그런 다음 각각의 소매에 리본테이프를 넣어 밖으로 빼낸다. 관객의 손에 링을 하나씩 놓고 리본테이프에 매단다. 양쪽 리본테이프를 묶어 매듭을 만들고 관객들에게 끝을 잡으라고 한다(**그림 48**).

그림 48

두 명의 관객이 리본테이프를 잡아당기면 실이 끊어지므로 리본테이프가 팽팽하게 펼쳐진다. 만약 실이 쉽게 끊어지지 않으면 옷 안에 손을 넣어 끊으면 된다.

또한 처음에 리본테이프에 링을 매단 다음 앞의 루틴대로 하는 방법도 있다. 옷 안에 손을 넣어 링을 빼고 관객들에게 리본테이프를 잡아당기라고 한다. 물론 이 동작은 관객이 옷을 입을 때 이루어져야 한다.

일본 마술사들은 리본테이프에 여러 사람을 묶어놓기도 한다. 감쪽같은 손놀림으로 관객을 깜짝 놀라게 만드는 방법이다.

Tarbell
Course in MAGIC

실크 손수건 마술에서 가장 중요한 것은 손수건을 조그만 공 모양으로 만드는 기
술이다. 한 귀퉁이부터 시작해서 나머지 부분을 감싸야 한다. 이것을 더 쉽게 하
려고 귀퉁이에 탄환이나 작은 단추를 달아놓는 마술사들도 있다. 하지만 대부분
의 마술사라면 그렇게까지 하지 않아도 어렵지 않게 공을 만들 수 있다.

Tarbell course in MAGIC

손수건 마술
Handkerchief Trick

실크 손수건은 마술에서 대단히 중요한 역할을 한다. 그 이유에는 여러 가지가 있다. 우선 실크 손수건은 사용하기가 간편할 뿐 아니라 대단히 화려한 효과를 연출할 수 있으며 쉽게 부피를 줄일 수 있고 비교적 큰 공간을 가릴 수도 있다.

일반적으로 마술사들은 13인치 정사각형 손수건을 가장 많이 사용한다. 그 이유는 일본산이나 중국산 실크를 13인치로 자르면 폭 27인치의 적당한 크기가 나오기 때문인 것 같다. 더 화려한 효과를 연출하기 위해 15인치나 18인치, 20인치 또는 36인치의 더 큰 실크를 사용하는 마술사들도 있다.

실크는 색깔이 다양해 마술사의 동작을 더 돋보이게 해준다. 유럽의 한 마술사는 1~3인치 크기로 보색이 들어간 손수건을 활용한 이펙트로 대단히 큰 인기를 얻었다. 밝은 색상은 어두운 색으로 테두리를 장식하고 어두운 색상은 밝은 색으로 테두리를 장식했다. 그것이 신기하고 새로운 실크 손수건 마술이 유명해지는 계기가 되었다.

아드 듀발(Ade Duval)은 "실크 랩소디(Rhapsody in Silk)"라는 마술로 세계적으로 유명한 마술사가 되었다. 그것은 실크 손수건을 이용하는 신기하고 화려한 마술이었다.

실크 손수건 마술에서 가장 중요한 것은 손수건을 조그만 공 모양으로 만드는 기술이다. 한 귀퉁이부터 시작해서 나머지 부분을 감싸야 한다. 이것을 더 쉽게 하려고 귀퉁이에 탄환이나 작은 단추를 달아놓는 마술사들도 있다. 하지만 대부분의 마술사라면 그렇게까지 하지 않아도 어렵지 않게 공을 만들 수 있다.

실크를 다룰 때는 손의 상태에 신경을 써야 한다. 손이 거칠면 실크에 달라붙으므로 동작에 방해가 된다. 따라서 마술을 선보이기 전에 핸드크림을 바르는 것도 좋은 방법이다. 핸드크림을 바르면 손이 매끄러워지므로 한결 더 빠르게 손을 움직일 수 있다. 특히 손이 매끄러우면 나중에 배우게 될 '당구공 메니플레이션(Billiard Ball Manipulation)'에 더 유리해진다.

마음대로 움직이는 손수건
The Wandering Handkerchief

이것은 훌륭한 쇼맨십이 필요한 마술이다. 관객이 매우 가까이 있는 불리한 상황에서 시연해야 하지만 그리 어렵지 않으면서도 뛰어난 이펙트를 연출할 수 있다.

★ 이펙트

관객석에서 관객 한 명이 올라온다. 마술사가 양쪽 바지주머니를 뒤집어 아무것도 없음을 보여준다. 관객이 직접 주머니를 만져보고 아무 이상이 없음을 확인한다. 마술사가 오른쪽 주머니에 빨간색 실크 손수건을 넣는다. 잠시 후 손수건이 왼쪽 주머니에서 나온다. 마술사는 다시 양쪽 주머니가 텅 비었음을 보여주고 손에 아무것도 숨기지 않았음을 확인시켜준다. 왼쪽 주머니로 옮겨간 손수건이 다시 오른쪽 주머니에서 나온다. 그리고 오른쪽으로 옮겨간 손수건이 또다시 왼쪽에서 나온다. 관객이 마술사의 요청에 따라 손수건에 매듭을 묶는다. 그리고 마술사가 손수건을 주머니에 넣는다. 잠시 후 손수건을 꺼내자 매듭이 사라지고 없다. 마지막으로 다시 주머니에 손수건을 넣고 관객에게 꺼내라고 한다. 이번에는 손수건의 색깔이 파란색으로 바뀌어서 나온다. 양쪽 주머니에는 역시 아무것도 없다.

★ 준비물
1. 빨간색 실크 손수건 두 장
2. 파란색 실크 손수건 한 장

★ 해법과 대사
준비
파란색 손수건을 말아 왼쪽 뒷주머니에 넣는다.

빨간색 손수건 하나를 공처럼 말아서 왼쪽 바지주머니 위쪽 귀퉁이에 밀어 넣는다
(**그림 1**).

 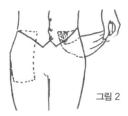

그림 1

그림 2

이렇게 하면 주머니를 뒤집어도 손수건이 보이지 않는다(**그림 2**).

시연

관객석에서 관객을 불러 오른편에 세운다. 그리고 빨간색 실크 손수건을 꺼낸다.

"선생님께서는 여기 계신 분들을 대표해서 저를 잘 감시해주셔야겠습니다. 준비되셨죠?
실크 손수건은 마술사에게 아주 특별한 물건이죠. 아마 여기 계신 분들은 제가 주머니에
뭔가 숨기고서 마술을 한다고 생각하실 겁니다. 하지만 저는 여러분을 속이지 않습니다.
선생님께서 그 사실을 증명해주세요. 제 주머니를 한번 확인해보실래요? 아무것도 들어
있지 않은 평범한 주머니입니다."

관객이 오른쪽 주머니에 손을 넣고 뭔가가 들어 있지 않은지 샅샅이 살펴본다.

"자, 확인하셨죠? 주머니에 구멍이 뚫려 있지도 않죠? 나머지 분들께도 확실히 보여드리
겠습니다. 주머니를 뒤집어서 보여드리겠습니다."

손수건을 오른쪽 윗옷 주머니에 넣는다. 그리고 양쪽 바지주머니를 뒤집어서 보여
준다. 앞뒤 모두 잘 보이도록 완전히 밖으로 뺀다. 하지만 왼쪽 주머니는 숨겨둔 공
모양의 손수건이 보이지 않도록 너무 깊숙이 잡아당기지 않는다. 물론 주머니 귀퉁
이에 잘 밀어 넣었다면 들킬 염려가 없다(**그림 3**).

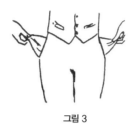

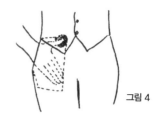

그림 4

그림 3

"제 손과 주머니를 잘 보세요."

양손을 쫙 펴서 앞뒤로 보여준다. 양쪽 주머니는 다시 집어넣는다. 왼쪽 주머니를 넣을 때는 왼손 엄지손가락을 이용해 숨겨둔 공을 아래로 떨어뜨린다. 재빨리 밀어서 주머니 안으로 떨어뜨리면 된다. 이렇게 하면 정말로 손수건이 주머니 안에 들어 있게 된다.

이제 윗옷 주머니에서 다른 빨간색 실크 손수건을 꺼낸다. 귀퉁이를 들어 손수건이 한 장뿐이라는 사실을 보여준다.

"이 빨간색 손수건을 잘 보세요. 평범한 실크 손수건처럼 보이지만 아주 신기한 손수건입니다. 자, 오른쪽 주머니에 넣어보겠습니다."

오른손으로 손수건을 모아 오른쪽 주머니에 집어넣는다. 엄지손가락과 나머지 손가락 끝으로 잡고 엄지손가락을 이용해 위쪽 귀퉁이 안쪽으로 밀어 넣는다. 나머지 손가락은 주머니 아래쪽으로 내려 손수건을 깊숙이 집어넣는 것처럼 보이게 한다(그림 4).

주머니에서 오른손을 꺼내 손가락을 펴서 앞뒤로 보여준다.

"하지만 손수건이 계속 여기에 있을까요? 천만의 말씀이죠!"

오른쪽 주머니를 뒤집어 그대로 놔둔다.

"왼쪽 주머니로 옮겨갔습니다."

왼손 손가락을 펴서 앞뒤로 보여준다. 그리고 왼쪽 주머니에서 손수건을 꺼낸다.

왼쪽 주머니를 뒤집어서 보여주고 손수건도 보여준다.

양쪽 주머니를 다시 집어넣는다. 오른쪽 주머니를 집어넣을 때 아까처럼 엄지손가락을 위쪽 귀퉁이로 밀어서 손수건을 아래로 떨어뜨린다.

"자, 또 잘 보세요. 손수건을 다시 왼쪽 주머니에 넣겠습니다."

아까 오른쪽 주머니에 넣었을 때처럼 빨간색 손수건을 다시 왼쪽 주머니에 넣는다. 엄지손가락으로 위쪽 귀퉁이에 집어넣고 나머지 손가락은 주머니 아래로 내린다. 손을 뺀 후 텅 비었음을 보여준다.

"하지만 계속 여기에 있을까요? 천만의 말씀이죠!"

왼쪽 주머니를 뒤집어 손수건이 없어졌음을 보여준다.

"제 오른쪽 주머니를 뒤져보세요. 제멋대로 움직이는 녀석이 들어 있을 겁니다."

관객이 마술사의 오른쪽 주머니에서 손수건을 꺼낸다. 마술사가 오른쪽 주머니를 뒤집어서 보여준다. 그리고 다시 양쪽 주머니를 집어넣으면서 왼쪽 주머니 아래로 손수건을 떨어뜨린다.

"무슨 일인지 어안이 벙벙하시죠? 그럼 다시 한번 해볼까요? 오른쪽 주머니에 손수건을 넣었습니다."

다시 오른쪽 주머니에 손수건을 넣는다. 위쪽 귀퉁이에 숨긴 후 손을 꺼낸다.

"분명히 오른쪽 주머니에 손수건을 넣었습니다. 자, 잘 보세요."

오른쪽 주머니를 뒤집어서 보여준다. 안에는 아무것도 없다.

"왼쪽 주머니에 손을 넣어보세요."

관객이 왼쪽 주머니에 손을 넣기 쉽도록 몸을 약간 돌려준다. 관객이 손수건을 꺼낸다. 왼쪽 주머니를 뒤집는다.

"잘 보셨죠? 손수건이 이쪽 주머니에서 저쪽 주머니로 마음대로 움직입니다. 정말 제멋대로인 녀석이군요."

겉옷 자락이 바지주머니를 가리지 않도록 뒤로 젖힌다. 정말로 바지주머니에 손수건을 넣는 모습이 관객에게 잘 보여야 하기 때문이다. 관객이 진짜로 믿도록 만들어야 한다.

"한 가지 부탁을 드리겠습니다. 손수건 가운데를 묶어주시겠습니까?"

도우미 관객이 손수건의 매듭을 묶는다. 왼손으로 손수건을 잡고 모두에게 매듭을 보여준다. 뒤집은 채로 있는 오른쪽 주머니를 다시 집어넣으면서 위쪽 귀퉁이에 있는 손수건을 주머니 안으로 떨어뜨린다.

"매듭을 잘 묶으셨군요. 그럼 이제 손수건을 주머니에 넣겠습니다."

오른쪽 주머니에 손수건을 넣으면서 아까처럼 위쪽 귀퉁이 안으로 밀어 넣은 후 손을 뺀다.

"혹시 기적을 믿으시나요? 안 믿으신다고요? 그렇다면 이번 기회에 믿게 되시겠군요. 제가 '셋'까지 세면 제 주머니에서 손수건을 꺼내세요."

오른쪽이 관객을 향하도록 서고 바지주머니가 잘 보이도록 오른손으로 겉옷자락을 뒤로 젖힌다.

"하나, 둘, 셋!"

관객이 주머니 아래에서 손수건을 꺼낸다. 매듭이 풀려 있다.

관객이 주머니에 손을 넣을 때 미스디렉션을 이용해 모두의 시선이 관객에게 쏠리게 해야 한다. 그 순간을 이용해 왼손으로 왼쪽 뒷주머니에서 파란색 손수건을 꺼낸다. 그리고 왼쪽 주머니의 위쪽 귀퉁이 안쪽에 집어넣고 왼손을 뺀다. 왼쪽 주머니는 뒤집어진 상태이므로 관객이 이 동작을 보더라도 단순히 주머니를 다시 집어넣는 것처럼 보일 것이다.

"매듭이 풀렸습니다. 이 녀석은 어지간히 답답한 걸 싫어하는 모양입니다."

다시 양쪽 주머니를 뒤집어 아무것도 없음을 보여준다.

"정말 특별한 손수건이죠?"

오른쪽 주머니에 집어넣는다.

"제 왼쪽에 잠시 서주세요. 그래야 좀더 편하실 것 같네요."

관객을 왼편에 세운다.

"제 손과 주머니를 잘 보세요."

양손을 천천히 보여준다. 그런 다음 왼쪽 주머니를 다시 집어넣으면서 파란색 손수건을 귀퉁이에서 주머니 아래로 떨어뜨린 후 손을 뺀다.

"자, 또 이 빨간색 손수건을 주머니에 넣겠습니다."

손수건을 구겨서 왼쪽 주머니에 넣는다. 손수건을 귀퉁이에 밀어 넣는다. 하지만 이렇게 하면서 나머지 손가락은 주머니 아래로 내려 관객의 시선이 그곳에 쏠리도록 한다.

"이제부터 주머니에 대고 후후하고 바람을 두 번 불어주세요."

바람 부는 시범을 보여준다. 도우미 관객이 바람을 두 번 분다.

"아까 틀림없이 빨간색 손수건을 넣었죠? 꺼내보세요."

모두에게 잘 보이도록 왼쪽 주머니를 도우미 관객 쪽으로 향하게 한다. 관객이 주머니에서 파란색 손수건을 꺼낸다. 바로 이 부분이 클라이맥스다.

다시 왼쪽 주머니를 뒤집어 아무것도 없음을 보여준 후 집어넣는다. 관객을 보고 이렇게 말한다.

"바람이 부니까 빨간색이 파란색으로 바뀌었네요."

★ 참고
파란색 대신 초록색 손수건을 사용한다면 "바람이 부니까 빨간색이 초록색으로 바뀌었네요. 색깔이 더 예뻐졌죠?"라고 말한다.

그리고 관객에게서 손수건을 가져오면서 "전 초록색이 더 좋더라고요"라고 말한다.

당신을 도와 줄 관객이 두 명이어도 된다. 각각 왼쪽과 오른쪽에 세운다.

불꽃과 실크 손수건
The Silk and The Flame

이것은 아주 오래전부터 시작되어 지금까지 여전히 큰 인기를 끌고 있는 마술이다.

★ 이펙트
촛대에 꽂은 초에 불을 붙인다. 마술사가 불꽃처럼 밝은 색깔의 손수건을 꺼낸다. 그런 다음 촛대에서 초를 꺼내 신문지로 싼다. 어린아이에게 그것을 들고 있으라고 한다. 마술사가 손으로 문지르자 손수건이 감쪽같이 사라지고 신문지 꾸러미에서 초가 아니라 손수건이 나온다. 마지막으로 마술사는 윗옷 주머니에서 불붙은 초를 꺼내 관객들을 깜짝 놀라게 한다.

★ 준비물
1. 지름 약 2cm, 길이 약 20cm의 초. 일반적인 촛대에 들어가는 흰색 초
2. 여분의 초 두 개
3. 인쇄 및 서적 용지로 적합한 유광 종이. 문구점에서 쉽게 구입할 수 있다. 흰색

같은 밝은 색상이면 된다.

4. 촛대

5. 성냥갑. 불붙이는 데 쓸 성냥이 필요하다.

6. 똑같은 실크 손수건 두 장

7. 고무줄로 씌울 손수건 한 장

8. 사포 5cm × 8.9cm

9. 약 46cm 정사각형 모양의 신문지

준비

초

유광종이로 초를 덮는다. 돌돌 말아서 풀로 가장자리를 붙인다. 가까이에서도 종이가 초처럼 보이도록 꼼꼼하게 붙여야 한다.

심지를 잘라내고 그 자리에 성냥을 꽂아서 심지처럼 보이게 한다. 물론 성냥 윗부분이 위로 와야 한다. 달군 머리핀처럼 날카로운 물체로 초에 구멍을 뚫으면 성냥을 쉽게 넣을 수 있다. 성냥이 초에서 0.5cm 정도 튀어나와야 한다(**그림 5**).

그림 5

그림 6

그림 7

그림 8

성냥

윗옷 안쪽의 상단 왼편에 특수 주머니를 만들어놓는다. 초가 전부 들어갈 만큼이 아니라 쉽게 꽂을 수 있을 정도의 크기면 된다. 특수 주머니 앞에는 사포를 꿰매 놓는다. 사포의 거친 면이 앞에 오도록 꿰맨다. 꿰매지 않고 핀으로 단단하게 고정시켜도 된다(**그림 6**).

종이초

앞에서 한 것처럼 유광 종이로 또 다른 초를 감싼다. 이렇게 종이로 초를 감싸서 초와 비슷한 모양으로 만든 후 초에서 빼낸다. 종이초는 진짜 초와 길이가 똑같아야 한다. 이제 약 2.5cm 길이의 초 두 개를 가져온다. 심지가 달린 작은 초를 종이 덮개 위에 놓는다. 실크 손수건을 종이 덮개 속으로 집어넣는다. 그런 다음 나머지 초를 종이초 아래에 놓고 밀어 올려서 밑바닥을 종이초와 꼭 맞도록 끼운다. 이렇게 만든 종이초는 안주머니에 넣어둔 진짜 초와 똑같이 보인다(**그림 7**).

촛대에 초를 꽂는다(**그림 8**).

★ 참고

진짜 초와 종이초를 시중에서 파는 값비싼 초처럼 예쁘고 화려하게 만들 수도 있다. 조금만 센스를 발휘하면 더 화려한 효과를 연출할 수 있다.

성냥갑의 배열

작은 성냥갑을 준비하고 약 2/3 정도만 열어놓는다. 앞에서 종이덮개 안에 넣은 손수건과 똑같은 손수건을 준비한다. 손수건을 접거나 구겨서 성냥갑 뚜껑 속에 넣는다. 밖에서 보이지 않도록 잘 밀어 넣는다(**그림 9**).

그림 9

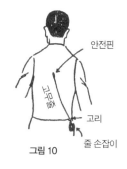

안전핀

나무판

고리

줄 손잡이

그림 10

그림 11

손수건을 당겨서 사라지게 만드는 줄 손잡이

이것은 나중에 손수건을 사라지게 하기 위해 필요하다. 조끼 아래쪽 가장자리 안에 조그만 고리를 달아놓는다. 엉덩이 뒤쪽, 즉 바지 측면에 있는 솔기(바느질로 천을 이어놓은 부분—옮긴이) 뒤로 약 2.5cm 정도 떨어진 지점에 만들면 된다. 줄 손잡이는 배(과일)에 고무줄이 달린 모습이다. 고무줄 길이는 30~46cm 정도가 적당하다. 직접 만들어보면 어느 정도 길이가 적당한지 저절로 알게 된다. 고리 아래에 고무줄을 끼워 조끼 뒷면 중앙까지 올린다. 그리고 고무줄 끝을 안전핀으로 고정한다(**그림 10**).

고무줄은 고리 바로 아래쪽에서 줄 손잡이를 받쳐야 한다. 고무줄이 심하게 늘어나면 안 된다. 줄 손잡이를 몸에서 약 30cm 정도 당겼다 놓으면 원래 상태로 돌아간다.

필요할 때 쉽게 잡을 수 있도록 오른쪽 조끼주머니에 줄 손잡이를 넣어둔다. 쇼 내내 조끼주머니에 넣어두는 마술사들도 있고 이 이펙트를 시연하기 직전에 넣어두는 마술사들도 있다. 만약 다른 마술에도 특수 주머니가 필요하다면 이 이펙트를 시연하기 직전에 줄 손잡이를 넣어두는 것이 좋다. 몸의 왼쪽을 관객에게 돌린 상태로 조끼주머니에 넣으면 쉽다(**그림 11**).

★ 해법과 대사
준비
촛대에 종이초를 꽂고 테이블에 올려놓는다. 손수건을 숨겨둔 성냥갑도 근처에 놓는다. 신문지도 준비한다. 줄 손잡이는 오른쪽 조끼주머니에 들어 있다. 성냥 심지를 꽂은 진짜 초는 앞쪽의 사포를 꿰매놓은 특수 주머니에 넣어둔다.

시연
당신을 도와줄 관객이 없어도 되고 있어도 된다. 하지만 가급적이면 관객석에서 여자아이를 무대로 부르는 것이 좋다. 관객의 시선을 가리지 않도록 아이를 당신의 오른쪽 앞에 세운다.

아이에게
"지금부터 나를 잘 봐야 한다. 이제부터 "손수건과 불꽃 마술"의 비밀을 알려줄 거야. 이 마술은 한 마법사가 어느 날 저녁에 촛불을 켜고 친구들을 모두 불러 모은 일에서 시작된단다."

왼손으로 성냥갑을 잡고 오른손으로 성냥을 꺼낸다. 촛대에 꽂은 종이초에 불을 붙인다. **그림 12**처럼 왼손으로 성냥갑을 든다.

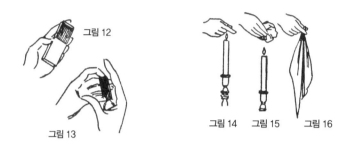

그림 12

그림 13

그림 14   그림 15   그림 16

오른손으로 성냥갑에 대고 왼손으로 닫는다. 이때 손수건이 오른손 손바닥 안으로 빠져나오게 한다(**그림 13**).

오른손으로 손수건을 잡고 주먹을 쥔다. 손등이 관객에게 보이도록 한다.

테이블에 성냥갑을 놓는다.

"친구들이 다 모이자 마술사는 손을 따뜻하게 하려고 잠깐 동안 불꽃에 가까이 댔단다."

불꽃에 왼손을 댄다. 주먹을 쥔 후 손에 뭔가가 들어 있는 것처럼 다시 펼친다. 천천히 기품 있게 움직여서 관객의 호기심을 자극한다. 그런 다음 불꽃으로 오른손을 가져간다.

"그러고는 불에 손을 넣었지."

오른손을 불꽃 가까이 가져갔다가 다시 올린다(**그림 14**).

손수건이 펼쳐질 공간이 생기도록 살짝 손가락을 편다(**그림 15**).

그 상태에서 손을 초 옆으로 가져갔다가 다시 위로 올려 손수건이 손끝에 매달리게 한다(**그림 16**).

"그리고 밝은 색 손수건을 꺼냈어. 불꽃으로 달려드는 나방처럼 아주 화려한 손수건이었단다."

손수건을 펴서 관객들과 아이에게 보여준다.

"얘야, 이건 불꽃으로 만든 손수건이란다."

오른쪽 조끼주머니에 손수건을 넣는다. 이때 손수건을 줄 손잡이 입구에 약간 끼워 넣는다(**그림 17**).

그림 17   그림 18   그림 19

"마법사는 초를 잡고 테이블을 세 번 두드렸지. 3은 마법의 숫자란다."

촛대에서 초를 가져온다. 불을 끄지 말고 밑바닥으로 테이블을 세 번 내리친다. 이는 초가 단단하다는 사실을 보여주기 위한 행동이다.

"그리고 마법의 신문지로 초를 감쌌지. 그 신문지에는 동화 같은 이야기가 잔뜩 쓰여 있었어."

신문으로 초를 감싼다. 하지만 일부러 불을 끌 필요는 없다. 신문으로 초를 감싸면 불이 꺼진다. 신문지 양끝을 꼰다.

"그리고 이렇게 신문지 끝을 꼬아서 요정 공주에게 주었습니다. 너도 공주님이 되고 싶지?"

신문지로 싼 가짜 초를 아이에게 준다. 단단한 진짜 초가 들어 있는 것처럼 양끝을 잡고 준다. 아이에게도 그 부분을 잡으라고 한다(**그림 18**).

"단단한 초가 느껴지지? 놓치지 말고 꼭 잡아야 한다."

오른쪽 조끼주머니에 오른손을 넣고 실크 손수건과 줄 손잡이를 함께 꺼낸다. 그러기 위해서는 줄 손잡이 구멍에 집게손가락 끝을 끼워 넣어 실크 손수건과 함께 주머니에서 꺼낸다. 오른손 손등이 관객을 향한 상태에서 손바닥에 대고 잡는다. 이렇게 하면 쉽게 줄 손잡이를 숨길 수 있다(**그림 19**).

"마법사는 마법의 손수건을 매만졌어."

왼손으로 손수건을 잡으면서 줄 손잡이 입구에서 집게손가락을 뺀다. 오른손 손바닥에 줄 손잡이를 놓고 그 위로 넷째 손가락과 새끼손가락을 구부린다(**그림 20**).

그림 20

그림 21

하지만 **그림 21**과 같은 방법으로 줄 손잡이를 팜하는 마술사들도 있다.

오른손 엄지손가락과 집게손가락, 가운뎃손가락으로 실크 손수건을 두 번 매만진다.

"그리고 손에 감싸 넣었지."

오른손 손가락을 이용해 오른손에서 줄 손잡이 안에 실크를 넣는다. 처음에는 가운데를 잡는다. 네 번 정도의 움직임을 통해 충분히 실크 손수건을 감출 수 있을 것이다(**그림 22**).

"그런 다음 왼손으로 잡았지."

실크 손수건을 왼손에 놓는 척한다. 오른손에서 왼손으로 옮기는 동작을 취한다. 손수건을 잡은 것처럼 왼손을 오므린다. 왼손에 시선을 둠으로써 관객의 시선이 오른손으로 향하지 않도록 미스디렉션한다(**그림 23**).

그림 22   그림 23

이렇게 하는 동안 다시 오른손을 몸 앞으로 가져와 손잡이를 놓는다. 그러면 줄 손잡이가 실크 손수건을 끼운 채로 겉옷 안에 있는 고리 아래로 되돌아간다.

★ **참고 1**

줄 손잡이를 사용할 때는 오른쪽 팔뚝으로 고무줄을 가려야 한다. 또한 주머니에 다른 물건이 들어 있으면 손잡이와 부딪혀 소리가 나므로 주머니 안에는 아무것도 없어야 한다. 오른손을 몸 앞으로 가져온 다음에 손잡이를 놓으면 소리가 나지 않게 할 수 있다.

"그런데 이게 웬일입니까! 손을 펼치자 손수건이 어디론가 사라지고 없었습니다!"

천천히 양손을 펴서 손수건이 없어진 것을 보여준다(**그림 24**).

그림 24   그림 25

아이가 들고 있던 종이 꾸러미를 가져온다. 가운데 부분을 찢자 그 안에서 손수건이 나온다(**그림 25**).

　"얘야, 아까 준 초 가지고 있지? 그래, 잘 가지고 있구나."

　"신기하게도 마법사가 손으로 종이꾸러미를 만졌더니 초도 사라져버렸습니다. 초 대신 마법의 손수건이 나타났습니다."

손수건을 꺼낼 때 가짜 초는 신문지와 함께 구겨서 테이블에 놓는다.

　"친구들은 모두 초가 어디로 갔는지 궁금했습니다. 마법사는 안쪽 주머니를 뒤졌죠."

윗옷 안주머니에 손을 넣는다. 초를 꺼내면서 재빨리 사포에 성냥을 긋는다. 이렇게 심지에 불을 붙이고 초를 꺼낸다(일반 성냥으로는 절대 안 된다. 딱성냥이라는 것을 사용하거나 사포 대신 성냥의 황을 긋는 갈색 마찰면을 붙여놓고 있어야 한다―감수자).

　"초는 마법사의 안주머니에 불이 붙은 채로 들어 있었습니다."

불붙은 초를 촛대에 꽂는다.

★ 참고 2
성냥으로 심지를 만들 때 왁스 성냥(wax match, 일반적인 성냥의 나무 부분 대신 왁스종이(기름종이)를 둘둘 말아서 만든 성냥―옮긴이)을 사용하는 마술사들도 있다. 왁스 성냥은 유럽에서 수입되는 제품인데 대형 상점에서 구입할 수 있다. 하지만 평범한 성냥으로도 용도에 맞게 사용할 수 있다.

초, 실크 손수건 그리고 종이 튜브
The Candle, The Silk And The Paper Tube

이것은 앞에서 설명한 이펙트를 변형한 방식이다.

★ 이펙트

마술사가 촛불에서 손수건을 꺼내 손수건의 일부분을 조끼주머니에 집어넣는다. 그런 다음 튜브로 초를 감싼다. 하지만 완전히 가려지지는 않고 불이 붙은 심지 부분이 드러난다. 마술사가 튜브에서 초를 꺼내 종이로 감싼다. 그러자 갑자기 주머니에 끼워져 있던 손수건이 사라진다. 마술사가 초를 싼 종이를 풀자 그 안에서 초 대신 손수건이 나온다. 이번에는 촛대에서 튜브를 빼자 모두 깜짝 놀란다. 사라진 초가 촛대에 끼워져 있다.

★ 준비물

앞에서 소개한 이펙트와 비슷하다.

준비

유광종이로 초를 감싼다.

그 위에 똑같은 종이로 다시 감싼 후 가장자리를 풀로 붙인다. 이렇게 진짜 초에서 쉽게 벗겨낼 수 있는 종이초를 만든다. 종이초 안에 심지 달린 짧은 초를 넣는다. 이 짧은 초가 종이덮개의 윗부분이 된다. 초 아래쪽 공간에 손수건을 밀어 넣는다(**그림 26**).

신짜 초와 종이초의 심지에 불을 붙였다가 얼른 끈다. 사용한 심지처럼 보일 정도면 된다.

이제 진짜 초에 종이초를 씌워서 둘을 촛대에 놓는다. 종이초 아래쪽 가장자리가 촛대의 약간 안쪽으로 와야 관객에게 보이지 않는다(**그림 27**).

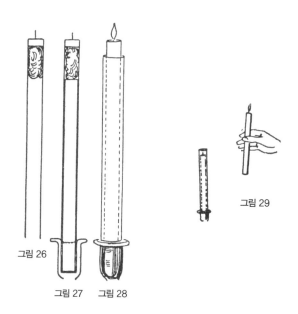

그림 26

그림 27   그림 28

그림 29

관객에게는 종이초가 평범한 진짜 초처럼 보인다.

이제 종이나 판지로 원통 모형의 튜브를 만든다. 이 튜브의 너비는 촛대에 놓인 초와 종이덮개가 잘 들어갈 정도여야 하고 길이는 초의 윗부분이 1.3cm 정도 보이는 정도여야 한다(**그림 28**).

★ 해법과 대사
시연
초와 종이초를 촛대에 끼운다.
테이블 가까이에 튜브를 놓는다.
손수건을 숨긴 성냥갑도 테이블에 놓는다.
앞에서 배운 것처럼 초에 불을 붙이고 불꽃에서 실크를 꺼낸다.
텅 빈 튜브를 보여주고 초에 끼운다. 튜브보다 종이초의 높이가 더 높아야 쉽게 잡을 수 있다. 종이초를 꺼내서 진짜 초가 튜브 안에 숨겨지도록 한다.

종이초의 텅 빈 바닥 부분이 관객에게 보이지 않도록 주의한다(**그림 29**).

신문지로 종이초를 싼다.

줄 손잡이를 당겨 실크가 그 안으로 사라지게 만든다. 종이초가 든 신문지꾸러미를 찢어 초 대신 손수건이 나오게 한다.

촛대에서 튜브를 들어 초가 원래대로 촛대에 꽂혀 있음을 보여준다.

촛대에서 초를 빼 보여주고 다시 꽂는다.

마음대로 도망가는 실크
Elusive Silks

이것도 실크를 이용한 이펙트로써 스테이지 혹은 클로즈업 마술에 적합하다. 매우 쉬우면서도 효과적인 마술이다. 그리고 여기에서는 체인징 백(changing bag)이라는 편리한 도구가 사용된다.

★ 이펙트

교회에서 사용하는 헌금 걷는 가방과 비슷하게 생긴 손잡이 달린 작은 가방을 뒤집어서 안에 아무것도 없음을 보여준다. 마술사가 오른쪽이 튀어나오게 가방을 다시 집어넣자 갑자기 그 안에서 빨간색 손수건이 나온다. 관객에게 손수건을 준 후 다시 가방에 넣으라고 한다. 눈 깜짝할 사이에 빨간색 손수건이 초록색으로 바뀐다. 계속 물건이 나타나고 바뀌고 사라지고 하는 재미있는 루틴이 이어진다.

★ 준비물

1. 마술용품점에서 판매하는 체인징 백. 크기는 세 가지가 있는데 이 마술에서는 큰 손수건을 사용하므로 가장 큰 것으로 준비한다. 하지만 더 깔끔한 퍼포먼스를 위해서는 중간 크기를 권한다.

2. 13인치 실크 네 장(빨간색 두 장, 초록색 두 장). 다른 색깔도 괜찮다. 똑같은 색깔로 두 장씩 준비하면 된다.

그림 30

체인징 백 사용법

그림 30은 체인징 백의 겉모습이다. 위쪽의 금속으로 된 고리에 손잡이가 달려 있다. 체인징 백은 대부분 빨간색 벨벳에 검정색 선이 들어가 있으며 바닥에 술이 달려 있다.

그림 30A처럼 안에 달린 와이어로 가방의 공간을 바꿀 수 있다. 와이어는 아래를 향해 옆으로 움직이므로 밖에서는 보이지 않는다.

그림 30A

그림 31과 **그림 32, 33**은 위에서 내려다 본 와이어 조작법이다.

우선 와이어가 한쪽 면에 평평하게 붙어 있을 때는 A칸이 생긴다. 그리고 와이어가 반대쪽 면으로 돌아가면 A칸이 닫히고 B칸이 나타난다.

와이어가 손잡이와 만나므로 필요에 따라 손잡이를 앞뒤로 돌려 조작할 수 있다.

그림 34~38은 측면에서 본 와이어의 조작 모습이다.

우선 A칸이 있다. 헝겊 칸막이가 달린 와이어가 아래로 떨어지면 A칸과 B칸이 생긴다. 그리고 와이어가 가방의 반대쪽으로 완전히 빙 돌면 A칸이 닫히고 B칸이 남는다. 실크 손수건 같은 물체를 B칸에 넣었을 때—**그림 37**—가방 손잡이를 약간 돌리면 **그림 38**처럼 사라지게 된다.

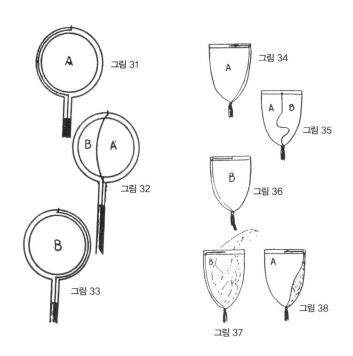

따라서 A칸이나 B칸에 물체를 넣고 마음대로 사라지게 했다 나타나게 할 수 있다. 물체가 사라지면 가방을 뒤집어서 아무것도 없음을 보여준다. 서로 다른 칸에 빨간색 손수건과 초록색 손수건을 넣고 색깔이 바뀌게 할 수 있다. 색깔을 바꿔치기 할 때는 와이어가 보이지 않도록 관객에게 가방 입구가 보이지 않아야 한다.

그림 39처럼 잡으면 가방을 쉽게 다룰 수 있다. 오른손으로 손잡이를 잡고 왼손으로는 바닥의 술을 잡는다. 관객에게 와이어의 움직임이 보이지 않도록 가방 입구는 당신을 향해 두어야 한다.

가방 바닥을 약간 들고 원하는 방향으로 손잡이를 돌린다(**그림 40**).

체인징 백으로 할 수 있는 일은 매우 많다. 손수건의 색깔을 바꾸는 것뿐 아니라 상대방의 마음을 읽는 심리 마술도 할 수 있다. 한쪽 칸에 빈 종이를 넣고 다른 칸에는 진짜 종이를 넣는다. 서로 바꿔치기 한 후 빈 종이를 접시에 쏟고 가방에 아무것도 없음을 보여준다. 무대 뒤에 체인징 백을 두고 조수에게 처리하라고 한다. 그리고 다시 가방을 바꿔 진짜 종이를 뺀 후 관객에게 질문을 한다.

또한 체인징 백은 숫자 포스에 이용할 수도 있다. 예를 들어 1~20까지 숫자가 적힌 작은 디스크나 카드를 한쪽 칸에 넣는다. 첫 번째 칸에서 숫자를 보여준 후 바꿔치기 한다. 관객에게 모두 똑같은 숫자만 적혀 있는 두 번째 칸에서 선택하라고 한다.

★ 해법과 대사
준비
오른쪽 바지주머니 위쪽 귀퉁이에는 초록색 실크 손수건을, 왼쪽 바지주머니 위쪽 귀퉁이에는 빨간색 손수건을 넣는다. 주머니가 텅 빈 것처럼 보이도록 잘 숨긴다.

체인징 백 B칸에 빨간색 손수건을 넣고 그 위에 초록색 손수건을 넣는다. 칸막이를 바꿔서 두 손수건이 사라지고 A칸이 나오게 한다.

시연
체인징 백을 꺼낸다. 무대에서 시연한다면 관객석에서 도우미 관객을 불러 왼편에 세운다.

"지난주 토요일에 교회에 갔더니 이렇게 생긴 가방으로 헌금을 걷더군요."

헌금을 하는 것처럼 이쪽저쪽으로 체인징 백을 내민다.

"집에 와보니 제 옷 속에 헌금 가방이 들어 있었습니다. 어째서 헌금 가방이 거기에 있는지 깜짝 놀랐죠. 이게 바로 그 가방입니다. 참고로 지금 제 주머니에는 돈이 하나도 없습니다."

왼쪽 바지주머니를 뒤집어 텅 비었음을 보여준다. 주머니를 다시 집어넣으면서 위쪽 귀퉁이에 숨겨둔 빨간색 손수건을 주머니 안으로 떨어뜨린다.

"이쪽 주머니도 텅 비었습니다."

역시 오른쪽 바지주머니를 뒤집어 아무것도 없음을 보여준다. 주머니를 다시 집어넣으면서 위쪽 귀퉁이에 숨겨둔 초록색 손수건을 주머니 안으로 떨어뜨린다.

"헌금 가방도 생겼겠다, 수중에 돈도 한 푼 없겠다 헌금을 걷어야겠다는 생각이 들었죠."

다시 한번 체인징 백을 뒤집어 안에 아무것도 없음을 확실하게 보여준다.
관객에게 "저와 함께 헌금 걷으실 분?"이라고 물은 후 "네, 좋습니다. 그럼 이분과 함께 헌금을 걷도록 하겠습니다"라고 말한다. 바로 옆에 사람들이 있는 것처럼 체인징 백을 앞으로 밀었다 옆으로 밀었다 한다.

"돈도 좋고 옷도 좋습니다."

체인징 백 입구가 관객에게 보이지 않도록 다시 당신의 앞쪽에 놓는다. 와이어를 당겨서 공간을 바꾼다.
초록색 손수건을 꺼낸다. 다시 한번 와이어를 당겨 B칸을 가리고 텅 빈 A칸이 나오게 한다. 체인징 백을 뒤집어 텅 비었음을 보여준다.

"아, 비싼 실크 손수건이네요. 손수건을 잠깐 들고 계셨다가 다시 가방에 넣어 주시겠습니까?"

관객이 손수건을 잡았다가 다시 가방(A칸)에 넣는다. 또다시 와이어를 당겨 초록색 손수건이 든 A칸이 없어지고 빨간색 손수건이 든 B칸이 나오게 한다. 관객에게 손수건을 꺼내라고 한다. 빨간색 손수건이 나온다.

"손수건을 꺼내세요. 이번엔 빨간색이네요."

가방을 뒤집어 텅 비었음을 보여준다.

"그런데 헌금은 뭔가 의심스러운 점이 있습니다."

오른쪽 주머니에서 초록색 손수건을 꺼낸다.

"헌금 가방에 든 물건은 헌금 걷는 사람의 주머니로 갑니다. 그리고 다시 가방으로 돌아가죠."

와이어를 당겨 A칸에 원래 있던 초록색 손수건과 함께 방금 주머니에서 꺼낸 다른 초록색 손수건을 넣는다. 다시 한번 와이어를 당겨 칸을 바꾸고 가방에 아무것도 없음을 보여준다.

"들어갔다 나갔다… 없어져서 보면 제 주머니에 들어 있죠."

관객에게 당신의 왼쪽 바지주머니에서 손수건을 꺼내라고 한다. 빨간색 손수건이 나온다.

"아니, 초록색이 아니라 빨간색이네요. 누군가 장난을 치고 있는 게 분명해요.

또다시 체인징 백을 뒤집어 텅 비었음을 보여준다. 갑자기 뒤집어야 초록색 손수건이 감쪽같이 사라졌다는 사실을 강조할 수 있다.

"손수건 두 장을 다 가방에 넣으세요."

관객이 체인징 백에 빨간색 손수건 두 장을 넣는다. 와이어를 당긴 후 초록색 손수건 두 장을 꺼낸다.

"이번엔 둘 다 초록색이네요."

다시 체인징 백이 텅 비었음을 보여준다.

"그럼 다시 가방에 넣겠습니다."

와이어를 당겨 빨간색 손수건 두 장이 초록색 손수건 두 장과 함께 놓이게 한다. 다시 와이어를 당긴다. 가방을 뒤집어 안이 텅 비었음을 보여준다.

"모두 다 사라졌습니다. 처음 상태로 돌아왔습니다."

가방을 옆으로 치우고 다음 마술을 진행한다.

코믹한 엔딩

더 놀라운 마무리를 선보일 수 있는 방법이다. 주머니에 5센트 동전을 넣거나 윗옷 오른쪽 가장자리에 클립으로 달아놓는다. 오른손 손바닥으로 몰래 꺼내서 관객에게 들키지 않도록 가방에 떨어뜨린다. 양 손이 텅 비었음을 보여준 후 가방에서 동전을 꺼낸다. 관객에게 보여주면서 "자, 오늘 헌금 총액은 5센트네요"라고 말한다.

또 다른 마무리 방법도 있다. 시계와 고무줄로 둘둘 만 1달러짜리 계산서 다섯 장을 준비한다. 이 꾸러미를 오른쪽 윗옷 주머니에 넣는다. 손수건을 사라지게 한 후 손바닥에 꾸러미를 숨겨서 가방에 떨어뜨린다. 텅 빈 오른손을 보여주고 가방에 넣는다. 꾸러미에서 고무줄을 떼어 내고 1달러짜리 계산서를 꺼낸다.

"계산서네요. 하지만 상관없습니다. 이렇게 돈을 걷으면 되니까요."

나머지 계산서도 한 장씩 꺼내고 마지막으로 시계를 꺼낸다. 관객을 보고 이렇게 말한다.

"아니, 벌써 시간이 이렇게 됐네요. 너무 즐거워서 시간 가는 줄도 몰랐습니다."

Tarbell
Course in MAGIC

이번 레슨에서 배우게 될 실크 매듭 마술은 최대한 빨리 관객이 알아채지 못하게
매듭을 만들 수 있느냐가 무엇보다 중요하다. 꾸준히 연습해서 신속한 동작으로
매듭을 만들고 풀 수 있도록 해보자.

Tarbell course in MAGIC

신기한 매듭
Mystic Knots

스스로 묶이고 풀리는 신기한 매듭은 후디니가 매듭 마술에서 사용한 것으로 매우 뛰어난 이펙트를 연출할 수 있다. 후디니는 밝은 색으로 된 커다란 실크를 이용해 훌륭한 마술을 선보였다. 실크의 크기가 클수록 더 화려한 이펙트를 연출할 수 있다. 특히 스테이지에서 매듭 마술을 선보일 때는 27인치나 36인치 실크가 적당하다. 하지만 일반적인 손수건을 이용해서도 언제 어디서에나 즉석으로 선보일 수 있다. 일본산이나 중국산 실크가 가장 많이 사용된다. 그 이유는 탄력성이 뛰어나서 매우 작은 크기로 접을 수 있기 때문이다. 또한 색깔이 다양하다는 장점도 있다. 실크는 사용하기 전에 미리 다림질 해둔다.

즉석 원핸드 매듭
Instantaneous One-Hand Knot In Handkerchief

★ 이펙트
마술사가 실크를 밧줄 모양으로 휘감은 후 오른손 손가락 사이로 잡는다. 실크를 흔들자 가운데에 매듭이 생긴다.

시연
실크 양쪽 귀퉁이를 잡고 돌려서 밧줄 모양으로 비튼다. 그리고 **그림** 1처럼 오른손으로 잡는다. 끝 A가 끝 B보다 높은 곳에 있어야 한다. 그림과 같이 넷째 손가락과 새끼손가락 사이 그리고 엄지손가락과 집게손가락 사이로 잡는다.

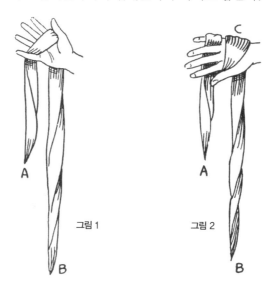

그림 1

그림 2

이제 손을 뒤집어 손등이 당신의 앞에 오도록 한다(**그림 2**).

재빠르게 손을 아래로 내려서 끝 B를 잡는다. 갑자기 홱 잡으므로 B가 위쪽으로 올라간다. 집게손가락과 가운뎃손가락 사이로 잡는다(**그림 3**).

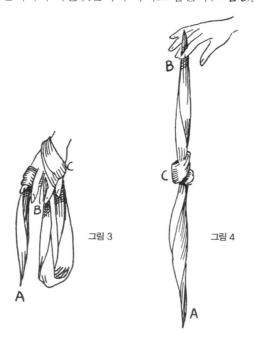

그림 3

그림 4

B 끝 위로 고리 C를 떨어뜨리면서 B를 제외하고 실크 나머지 부분을 손에서 놓는다. 이렇게 하면 실크가 아래로 쫙 펴지면서 가운데에 매듭이 생긴다(**그림 4**).

로망(Laurant)이나 듀발(Ade Duval), 조앤 브랜든(Joan Brandon) 같은 마술사들은 실크를 허공으로 던져서 매듭이 생긴 채 떨어지도록 한다. 또는 오른손으로 실크를 손등으로 던지고 왼손으로 받아서 매듭이 생기게 한다.

그럴 경우 C가 B 위로 떨어진 후에 던지는 동작이 이루어진다.

이처럼 갑자기 매듭이 생기게 하면 즉석에서 관객들을 놀라게 해줄 수 있다. 열심히 연습해서 완전히 익힌다.

싱글 매듭 풀기
The Pull Away Single Knot

★ 이펙트
마술사가 실크에 매듭을 묶는다. 갑자기 매듭이 사라진다.

시연
실크 양쪽 귀퉁이를 잡고 돌려서 밧줄 모양으로 꼰다. 왼손으로 끝 A를 잡고 오른손으로 끝 B를 잡는다. **그림 1**은 당신에게 보이는 모습이다.

왼손 집게손가락과 가운뎃손가락 사이에 끝 A를 놓는다. B는 오른손 엄지손가락과 집게손가락, 가운뎃손가락 사이로 잡는다(**그림 2**).

그림 1

실크를
빗줄 모양으로
꼰다.

그림 2

그림 3

B를 잡은 오른손을 왼쪽 손목 위로 가져간다(**그림 3**).

왼손 집게손가락 기부로 B를 가져간다. 실크가 크다면 다시 엄지손가락으로 가져가서 기부에 놓는다(**그림 4**).

A에 B를 묶어 싱글 매듭을 만든다. 모두에게 매듭을 보여준다. 왼손 손바닥이 최대한 관객에게 잘 보이게 해서 손에 아무것도 없음을 보여준다(**그림 5**).

그림 4

그림 5

그림 6

B는 오른쪽으로, A는 왼쪽으로 당신을 향해 잡아당긴다. 매듭을 단단히 매는 것처럼 보인다(**그림 6**).

실크가 왼손 손가락으로 미끄러지면서 저절로 매듭이 풀린다. 끝 A는 계속 손가락 사이로 잡고 있어야만 한다.

싱글 매듭 사라지게 하기
The Dissolving Single Knot

★ 이펙트

마술사가 실크에 싱글 매듭을 만들고 의자에 올려놓는다. 다시 실크를 들자 매듭이 사라진다.

시연

그림 2처럼 왼손 집게손가락과 가운뎃손가락 사이로 끝 A를 잡고 오른손으로는 끝 B를 잡는다.

왼손 넷째 손가락과 새끼손가락을 아래로 구부려 실크를 잘 잡는다. 오른손에 든 끝 B를 그 위로 가져가 집게손가락과 가운뎃손가락 앞에 놓는다. 엄지손가락과 집게손가락 기부로 B를 잡고 오른손을 뗀다(**그림 7**).

고리 안에 오른손을 넣고 A를 잡는다. B는 왼손 엄지손가락과 집게손가락뿐 아니라 가운뎃손가락과 넷째 손가락으로 꽉 잡는다(**그림 8**).

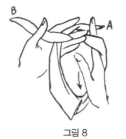

그림 7　　　　　그림 8　　　　　그림 9

A를 밑으로 내려 실크에 생긴 고리에 통과시킨다(**그림 9**).

A를 오른쪽으로 계속 당기면서 가운뎃손가락과 넷째 손가락을 구부려 약간 뒤쪽

으로 당기면서 실크의 일부분을 함께 당긴다. 이렇게 하면 실크에 매듭 모양의 고리가 만들어진다(**그림** 10).

매듭에서 가운뎃손가락과 넷째 손가락을 떼고 **그림 11**처럼 실크를 잡는다.

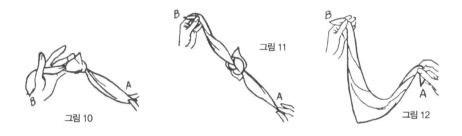

그림 11

그림 10

그림 12

의자에 실크를 놓는다. 그런 다음 끝 B를 잡으면서 약간 위쪽으로 당기면 매듭이 사라진다. 원한다면 의자에 실크를 놓지 않고 그냥 양쪽 끝을 당긴다. 이렇게 하면 양손 사이에서 매듭이 사라진다(**그림 12**).

매듭을 얼마나 단단히 매야 하는지 혹은 느슨하게 매야 하는지는 경험을 통해 저절로 알게 된다. 매듭이 적당히 단단해야 양손으로 들고 있을 수 있고 또 적당히 느슨해야 쉽게 풀어진다.

밝은 색 실크 두세 장을 사용하면 더 멋진 효과를 낼 수 있다. 모두 매듭을 묶은 후 의자에 놓는다. 그리고 하나씩 위로 확 잡아채면 매듭이 사라진다.

싱글 매듭 나타나게 하기
The Speedy Single Knot

★ 이펙트

마술사가 양손으로 실크의 양쪽 귀퉁이를 든다. 양손을 가까이 모았다가 갑자기 떨어뜨리자 매듭이 생긴다.

시연

그림 13처럼 실크를 든다. 왼손 집게손가락과 가운뎃손가락 사이로 잡은 끝 B는 앞 (관객을 향한 쪽)에서 뒤(당신을 향한 쪽)로 간다. 반면 오른손 집게손가락과 가운뎃손가락 사이로 잡은 끝 A는 뒤에서 앞으로 간다.

그림 13   그림 14   그림 15

양손을 가까이 모은다. 오른손이 왼손보다 안쪽에 오게 한다(**그림 14**).

왼손 집게손가락과 넷째 손가락 사이로 A를 잡고 오른손의 똑같은 손가락 사이로 B를 잡는다(**그림 15**).

양손 집게손가락과 가운뎃손가락을 놓으면서 B를 오른쪽으로 당기고 A는 왼쪽으로 당겨 양손 가운뎃손가락과 넷째 손가락에 오게 한다(**그림 16**).

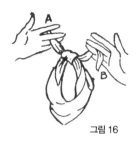
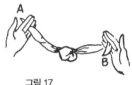

그림 16   그림 17

싱글 매듭이 생길 때까지 양끝을 잡아당긴다(**그림 17**).

★ 참고

이 방법을 사용할 때는 일반적인 싱글 매듭 묶는 방법과 대조하여 매듭을 묶으면 쉽다. 우선 일반적인 방법으로 매듭을 한번 묶는다. 그리고 마술에서는 더 빠르게 매듭을 만들 수 있다고 설명하면서 신속한 동작으로 매듭을 만든다. 실크를 돌려서 밧줄 모양으로 꼬면 한결 수월해진다. 최대한 빨리 매듭을 만들 수 있도록 열심히 연습한다. 양손을 가까이 모으자 저절로 매듭이 생기는 것처럼 보여야 한다.

더블 매듭 사라지게 하기
The Fade-Away Double Knot

이것은 쉽게 풀어지는 효과적인 매듭이다. 이 매듭은 이번 레슨의 나중에 배울 "일심동체 실크 세트(Sympathetic Silks) 마술"에서 매우 중요한 역할을 한다.

★ 이펙트

마술사가 실크 두 장을 더블 매듭으로 묶고 의자에 올려놓는다. 갑자기 실크를 들자 매듭이 사라지고 없다.

시연

실크 두 장을 준비한다. 귀퉁이 A와 귀퉁이 B를 함께 놓는다. 왼손에 든 A가 당신을 향하고 오른손에 든 B가 관객을 향한다. 오른손 엄지손가락과 집게손가락으로 A를 잡고 나머지 손가락으로는 계속 B를 잡는다. 왼손으로도 똑같이 B를 잡는다(**그림 18**).

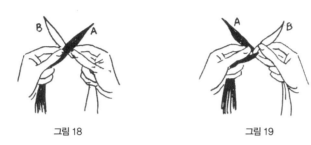

그림 18   그림 19

실크 양끝을 가슴 높이로 올린 다음 갑자기 다시 내린다. 아래로 내릴 때 B와 A를 재빨리 꼰다. 관객에게는 싱글 매듭을 묶는 것처럼 보인다(**그림 19**).

이제 양끝으로 일반적인 싱글 매듭을 묶는다(**그림 20**).

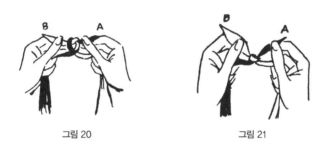

그림 20   그림 21

양손 엄지손가락과 집게손가락으로 매듭을 당기면서 나머지 손가락들이 계속 매듭 아래쪽을 꽉 잡고 있도록 돕는다(**그림 21**). 오른손으로 아래 귀퉁이를 잡는다. **그림 22**처럼 더블 매듭으로 묶여 있는 두 장의 실크를 들고 있게 된다.

그림 22

실크를 의자에 놓는다. 잠시 후 빠르게 잡아 낚아채면 매듭이 사라지고 두 장의 실크가 따로 떨어진다.

누웨이 더블 매듭
The Nu-Way Double Knot

이것은 단단히 묶어도 쉽게 풀어지는 매듭이다. "일심동체 실크(Sympathetic Silks)" 마술을 비롯한 실크 매듭 마술에서 유용하게 쓰인다.

시연

여기에서는 더 정확한 설명을 위해서 흰색 실크와 파란색 실크를 사용한다.

그림 23

양손에 든 실크를·보여준다. 위쪽 귀퉁이에서 약 12cm 떨어진 곳을 잡는다. **그림 23**처럼 파란색 실크에 흰색 실크를 올려서 잡는다.

오른손 넷째 손가락과 새끼손가락 사이로 흰색 실크를 잡고 집게손가락과 가운뎃손가락 사이로 파란색 실크 귀퉁이 A를 잡는다(**그림 24**).

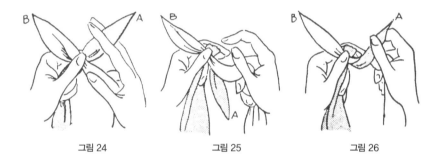

| 그림 24 | 그림 25 | 그림 26 |

A를 왼손 집게손가락 위로 구부리고 집게손가락을 내려 귀퉁이를 잘 잡는다(**그림 25**).

오른손 엄지손가락과 집게손가락으로 다시 A를 잡고 위로 올린다(**그림 26**).

이제 파란색 실크의 고리를 왼손 집게손가락 앞으로 가져온다(**그림 27**).

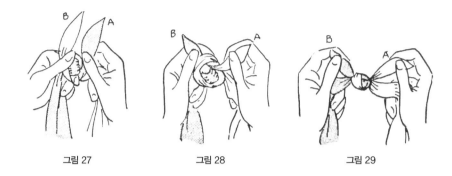

| 그림 27 | 그림 28 | 그림 29 |

이 고리 위에서 귀퉁이 A와 B로 싱글 매듭을 만든다(**그림 28**). 고리는 정말로 매듭의 안에 있다.

왼손 집게손가락을 치우고 가운뎃손가락을 고리로 내린다. 매듭을 단단하게 당기면서 가운뎃손가락을 뗀다. 매듭이 파란색 실크의 고리를 잘 받치고 있다(**그림 29**).

실크를 이리저리 흔들어도 매듭이 풀릴 염려가 없다. 매듭에서 실크를 떼려면 매듭 아래에 있는 각각의 실크를 당기기만 하면 된다. 이렇게 하면 고리가 당겨지면서 매듭이 풀린다.

더블 매듭 재빨리 풀기
Quick Release Double Knot

이번에는 정말로 더블 매듭이지만 순식간에 풀어지는 슬립 매듭(slip knot)을 만든다.

★ 이펙트

마술사가 실크 두 장을 더블 매듭으로 묶고 마음대로 풀어지게 한다.

시연

A와 B를 싱글 매듭으로 묶는다. A는 위로 B는 아래로 감는다(**그림 30**).

왼손 엄지손가락과 집게손가락으로 B를 잘 잡고 나머지 손가락으로는 실크 아랫부분을 잡는다. 오른손으로는 똑같이 A를 잡는다. 왼손 가운뎃손가락을 A 아래, 즉 처음에 B 위로 감은 부분으로 밀어 넣고 손가락으로 B를 누른다(**그림 31**).

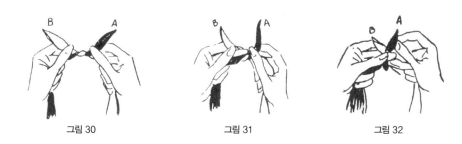

그림 30   그림 31   그림 32

오른손에 있는 A를 당신 쪽으로 가까이 가져와 다시 왼손 집게손가락 위로 올린다(**그림 32**).

이제 끝 A를 다시 B 옆으로 가져온다. B 안으로 넣어 감아서 싱글 매듭을 만들고 끝 A를 다시 오른쪽으로 가져간다. 이렇게 두 끝을 정확히 당기면 **그림 33**처럼 된다.

그림 34처럼 실크를 든다. A를 잡아당기지 말고 B를 매듭 위아래로 당겨서 단단하게 묶는다.

그림 33   그림 34   그림 35

B를 당기는 이유는 B를 직선 안으로 넣어서 A를 슬립 매듭으로 만들기 위해서이다. 이제 B는 A 안으로 들어간다(**그림 35**).

매듭 아래로 두 실크를 당기면 매듭이 스르르 사라진다. **그림 22**처럼 실크를 들고 오른손 쪽으로 말아서 왼손으로 가린 채 매듭을 놓으면 매듭이 눈 깜짝할 사이에 사라지는 효과를 연출할 수 있다.

실크로 손을 감싸다가 갑자기 펼치면 매듭이 감쪽같이 사라진다.

실크 끝에서 멀리 떨어진 곳에 매듭을 묶으면 두 번째 더블 매듭을 만드는 원리에 따라서 더블 매듭 위에 여러 개의 매듭을 묶을 수 있다. 묶을 때마다 매듭을 살짝 놓으면 실크를 잡아당겼을 때 매듭이 사라진다.

레그 타이와 실크 풀기
Leg Tie And Release With Handkerchief

이것은 커다란 실크를 사용해야 하는 이펙트로써 언제나 관객에게 좋은 반응을 얻을 수 있다.

★ 이펙트

마술사가 무릎 위에 실크로 두 번 감는다. 한 손으로 양끝을 잡고 잡아당기자 다리에서 풀어진다.

시연

왼쪽 무릎 앞에 실크를 놓는다(검은색 동그라미가 다리). 무릎 위쪽에 놓고 실크를 밧줄 모양으로 감는다(**그림 36**).

그림 36

다리에 실크를 대고 감는다. 양끝을 다시 앞으로 가져온다. **그림 37**은 다리에 실크를 감는 모습과 그렇게 해서 만들어진 실크의 고리 모양을 나타낸다.

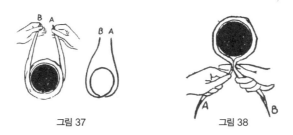

그림 37   그림 38

양끝을 잡아당겨서 단단하게 잘 감았음을 보여준다. 다시 실크를 잡고 **그림 36**처럼 든다.

방금 한 것처럼 똑같이 다리에 실크를 감는 척한다. 하지만 실제로는 신기한 원리를 이용해서 감는다.

양끝 A와 B를 다리 뒤로 가져간다. 오른손 엄지손가락을 B에 대고 집게손가락은 A 앞에 놓는다(**그림 38**).

오른손 집게손가락을 B 둘레에 걸고 B 아래로 잡아당긴다. 오른손 엄지손가락으로는 B를 오른쪽으로 민다. 그리고 왼손 엄지손가락과 집게손가락으로 B를 잡는다(**그림 39**).

왼손 엄지손가락과 집게손가락으로 B를 A 아래로 밀고 오른손 엄지손가락과 집게손가락을 이용해 약간 오른쪽으로 밀어 통과시킨다. 물론 이렇게 하려면 왼손에서 B를 놓고 오른손에서 A를 놓아야 한다(**그림 40**).

그림 39   그림 40   그림 41

A와 B를 다시 다리 앞으로 가져간다(**그림 41**).

오른손으로 양쪽 모두를 잡는다. 관객에게는 처음과 똑같이 다리에 실크를 단단히 감은 것처럼 보인다(**그림 42**).

그림 43은 관객에게 보이지 않도록 다리 뒤에서 만든 고리의 모습이다.

그림 44는 이와 똑같은 방법으로 실크 대신 로프를 이용해서 고리를 만든 모습이다.

그리고 **그림 45**는 관객석에서 바라본 다리에 실크를 감은 마술사의 모습이다.

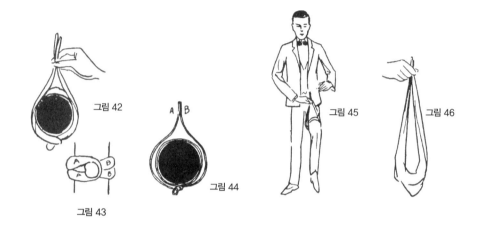

그림 42

그림 43

그림 44

그림 45

그림 46

오른손으로 실크를 당기면 저절로 다리에서 풀어지고 오른손에 고리 모양으로 남게 된다(**그림 46**).

실크가 풀어진 후 관객을 보면서 "감쪽같이 풀어졌습니다"라고 말한다.

또 일반적인 크기의 실크를 관객의 손목에 감을 수도 있다. 관객이 눈치 채지 못하도록 손목 아래에 가짜 고리를 만든다.

신기한 나비 매듭
The Magical Bow Knot

이것은 영국 출신의 마술사 G. W. 헌터가 선보인 멋진 마술이다.

★ 이펙트

마술사가 양손으로 실크를 든다. 양손을 한데 모았다가 떼자 실크에 나비 매듭이 만들어진다. 마술사는 나비 모양의 매듭을 더 단단히 묶는다. 하지만 매듭이 또 감쪽같이 풀어진다.

시연

이 마술에는 길고 폭이 좁은 실크가 가장 적합하다. 커다란 정사각형 실크는 밧줄 모양으로 꼬아서 사용하면 되고 로프를 사용할 수도 있다.

그림 47처럼 양손으로 실크를 든다.

오른손 손바닥을 몸 앞쪽으로 돌려 양손을 가까이 모은다(**그림 48**).

그림 47

그림 48

그림 49

오른손 집게손가락과 가운뎃손가락을 왼손 손등으로 쭉 뻗는다(**그림 49**).

오른손 집게손가락과 가운뎃손가락 사이로 실크 위쪽 끝을 잡는다. 왼손 집게손가락과 가운뎃손가락은 쭉 펴서 실크 아래쪽 끝을 잡는다(**그림 50**).

양손을 떼어놓으면 실크에 나비 모양의 매듭이 생긴다. 양손을 갖다 대기만 했는데 갑자기 나비매듭이 생긴 것처럼 보이도록 재빨리 움직여야 한다(**그림 51**).

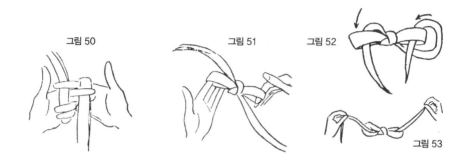

그림 50   그림 51   그림 52

그림 53

실크 양끝을 각각 나비 모양에 집어넣는다. 나비 뒤쪽으로 실크 끝을 들어 올려서 당신 쪽을 향해 나비 안에 집어넣어야 한다(**그림 52**).

그림 53처럼 양끝을 잡는다. 실크 가운데에 나비 매듭이 생긴다.

양쪽 끝을 잡아당기면 저절로 매듭이 풀린다.

그림 54   그림 55

그림 54와 **그림 55**는 로프를 사용할 때 첫 번째와 두 번째 단계에서 나비 매듭의 모습이다. 재빨리 나비 매듭을 만들 수 있도록 연습해야 한다. 양쪽 끝을 나비에 집어넣는 방법만 터득하면 아무 어려움 없이 마술을 선보일 수 있다.

의자 매듭과 나비 매듭 풀기
Chair Tie And Release With Bow Knot

★ 이펙트

마술사가 의자 위에 밧줄을 감고 그 위에 나비 매듭을 묶는다. 밧줄이 의자에서 저절로 풀어진다. 로프 대신 실크를 사용해도 된다.

시연

의자 위쪽 아래로 밧줄을 놓고 나비 매듭 묶을 준비를 한다(**그림** 56과 **그림** 57).

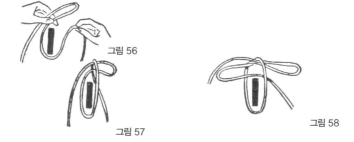

그림 56

그림 58

그림 57

의자 위에 나비 매듭을 묶고 단단하게 당긴다. 밧줄 오른쪽 끝을 왼쪽으로 가져가 의자 위쪽 아래에 놓는다(**그림** 58과 **그림** 59).

그림 59

양쪽 끝을 동시에 당기면 밧줄이 의자에서 떨어진다.

똑똑한 매듭
The Educated Knot

스테이지 등 관객이 멀리 있을 때 선보이면 좋은 마술이다.

★ 이펙트

마술사가 실크 가운데에 매듭을 묶는다. 한쪽 귀퉁이를 들자 실크가 천천히 저절로 풀어진다.

★ 준비물

1. 실크
2. 가느다란 검정색 명주실
3. 검정색 작은 단추

★ 해법과 대사

준비

실 한쪽 끝을 실크 한쪽 귀퉁이에 꿰맨다. 실크에 싱글 매듭을 묶어서 실이 매듭을 따라가도록 한다. 허리 높이로 실크를 들어 실이 아래로 매달리게 한다. 실의 길이는 바닥에서 2.5cm 위여야 한다. 그 길이로 실을 잘라 검정색 작은 단추나 판지 조각을 끝에 꿰맨다. 실크의 매듭을 푼다(**그림 60**).

그리고 바닥에 U자 모양의 못을 밖아 놓는 방법도 있다. 실이 못을 거쳐 무대 밖의 조수에게까지 이어진다. 조수가 적당한 시점에 실을 잡아당긴다.

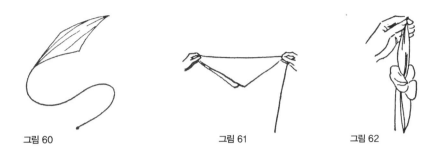

| 그림 60 | 그림 61 | 그림 62 |

시연

첫 번째 방식

그림 61처럼 실크를 든다. 실을 꿰맨 귀퉁이가 왼손에 와야 한다. 관객에게는 실이 보이지 않는다. 이것은 관객 쪽에서 보이는 모습이다.

양손에 잡은 귀퉁이를 한데 모아서 느슨한 싱글 매듭을 만든다. 오른쪽 귀퉁이가 왼손 안으로 온다. 왼쪽 귀퉁이는 오른손으로 들어가며 실도 따라서 간다.

실이 달리지 않는 귀퉁이를 왼손으로 잡아서 실크를 든다. 실이 매듭 위로 올라간다(**그림** 62). 앞쪽으로 실크를 들면 실이 바닥으로 떨어진다. 오른발로 실에 달린 단추를 밟고 실을 팽팽하게 잡아당긴다(**그림** 63).

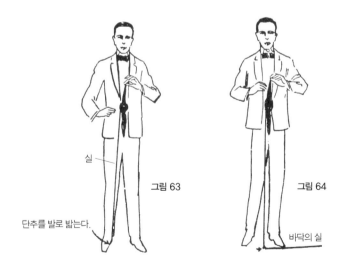

실

그림 63

단추를 발로 밟는다.

그림 64

바닥의 실

두 번째 방식

조수가 있다면 앞에서 말한 것처럼 바닥에 꺾쇠를 박아 놓는다. 못이 박힌 지점의 약간 뒤나 옆쪽에 테이블을 놓는다. 꺾쇠 바로 뒤에 선 채로 테이블에서 실크를 가져와 매듭을 묶은 후 앞으로 든다(그림 64).

조수가 적당한 시점에 실을 당기면 실크의 매듭이 풀린다.

나는 첫 번째 방식을 이용한다. 첫 번째 방식을 이용할 때는 왼손을 계속 더 높이 들면 된다. 실이 실크 아래쪽 귀퉁이를 잡아당기므로 매듭이 풀린다(그림 65).

매듭이 풀리면 실은 왼손에 똑바로 매달려 있게 된다. 아래쪽 귀퉁이에서 실이 나오는 모습은 관객에게 보이지 않는다(그림 66).

그림 65   그림 66   그림 67

실크의 매듭을 푸는 동작은 천천히 해야 한다. 관객은 눈앞에서 매듭이 천천히 풀어지는 모습을 보고 깜짝 놀란다.

세 번째 방식

세 번째는 실 끝을 조끼 단추에 붙이는 방식이다. 지팡이나 오른손으로 실을 당기면 실크가 풀어진다.

일심동체 실크 세트
Sympathetic Silks

이것은 실크를 이용하는 이펙트로 후디니가 가장 즐겨한 마술이다. 다양한 방식으로 변형할 수 있지만 여기에서는 가장 간단한 방식을 소개한다.

★ 이펙트

여섯 장의 실크를 각각 보여준다. 세 장은 의자에 올려놓고 나머지 세 장은 귀퉁이를 묶어서 연결한다. 마술사가 실크 두 세트는 마음이 아주 잘 맞는다고 설명한다. 실크 한 세트가 묶이면 나머지 세트도 저절로 묶인다고 말한다. 마술사가 의자에 놓인 실크 세 장을 가져오자 다른 세트와 똑같이 묶여 있다. 마술사가 실크의 매듭을 풀고 나머지 세 장을 가져오자 신기하게도 저절로 매듭이 풀린다.

★ 준비물

실크 여섯 장. 화려한 효과를 위해 약 67cm 정사각형 크기의 밝은 색 실크를 준비한다. 스테이지 매직에서는 크기가 큰 실크를 사용해야 한다. 하지만 팔러 마술에서는 일반적인 크기의 실크를 사용해도 된다.

★ 해법과 대사
준비
그림 68처럼 실크 세 장을 묶는다.

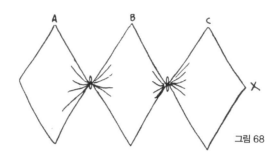

그림 68

매듭이 뒤로 가도록 귀퉁이 A, B, C로 실크를 잡는다. 왼쪽에 실크 한 장을 놓고 오른쪽에는 두 장을 놓는다.

매듭을 드러내지 않고 잡을 수 있도록 위의 순서대로 테이블이나 의자에 올려놓는다. 관객은 세 장의 실크가 서로 떨어져 있다고 생각한다.

시연

위에서 말한 대로 왼손으로 실크 한 장을 가져와서 든다. 오른손에 묶여 있지 않은 실크 두 장을 들고 반듯이 펴는 것처럼 위아래로 흔든 다음 왼손에 놓는다. 이렇게 하면 실제로 실크를 따로따로 떨어뜨리지 않고도 실크가 서로 이어져 있지 않다는 데 관객의 관심을 집중시킬 수 있다(**그림 69**).

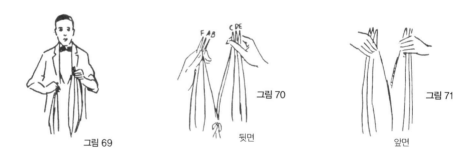

그림 69   그림 70 뒷면   그림 71 앞면

큰 소리로 실크의 개수를 세면서 왼손에서 오른손으로 옮긴다. **그림 70**처럼 양손을 함께 오므려서 매듭이 보이지 않도록 가린다.

그림 71은 관객에게 보이는 실크의 모습이다. 맨 위와 맨 아래 귀퉁이가 따로 떨어

져 있으므로 관객은 실크가 서로 이어져 있다고 생각하지 않는다.

마지막 실크를 셀 때는 약간 더 들어 올려서 왼손으로 위 아래로 튕긴 다음 다른 실크와 함께 오른손에 놓는다. 이제 실크를 다시 왼손으로 옮기면서 왼쪽에 있는 싱글(이어놓지 않은) 실크를 오른쪽으로 옮겨 나머지 별개의 실크 두 장과 함께 놓는다.

"자, 이제 전부 실크 여섯 장입니다."

미리 이어놓은 실크 세 장을 의자에 올려놓는다. 세 장 모두 별개의 실크처럼 보이도록 한데 모아서 놓는다(**그림 72**).

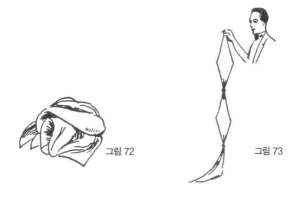

그림 72   그림 73

"더블 매듭 사라지게 하기"나 "더블 매듭 재빨리 풀기"에서와 똑같은 방법으로 싱글 실크 두 장을 묶는다. 매듭이 너무 일찍 풀려버리지 않도록 실크를 잘 잡은 후 똑같은 방법으로 세 번째 실크를 둘 중 하나에 묶는다(**그림 73**).

맨 마지막에 있는 실크를 올려 한데 모아서 실크로 가린 채 매듭을 하나씩 들어서 푼다. 실크를 바닥으로 떨어뜨리거나 다른 의자에 놓는다.

"이 실크는 절대 떨어질 수 없는 사이입니다. 여기 있는 삼총사가 하는 대로 저 삼총사도 그대로 따라하죠. 아시다시피 처음에는 여섯 장 모두 단독으로 있었습니다. 제가 그중 세 장를 묶었죠."

귀퉁이 X(**그림 68**)를 잡아 첫 번째 세트 A, B, C를 가져온다. 그리고 위로 살짝 당겨서 서로 연결되어 있음을 보여준다.

"얘들도 따라서 저절로 매듭을 묶었네요. 풀어줘야겠습니다."

세 개의 매듭을 풀고 실크를 한 장씩 의자에 놓는다.

"얘들이 매듭이 풀리니까 얘들도 따라서 매듭을 풀었습니다."

한 실크 귀퉁이를 잡고 재빨리 위로 당겨서 매듭을 푼다. 똑같은 방법으로 두 번째와 세 번째 실크의 매듭도 푼다.

또 다른 카운트 방법

처음에 실크가 따로따로 떨어져 있음을 보여줄 수 있는 방법은 많다. 위에서는 매우 쉬운 방식으로 설명했는데 또 다른 방법도 있다. **그림 74**처럼 실크를 잡는다. 묶은 실크 세트 A, B, C가 왼손 엄지손가락 갈래에 오고 D는 집게손가락과 가운뎃손가락 사이, E와 F는 가운뎃손가락과 넷째 손가락 사이에 온다.

귀퉁이를 한데 모아 실크를 다 함께 든 것처럼 보이게 한다(**그림 75**).

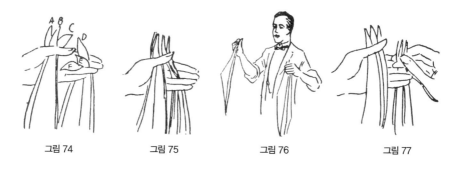

그림 74   그림 75   그림 76   그림 77

하나씩 큰 소리로 센다. 제일 먼저 오른손으로 E의 위쪽 귀퉁이를 잡고 흔든다(**그림 76**).

"하나."

오른손으로 F를 가져와 E와 F를 함께 흔든다.

"둘."

오른손으로 왼손에서 세 번째 실크를 가져오는 척한다. 이때 재빨리 E와 F를 왼손 가운뎃손가락과 넷째 손가락 사이에 돌려놓는다(**그림 77**).

왼팔을 오른쪽으로 흔들면서 오른손으로 A, B, C를 잡고 세 장을 한꺼번에 흔든다(**그림 78**).

그림 78

"셋."

이처럼 왼팔을 오른쪽으로 흔들면서 재빨리 실크를 왼쪽에서 오른쪽으로 바꾸는 모습은 관객에게는 단지 세 번째 별개의 실크를 왼쪽에서 오른쪽으로 옮기는 행동처럼 보인다.

묶은 실크 세트 A, B, C를 의자에 놓는다. 그리고 나머지 세 장을 마저 센다.

"넷, 다섯, 여섯."

이제부터 앞에서 소개한 방식과 똑같이 진행하면 된다.

의자를 이용해 실크 카운트하기

이것은 묶은 실크 세트가 하나의 실크처럼 보이도록 걸어두는 방식이다.

우선 위쪽 귀퉁이 A, B, C, D, E, F에 아주 조그만 고리를 꿰매둔다.

의자 위에 일정한 간격으로 ㄱ자 못 여섯 개를 박는다. 못에 실크 고리가 걸릴 수 있을 정도로 튀어나오게 박아야 한다(**그림 79**).

먼저 첫 번째, 세 번째, 다섯 번째 못에 A, B, C 고리를 건다(**그림 80**).

그림 79

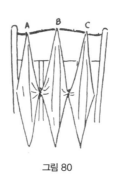

그림 80

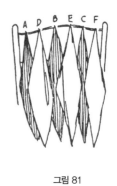

그림 81

두 번째, 네 번째, 여섯 번째 못에는 D, E, F 고리를 건다(**그림 81**).

D와 E가 매듭을 가리므로 의자에 싱글 실크 여섯 개가 걸려 있는 것처럼 보인다.

귀퉁이 C, B, A를 잡고 갑자기 아래로 당기면 다른 실크에서 떨어진다. 단독으로 된 실크를 움직이는 것처럼 동작이 매끄러워질 때까지 연습해야 한다(**그림 82**).

그림 82

실크를 하나씩 잡으면서 카운트하고 다 센 후에는 의자 위에 놓는다.

나머지 실크도 똑같은 방법으로 카운트한다.

이제부터 앞에서 소개한 방식과 똑같이 진행하면 된다.

이펙트 변형하기

일심동체 실크 세트 마술은 다음과 같이 변형할 수 있다. 세트 1, 즉 미리 묶어놓은 실크 세트를 카운트하고 의자에 놓는다. 그리고 별개의 실크 세 장으로 된 세트를 사슬 모양으로 묶어 다른 의자나 바닥에 놓는다. 그것을 당기면 저절로 매듭이 풀어진다. 세트 2의 매듭이 저절로 풀어졌음을 보여준다. 귀퉁이 X로 세트 1을 잡고(**그림 68**) 매듭이 생겼음을 보여준다.

토미 도드의 실크 통과 마술
Tommy Dowd's Silk Penetration

나는 이 마술을 보자마자 내 쇼의 즉석 마술에 포함시켰다. 도저히 일어날 수 없는 일처럼 보이지만 너무나 자연스러워 보이므로 관객에게 좋은 반응을 얻을 수 있다. 이렇게 훌륭한 이펙트를 소개해준 토미 도드와 스튜어트 롭슨에게 감사한다.

★ 이펙트

마술사가 약 1.8m 길이의 밧줄을 세워 한쪽 끝은 발로 밟고 다른 쪽 끝은 이로 문다. 그리고 밧줄에 약 61cm 크기의 실크를 더블 매듭으로 묶는다. 실크 양쪽 끝을 멀리 떨어진 간격으로 든다. 손을 천천히 위아래로 움직이자 로프의 매듭이 위아래로 움직인다. 마술사가 실크 한쪽 끝을 놓자 실크가 로프에서 떨어지고 로프에는 계속 매듭이 묶여 있다. 실크가 로프를 통과한 것이다.

★ 준비물
1. 24인치 실크
2. 약 1.8m 길이의 로프

★ 해법

준비물에 미리 세팅을 해둘 필요는 없지만 매듭을 묶을 때 교묘한 방법이 사용된다. 다음 그림은 마술사의 관점에서 본 모습이다.

시연
그림 1처럼 밧줄 한쪽은 발로 밟고 다른 쪽은 치아로 물어서 세워놓고 양손으로 실크를 잡는다.

끝 B를 밧줄 앞으로 가져가 왼쪽으로 놓고 "싱글 매듭 사라지게 하기" 준비를 한다(그림 2). 끝 A는 왼손 집게손가락과 가운뎃손가락 사이로 들고 끝 B는 왼손 엄지손가락과 집게손가락 기부 사이와 왼쪽 집게손가락과 넷째 손가락 사이로 든다.

오른손을 고리 L에 집어넣고 끝 A를 잡는다. A를 L 안으로 통과시켜 곧바로 밧줄 앞으로 가져온다. 그러는 동안에 왼손 집게손가락과 넷째 손가락은 실크를 더 꽉 잡고 아래와 바깥으로 움직여서 슬립 매듭 고리를 만든다.

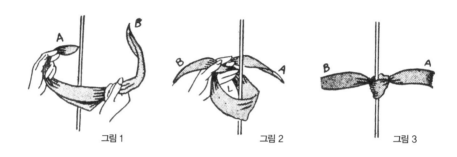

그림 1　　　　그림 2　　　　그림 3

그림 3은 밧줄에 실크로 싱글 매듭을 묶은 것처럼 보이는 모습이다. 하지만 실제로는 잡아당기면 곧 풀어지는 가짜 매듭이다.

왼손으로는 B를 잡고 오른손으로는 A를 잡는다. 그림 4처럼 A를 밧줄 앞에서 뒤로 한 바퀴 돌린다.

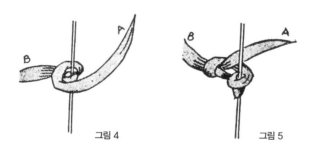

그림 4　　　　그림 5

그리고 B 옆에 A를 싱글 매듭으로 묶는다(그림 5). 이 매듭을 묶을 때 A는 교차시키지 말고 왼쪽으로 올려야 한다. 그림 6처럼 매듭을 밧줄 쪽으로 잡아당긴다. 너무 세게 당기지 말고 느슨하게 두어야 한다. 계속 연습해보면 자연스럽게 할 수 있다.

관객에게는(두 번 묶은 것으로 보인다 ─감수자) 실크가 밧줄에 묶여 있다는 사실은 의심의 여지가 없다.

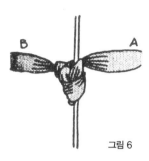

그림 6

왼손으로 B를 잡고 오른손으로 A를 잡아 B와 A가 수평선이 되게 한다. 매듭을 단단히 묶는 것처럼 보이지만 사실은 왼손으로 부드럽게 B를 왼쪽으로 당기는 동안 오른손은 그냥 들고 있다. 이렇게 하면 관객의 눈에 띄지 않고 가짜 매듭이 풀어진다. 이처럼 B를 당겨서 매듭을 풀고 마지막을 장식할 준비를 한다. 모든 동작을 정확히 하면 세게 당기지 않아도 매듭이 풀어진다.

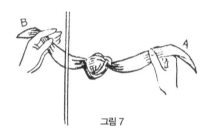

그림 7

실크가 밧줄에 묶여 있다는 사실을 계속 강조한다. A와 B를 팽팽하게 잡으면 매듭이 밧줄에 기대게 된다. 이제 양손을 올렸다 내렸다 한다. 실크가 밧줄로 올라갔다 내려갔다 하는 것처럼 보인다.

양손을 앞으로 움직이면 실크 한쪽 끝이 풀어져 실크가 밧줄에서 떨어진 것처럼 보인다. 하지만 매듭은 계속 남아 있다.

실제로는 싱글 매듭이지만 관객은 처음에 밧줄에 묶은 것과 똑같은 더블 매듭이라고 생각한다. 따라서 실크의 매듭을 풀 때는 더블 매듭을 푸는 것처럼 보여야 한다.

제대로만 하면 대단히 멋진 이펙트를 연출할 수 있다. 정확하게 시연할 수 있을 때까지 계속 반복해서 연습해야 한다.

밧줄 대신 지팡이나 가는 막대 혹은 링킹 링을 사용해서 이펙트를 변형할 수 있다. 관객 한 명에게 밧줄을 들고 있으라고 하거나 두 명에게 각각 양쪽 끝을 들고 있으라고 해도 된다.

베이커의 실크로 팔 통과하기 마술
Al Baker's Handkerchief Through the Arm

이는 앞에서 이미 설명한 "싱글 매듭 없애기"의 알 베이커 버전이다.

★ 이펙트
관객의 팔을 실크로 감싸고 더블 매듭을 묶는다. 마술사가 실크를 잡고 팔에서 당긴다. 실크는 여전히 팔에 묶여 있지만 고리 모양으로 변한다.

★ 준비물
약 46~61cm 크기의 정사각형 실크

시연
실크를 약간 꼰 다음 양손으로 관객의 팔 아래에 든다. 양쪽 끝을 팔 위로 교차하여 "싱글 매듭 사라지게 하기" 준비를 한다(**그림 1**). 끝 A는 왼손 집게손가락과 가운뎃손가락 사이로 들고 끝 B는 엄지손가락과 집게손가락 기부 사이 그리고 가운뎃손가락과 넷째 손가락 사이로 든다.

그림 1

오른손을 고리 L에 넣고 A를 고리 안으로 잡아당겨서 당신의 앞쪽으로 오게 한다. 그와 동시에 왼손 가운뎃손가락과 넷째 손가락으로 실크를 꽉 잡고 아래쪽 바깥으로 돌린다. 이렇게 하면 고리가 만들어지며 실크가 손목에 꽉 묶여진 것처럼 자리를 잡는다(**그림 2**).

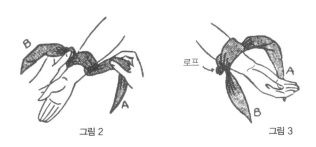

그림 2   그림 3

고리를 아래로 충분히 내려야만 오른쪽에 서 있는 도우미 관객에게 들킬 염려가 없다(**그림 3**).

A를 왼쪽으로 올려 손목을 감싼다(**그림 4**).

양끝을 더블 매듭으로 묶는다(**그림 5**).

그림 4   그림 5   그림 6

오른손으로 매듭을 잡고 위로 당기면 실크가 저절로 팔에서 풀어진다(**그림 6**). 제대로만 시연하면 매우 자연스럽고 환상적인 이펙트를 연출할 수 있다.

환상의 매듭
The Phantom Knots

이것은 매듭 마술을 변형한 방식으로 스테이지뿐 아니라 일상생활에서도 선보일 수 있는 놀라운 마술이다.

★ 이펙트

초록색 실크에 오렌지 색깔의 실크를 더블 매듭으로 묶는다. 그리고 초록색 실크도 더블 매듭으로 묶는다. 다시 말해서 실크 두 장을 각각 더블 매듭으로 연결한다. 관객이 초록색 실크 양쪽 끝을 잡고 마술사가 오렌지색 실크 양쪽 끝을 잡는다. 잠시 후 두 개의 실크가 따로 따로 떨어진다. 하지만 관객이 든 초록색 실크에는 여전히 더블 매듭이 있고 마술사가 든 오렌지색 실크에도 매듭이 묶여 있다.

★ 준비물

1. 61cm 오렌지색 실크
2. 61cm 초록색 실크

43cm나 51cm 실크를 사용해도 되지만 61cm가 가장 효과적이다.

시연

관객에게 초록색 실크 양쪽 끝을 비스듬히 들라고 한다(**그림 1**). 그 둘레에 오렌지색 실크 끝 B가 왼손 집게손가락과 가운뎃손가락 사이를 통과하고 끝 A가 그 위를 지나 가운뎃손가락과 넷째 손가락 사이와 엄지손가락과 집게손가락 기부를 지나도록 잡는다.

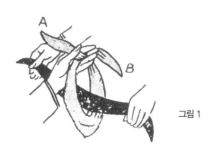

그림 1

오렌지색 실크 고리 안을 통과해 끝 A를 잡고 가장 가까운 곳에 있는 초록색 실크 쪽으로 내린다(**그림 2**). 왼손은 약간 밖으로 향하게 하여 앞에서 설명한 매듭이 사라지게 하기 위한 고리를 만든다. 너무 세게 잡아당기지 않는다(**그림 3**).

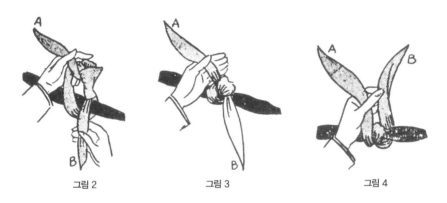

| 그림 2 | 그림 3 | 그림 4 |

끝 B를 초록색 실크 아래로 내리고 더 멀리까지 올린다(**그림 4**). 싱글 매듭을 묶어 끝 A를 계속 왼쪽에 둔다(**그림 5**).

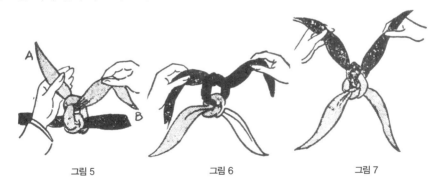

| 그림 5 | 그림 6 | 그림 7 |

관객에게서 초록색 실크를 가져와 싱글 매듭을 묶는다(**그림 6**). 그리고 더블 매듭을 만든다(**그림 7**).

초록색 실크 양끝을 관객에게 주고 당신은 오렌지색 실크 양끝을 잡는다(**그림 8**).

그림 8

관객에게 잡아당기라고 하고 당신도 잡아당긴다. 이때 끝 A를 좀더 세게 잡아당겨 초록색 실크에 묶인 오렌지색 실크를 느슨하게 만들고 거의 동시에 오렌지색 실크의 매듭을 세게 잡아당긴다.

그림 9처럼 실크가 분리된다.

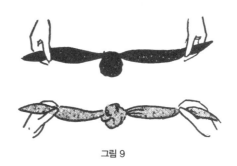

그림 9

묶여 있던 실크가 분리되는 모습은 무척 신기하게 보인다.

★

계란과 실크 마술

Tarbell
Course in MAGIC

계란과 실크를 활용한 마술도 오래전부터 내려온 마술로 그 방식 또한 매우 다양
하다. 이번 레슨에서는 주위에서 쉽게 구할 수 있는 재료로 간단하게 해볼 수 있
는 마술을 배워보도록 하자. 가족들이 있는 식사자리에서 선보이면 안성맞춤이
지 않을까.

Tarbell course in MAGIC

계란, 유리컵 그리고 실크
The Egg, The Glass, and The Handkerchief

이것도 매우 오래전부터 전해 내려오는 마술이다. 따라서 그 방식도 매우 다양하다. 속이 빈 나무 또는 플라스틱으로 만든 계란을 이용해서 실크가 사라지게 하거나 계란으로 변하게 만들고 여분의 실크와 계란을 사용하는 복잡한 방식도 있다. 하지만 최근에는 밑 빠진 유리컵(Bottomless Glass)을 사용하게 되었다. 이제는 계란 하나와 실크 한 장만 필요하고 둘 다 표시를 해둠으로써 훨씬 더 간단해졌다.

여기에서는 위에서 말한 것처럼 가장 단순한 방식을 배워보려고 한다. 미리 세팅을 하지 않아도 되는 평범한 유리컵과 진짜 계란 또는 공 한 개 그리고 실크(여성 관객에게 손수건을 빌려서 사용 가능)만 있으면 된다. 또한 이 방식은 스테이지뿐 아니라 식사자리에서 즉석 마술로도 선보이기에 안성맞춤이다.

★ 이펙트

유리컵에 계란을 넣는다. 마술사가 실크로 컵을 가리고 테이블 위에 놓는다. 여성용 손수건(혹은 실크 손수건)을 보여준다. 실크를 돌돌 말아서 손에 넣자 유리컵에 넣은 계란에 변화가 일어난다. 마술사가 유리컵에서 실크를 벗겨내자 놀랍게도 유리컵에서 실크가 나온다.

★ 준비물

1. 평범한 원통형 유리컵. 위아래로 곧게 뻗어 있는 유리컵이 가장 적합하다. 여의치 않을 경우 위에서 아래로 약간 비스듬하게 되어 있는 컵을 사용해도 된다. 위와 바닥의 크기가 같은 고블릿(굽이 높고 손잡이가 없는 술잔—옮긴이)도 괜찮다. 유리컵은 용도상 위와 바닥의 크기가 거의 비슷한 것으로 준비해야 한다. 하지만 약간 차이가 있어도 괜찮다.

2. 계란(진짜 계란이나 모조품). 작은 감자를 준비해도 된다.
3. 빌린 여성용 손수건이나 실크
4. 남성용 손수건(크기가 크고 불투명해야 함)

★ 해법과 대사
이 마술은 즉석 마술이므로 별도의 준비가 필요하지 않다.

시연
테이블에 유리컵과 계란, 큰 실크 손수건을 놓아둔다. 테이블은 약간 왼쪽 앞에 놓는다. 실크를 사용할 것이라면 미리 준비해놓는다. 그렇지 않으면 여성 관객에게 빌려서 사용한다.

오른손 손가락 끝으로 계란을 잡고 관객에게 보여준다.

"이 계란은 원래 왕이었습니다. 아주 행복한 왕이었죠."

왼손으로 유리컵을 들어서 보여준다. 유리컵에 계란을 넣은 후 엄지손가락과 집게손가락 끝으로 위쪽 가장자리를 잡고 살짝 흔든다.

"왕은 유리로 된 궁전에서 살았습니다. 이 유리컵처럼 말입니다."

큰 실크를 꺼내 왼손에 펼치고 오른손으로 유리컵을 잡는다.

"이제 왕의 집을 가리겠습니다."

왼손을 실크 안에 넣고 손바닥이 관객을 향하도록 한다. 그리고 계란과 유리컵이 든 오른손을 보여준다. 이제 유리잔을 당신의 바로 앞으로 가져오고 왼손에 놓인 실크를 유리컵 앞으로 가져와서 관객에게 보이지 않도록 숨긴다. **그림 1**은 당신에게 보이는 모습이다.

그림 1   그림 2

컵이 실크에 완전히 가려지면 컵 바닥을 왼쪽으로 돌려서 완전히 뒤집는다. 계란을 떨어뜨리지 않고 컵을 뒤집는 동작은 그리 어렵지 않다. 팔은 움직이지 말고 손과 손목만 움직이면 관객이 눈치 채지 못한다(**그림 2**).

그림 3

왼손에 있는 실크로 유리컵을 가린다. 관객에게는 단지 거꾸로 선 컵을 실크로 가리는 것처럼 보인다. 컵이 뒤집어졌다고 생각하지는 않는다(**그림 3**).

왼손으로 컵과 실크 맨 윗부분을 잡는다. 오른손 손바닥으로 계란을 굴린 후 그 위로 가운뎃손가락과 넷째 손가락, 새끼손가락을 구부리고 엄지손가락 기부로 민다. 오른손 손등이 관객을 향하게 하여 실크 안에서 꺼낸다(**그림 4**).

"이제 왕의 집을 바닥에 내려놓겠습니다."

컵을 테이블에 놓는다. 실크가 커튼처럼 컵을 가리고 있다. 실크 안에 들어 있는 유리컵의 윗부분(실제로는 바닥)이 잘 드러나야 한디.

빌린 여성용 손수건 혹은 실크를 아래 그림처럼 두 귀퉁이로 잡는다. 오른손 손등이 관객에게 잘 보이도록 한다(**그림 5**).

그림 4

그림 5

"관중석에서 여왕은 어디 있느냐는 소리가 들리네요."

왼손으로 실크 귀퉁이를 잡고 떨어뜨린다. 오른손 손가락으로 가운데를 잡은 후 왼손은 놓는다. 그런 다음 **그림 6**처럼 실크 중앙에 왼손을 놓는다.

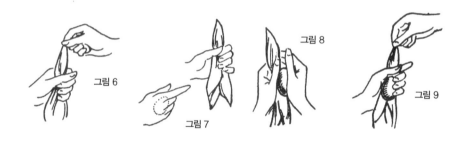
그림 6

그림 7

그림 8

그림 9

실크에서 오른손을 떼고 오른손 집게손가락으로 실크를 가리킨다(**그림 7**).

"당연히 여왕도 있죠. 바로 여기 있습니다."

몸의 오른쪽을 약간 관객 쪽으로 돌리고 오른손을 왼손 앞으로 가져간다(**그림 8**).
실크에 갖다 댄 왼손 손바닥에 계란이 빠져나오도록 하여 왼손 손가락 끝으로 잘 잡는다(**그림 9**).
양손을 앞으로 빙글 돌려 왼손 손등이 관객을 향하게 한다. 오른손을 위로 들어 다시 **그림 6**처럼 컵의 윗부분을 잡는다. 조금도 주저하지 않고 매끄럽게 움직일 수 있도록 이 동작은 확실하게 익힌다. 관객에게는 당신이 오른손으로 윗부분에 튀어나온 실크 가운데를 잡으려는 것처럼 보인다.

실크를 당겨서 왼손에서 떼어내고 왼손 손바닥 뒤에 계란을 남긴다(**그림 10**).

"자, 여왕입니다."

오른손을 들어 손바닥을 보여준다. 이것은 말이 아니라 행동으로 손바닥에 아무것도 없음을 보여주기 위해서이다.

이제 오른손으로 실크를 잡고 왼손으로 들어올린다. 양손을 오른쪽으로 빙글 돌려 오른쪽 손바닥이 관객을 향하고 당신의 오른쪽으로 오게 한다.

"자, 여왕을 잘 보세요."

오른손 엄지손가락과 나머지 손가락 끝을 이용해서 실크를 오른손 손바닥으로 동그랗게 만다. 실크를 꽉 눌러 공처럼 만들어서 오른쪽 손바닥으로 안전하게 밀어 넣는다. 그런 다음 오른손 가운뎃손가락과 넷째 손가락, 새끼손가락으로 실크를 감싼다. 계란이 보이지 않도록 계속 왼손 손등을 관객에게 보여줘야 한다(**그림 11**과 **그림 12**).

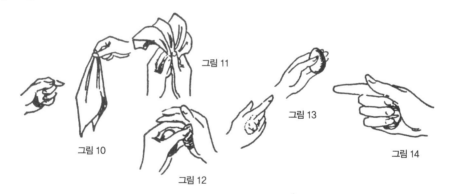

이제 계란을 왼손 손가락 끝으로 가져간 후 왼손이 오른손에서 멀리 떨어지게 한다. 오른손 집게손가락으로 왼쪽을 가리킨다. 왼손을 들어 손바닥에 있는 계란을 보여준다. 실크가 보이지 않도록 오른손 손등이 관객을 향하도록 한다(**그림 13**).

그림 14는 오른손으로 실크를 든 모습이다. 이것은 당신 쪽에서 본 모습으로 손등이 관객을 향한다.

"아니, 왕입니다!"

계란을 보여주고 테이블에 놓는다.

"그럼 유리 궁전으로 가 볼까요?"

실크로 덮인 유리컵을 테이블에서 가져온다. 왼손으로 든다. 오른손을 컵 아래에 넣고 실크를 안으로 밀어 넣는다(**그림 15**).

오른손으로 유리컵을 받치고 엄지손가락과 나머지 손가락을 이용해서 안전하게 든다. 왼손으로 실크 안쪽 가장자리를 잡고 당신을 향하도록 한다(**그림 16**).

"실크를 걷어내겠습니다."

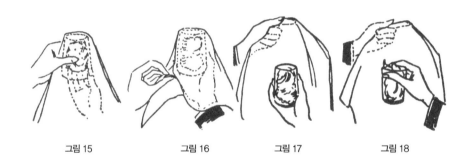

| 그림 15 | 그림 16 | 그림 17 | 그림 18 |

왼손으로 실크 자락을 잡아 여전히 컵을 가린 채 아래로 펼쳐지도록 한다. 유리컵 바닥을 왼쪽으로 뒤집어 똑바로 세운다. 손가락 끝으로 유리컵을 제대로 잡으면 관객에게 들키지 않고 간단히 뒤집을 수 있다(**그림 17**과 **그림 18**).

유리컵이 똑바로 서는 순간 오른손을 오른쪽으로 옮겨 유리컵에 들어 있는 실크를 보여준다. 유리컵에서 실크가 나오면 왼손은 밑으로 내린다.

"여왕은 바로 여기에 있습니다!"

왼손으로 유리컵을 잡고 오른손으로 실크를 걷어낸다.
유리컵을 테이블에 놓는다.

빌린 실크를 사용했다면 주인에게 돌려준다.

★ 참고

실크가 아니라 다른 물체를 사용할 때도 이와 똑같은 원리로 시연하면 된다. 유리컵에 넣은 감자가 홍당무나 레몬으로 바뀌게 한다. 또는 실패가 리본으로 바뀌거나 파란색 실크가 빨간색 실크로 바뀌게 해도 된다. 커다란 실크로 가리고 유리컵에서 파란색 실크를 꺼낸 다음 작은 공으로 만들어서 오른손 손바닥에 숨기면 된다. **그림 14**처럼 가운뎃손가락과 넷째 손가락, 새끼손가락을 구부려서 가린다. 실크도 계란처럼 손쉽게 다른 손으로 옮길 수 있다.

저녁식사 자리에서 선보이는 마술이라면 주위에 있는 작은 물체를 활용하면 된다. 테이블에서 유리컵을 가져오고 냅킨으로 가린다.

실크와 계란 변신시키기
An Eggs-Traordinary Eggs-Planation

이것은 마술이 실패한 것처럼 보이게 한 후 나중에 관객을 더 놀라게 만드는 '서커(sucker)' 트릭이다.

★ 이펙트

마술사가 실크를 보여주면서 사라지게 하겠다고 말한다. 양손으로 실크를 공처럼 말고 왼손에 넣는 척한다. 관객은 마술사가 실크를 오른쪽 바지주머니에 넣었다고 생각한다. 하지만 마술사가 왼손을 펼치자 실크가 나온다. 다시 실크를 말자 이번에는 계란으로 변한다. 이제 마술사는 관객에게 마술 방법을 설명해주겠다고 한다. 그리고 플라스틱/합성수지로 만든 계란을 꺼낸다. 그 안은 텅 비었고 마술사가 미리 실크를 집어넣었다. 마술사는 실크를 펼치고 아까처럼 실크를 계란으로 바꿔 보인다.

그리고 계란을 깨뜨려서 진짜 계란이 맞는지 보여주겠다고 한다. 계란을 깨뜨리면서 안에 든 실크를 유리컵에 떨어뜨리고 진짜 계란임을 확인시켜준다.

★ 준비물
1. 플라스틱/합성수지로 만든 속이 텅 빈 계란. 입구에 실크가 들어갈 만한 공간이 있다(마술용품점에서 구입 가능).
2. '마법의 열쇠' 라고 보여줄 열쇠
3. 진짜 계란

★ 해법과 대사
준비
오른쪽 바지주머니에 빈 계란을 넣는다.
같은 주머니에 열쇠를 넣는다.
왼쪽 윗옷 주머니에 진짜 계란을 넣는다.

시연
실크를 꺼내고 이렇게 말한다.

"제가 지금 들고 있는 실크는 신기한 마법의 실크입니다. 여러분에게는 평범한 실크처럼 보일 겁니다. 하지만 조금만 잘 보시면 다른 점을 찾아낼 수 있습니다. 이 실크는 다른 물체로 변할 수 있습니다. 여러분의 눈앞에서 사라졌다가 다른 물건으로 변신해서 나타나죠."

양손으로 실크를 뭉쳐서 공처럼 만든다. **그림 19**는 관객 쪽에서 본 마술사가 실크를 뭉치는 모습이다.

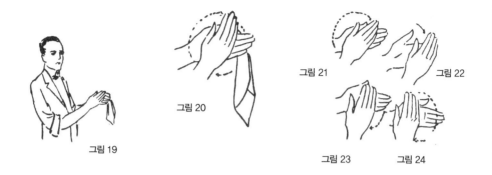

그림 19

그림 20

그림 21

그림 22

그림 23

그림 24

실크를 신속하게 작은 공으로 압축하는 기술은 매우 중요하다. **그림 20~24**를 잘 보고 확실하게 익힐 때까지 연습한다.

우선 실크의 한 귀퉁이를 잡고 나머지 부분이 왼손 손등 위로 걸리게 한다. 오른손을 시계 방향으로 돌린다. 실크가 왼손 엄지손가락으로 들어가도록 한다. 동그랗게 공 모양이 잡히면 그 다음부터는 아주 쉽다. 손이 촉촉하거나 끈적거리면 건조할 때보다 더 쉽게 공을 굴릴 수 있다.

"자, 잘 보세요. 왼손으로 굴려 넣겠습니다."

그림 25

그림 26

실크가 조그만 공으로 변하면 왼손으로 감싸고 손등이 관객을 향하게 한다. 그와 동시에 오른손을 오므려 왼손에서 공을 가져오는 척한다. 관객이 오른손에 실크가 들어 있다고 믿게 만들기 위해서이다(**그림 25**와 **그림 26**).

그림 27

시선은 왼손을 향한 채 오른손 바지주머니에 오른손을 넣는다(**그림 27**).

"이제 오른손을 꼭 쥐면 실크가 사라집니다."

오른손에 셀룰로이드 계란을 핑거 팜 하고 주머니에서 손을 꺼낸다. 관객은 당신
이 오른손에 무언가를 숨겼다는 사실을 눈치 채지 못한다.
관객을 보면서 말한다.

"정말 실크가 사라졌을지 의심하는 분들이 계신 것 같군요. 실크는 아직 사라지지 않았습
니다."

오른손을 펼쳐 엄지손가락과 집게손가락 기부로 실크 한 귀퉁이를 잡아서 실크가
매달려 있게 한다. 핑거 팜한 플라스틱 계란이 보이지 않도록 오른쪽 손등이 관객을
향하게 한다(**그림 28**).

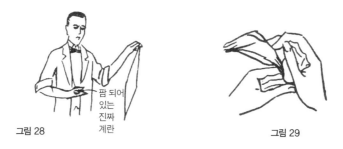

그림 28

팜 되어
있는
진짜
계란

그림 29

"자세히 보지 않으신 것 같군요. 자, 다시 실크를 꼭 누르겠습니다."

왼손 집게손가락과 가운뎃손가락으로 셀룰로이드 계란 입구에 실크를 집어넣는다 (**그림 29**).

실크가 완전히 들어가면 왼손으로 계란을 감싼 채 오른손에서 멀리 떨어뜨린다. 계란이 보이지 않도록 왼손 손등이 관객을 향하게 한다.

오른손이 텅 비었음을 보여주고 오른쪽 바지주머니에서 열쇠를 꺼낸다.

"이 마법 열쇠를 손에 대보겠습니다."

그림 30   그림 31

열쇠로 왼손을 몇 번씩 갖다 댄다(**그림 30**).

"자, 실크가 계란으로 변했습니다."

이렇게 말하면서 왼손을 들어 계란을 보여준다(**그림 31**).

"역시 마법 열쇠의 힘은 대단하군요. 마술을 어떻게 하는지 알려달라고 하시는 분들이 있습니다. 방금 보여드린 실크를 계란으로 바꾸는 마술을 알려드리겠습니다. 이번 기회에 마술 하나 배우셔서 가족이나 친구, 직장 동료들에게 보여주세요. 우선 이렇게 열쇠를 준비하세요. 아마 많은 분들이 지금 열쇠를 가지고 있을 겁니다. 열쇠를 주머니에 넣습니다."

이렇게 말하면서 오른쪽 바지주머니에 열쇠를 넣은 후 손을 꺼낸다.

"두 번째로 계란이 필요합니다."

그림 32   그림 33

플라스틱 계란의 입구가 보이지 않게 조심하면서 오른손으로 옮긴다. 왼손은 자연스럽게 왼쪽 윗옷 주머니에 둔다(**그림 32**).

"하지만 이 계란은 좀 특별한 계란입니다. 진짜 계란처럼 보이지만 아닙니다."

계란을 뒤집어 구멍을 보여준다(**그림 33**).

"안이 텅 빈 가짜 계란입니다. 구멍에 실크를 집어넣을 수 있죠."

 손바닥에
진짜 계란을 숨긴다.

그림 34   그림 35

왼손에 진짜 계란을 핑거 팜하고 왼쪽 윗옷 주머니에서 손을 꺼낸다. 왼손 손가락으로 셀룰로이드 계란에서 실크를 꺼내 **그림 34**처럼 든다.

"그러니까 실크를 준비해서 왼손에 들고 가짜 계란을 사용하면 되는 거죠."

그림 35처럼 왼손으로 실크를 잡고 계란을 보여준다.

"물론 관객은 계란이 가짜일 줄 상상도 못 하죠. 이렇게 손가락 뒤에 숨기면 됩니다."

왼쪽이 약간 관객을 향하게 한다. 왼손을 오른손으로 가져가 가짜 계란을 감춘다(그림 36).

"이제 가짜 계란 속에 실크를 집어넣습니다."

몸의 오른쪽이 관객을 향하게 한다. 왼손 손바닥에 숨긴 진짜 계란이 보이지 않도록 두 손을 함께 둔다. 오른손으로 가짜 계란에 실크를 집어넣는다(그림 37).
오른손에 가짜 계란을 숨긴다(그림 38).

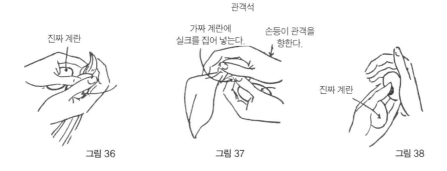

관객석

진짜 계란

가짜 계란에
실크를 집어 넣는다.

손등이 관객을
향한다.

진짜 계란

그림 36   그림 37   그림 38

왼손에 가짜 계란을 감추고 왼손을 오른손에서 뗀다. 왼손에서 진짜 계란이 나타난다. 관객은 그것이 방금 실크를 집어넣은 가짜 계란이라고 생각한다(그림 39).

"계란에 실크를 집어넣었습니다. 하지만 열쇠를 먼저 갖다 댄 다음에 계란을 보여줘야 합니다. 진짜 마술처럼 보이도록 해야죠."

왼손을 뒤집어 계란을 숨기고 왼팔을 쭉 편다. 오른쪽 바지주머니에 열쇠가 있으므로 오른손을 아래로 내린다(그림 40).

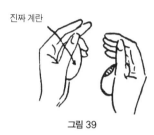

진짜 계란

그림 39

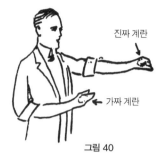

진짜 계란

가짜 계란

그림 40

오른손으로 주머니에서 열쇠를 꺼내면서 엄지손가락으로 가짜 계란을 위쪽 귀퉁이 안으로 밀어 넣는다. 열쇠를 꺼낸 후 주머니를 뒤집어 아무것도 없음을 보여준다.

"아시다시피 이 열쇠는 극적인 효과를 높이기 위해서 사용하는 거죠. 진짜 마술처럼 보이게 하는 효과가 있으니까요. 자, 이렇게 왼손에 열쇠를 갖다 댑니다."

왼손에 열쇠를 대거나 손에 올려놓는다. 그런 다음 뒤집어져 있는 주머니를 다시 집어넣으면서 열쇠를 그 안에 넣는다. 이렇게 하기 전과 후에 오른손이 텅 비었음을 보여준다. 관객은 마술사가 손에 아무것도 숨기지 않았음을 확인한다.

"그리고 이렇게 손을 뒤집어서 계란을 보여주는 거죠."

왼손을 뒤집어 계란을 보여준다. 이것은 진짜 계란이지만 관객은 플라스틱으로 만든 가짜 계란이라고 생각한다(**그림 41**).

그림 41

그림 42

"정말 놀랍죠? 하지만 조심하셔야 합니다. 지금 저처럼 엄지손가락으로 계란을 잡아야 합니다. 입구는 보이지 않도록 손바닥에 잘 붙여야죠. 구멍이 보이면 마술사 체면이 말이 아니겠죠. 하지만 의심 많으신 관객은 계란을 한번 깨뜨려보라고 하시죠."

유리컵에 대고 계란을 깨뜨린다. 계란이 깨지면서 내용물이 유리컵으로 들어간다. 유리컵을 들어 진짜 계란을 보여준다(**그림 42**).

"계란을 깨뜨려서 진짜 계란이라는 사실을 보여주면 됩니다."

서커 트릭-손수건 배니시
A "Sucker" Handkerchief Vanish

이것은 즉석에서 멋진 이펙트를 연출할 수 있는 배니시이다.

★ 이펙트
마술사가 양손으로 손수건을 돌돌 말고 왼손에 넣고 오므리는 척한다. 오른손을 바지주머니에 넣었다 뺀다. 관객은 손수건이 왼손이 아니라 주머니에 들어갔다고 생각한다. 마술사가 왼손을 펼치자 손수건이 사라지지 않고 그대로 있다. 다시 손수건을 말고 오른손 집게손가락을 왼손 손바닥 사이로 밀자 손수건이 사라진다.

★ 준비물
약 33cm 크기의 정사각형 실크 손수건

★ **해법과 대사**
시연
손수건을 꺼낸다.

"지금 제가 들고 있는 것은 평범한 손수건이 아닙니다. 정말 신기한 손수건이죠. 여러분이 모르는 사이에 이 손수건은 자꾸만 변신을 합니다. 아무리 자세히 지켜봐도 손에 말면 눈 깜짝할 사이에 어디론가 사라지죠. 한번 잘 보세요."

앞에서 설명한 대로 양손으로 손수건을 돌돌 만다(**그림 19~25**).
그림 26처럼 양손을 떼어놓는다.
시선을 왼손에 둔 채 오른손을 주머니에 넣는다. 주머니에 손을 넣었다가 뺀다. 관객은 당신이 주머니에 손수건을 넣었다고 생각한다.

"제가 왼손을 펼치면 손수건이 사라지고 없을 겁니다."

관객석에서 들리는 소리를 듣는 척한다. 실제로 당신의 주머니에 손수건이 있다고 말하는 소리가 들릴 것이다.

"뭐라고요? 제가 주머니에 손수건을 넣었다고요? 아뇨, 아닙니다. 손수건은 아직 그대로 있습니다."

그림 28처럼 왼손 엄지손가락으로 손수건 귀퉁이를 잡고 늘어뜨려서 보여준다.
이때 '날카로운' 관객들이 웃음을 터뜨리거나 기가 죽을 것이다.

"말씀드렸다시피 이것은 특별한 손수건입니다. 동그랗게 말아서 왼손에 넣으면…"

주머니에 오른손을 넣는다. 엄지손가락으로 주머니 위쪽 귀퉁이에 손수건을 밀어 넣는다. 그런 다음 주머니 바닥을 잡아 빼서 텅 비었음을 보여준다. 오른손에도 아무것도 없음을 보여준다.

"아마 "주머니에 넣었을 거야" 라고 생각하실 겁니다. 하지만 그렇게 뻔하다면 마술이 아니죠. 오른손 집게손가락을 오른손에 대고 이렇게 손수건을 밀어 넣는 것이 더 쉽습니다."

그림 43처럼 관객이 보는 앞에서 오른쪽 집게손가락을 왼손에 댄다. 왼손을 펼치고 오른쪽 집게손가락으로 재빨리 손바닥을 민다(**그림 44**).

그림 43

그림 44

손가락을 쫙 펴서 양손을 앞뒤로 보여준다.

손수건을 이용한 원맨 배니시
A One-Man Handkerchief Vanish

이 이펙트가 원맨 배니시인 이유는 한 명의 관객만 속이는 마술이기 때문이다. 나머지 사람들은 그 한 명이 속는 모습을 재미있게 지켜본다. 하지만 마지막에 온 관객이 놀랄 만한 일이 일어난다. 코미디 요소가 가미된 재미있는 배니시이다.

★ 이펙트

마술사가 관객석에서 도우미 관객 한 명을 부른다. 테이블에 놓인 원통형 컵을 보여주고 판지로 만든 튜브를 씌운다. 그리고 손수건을 들고 관객 가까이에 선다. 마술사는 관객에게 손수건을 사라지게 할테니 잘 보라고 말한다. 마술사가 관객의 어깨에 손수건을 던지고 사라졌다고 한다. 그 관객은 깜짝 놀라지만 나머지 사람들은 재미있어 한다. 조수가 손수건을 가져와 컵에 넣고 뚜껑을 닫는다. 마술사가 컵에 끼워져 있는 튜브를 들고 어리둥절한 상태인 도우미 관객에게 손수건이 그 안으로 사라졌음을 보여준다. 그리고 그가 제대로 이해하지 못했을지도 모르니 지금까지의 과정을 다시 한번 보여주겠다고 한다. 마술사가 컵에서 손수건을 꺼낸 후 다시 컵을 감싼다. 그리고 양손으로 손수건을 뭉친다. 그러자 갑자기 손수건이 사라진다. 도우미 관객은 물론 나머지 관객들도 손수건이 어디로 사라졌는지 알지 못한다. 마술사가 컵 뚜껑을 열자 그 안에 손수건이 들어 있다.

★ 준비물
1. 약 33cm 정사각형 크기의 똑같은 실크 손수건 두 장
2. 음료수 컵
3. 컵에 잘 들어가고 빠지도록 컵보다 약 8cm 정도 길고 지름도 넓은 판지 튜브
4. 손수건을 튜브에 숨겨서 고정시킬 클립
5. 손수건을 사라지게 만드는 줄 손잡이

★ 해법과 대사
준비
판지를 붙여 튜브를 만든다. 튜브 위쪽에 클립을 끼워놓는다. 그 안에 손수건을 밀어 넣는다. 너무 단단해도 안 되고 너무 느슨해도 안 된다. **그림 45**는 튜브를 유리컵 위에 씌운 모습이다.

컵

그림 45

그림 46

그림 47

손수건 손잡이를 몸 왼쪽에 바로 놓는다. 꺼내기 쉽도록 오른쪽 조끼주머니에 넣어둔다.

무대 오른편의 테이블에 유리컵과 튜브를 놓는다. 당신은 항상 관객을 향해 서므로 무대 오른쪽이 당신의 오른쪽이 된다.

이 마술에는 조수가 필요하다.

시연

관객석에서 도우미 관객 한명을 부른다.

"지금부터 손수건이 마음대로 움직이는 마술을 보여드리겠습니다. 저를 도와주실 분이 한 분 필요합니다. 네, 저기 계신 분, 유난히 눈이 날카로워보이시는군요. 음료수 마실 때 쓰는 유리컵과 종이로 만든 튜브를 사용하겠습니다."

도우미 관객이 올라오면 오른손으로 튜브를 잡는다. 엄지손가락은 밖을 잡고 나머지 손가락은 안에 넣어 손수건을 숨긴다. 모두에게 잘 보이도록 튜브를 높이 들고 안이 텅 비었음을 보여준다(그림 46).

"유리컵에 잘 맞는 튜브입니다. 꼭 유리로 된 집에 도배하는 것 같네요."

유리컵에 튜브를 씌운다.

"잘 보세요. 신기한 일이 벌어질 겁니다."

도우미 관객을 무대 왼쪽 앞에 왼쪽을 보고 서라고 한다. 튜브와 컵을 올려놓은 테이블은 도우미 관객의 뒤에 있다. 도우미 관객의 왼쪽에 가서 선다. 양손으로 손수건을 뭉치기 시작한다. 그림 47은 관객에게 보이는 당신과 도우미 관객의 모습이다.

"보시다시피 양손으로 손수건을 뭉치면 크기가 아주 작아집니다."

손수건을 뭉쳐서 오므린 왼손에 넣는다. 오른손을 위로 들고 왼손을 여러 번 세게 친다(그림 48).

그런 다음 왼손을 펴서 손수건을 보여준다.

"마술이 제대로 되지 않고 있습니다."

다시 손수건을 뭉친다. 이번에는 오른손에 남겨둔다. 다시 오른손에서 왼손으로 옮기는 척 왼손을 오므리고 오른손은 뺀다. 방금 한 것처럼 오른손을 위로 들어 손수건을 등 뒤에 있는 조수에게 던진다(**그림 49**).

그림 48

그림 49

손이 내려올 때 재빨리 오른손 손끝으로 왼손을 친다.
왼손을 펼쳐서 손수건이 사라졌음을 보여준다. 왼손을 앞뒤로 보여준다.
조수가 손수건을 받자마자 마술사는 튜브를 빼고 컵에 손수건을 넣은 후 다시 튜브를 끼운다.

"이제 훨씬 낫군요. 손수건이 사라졌습니다."

옆에 선 관객은 깜짝 놀라 어리둥절해한다. 하지만 이 모습을 다 지켜본 나머지 관객은 재미있어 한다. 이 방법으로 마술사까지도 어리둥절하게 만들 수 있다.
이제 테이블로 걸어간다. 튜브를 빼자 유리컵에 든 손수건이 보인다(**그림 50**).
손수건을 꺼낸 후 다시 유리컵에 튜브를 씌운다. 튜브를 내려놓을 때 클립으로 숨겨둔 손수건을 오른손 손가락으로 밀어 컵 속으로 떨어뜨린다(**그림 51**).

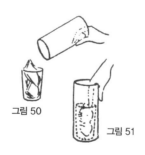

그림 50

그림 51

"정말 이상하죠? 손수건이 제멋대로 사라지네요."

다시 관객의 왼쪽에 선다. 왼손으로 손수건을 잡고 손잡이를 오른손에 놓는다. 관객이 손잡이를 보지 못하도록 멀리 떨어져서 선다.

"너무 가까이에 있어서 잘 못 보신 모양입니다. 하지만 정말 간단합니다. 이렇게 양손으로 손수건을 살짝 흔들리기만 하면 됩니다."

손수건을 손잡이 안에 놓는다. 왼손에 손수건을 놓은 척 오므린다. 오른손으로 손잡이를 놓고 당신의 윗옷 속으로 날아가게 한다.

"그런 다음 손수건을 든 왼손을 오른손으로 칩니다."

아까 한 대로 오른손을 들고 왼손으로 내리친다(**그림 52**).

그림 52

"이렇게 하면 손수건이 사라집니다."

왼손을 펴서 아무것도 없음을 보여준다. 그런 다음 오른손도 앞뒤로 보여준다. 테이블로 가서 튜브를 벗기고 유리컵에 든 손수건을 보여준다.

"손수건이 방황하다가 유리컵으로 돌아왔네요."

유리컵에서 손수건을 꺼내 자랑스럽게 흔든다.

손수건 배니시 반복
Repeat Handkerchief Vanish

이것은 코미디 요소를 가미한 손수건 배니시이다. 이는 영국의 유명한 마술사 오스왈드 윌리엄스가 처음 선보인 이펙트를 약간 바꾼 것이다.

★ 이펙트

마술사가 오른쪽 조끼주머니에서 손수건을 꺼낸다. 그리고 오른손으로 손수건을 왼손 손바닥에 쑤셔 넣는다. 마술사가 왼손을 펴자 손수건이 사라지고 없다. 마술사가 다시 조끼주머니에서 손수건을 꺼내 다시 왼손 손바닥에서 사라지게 한다. 적절한 대사를 곁들어 이 동작을 계속 반복하자 마침내 손수건이 계란 또는 레몬으로 변한다.

★ 준비물

1. 손수건을 사라지게 만드는 줄 손잡이
2. 검정색 고무줄. 둥글고 헝겊으로 뒤덮여 있어야 한다.
3. 가운데에 손수건을 집어넣을 수 있는 구멍이 있는 플라스틱으로 만든 가짜 계란
4. 똑같은 13인치 실크 두 장
5. 신발 단추

★ 해법과 대사
준비

손수건 한 귀퉁이에 신발 단추를 꿰매고 대각선 반대쪽 귀퉁이에도 단추를 꿰맨다. 하나의 단추는 손수건을 조작할 때 "감지기" 역할을 하고 다른 단추는 손수건이 손잡이 안에 있을 때 쉽게 잡을 수 있게 하는 "기어 빼는 장치" 역할을 한다(**그림 53**).

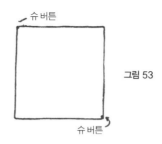

그림 53

여기에서 줄 손잡이는 일반적인 '손수건을 사라지게 하는 줄 손잡이'와 똑같지만 고무줄이 약간 다르게 배치되어 있다. 손잡이 아래쪽 구멍에 넣었다가 입구로 잡아 당긴다. 고무줄의 절반 정도만 입구 위로 잡아 늘린다. 손잡이 아래쪽 구멍의 양쪽에 고무줄로 매듭을 만들어서 고정한다. 그런 다음 손잡이 입구 끝에 매듭을 묶고 고무줄을 손수건 한 귀퉁이에 신발단추와 함께 꿰맨다. 고무줄 다른 쪽 끝에 안전핀을 끼운다(**그림 54**).

손수건을 손잡이 안으로 집어넣는다. 단추 A가 달린 손수건 끝은 맨 마지막에 들어간다(**그림 55**).

그림 55

그림 57

작은 구멍

손수건을 계란에 고정한다.

그림 58

슈 버튼(A)

슈 버튼(B)

고무줄

안전핀

그림 54

그림 56

줄 손잡이를 조끼주머니에 넣는다. 더 먼 귀퉁이에 작은 구멍을 만든다. 손목 근처의 구멍에 고무줄을 끼워 등까지 위로 올린다. 응급상황에서는 일반적인 방법대로 측면에다 설치한다(**그림 56**).

가짜 계란을 가져온다. 입구에 작은 구멍을 만든다. 두 번째 손수건 한 귀퉁이를 구멍에 꿰맨다. 반대쪽 귀퉁이에는 단추를 꿰맨다(**그림 57**과 **그림 58**).

윗옷 왼쪽에 조그만 주머니를 만든다. 이 주머니는 쓰임새가 많다. 계란에 손수건을 집어넣을 때 단추가 쉽게 닿도록 배열한다. 그런 다음 이 주머니에 계란을 넣는다 (**그림 59**).

그림 59

시연

줄 손잡이와 계란을 제대로 배치한 후 무대에 선다.

"어제 마술용품점을 구경하고 있었습니다. 어떤 문구가 제 눈을 사로잡더군요. 바로 손수건 마술에 대한 설명이었죠. 마술사가 조끼주머니에서 손수건을 꺼낸다고 되어 있더군요."

왼쪽 조끼주머니에 오른손을 넣는다. 줄 손잡이에 연결되어 있는 단추를 잡고 손수건을 잡아당긴다. 왼손은 윗옷 왼쪽 가장자리에 놓고 손수건을 왼손에서 잡아당겨 손잡이가 오른손 손바닥으로 들어오게 한다. 손수건을 잡아당길 때는 단추 B가 왼손 엄지손가락과 나머지 손가락 끝에 올 때까지 고무줄을 당긴다. 항상 왼손 손등이 관객을 향하게 한다(**그림 60**).

관객에게는 당신이 단지 주머니에서 손수건을 꺼내 **그림 61**처럼 귀퉁이를 잡아서 들고 있는 것처럼 보인다.

고무줄을 당긴다.

그림 60

그림 61

"그리고 양손으로 각각 손수건의 귀퉁이를 잡는다고 했습니다. 이제 오른손 집게손가락으로…"

오른손을 손수건에서 떼어내 손수건이 왼손에 매달리게 한다.

"손수건을 오므린 왼손으로 밀어 넣는다고 하더군요.

오른손 집게손가락으로 손수건을 손잡이에 집어넣어 단추 A를 맨 위에 놓는다. 왼손 아래쪽 부분을 펼쳐 손잡이를 놓고 조끼주머니로 돌아가도록 한다. 시야의 각도를 주의 깊게 살피면 관객에게 들킬 위험이 없다. 오른손 집게손가락을 왼손 주먹에 계속 밀어 넣는다(**그림 62**).

그림 62

"그렇게 하면 손수건이 사라진다고 설명되어 있었습니다."

왼손을 펼쳐 손수건이 사라졌음을 보여준다. 오른손도 보여준다.

"하지만 저는 그 방법이 불가능한 것처럼 보였습니다. 그래서 가게로 들어가서 주인에게 이렇게 말했죠. "실례합니다. 혹시 주머니에서 손수건을 꺼내는 마술 해법은 없나요?"

다시 손수건으로 손을 가져가 단추를 잡고 왼손으로 손수건을 잡아당겨 아까처럼 손잡이가 왼손 손바닥에 오도록 한다.

"그리고 왼손과 오른손으로 각각 귀퉁이를 잡은 후 오른손 집게손가락으로…"

오른손에서 귀퉁이를 떨어뜨리고 아까처럼 오른손 집게손가락으로 손수건을 오므린 왼손으로 밀어 넣는다.

"손수건을 주먹 쥔 왼손으로 밀었습니다."

아까처럼 손잡이에 손수건을 밀어 넣고 손을 뗀다.

"제가 '손수건만 사라지게 하기 위해서요?' 라고 묻자 가게주인이 이렇게 말하더군요. '주머니에서 손수건을 꺼내는 마술 말인가요?' "

다시 조끼주머니에서 손수건을 꺼내 위의 루틴을 실시한다.

"그리고 왼손과 오른손으로 각각 귀퉁이를 잡은 후 오른손 집게손가락으로 손수건을 주먹 쥔 왼손 안으로 밀었습니다.

다시 손잡이에 손수건을 밀어 넣고 사라지게 한다.

"그러더니 '그러면 손수건만 사라지죠. 좋습니다. 제가 직접 보여드리죠' 라고 하더군요. 그 사람에게 배운 마술을 여기에서 보여드리겠습니다. 우선 주머니에서 실크 손수건을 꺼냅니다."

이번에는 손을 아래로 내려서 손잡이를 조끼주머니에 집어넣어 보이지 않도록 한다. 그런 다음 윗옷의 특수 주머니에 손을 가져간다. 계란에 넣은 손수건에 달린 단추를 잡는다. 그것을 밖으로 당겨서 계란이 왼손 손바닥에 오게 한다. 아까처럼 왼손과 오른손 사이로 손수건을 잡는다.

"그 사람은 왼손과 오른손으로 각각 손수건의 귀퉁이를 잡았습니다. 그리고 오른손 집게손가락으로 손수건을 오므린 왼손으로 집어넣었습니다."

그림 63

손수건을 왼손 손바닥에 감춘 계란 속으로 집어넣는다.

"그랬더니 손수건이 계란으로 변했습니다."

계란 구멍이 보이지 않도록 조심하면서 모두에게 계란을 보여준다(**그림** 63).

할란 타벨 박사

(Dr. Harlan Tarbell, 1890-1960)

어느 마술모임에서도 타벨 박사의 가르침을 받지 않은 사람은 하나도 없다. 수많은 마술사들이 자신의 업적을 ≪타벨의 마술교실≫의 공으로 돌렸다. 그는 ≪타벨의 마술교실≫에서 아주 자세한 그림과 명료한 문장을 통해 방대한 양의 마술을 설명했다. 때문에 학생들은 그의 책을 읽으며 곧바로 마술을 따라할 수 있었다. 타벨 박사는 스스로의 노력으로 마술 능력을 쌓았고 이에 어울리는 두 가지 선천적인 능력을 지녔다. 그는 천사와 같이 그림을 잘 그렸고, 놀라울 정도로 명료한 글을 썼다.

전문가와 초보자를 동시에 쉽게 가르치는 것은 타벨만이 할 수 있는 일이다.

그는 전국 단위의 모임이든 지역 모임이든 거의 모든 모임에 참석했다. 그럼에도 불구하고 한 번도 그를 직접 보지 못했을 수도 있다. 그를 처음 본 사람은 그가 윌 로저스(Will Rogers)와 닮았다고 생각한다. 그는 키 176cm에 몸무게 59kg

Tarbell course in Magic

의 호리호리한 체격과 날카로운 눈매, 유창한 말솜씨를 갖고 있으며, 약간은 긴장한 듯한 모습을 하고 있다. 그리고 모든 사람에게 친절하고, 누구한테나 쉽게 다가갈 수 있는 성격이다.

타벨 박사는 우리 세대만의 스승이 아니다. 그는 최고의 마술 스승으로 길이 남을 것이다. 마술의 규칙을 성립하고, 그 규칙에 따라 마술을 했던 사람, 그가 바로 타벨이다.

타벨 박사는 새로운 마술을 만들고 비법을 밝혀내고 증명하는 데 천부적인 재능을 가지고 있다. 사람들이 불가능하다고 생각하는 것을 타벨 박사는 해냈다. 그는 마술을 단순한 예술이 아닌 그 이상의 과학으로 승화시켰다. 마술을 전혀 알지 못하는 사람뿐만 아니라 마술사들까지 놀라게 했다. 일찍이 타벨은 마술이 한 사람을 사로잡고, 그 사람의 운명을 결정하는 능력이 있다는 것을 깨달았다. 그는 사실이 죽어 전설이 되는 것을 보았다. 그리고 그가 만들어낸 허상은 진짜보다 더 진짜 같았다. 그래서 그는 정글스(Jungles)의 마녀, 이집트의 굴리굴리 마술사, 동서양의 마술사, 파간사원의 성직자 마술을 비롯하여 전 세계의 마술과 미스터리를 공부하기 시작했다. 이와 더불어 이너 브라더후드(Inner Brotherhood)의 현자였던 매기(Magi)가 집대성한 진실의 미스터리(Mysteries of Truth)도 공부했다. 그는 이런 방대한 지식을 토대로 자신이 개발한 마술로 미국 전역을 흥분시켰다.

새로운 마술을 만들어내는 능력, 쾌활한 성격, 유머감각, 언변이 그를 지금의 자리에 있게 했다. 관객은 누구나 타벨 박사의 마술을 좋아했고 그는 정말 위대한 엔터테이너였다.

Tarbell Course in Magic

옮긴이

정지현 충남대학교 자치행정과를 졸업하고 현재 SBS 번역대상 심사위원으로 위촉된 (주)엔터스코리아에서 전속 번역가로 활동 중이다. 옮긴 책으로는 《우체부 프레드2: 업그레이드 편》《완전호감기술》《대화의 심리학》《감사》《내게 도움을 준 모든 것》《어른이 되기 위해 알아야 할 100가지》《엄지공주》《개구리신부》《평화의 왕과 어린 나귀》《별님에게 소원을 빌어요》《마법의 콩》《보물찾아 떠나요》 외 다수가 있다.

감수

김준오 대한민국 1세대 마술사 이흥선(알렉산더 리) 옹의 외손자이며 3대째 마술 가업을 잇고 있다. 2000년부터 우리나라 최초의 마술대회인 대한민국 매직페스티벌을 주최하고 있으며 대한민국 신예 마술사들의 해외진출을 지원하고 해외 유명 마술사들을 국내에 초청, 소개하는 가교 역할을 하고 있다. 오산대학 이벤트연출과 교수를 역임했으며, 현재 알렉산더 매직패밀리 마술 연출 감독, FISM(세계마술연맹) 대한민국 회장, AMA(아시아마술협회) 대한민국 회장을 맡고 있다.

Memo...

Memo...